中公文庫

遠い「山びこ」

無着成恭と教え子たちの四十年

佐野眞一

中央公論新社

目次

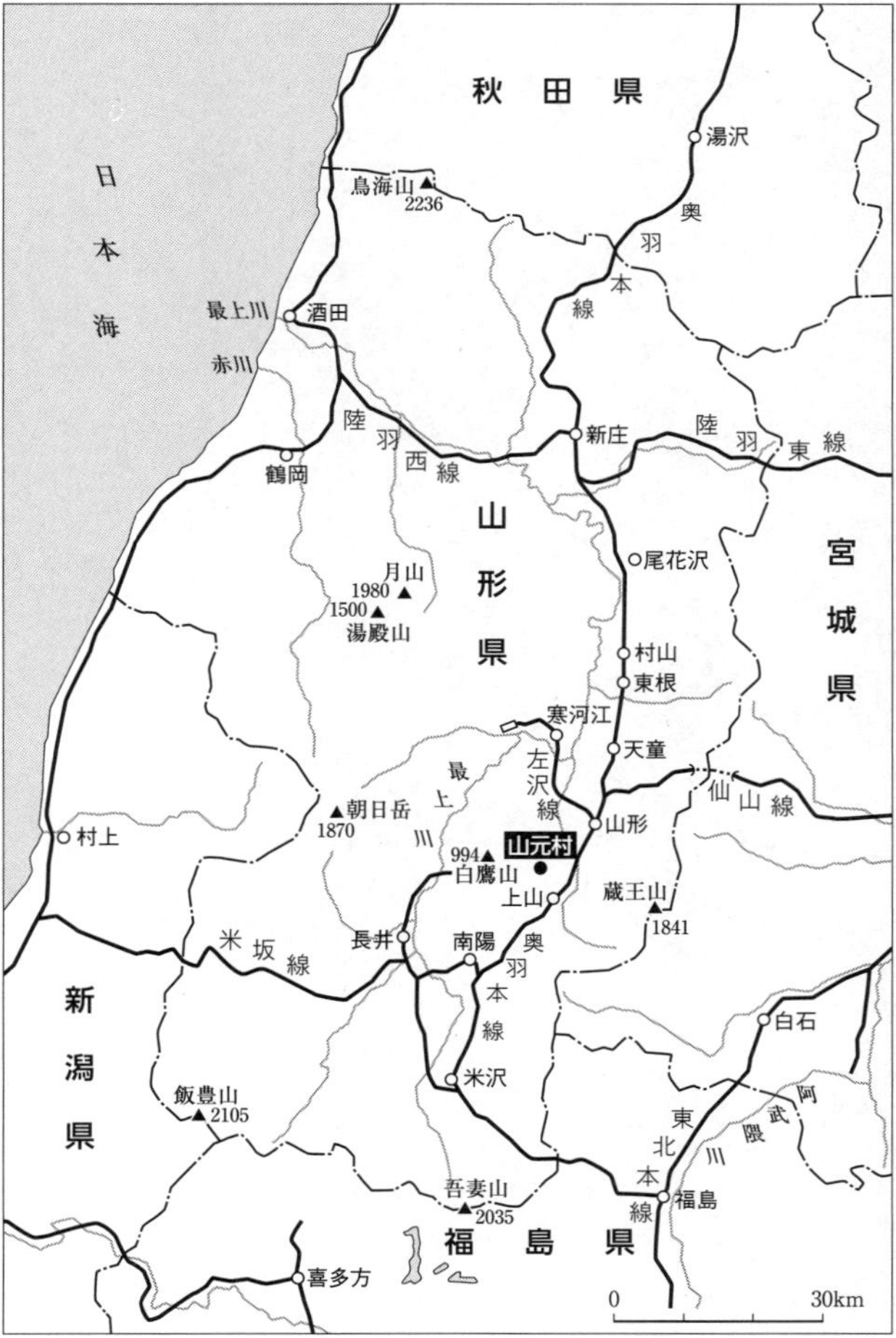
秋田県
日本海
湯沢
鳥海山
2236
奥羽本線
最上川
酒田
赤川
陸羽西線
新庄
陸羽東線
鶴岡
山形県
宮城県
尾花沢
月山
1980
1500
湯殿山
村山
東根
寒河江
天童
左沢線
最上川
仙山線
朝日岳
1870
山形
村上
山元村
994
白鷹山
上山
蔵王山
1841
長井
南陽
米坂線
新潟県
白石
米沢
阿武隈川
飯豊山
2105
東北本線
吾妻山
2035
福島
福島県
喜多方
0
30km

白鷹山 992M
わらび取る所
小滝山
至白鷹山
十丁金山
江二のタバコ畑
沼田
520M
暁
中ノ森
入丸森
前丸森
六角
梅平山
639M
ゴテン山
オゴロシ
岩ノ下
内山
至柏倉
至山形市
山
水田
畑
河川
道路
村界

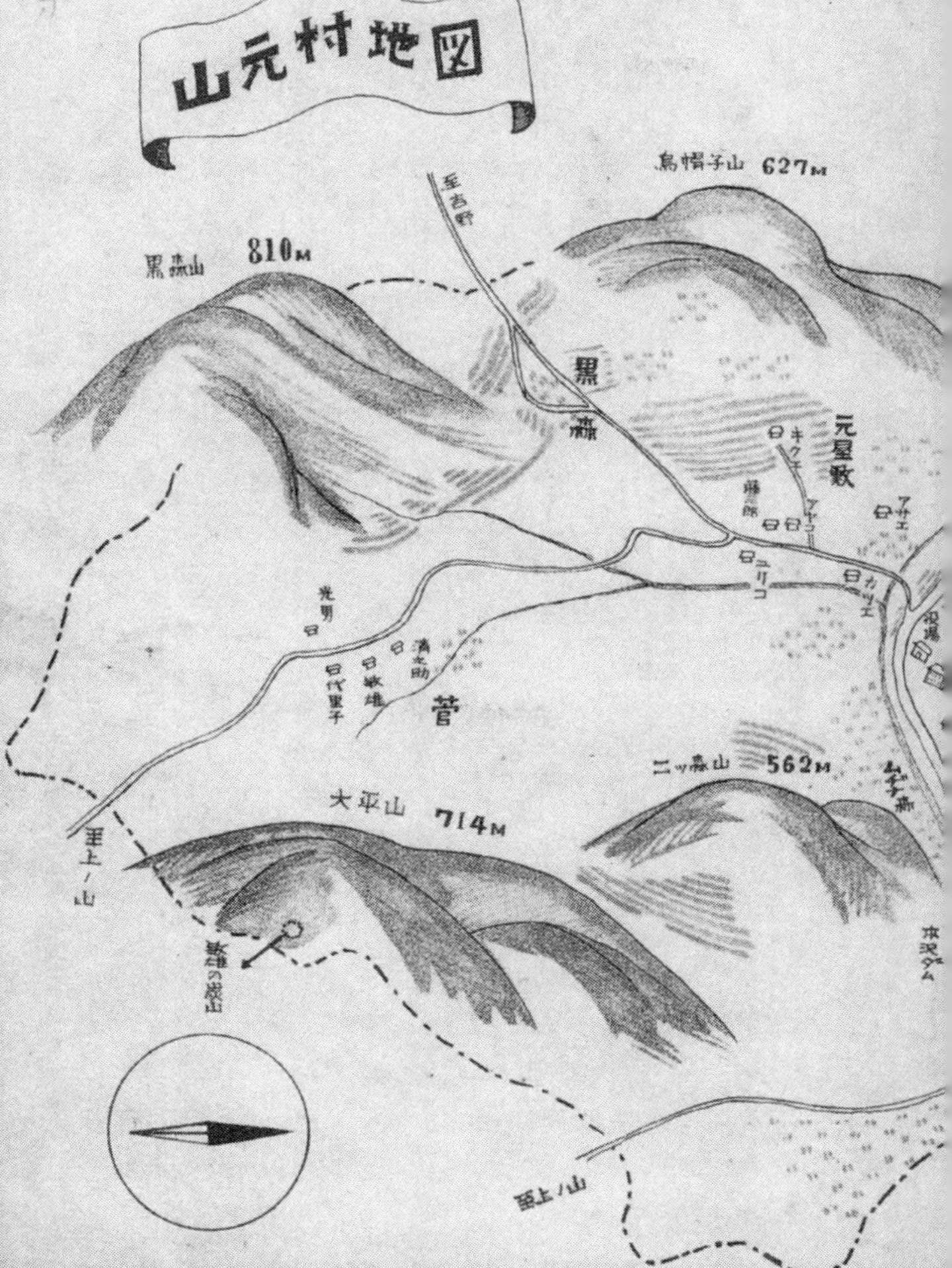
山元村地図
烏帽子山 627M
至吉野
黒森山 810M
黒森
元屋敷
キクエ
アサコ
アサエ
ユリコ
カツエ
光男
清之助
敏雄
代里子
菅
二ッ森山 562M
大平山 714M
至上ノ山
至上ノ山

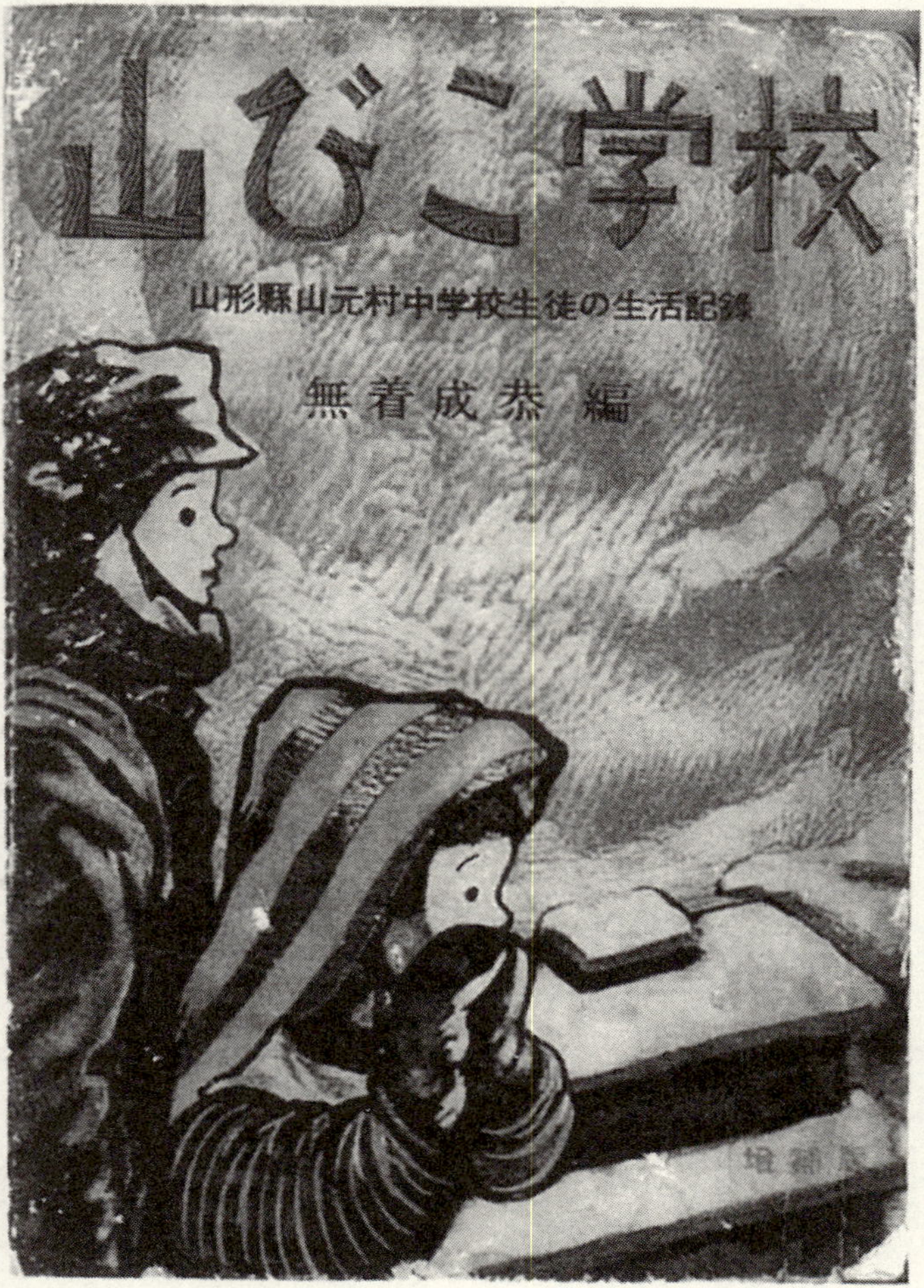

青銅社版の表紙より

遠い「山びこ」　無着成恭と教え子たちの四十年

プロローグ

山形駅前から国道三四八号線を南西に下ること二十分あまり、近郊住宅の侵食で虫喰い状態にさらされるままの田園地帯を抜けると、初夏の強い光をあびた鬱蒼《うっそう》たる山林が前方にみえてくる。道路は急に上り勾配《こうばい》となり、深くえぐれた渓流が次第に瀬音を強めはじめる。車の両側には緑したたる山林がつづくばかりで、人家らしきものはほとんど見あたらない。

それからしばらく行くと、緑というより黒くみえる森の隙間《すきま》から、紅白だんだら模様の丸屋根型体育館が、ほんの少し顔をのぞかせる。

上山《かみのやま》市立山元《やまもと》小中学校。標高は低いところでも二百三十メートル、高いところでは五百三十メートルもある出羽《でわ》丘陵麓《ふもと》の集落のほぼ中央に位置する、この地区の唯一《ゆいいつ》の学校である。

体育館に隣接する鉄筋コンクリート四階建てのモダンな校舎は、上山市狸森字久々取《むじなもりあざくぐとり》という、いかにも山間僻地《へきち》を思わせる地番とはおよそ不釣合いで、村の分教場時代の雰囲気をいまに伝えるものは、正門右手に建つ二宮《にのみや》金次郎像くらいのものである。

山形市から約十五キロ、上山市から約十三キロ離れたこの村は、今でこそバイパスの開通で便利になったが、バイパスが完成するまでは山形市に出るにも、くねくねと折れ曲がった細い道を、一日数本しか出ないバスで一時間近く揺られなければならなかった。昭和三十五年に、教職員の俸給が正規より八パーセント上乗せされる僻地一級校の指定を受けた山元小中学校は、この村のなかで東京などからの遠来の客が訪問する唯一の施設だった。

敗戦後間もない昭和二十三年、まだ萱葺《かやぶ》きだったこの学校にひとりの新任教師が着任し、彼が指導した子供たちの作文集を世に問うた。戦後民主主義教育の記念碑的傑作と絶賛された『山びこ学校』である。

山元中学校男子二十二名、女子二十一名、計四十三名のひたむきな生活記録。それはいまなお、読む者の心を強く打たずにはおかない。

教育専門誌「総合教育技術」(小学館発行)平成元年三月号の付録に、教育関係者たち二十数名へのアンケート調査が載っている。「日本の戦後教育四十年のなかで最も影響を与えた書物は何か」という質問に対し、無着成恭《むちゃくせいきょう》の『山びこ学校』をあげた回答は、近代教育学の始祖といわれるジョン・デューイの『民主主義と教育』に次いで多かった。

その『山びこ学校』が出版されて四十年以上経《た》ったいまも、この学校に〝山びこ〟の残響を求めてやってくる者は跡を絶たず、卒業論文シーズンになると、全国の教育学部の学生がきまったようにここにやってくる。

だが、彼らが求める〝山びこ〟関係の資料は、ここには皆無といってよい。小さなショーケースのなかに収まった『山びこ学校』の文庫本一冊と、今井正が監督した映画『山びこ学校』のシナリオがあるだけで、ほかに当時の教育を知る手がかりはなにひとつ残されていなかった。

廊下と教室の間の壁をとっぱらった広々としたオープンスペースに一人座りの椅子《いす》が並べられ、片隅には補助教育用のパソコンも置かれている。極貧の暮らしのなか、少年少女たちが障子の破れ目から吹き込む吹雪に手をかじかませながら作文を綴《つづ》った往時の面影は、この学校のどこを探しても見あたらない。

校長の話によれば、テレビは全家庭に普及しており、子供たちは家に帰ればファミコンを楽しんでいるという。四十年の歳月は、新聞もとらずラジオもない家が三分の一もあった『山びこ学校』当時の村の生活を、お伽話《とぎばなし》の世界にかえていた。

高校への進学率は一〇〇パーセントといってよく、これも、四十三名中高校に進んだものは四名しかいなかった〝山びこ〟世代とは、大きく隔っている。

教師が生徒を呼ぶとき、姓ではなく名前を呼ぶ習慣に当時の面影がかすかに偲《しの》ばれるものの、そう呼ばれる子供たちの服装はこざっぱりしていて、都会の子となんら変わらなかった。

こうした近代的装《よそお》いが、学校にも村にも加わっていくのとは裏腹に、児童数はこの四十年間、減少の一途をたどった。無着が赴任した当時、小中学校合わせて四百十九名いた生徒は、それから二十年あまり後の昭和四十五年には約半分となり、昭和五十年には百名となって、平成三年現在、八十名を切っている。平成四年三月に山元中学を卒業した生徒は、男子三名、女子三名のわずか六名だった。

村自体の過疎化《かそ》も著しい。無着の指導のもと、子供たち自身がこの村の実態を調査した昭和二十五年六月一日当時、山元村全体の戸数は三百四戸、人口は千九百七十八人を数えた。それが平成三年には戸数百七十九戸、人口七百七十人と、激しい落ち込みを辿《たど》っている。

東西六・五キロ、南北八・五キロ、東京の中央区と新宿区を合わせたのとほぼ同じ面積をもつこの村は、狸森、元屋敷《もとやしき》など十一の集落から成っているが、うち二つの集落はほぼ消滅した。昭和二十五年当時十三戸百人が居住していた黒森《くろもり》はまったくの無人地区となり、十九戸百四十人が居住していた内山《うちやま》も二戸七人が住むのみとなった。

無着が教鞭《きょうべん》をとった昭和二十五年当時、この村は、全戸の九〇パーセントにあたる二百七十一戸が農業や炭焼きを含む林業、養蚕業などを営む農家だった。それが全戸数百七十九戸となったいま、農家は当時の半数の百三十八戸に減り、うち専業農家はわずか五戸を数えるに過ぎない。残りは、世帯員の誰かが山形市郊外の工業団地などに働きに出ている兼業農家である。

標高九百九十四メートルの白鷹《しらたか》山系の山塊が平地を押しつぶすように迫る地形は耕地面積を必然的にせばめた。この村の一戸当たりの平均水田所有面積は、わずか三反である。山間地ゆえに日照時間も短く、気温、水温も上がらないため、この村の一反当たりの平均収穫高は、平地の七割程度の七、八俵という数字で推移してきた。三反二十四俵では、一俵約一万八千円の自主流通米価格換算で四十万円強の収入にしかならない。

米以外の主たる収入源だった木炭、養蚕、葉煙草《はたばこ》も、木炭は壊滅、養蚕、葉煙草農家も、それぞれ数軒を残すのみとなった。農業は事実上崩壊し、この村はいま、過疎から廃村の瀬戸際《せとぎわ》に向かってじりじりと後退させられている。

過疎化の波は、学校をも存亡の危機にさらしている。昭和五十五年、山元小中学校は児童数の激減により、市内大規模校への統廃合か、二つの学年を合わせて一クラスとする複式学級の道をとるかの選択を迫られた。翌年、複式学級への道を選び、廃校だけは免れたものの、児童数減少の歯止めはきかず、いつまた統廃合論議がぶり返すかわからない。

村が歴史の闇《やみ》のなかに溶暗しつつあるのと軌を一にして、戦後民主主義教育の金字塔といわれる『山びこ学校』を生みだした学校それ自体が、風前の灯の運命におかれていた。

この村に赴任した新任教師はここで何を教え、四十三人の教え子たちは何を学んだのか。そして、その後の四十年をどう生きたのか。

ひとりの教師と四十三人の生徒たちの人生には、戦後の日本が高度経済成長と引きかえに辿った二筋の道、農業の崩壊と教育の荒廃が、好むと好まざるとにかかわらず刻まれているはずである。と同時に、『山びこ学校』が出版されるや大挙して押しかけ、彼らを有名にさせるだけさせていった戦後ジャーナリズムの有り様も、その後の彼らの人生に微妙に影響を与えているに違いない。

しかし、彼らの出発点となった山元小中学校には、その後の人生をうかがい知る断片的手がかりさえ残されていなかった。いまは成田空港近くの寺の住職におさまった無着成恭自身にたずねても、教え子たちの消息は一部の生徒を除いて、杳《よう》として知れなかった。そのこと自体、彼らのその後の人生の多難さを象徴しているような気がしてならなかった。取材は最初から難航し、途方に暮れかかったとき、小さな光明が思いがけない形でやってきた。

山形新幹線の乗り入れに伴う駅舎改築工事が始まる前、山形駅構内の地下には数軒の飲食店が軒を並べていた。そのうちの一軒の小さな喫茶店に偶然入ったことが、教え子たちの消息を知る最初のきっかけだった。

農業、教育、そしてジャーナリズム。彼らは、戦後日本の歴史を決定づけてきた三本の重要な糸に知らず知らず縒《よ》り合わされながら、個人史を編みあげてきた。いいかえれば、ひとりひとりが、戦後史の縮図を無意識に形成しつつ生きてきた。

昭和二年、山形県南村山郡の小さな禅寺に生まれ、教育タレント第一号となった教師と、昭和九年の東北大凶作の年に母親の胎内に宿され、いま還暦を間近に控えた四十三人の教え子たち。

彼らの足跡を辿る取材は、平成二年六月、目にしみるほどの緑におおわれた山元村への訪問から始まった。そして、いまは新幹線の開通で跡形もなくなった山形駅構内のうす暗い喫茶店が、それから足かけ三年にわたる長い旅への事実上のスタートだった。

編集部註

上山市立山元中学校は平成二十一年三月に閉校、無着成恭氏は令和五年七月二十一日に死去した。

第一章 「そらはら」の子供たち

昭和二十三年四月、山形師範学校を卒業したばかりの若い教師が、山形県南村山郡山元村立山元中学校に赴任した。六・三制の施行により、山元国民学校が山元中学校と改称されて丁度一年目のことだった。

校舎は明治三十三年に建てられた萱葺《かやぶ》きの平屋で、この村にはまだ、山形からのバスも開通していなかった。一日七往復のバスが開通したのは昭和二十六年五月のことで、当時、この村から山形に出るにはどんなに急いでも丸一日がかりだった。

二十一歳になったばかりの坊主《ぼうず》頭の新任教師も、国防色の詰襟服に身をつつみ、学校から約六キロ離れた生家の寺から、たっぷり一時間半はかかる山道を徒歩でやってきた。七号俸五百円の初任給では運動靴を買うことさえままならず、まして、現金一万円に加えて白米二斗を用意しなければ手に入らなかった自転車など、夢のまた夢だった。

腰から手拭《てぬぐ》いをぶらさげ、鼻緒の太い朴歯下駄《ほおばげた》で歩いてきた長身の、いかにもバンカラ調のこの教師は、人懐《ひとなつ》こい表情で、こんな型破りの挨拶《あいさつ》をした。

「みなさんが利口者になろうとか、物知りになろうとか、頭がよくなるためとか、試験の点がよくなろうとして学校に来ていれば大馬鹿者《おおばかもの》です。学校は物知りをつくるため、あるいは立派な人間をつくるためなどといわなければならぬほどむずかしいところではなくて、いつどんなことが起こっても、それを正しく理解する目と耳を養い、そして誰がみても理屈に合った解決ができるよう勉強しあうところなのです。とにかく愉快に楽しくくらしましょう」

これが、無着成恭が教育現場で発した第一声だった。

当時、山元中学校には一年から三年まであわせて百二十六名の生徒が在籍していた。各学年一クラスの三学級のうち無着が担任したのは、自分とは八つしか年が違わず、弟や妹といってもおかしくない一年生四十三名だった。教師は校長を含めて七名しかおらず、無着は担任クラスの国語・社会・数学・理科のほかに、体育・英語まで持たされ、その上、三年生の国語まで担当した。無着の受け持ち授業は一週間で、二十八時間を超えていた。

自分が受け持つことになった四十三名の生徒に初めて教室で向かいあったとき、無着は、国家とはすごいものだ、オレという人間に四十三人もの人間の教育を委《ゆだ》ねている、と思い、思わず武者ぶるいをおぼえた。

びっくりするような大声で出席をとり、じっと生徒の顔を見据える。母親の病気の加減はどうか、畑仕事の具合はどうかなどとたずねたあと、やおら次の出席をとる。授業の大半がこうした会話でつぶれることも珍しくなかった。

教室のガラスが割れると、ガラスはいつ頃日本に入ってきたかという話にとび、子供たちが流行のトンコ節を歌っていると、大人の歌を歌うのは構わん、だが、歌うときには、貧乏が原因で女郎屋に身売りされてしまったトンコ節の主人公の気持ちになって歌うんだ、と言って、子供たちと一緒に大声を張りあげた。

国語の授業がいつの間に数学の授業となり、数学の授業がいつの間に歴史の授業となった。子供たちを野良《のら》に引っぱりだし、栗《くり》の木を教材に、気孔の働きや水蒸気の話をしたかと思えば、一日がかりで山形市内の新聞社見学や映画見物に出かけた。教室の授業でも時間内には終わらず、興にのるまま、四時間もぶっつづけに熱弁をふるうこともあった。

お仕着せの教科書に頼らず、子供たちの心の動きや目の輝きを敏感に受けとめ、その動きにしたがって授業をすすめるのが、無着流のやり方だった。映画『山びこ学校』の脚本を書いたシナリオライターの八木保太郎《やすたろう》は、脚本の構想を練るため、無着の授業を参観した数少ない関係者の一人である。その八木は、子供たちと一緒になって目を輝かせる無着を、知的なガキ大将という言葉でたとえた。

こんな型破りな授業に、子供たちは最初とまどい、やがて心を開くようになっていった。だが、子供たちは、はじめから無着を信頼していたわけではなかった。

尋常高等小学校が国民学校と改称されて一年後の昭和十七年四月、初めて学校というものに通った彼らは、戦中の三年間は、皇民教育と軍事教練を叩《たた》き込まれ、戦後の三年間は、手の平を返したような付け焼刃の民主教育を受けた。昨日まで鉄拳《てっけん》をふるっていた教師が、敗戦を境にして急に猫なで声になった。そのことをなんら反省することなく、価値観を百八十度転回させていった教師たちの姿を目《ま》のあたりにした子供たちが、教師というものを不信の目で眺めたのは、むしろ当然のことだった。

子供たちの不信の念をさらに募らせたのは、戦中、戦後の教員不足のあおりで、担任教師が次々と彼らの許《もと》を去っていったことだった。昭和二十二年七月、山元小学校に赴任し、彼らを六年生の途中から担任した渡辺正三郎によれば、当時の教員のなかには、女学校を出ただけの農家の嫁や、正式の教員免許をもっていない者も多く、自分もそのひとりだったという。

「あのクラスは不幸な学年でした。同じ教師が一年間まともに担任したことはなかったんです」

無着がここに赴任してくる前の六年間、彼らの前に現われては消えていった担任教師は、実に十一人を数えた。先生というものは、本当は、山元などという辺鄙《へんぴ》な村にくるのはいやでいやでたまらないのではないか。彼らはそう噂《うわさ》しあい、無着が初めて現われたときも、三年間担任するなんて嘘《うそ》に違いないと、囁《ささや》きあった。

それ以上に無着を困惑させたのは、子供たちの学力の低さだった。

自分の名前を漢字で書けない子供が五人もいる。「至極」を「ゴクラク」と読む子。「見当らない」を「ケントウらない」と読む子。「切に願う」を「キリに願う」と読む子。

計算能力はもっと深刻だった。割る数と割られる数の関係がのみこめず、四割る八の答えがどうやっても二になってしまう子。カッコ付きの計算はカッコ内から解いていくのだといくら教えても、数式の順番通りにしか計算できない子。

教室にはダルマストーブさえなく、教壇の横に置かれた炭火鉢が唯一《ゆいいつ》の暖だった。昭和二十五年にトタン屋根の二階建て校舎に改築されるまで、教室の窓はすべて障子貼《ば》りで、その破れ目から容赦なく寒風が吹きこんだ。

凍えるような教室に立ちながら、無着は表面上の陽気さとは裏腹に、しばしば底知れない絶望感と無力感に襲われた。

無着が、一週間で下駄の歯がすりへり、軍靴《ぐんか》でさえ一年間に三足も履きつぶすような山道の徒歩通いをやめるのは、着任後三年目の秋、念願の自転車を月賦《げっぷ》でやっと手に入れてからだった。だが、豪雪期には自転車通いもままならず、冬場にはそれまで通り、月の半分以上は学校の宿直室に泊まりこんだ。

徒歩で通うにも、ふだんなら一時間半ですむところが、冬場だと、雪の中を泳ぐようにして四時間以上かかる。帰りの夜道は、オーバーのなかまで氷結するような寒さのなかを、遠くの人家の灯りだけを頼りに歩かなければならなかった。

昭和二十四年暮に教員住宅が出来てからは、床の下を流れる渓流の音がうるさく、耳垢《みみあか》でもためなければ眠れないという冗談から「耳カス寮」と呼びあった粗末な教員住宅に移って、冬場を過ごした。

当時この教員住宅で無着と一緒に暮らした渡辺正三郎によれば、自分たちが交替で行なう炊事の食糧は不足がちで、カボチャだけで二日間食いつないだあげく、足の裏までまっ黄色になったこともあるという。

やはりこの教員住宅で一緒に過ごした横山恒彦と庄司重助は、昼間の授業についての反省や子供たちの作文について、深夜まで熱っぽく語る無着の姿を鮮明におぼえている。同僚たちとその日の授業についての議論をひとしきりたたかわせたあと、日記をつけるのが無着のかわらぬ日課だった。

日記をつけるのは山形中学時代からの習慣で、山元中学校に赴任して一年半の間だけでも、大学ノートや雑記帳に書かれた日記は十冊にもおよんだ。そこには、自分が担任する四十三人ひとりひとりの成績や生活状況がくわしく記録され、それをどう導いたらよいかという方法が具体的に記されていた。

赴任して丁度一年目の昭和二十四年三月、無着は日記帳に、独白詩ともとれるこんな文章を書きつけた。

〈「考査」というと、「なんだ、そんなもの」というかもしれない。たしかに、そういわれてもしかたないものが、いままであったのだから、「考査なんか」と思われても、ぼくはなんとも思わないよ。

ほんとうをいうと、ぼくも考査なんかどれほどしたくないかわからないのだ。

だがね、新制中学の一年生であるおまえたちが、「空腹」を「そらはら」などとよんで、「空気のはいったはらのことだ」などと書いてある答案をよんだり、8と5を足して11だなどと答える人が、43人中18人もいるうちは、どうしても、どうしても、赤鉛筆をけずらなくちゃならないんだ。

みんなにおしえてから、10本目の赤鉛筆だがね、それももう指の先でやっと持てるぐらいにちびてしまったよ。

そして今、指を切らないように注意しながら、こんな、小学校の二年生のようなもんだいなんか早くわかってくれ、こんなもの読めないようでは、民主主義もなにもないんだ。

どうしても、どうしても必要なだけの、どこに行ってもなくてはならないだけの、よむちから、かくちから、つづるちから、はなすちから、きくちから、かぞえるちから、そんなちからを、

みんな、全部の人が持ってくれ、と祈りながら、いや泣きながら、赤鉛筆をけずっているのだよ。

ぽろぽろこぼれていく、けずりくずのひとひらに、希望をこめて〉

この子供らが社会に出ても困らないようにするにはどうすべきか。無着は算数がわからない子に対しては、いったいどのへんからわからなくなっているかを徹底的に調べあげ、小学校三、四年生程度のところから教えなおした。中学校を卒業するときには、最低の子でも小学校六年生程度の計算ができるような子にしてやりたい、というのが無着の願いだった。

無着がとったもう一つの方法は、文字の読み書きに親しむよう、自分が子供時代や青年時代に慣れ親しんだ「風の又三郎」「グスコーブドリの伝記」「注文の多い料理店」「なめとこ山の熊《くま》」「路傍の石」、そして農民文学や翻訳もの「ジャン・バルジャン」などの文学作品を読み聞かせてやることだった。

それまで、昼休みになると野球をしに校庭にとびだしていた子供たちが、無着の朗読が始まってから、誰ひとり外にとびださなくなった。ラジオも満足になかったこの村の子にとって、無着の朗読はほとんど唯一の楽しみだった。

これらの本はすべて、無着が学生時代に山形市内の古本屋などで買い集めたものだった。

無着が教科書に頼らず、独自の授業を展開したのは、当時の教科書が、戦前の皇民教育を、民主教育に観念的にすりかえたものに過ぎないことを感じとったためでもあった。

国語の教科書を例にとれば、国民学校一年生が最初に習った「アカイ　アカイ　アサヒアサヒ」が、昭和二十二年四月に配布された教科書では、「おはなを　かざる　みんな　いいこ」に変わっただけだった。

不信の念を抱かせたのは、戦後はじまった社会科に対しても同じだった。社会科という科目は戦前にはなく、敗戦と戦後教育改革のうねりが生みだした時代の産物だった。

昭和二十年九月十五日、文部省は「新日本建設ノ教育方針」を発表し、これまで戦争遂行の要請にもとづいてつくられた教科書の訂正削除を、全国の学校に命じた。いわゆる墨ぬり教科書である。

同じ年の十二月三十一日、連合国軍総司令部（GHQ）は、修身・国史・地理の授業の即時停止を命じ、これを受けた文部省は、ただちに教科書の回収にはいった。

翌二十一年三月、第一次米国教育使節団が来日し、全国の教育施設を視察して回った。昭和二十二年九月からはじまった社会科は、この報告をベースに、GHQの民間情報教育局（CIE）と文部省の協同作業によって生まれたものだった。

その教科書は、戦前の修身・国史・地理の教科書を、ただ単に民主主義的に焼き直した側面を強くもっており、抽象的な内容のわりには、分野だけは多岐にわたっていた。現場の教師の間からは、社会科は何を教えたらいいかわからない、という当惑の声がわきあがっていた。

山元村の無着成恭のもとにも、『わが国土』『村の生活』『世界諸地域の自然と農牧生活』

『天然資源の利用と愛護』など、三年間で十八冊もの社会科教科書が送りつけられていた。

そのなかの一冊の『日本のいなかの生活』には、こう書かれていた。

〈村には普通には小学校と中学校がある。この九年間は義務教育であるから、村で学校を建てて、村に住む子供たちをりっぱに教育するための施設がととのえられている〉

だが無着と子供たちの目の前にあるのは、「りっぱな教育施設」どころか、地図一枚なく、理科の実験道具ひとつなく、破れ障子の隙間《すきま》から吹雪がふきこむ萱葺きの校舎で、チョーク一本をたよりにした教育が細々とおこなわれているという、貧寒たる現実だけだった。

教科書と現実とのこの埋めがたい溝を、一体どんな方法で埋めていったらよいのか。ヒントになったのは、社会科の学習指導要領に書かれた「社会科は教科書で勉強するのではない」「社会の進歩につくす能力をもった子供にしなければならない」という言葉だった。

『日本のいなかの生活』のまえがきにも、これを裏づけるように、「この教科書は、わが国のいなかの生活がどのように営まれてきたか、その生活に改善を要する方面としてはどんなことがあるか、を学習するに役立つように書かれたものである」とあり、これにつづけて、「いなかに住む生徒は、改めて自分たちの村の生活をふりかえってみて、その欠点を除き、新しいいなかの社会をつくりあげるように努力することがたいせつである」と、述べられていた。

自分たちが生まれた村はどういう村であり、どういう欠点をもっているのか。それを子供たち自身に調査させ、記録させることこそ、社会科教育本来の使命であり、ひいては文部省の意にも沿うことになるのではないか。これは結果からいえば、付け焼刃の民主主義教育を逆手にとり、文部省ののど元に匕首《あいくち》をつきつける、いわば捨身の教育だった。

無着は、生きた社会科の教科書として、子供たちの生まれた山元村を選び、四十三人のうそ偽りのない生活記録を選んだ。

そしてその舞台となったのが、クラス文集「きかんしゃ」だった。

無着が赴任した昭和二十三年当時、山元中学校では、「山元中学新聞」という学校新聞のほか、各学年ごとに下から、「山峡」、「四季」、「山脈」という学級雑誌が出されていた。この学級雑誌は、生徒の書いた作文を清書させ、それをそのまま綴《と》じたもので、一冊しかできず、クラス全員の共通の教材にはなりにくかった。「山峡」は単なる作文集でしかなかったが、「きかんしゃ」は明確な教育目的をもった生きた教材だった。

無着を「きかんしゃ」発行にふみきらせたもう一つの理由は、当時とっていた児童雑誌を通じて、全国の学校で活発な文集づくりが行なわれているのを知ったためだった。

無着の教室のうしろの壁には、「子どもの村」「少年少女の広場」「作文」「銀河」「少年少女ペン」「少年文章」などの児童雑誌がぶらさがっていた。いずれも無着がポケットマネーをはたき、毎月買っていたもので、子供たちの間ではどれもこれもひっぱりだこだった。

無着の目にとまったのは、「少年少女の広場」に毎号組まれている文集紹介のページだった。たとえ文章は稚拙でも構わない。山村の生活が浮きぼりにされた作品をつくれば、教室の共通の話題にもなるだろう。無着がそんな思いを抱いて文集をつくろうと決意するのは、山元中学校に赴任して九ヵ月目の昭和二十四年一月の雪の降る日のことだった。「きかんしゃ」第一号が出るのは、それから半年以上たった同年七月の夏休みまであと三週間と迫った暑い日だった。

思いたってから実際に完成するまでそれほどの時間を要したのは、ひとえに紙不足、資金不足のためだった。

この時代はテスト用紙にもことかく有様で、「山峡」の原稿用紙も、山元村役場の物置に積まれていた反故《ほご》の書類をバラして、その裏に原稿のマス目を切ったものだった。だが、今度の文集は一冊だけつくればよい「山峡」とは違って、何冊もつくらなければならず、そのためにはそれ相当のワラ半紙が必要だった。学校にはそれを買うだけの資金的余裕もなかった。

クラス討論が開かれ、ワラビ採りをしてワラ半紙を買うことに意見がまとまった。村の予算は貧しく、学校であれば当然そなえておかなければならないバットやボールを買う金さえ不足していた。鶴岡《つるおか》市に近い日本海側の湯野浜《ゆのはま》温泉に旅行したときにも、無着のクラスは総出で杉皮背負いに出かけ、どうしても旅行費用の出せない八人の生徒の分をまかなった。子供らは学校行事のたびごとに、ワラビ採りや杉皮背負い、マキ運びなどで、資金を稼がなければならなかった。

ワラ半紙はこうして揃《そろ》え、学級全員でガリ版切り、印刷にとりかかった。刷り部数は七十部。無着と生徒の分の四十四冊は教室で使い、残り二十六冊は同僚や知人、「少年少女の広場」などの児童雑誌編集部に送る分だった。

夕方、「きかんしゃ」第一号が完成したとき、手をインクでまっ黒に汚した子供たちは、ほおを紅潮させながら、自分たちの手によるはじめての文集にうれしそうに見入った。

「きかんしゃ」の製作はその後もつづけられ、彼らが山元中学を卒業する昭和二十六年三月まで、つごう十四号が刊行された。のちに出版されベストセラーとなる『山びこ学校』は、この「きかんしゃ」のなかの詩や作文、調査レポートなどを抜粋して編んだものである。

無着の教育がどのようなものだったかは、そのなかの一編、「学校はどのくらい金がかかるものか」という調査レポートに、あますところなく伝えられている。このレポートは、七人の生徒の手になるもので、まえがきには、「今、私たちの家では金がなくて困っています。私たちが教科書の代金とか紙代とかをもらうにも、びくびくしながらもらわなければならないことが多くなりました」と、述べられている。

ひとりひとりの小づかい調べからはじめられたこのレポートによると、山元中学の二年生が昭和二十三年十二月から二十四年十一月までの一年間につかった一ヵ月の平均支出は、一人あたり、学用品代などで百七十八円七十一銭、本や雑誌代などで二十円五十四銭、その他雑費で三十四円五十四銭、計二百三十三円七十九銭だった。

一方、子供たちが役場に出向いて調べた山元村全体の収入は、米、雑穀、木炭、養蚕、煙草《たばこ》、家畜などを合わせて千八百二万四千百七十円だった。

〈これを一戸平均に分けてみると、だいたい五万九千六百八十二円という数になります。一戸平均人口を六・五人として一人一年間の収入は九千百八十一円になります。いったい、この金で一年間を生活できるのだろうか、これよりいくら多いとしてもせいぜい一万円平均位なものではないでしょうか。この中から税金もすべてを出さなくてはならないのです〉

生徒らは、現実のこうしたきびしい数字をあげるだけではなく、そのなかで学費がどれくらいの比率を占めているかについてもきちんと計算を出している。

山元村のいちばん大きな収入である蚕の収入に対し、一七・六パーセント、半年間雪のなかにとじこもって働かなければならない木炭の収入に対し、三七・三パーセント。学用品を含めた子供たちの小づかいは、家計収入に対しこれだけの数字を占めた。

〈これではやっぱり教科書代をもらうにも、びくびくしなければならないことがはっきりわかりました〉

このレポートは、村の予算に対し学校の予算はこれでいいのだろうか、という疑問を投げかけて終わっている。

〈理科の時間を見てください。実験道具がなくて、ただ本を読み、こうなるんだ——という話でおわってしまいます。これでは、ほんとうにそうか、ということを私たちはのみこめず、新しいことも生みだせないのじゃないでしょうか。

自治会費だってそうだ。全部生徒の作業だけでまかなっているし、いや、まかなっていることはよいのだが、作業をすれば授業がつぶれてしまいます。

これでは、いくら「今の生徒は実力がない」などといっても、予算が十分でないからではないでしょうか〉

無着のつくった「きかんしゃ」は同僚たちにも刺激をあたえた。無着と一緒に「耳カス寮」に泊まり込み、毎晩、深夜まで教育指導論議に熱中した小学校四年担任の横山恒彦は「どてかぼちゃ」という文集を、小学校五年担任の庄司重助は「どんぐり」という文集を、それぞれつくった。その横山によれば、無着の作文教育はおそろしいくらい徹底的だったという。

「子供が、花が咲いたと書いてくる。無着先生の指導はそこからはじまる。どんな花かな、白いの、赤いの、とたずねる。子供が白と答えると、それじゃ何本くらい咲いていたか、小さい花だったか、大きな花だったか、と問いかけてゆく。

作文という素材をとおして、子供たちのものを見る目を段々に広げてゆく。現実を見つめる目を養うのが本当の教育ではないか、というのが無着先生の考え方でした。『山びこ学校』が有名になってから、マスコミは無着先生の授業はムチャクチャ・カリキュラムだ、なんて面白おかしく書きたてましたが、型破りなんてことはなかった。その教育指導は実に科学的で緻密《ちみつ》なものでした」

きれいごとだけが書かれた教科書からではなく、自分たちをとりかこむ貧しい現実そのものを見つめる。

「きかんしゃ」は単に文章を上手に書くための作文教育から生まれたものではなく、貧しい山村にしがみついて生きるほか術《すべ》のない子供たちが、いかに生きるべきかを必死で自問した生活記録であり、子供たち全員が参加してつくった社会科の教科書だった。

のちに『山びこ学校』に転載されることになるこの文集には、豪雪と闘いながら、猫の額ほどの田んぼを耕し、炭焼きや山仕事を手伝った子供らの貧しい生活のありのままが、気恥ずかしくなるくらいの率直さで綴《つづ》られている。

〈私は
　学校よりも

山が好きです
それでも
字が読めないと困ります〉
〈父と
兄が
山からかえってきて
どしっと
いろりにふごんで（ふみこんで）
わらじをときはじめると
夜です〉
『山びこ学校』の冒頭をかざることになる次の詩は、戦後という時代の山村のたたずまいを伝えて、あまりにも有名である。
〈雪がコンコン降る
人間は
その下で暮しているのです〉
山形県の片隅の寒村で生まれたこのガリ版刷りの文集が、活字の形ではじめて紹介されるのは、昭和二十四年十月のことだった。無着が作文集をつくるきっかけとなった「少年少女の広場」の同月号は、全日本児童文学展望という短欄で、「きかんしゃ」を次のように紹介している。

〈「きかんしゃ」創刊号　山形県南村山郡山元中二年　無着成恭指導
「くぼ」（川合義憲）「学校が休みの日」（佐藤藤三郎《とうざぶろう》）「朝」（佐藤藤三郎）など、農村のことについて考えさせる力作が多い〉

だが、この段階ではまだ、「きかんしゃ」は、〝山びこ〟となって全国に響きわたったわけではなかった。

この文集がこだまとなって全国に届くには、山形から三百六十キロ離れた東京のジャーナリズムの登場まで待たなければならなかった。

第二章　ジャーナリスト人脈

無着と四十三人の子供たちが、指にマメをこしらえて自分たちの作文集をつくっている頃、東京・本郷の東大赤門前の小さな出版社で、今後の出版計画を話しあう企画会議がもたれていた。

この出版社は学生書房といい、昭和二十一年三月、帝大新聞の学生が中心メンバーとなり、同新聞の常務理事だった桜井恒次を代表にかつぎあげる形で旗上げされた。戦前、フランス料理の高級レストランとして名の通っていた「鉢の木」の跡を借りうけたこの出版社は、出版社とはいうものの、統制で用紙が思うように手に入らず、最初、学生向けの本の小売店として出発した。「学生のための、学生による、学生の本屋」というのが、この会社の設立スローガンだった。

出版活動が本格化するのは、大塚久雄の『近代資本主義の系譜』や川島武宜《たけよし》の『日本社会の家族的構成』などの学術図書からで、その前には、焼跡にあふれる浮浪者や壕舎《ごうしゃ》生活者の実態を調査分析した『起《た》ちあがる人々』などの社会色の強いレポート集や、昭和十一年、京大事件の流れをくむ学生が反ファシズムを旗印に発刊し、間もなく当局の弾圧で廃刊を余儀なくされることになった「学生評論」も再刊しはじめていた。

学生書房はその後、本郷の都電通りに面した「鉢の木」から、路地一本入った通称落第横丁の喫茶店「ライトブリュー」跡に移転する。企画会議がもたれたのはその一室で、昭和二十四年夏のことだった。

当時、学生書房の主流出版物となっていたのは、全国の学生に呼びかけて募集した手記類だった。学徒動員から復員した学生の記録を集めた『生き残った青年達の記録』は、やはり東大の協同組合出版部がまとめた戦没者学生の記録『きけわだつみのこえ』と、いわば一対をなすものだった。また昭和二十四年十二月に発刊された宮本百合子《ゆりこ》編の『わたしたちも歌える』は、昭和二十二年の教育基本法のもと、男女共学時代にはいった女子中学生、女子高生らの生の声を集めたものだった。

折から出版界には、河上肇《はじめ》の『自叙伝』や、ゾルゲ事件に連座して処刑された尾崎秀実《ほつみ》の『愛情はふる星のごとく』、長崎の被爆で妻を失った医師・永井隆《たかし》の『この子を残して』などがいずれもベストセラーとなる、時ならぬノンフィクションブームが起こっていた。学生書房の企画会議でも、このブームを意識して、従来の学生路線だけに限定せず、一般にまで手記路線を広げようという議題があがった。

「労働組合員の記録」「天皇と私」などのプランがあがるなか、「社会科教育実践記録」というプランが出された。発案者は、出版部長の吉田守だった。

吉田は改造社の出身で「女性改造」の編集に携わっていたが、前年の昭和二十三年暮、組合活動を理由に同社を馘首《かくしゅ》され、「世界」の吉野源三郎、「日本評論」の美作《みまさか》太郎、「展望」の臼井吉見《うすいよしみ》などを発起人として昭和二十一年一月に発足していた日本ジャーナリスト連盟の事務局に職をえたことで糊口《ここう》をしのいでいた。みすず書房の倉庫の一部を仕切り、机ひとつ、椅子《いす》ひとつだけが置かれた日本ジャーナリスト連盟の事務局は、学生書房と隣りあっていた。その隣り同士の関係が、吉田を学生書房入りに結びつけた。

日本ジャーナリスト連盟にはもうひとり、『山びこ学校』の誕生に立ちあうことになる重要なキーパーソンがいた。同連盟の機関紙「自由なる意見のために」の編集担当者として、健筆をふるっていた元「日本評論」編集長の野口肇である。

この野口こそ、『山びこ学校』を世に送り出した陰のプロデューサーだった。

吉田が「社会科教育実践記録」というプランを出したのは、昭和二十二年九月からはじまった社会科教育の成果が、全国の教育現場からぼちぼちあがりだしているのではないかと考えたからだった。それらを現場の教師の手記の形で集め、一冊の本にまとめれば、戦後新教育の貴重な記録にもなる。これが吉田の提案理由だった。

社会科教育が正式に実施される前、いくつかの学校では、戦前の教育の反省の上に立った社会科教育のカリキュラムプランが練られていた。

地域社会の現実生活から社会科の教育内容を構成することを考えた埼玉県の「川口プラン」、子供たちを何人かのグループに分け、〝郵便屋さんごっこ〟などを通して社会生活を身につけさせようとした東京・桜田小学校の「桜田プラン」などが、その代表的なものだった。

だが、吉田の発案で集められた教師の手記は、案に相違していずれも無味乾燥で、商業出版として刊行するには二の足を踏ませるものだった。

これに代替する形で出てきたのが、子供たち自身の作文を集めたらどうか、というプランだった。発案者は野口肇で、当時野口は、日本ジャーナリスト連盟幹事という肩書きのほかに、学生書房の編集顧問格的な立場にもあった。

大正五年、大連に生まれた野口は、五高から東大経済学部に進み、卒業後、石油石炭関係の公団に数ヵ月つとめたあと、日本評論社に入社した。

戦時下の昭和十九年一月、特高警察は、前年富山県の泊《とまり》町で撮影された一枚の写真をもとに、昭和史上最大の出版弾圧事件をでっちあげた。そこに写っていた中央公論社や改造社の編集者を共産党の再建をはかる不穏分子として次々と検挙、凄惨《せいさん》な拷問《ごうもん》を加え、保釈後の衰弱死を含め六名を死に追いこんだ横浜事件である。このとき日本評論社の関係者も、編集長の美作太郎ら六名がこの事件の残存分子として逮捕された。同年六月、「日本評論」の編集者だった野口も、これに関連する非合法活動の容疑を受けて検挙された。

戦後、日本評論社に編集長として復職した野口は、弾圧下にあった戦時出版ジャーナリズム時代への鬱憤《うっぷん》を晴らすように、旺盛《おうせい》な執筆活動を開始した。とりわけ彼が健筆をふるった「日本評論」の巻頭言、「時の動き」は外国の新聞をたくみに引用し、日本国内ではプレス・コードで発表を禁じられている占領軍の実態や、国内で公表されない事実を暴《あば》きだし、インテリの間で大きな評判を呼んだ。清水幾太郎《いくたろう》、中野重治《しげはる》、小田切秀雄《ひでお》らによって、新聞紙上で何度も賞賛されたほどだった。

それ以上に高い評価を博したのは、やはり「日本評論」を毎号かざった数々の問題レポートだった。他の総合雑誌は、記事の大半を著名な学者や作家の署名原稿に頼っていたが、「日本評論」だけは署名原稿に頼らず、編集者自身が、自分の足で取材し、記事を書いた。

評判の長編ルポルタージュも同じだった。昭和二十三年三月号の「炭鉱地帯をゆく」からはじまった長編ルポルタージュは、以後、次のようにつづいた。

「映画をつくる人々」「社会科と子供たち―都下各小学校めぐり」「日本の大動脈・国鉄」「日本の秘庫を探る―金融資本の牙城《がじょう》・日本銀行」「木曽《きそ》国有林―谷間の人々」「NHKの解剖」「横浜港―港湾労働者の生態」「林檎園記《りんごえんき》」「熔鉱炉《ようこうろ》―日本鋼管川崎・鶴見《つるみ》製鉄所にて」

このラインアップには、野口のジャーナリストとしてのすぐれたセンスが光っている。と同時に、ここにはすでに、その後につづく雑誌ジャーナリズムの最も良質な原型が形づくられている。

　この長編ルポルタージュはその後、『ルポルタージュ・日本の断面』として一冊にまとめられた。

　まえがきには、「日本の民衆がいま切実に必要としているものは、『民主主義』や『平和国家』に関する千篇一律の抽象的な説教ではなく、もっといきいきとした『事実』そのもの」という明確な立場が述べられ、「ジョン・リードの『世界を震撼《しんかん》させた十日間』、エドガー・スノーの『中国の赤い星』などのすぐれた先例を導きの鞭《むち》とした」という強い意気ごみが語られている。

　あとがきを書いた小田切秀雄も、次のような最大級の賛辞をささげた。

〈ここにおさめられた諸篇は、ルポルタージュのおもしろさというものを、戦後はじめて創りだしたものとしての名誉をになっている〉

　この取材、執筆にあたったのは、野口と、一橋新聞出身で、昭和二十二年四月に日本評論社入りし、昭和五十年日本刀で頸動脈《けいどうみゃく》を切断、三島由紀夫への殉死ともとれる死を選んだ村上一郎、それに学生書房発行の「学生評論」編集委員で、同誌に労働問題、農業問題のレポートを書いたのが縁となって日本評論社に入社した日大出身の黒須繁一の三人だった。

　この三人が、特派記者団の名で発表した長編ルポルタージュは占領軍の関心も呼び、生前、村上一郎が語ったところによれば、これを読んだ民間情報教育局（CIE）の職員が、「日本の右翼組織の調査に協力してくれ」と要求してきたこともあったという。

だが、ジャーナリストとして大きな声価につつまれつつあった野口は、それから間もなく、日本評論社を去ることになる。

昭和二十三年十月、野口はCIE新聞課長のインボデン少佐から、突然の呼びだしをうけた。理由は、「日本評論」の同年十一月号に載った日本共産党政治局幹部、伊藤律《いとうりつ》執筆の「新たなるファシズムに抗して」という論文がプレス・コード違反の疑いがある、というものだった。

伊藤律論文のどこが悪いのか明示すべきではないか、プレス・コードに違反しているというのなら軍事裁判にかけるべきではないかと喰い下がる野口に対し、インボデンは、もし命令に従わなければ、社長ともども即時沖縄送りだと、野口を脅した。

野口は結局、日本評論社を退社することを余儀なくされ、昭和二十四年二月号の「日本評論」の編集後記に、「この日本にほんものの民主主義が花咲くまで、まだ道は遠くけわしい。だが私は、日本の将来を信じる。民主主義日本万歳！『日本評論』万歳！」という、いささか取り乱した文章を残して、同社を去った。

その後野口は、日本ジャーナリスト連盟の機関紙発行責任者となり、同時に、連盟と隣りあった学生書房の編集顧問格として、同社に出入りするようになった。

学生書房の企画会議で野口が発案した子供の作文集というプランはすぐに採用され、さっそく資料集めにはいった。日本評論社時代、工場見学などを社会科の授業にとりいれた四谷《よつや》第六小学校はじめ、東京都下の小学校をたずね歩いてまとめた「社会科と子供たち」というルポを発表していた野口にとって、社会科教育の成果が、子供たちの作文にどう表われているかは、大きな関心事だった。

野口がまずたずねたのは、「社会科と子供たち」などの仕事を通じて知遇を得ていた教育評論家の国分一太郎《こくぶんいちたろう》だった。

明治四十四年、山形県北村山郡東根町（現東根市）に生まれた国分は、山形師範学校を卒業後小学校教師となり、昭和七年、非合法下の日本教育労働者組合結成に参加したとの容疑で検挙された。その後、生活綴方《つづりかた》運動に専念するが、昭和十八年、生活綴方運動そのものが治安維持法違反にあたるとされ、懲役二年、執行猶予《ゆうよ》三年の判決をうけた。

戦後すぐに日本共産党に入党、二十四年からは党文化部員となり、学校教育と児童文化関係の文化政策を担当していた。

当時、東京の国分のもとには、生活綴方復興運動を信奉する全国の教師から、その指導によって生まれた子供たちの作文集が数多く送られていた。

同じ党員仲間でもあった野口が国分をたずねてきたのは、ちょうどその頃だった。野口は国分に向かって、こう切りだした。

「敗戦直後から今日まで、日本の子供たちの切実な声を集めて一冊の作文集をつくりたい。協力してもらえませんか」

それからしばらくして、国分は、すでに手許《てもと》に集まっている作文集と、これに加えて、野口の意を受けて新たに全国の教師から集めた作文集を野口に手渡した。数日後、野口は興奮したような顔つきで国分のもとにやってきた。

「せっかく全国から集めてもらいましたが、山元中学校の無着成恭先生という人が指導した、この『きかんしゃ』一本にしぼって一冊にしたいと思います」

この野口の言葉が、「きかんしゃ」に、ジャーナリズムの最初の光があたった瞬間だった。

昭和二十四年七月、山元中学校のうす暗い教室で刷られた「きかんしゃ」七十部のうちの一冊は、東京の国分のもとにも送られていた。学生書房の最後をみとった山部芳秀のもとには、「きかんしゃ」創刊号の裏表紙部分だけが残っている。そこには、無着が国分にあてた「文化からも、交通からも遠い子供たちの文集です。読んでやってください」という添え書きが付されている。

国分から野口に渡された作文集には、アメリカ直輸入の社会科教育臭が強いものが多かった。これに対して、「きかんしゃ」はドロくさくはあるが、日本土着の現実認識に根ざした確かな教育成果があがっていた。野口のジャーナリストとしての鋭い感覚が、他の作文集と「きかんしゃ」とを峻別《しゅんべつ》させ、やがて、これが『山びこ学校』に結実し、世間を驚かせていくことになる。

野口はすぐに無着に宛《あ》て、出版許諾を求める依頼の手紙を書いた。その際野口は、いかにも戦後民主主義者らしい条件を、一つだけつけた。

「クラス全員が書くこと。あなたの組なら絶対に書けるはずです」

しかし現実に『山びこ学校』が出版されるまでには、まだいくつもの難関が待っていた。最初の難関は、版元である学生書房そのものが社員のかかえすぎと、出版不況の直撃をうけて経営的にいきづまってしまったことだった。『山びこ学校』の原型ともいうべき「社会科教育実践記録」のプランを出した出版部長の吉田守は、「この作文集は、必ず、学生書房を起死回生させる一冊になります」と、代表の桜井恒次を説き伏せていたが、桜井の肚《はら》は、学生書房を解散することにすでに傾きかけていた。

この時点で「きかんしゃ」の原稿は、すでに印刷所に入っており、ゲラが出るのを待つばかりとなっていた。とにかく解散と決まる前に出してしまおうという空気が編集部内の大勢を占めていた。「この本のおいたち」というあとがきも、すでに用意されていた。

〈……はじめ私たちは全日本童児の生活綴方文集を出そうとして、たくさんの本やトウシャ版の作品集を読み合せしたのですが、戦後は綴方教育の仕方がてんでんばらばらのため、何としてもまとめようがありません。その折、手にした「きかんしゃ」が私たちの目をひらいてくれたのです。後をむいたり、ためらったりしている他の作品集との決定的なちがいは、「きかんしゃ」がはっきりと前むきのものだったことです（中略）。

私たちは子供をもつ日本の両親たちに、労働を「しんどい」と思い、「いやだ」と思いながら、「はたらかねばくらされない」ことをはっきり知って一生懸命にしている子供たちのこころを、強く訴えたいのです。

また私たちは日本の教師たちに、こんな山奥のろくろく字も知らない子供だって、先生の努力でこのように自己主張が行えるんだ、だからがんばって子供たちを立派にしてくださいと、訴えたいのです。

そしていま私たちは、子供のこころを美しく花咲かせるためにこの本が生まれたのだと、自信をもってこの文集を世に送ります。

一九五〇年四月一日学生書房編集部〉

ところが、「あとがき」まで入れたのに、ゲラはいつまで待っても印刷所から出てこなかった。業《ごう》を煮やした吉田が直接印刷所に出向くと、ゲラは野口さんの部下の青木さんが引きあげていった、という思いもよらない返事がかえってきた。

青木さんとは、一橋新聞を戦後復刊させた青木虹二《こうじ》のことで、青木を野口にひきあわせたのは、「日本評論」の長編ルポルタージュを野口とともに担《にな》い、一橋新聞では青木の先輩にあたる村上一郎だった。野口のまねきで学生書房の嘱託社員となった青木は中央のジャーナリストとしては誰よりも早く山元村に入った編集者だった。

国分から「きかんしゃ」を手に入れた野口は、それ以降の作文集の収集作業と、無着の出版内諾を得るため、とりあえず、部下の青木を山元村に派遣した。昭和二十四年末のことだった。青木は翌二十五年春にも山元にとび、新たな文集の収集にあたった。昭和二十六年七月に刊行された『山びこ学校』の再増補版の口絵には、このとき無着や四十三人の子供と一緒に撮った青木の写真が載っている。

青木は初めての山元村訪問からリュックを背負って帰ってきた。なかからノートの切れはしに書きつけたものをとりだし、野口に手渡しながらにっこりと笑っていった。

「絶対、いけますよ」

そこには、『山びこ学校』の冒頭をかざることになる「雪」という三行詩が、たどたどしい文字で書きつけられていた。

青木は自信をもって「きかんしゃ」を持ち帰ったが、無着は不安でならなかった。昭和二十五年二月、無着は「いったいこんなもので本になるのでしょうか。不安でならないのです」という手紙を青木に宛てて書いたほどだった。

その青木がゲラを引きあげていったという。驚いた吉田が青木を問いつめると、野口さんに命じられてやったことだとうちあけた。

真相は、それから間もなくわかった。学生書房解散の肚を固めた桜井は、退職金のかわりとして、野口に「きかんしゃ」のゲラを譲渡していた。それが混乱の原因だった。学生書房はこうして、『山びこ学校』を幻の出版企画とさせたまま、朝鮮戦争が勃発《ぼっぱつ》した直後の昭和二十五年七月、あえなく空中分解した。

昭和二十五年という年は、戦後史の流れが大きく旋回した年だった。

この年の一月七日、モスクワ放送は、国際共産党組織のコミンフォルム機関紙が前日掲載した「恒久平和と人民民主主義のために」という論文を電波に乗せ、占領軍を解放軍ととらえ、その下での平和革命論を主唱してきた日本共産党指導者、野坂参三を全面的に批判した。当時コミンフォルムは日本共産党にとって絶対神であり、この批判は日本共産党を直撃する核爆弾にも等しかった。これを機に日本共産党はコミンフォルム批判を受け入れようとする立場の「国際派」と、これに反発する「所感派」の二派に分かれ、書記長の徳田球一ら「所感派」は武装闘争路線を打ち出し非公然体制に移った。

こうした事態に対しGHQ総司令官のマッカーサーは、昭和二十五年六月、日共中央委員二十四名の追放を指令し、十一月には、九月の閣議決定をうけるかたちで、教職員を含む公務員千二百名あまりのレッドパージが強行された。

八月には、自衛隊の前身の警察予備隊が発足し、十月には、文部省が国旗掲揚と「君が代」の斉唱についての通達をだした。朝鮮戦争を境にして戦後民主主義は後退し、巷《ちまた》には「逆コース」「暗い谷間」という流行語がとびかった。

ちょうどその頃、東京・銀座二丁目の、現在は映画館の並木座が入っているビル四階の人民社という出版社で、編集者の集団退社事件が起きていた。

コミンフォルム批判による日共内部の分裂騒動が、この集団退社の引き金だった。人民社社長の佐和慶太郎は、敗戦直後から日本共産党に入党し、秘密党員として資金カンパも欠かさず、日共の内部分裂に際しては「国際派」の立場をとった。だがこの当時、人民社の社員二十数人のうち、七、八人は徳田球一を信奉する「所感派」で占められるようになっていた。この革命理論上の亀裂《きれつ》が、集団退社事件を生む原因だった。

明治四十三年生まれの佐和は、戦前、戦後を通じ、その思想的立場は一貫していた。小学校を卒業後、報知新聞の経済部記者としてジャーナリストの道に進んだ佐和は、組合活動を理由に報知新聞社を解雇されてからは、労働運動にのめりこみ、昭和十二年の人民戦線事件では治安維持法違反で検挙された。

戦後のスタートは昭和二十年九月の人民社設立からだった。佐和が敗戦直後のこの時期に、銀座のど真ん中に出版社を構えられたのは、戦争末期の地図出版で大儲《おおもう》けしたからだった。

当時、関東地方は連日のように米軍爆撃機の空襲をうけていた。軍部はその警報を東部軍情報としてラジオで流していたが、耳で聞いただけでは、どの地区が警戒地区なのかよくわからなかった。佐和はここに目をつけ、憲兵隊の了解をとりつけて簡単な関東地区の地図をつくった。これが連日書店の前に行列ができるほどのベストセラーとなり、戦後の人民社設立の資金源となった。

人民社が発刊した雑誌「眞相《しんそう》」は、徹底した暴露雑誌だった。「ヒロヒト一家の配給生活記」「張作霖《ちょうさくりん》は誰が殺したか？」などのスキャンダル記事を毎号満載した「眞相」は、戦時中、目と耳を完全にふさがれていた庶民の圧倒的支持をうけた。

不敬罪の告発もうけ、のちには保守系代議士からの名誉毀損《きそん》の告訴で甲府刑務所に服役することになる、この反骨のジャーナリストにとって、昭和二十五年の集団退社事件は生涯最大級の痛恨事だった。翌昭和二十六年一月、これがきっかけとなって人民社は倒産し、「眞相」は休刊を余儀なくされた。

学生書房の解散で失職した野口が、佐和をたずねてきたのはまさにこの時期だった。野口のもう一つの仕事だった日本ジャーナリスト連盟機関紙編集長の職も、日共の内部分裂のあおりをうけ休職状態に追いこまれていた。

日本評論社時代顔見知りだった野口の突然の訪問は、佐和にとって渡りに船だった。ジャーナリスト仲間に顔の広い野口に紹介を頼めば、集団退社した社員の穴くらいすぐに埋められるだろうと考え、社員の補充を頼もうとすると、野口はそれならオレを使ってくれと身を乗り出した。佐和がそれもいいだろうと快諾すると、野口は今度は、これを読んでくれといって、一束のゲラ刷りを佐和によこした。学生書房の解散で宙に浮いたままとなっていた「きかんしゃ」のゲラだった。

学生書房解散後、野口は「きかんしゃ」のゲラをもって、古巣の日本評論社や左翼系出版社の三一書房、理論社などに出版交渉をもちかけていた。だが、どこの出版社でも暗すぎるなどの理由をあげ、出版には難色を示していた。

佐和はそのことをあとになって知るが、ゲラを読んだとき、彼らと違って直観にピンとくるものがあった。これは案外いけるかもしれない。

この当時、佐和は社員の大量退社で経営危機に見舞われていた人民社を見限り、青銅社という書籍出版の新会社を設立することを目論《もくろ》んでいた。その佐和にしてみれば、これは再スタートの格好の景気づけになるかもしれない、という商売人としての読みも働いていた。

問題はタイトルだった。無着から学生書房に送られてきた手紙のなかには、『雪の子の記録』という案があがっていた。しかし、山元村に入った青木から、無着の声は大きく、教室をぬけ裏山にひびいて山びこのようにこだますると聞いていた野口は、その話と、戦前、天才少女現わると騒がれた豊田《とよだ》正子の『綴方教室』のイメージをダブらせて、『山びこ教室』にしようという腹案をもっていた。佐和は『山びこ教室』では少し弱いと感じた。当時、朝日新聞朝刊には獅子《しし》文六の「自由学校」が連載され、評判をとっていた。〝山びこ〟はそのままにして、下にそのタイトルを拝借して、『山びこ学校』でいこう。タイトルは、佐和のこの一言で決まった。

山元中学全体が無着の教育指導下にあったというい まも続く誤解は、このタイトルのせいだった。

佐和が、無着から正式に出版の許諾を得るため山形に向かったのは、昭和二十五年十月のことだった。野口が国分から最初に「きかんしゃ」をみせられてから一年以上がたっていた。『山びこ学校』が青銅社から出版されるのは、佐和の山元村訪問から約半年たった昭和二十六年三月のことである。学生書房でその母胎となるべき企画が立てられてから、実際に出版されるまで二年近い歳月が流れたことになる。

『山びこ学校』を一つの出版商品としてみるならば、出版にいたるまでのこの大幅な遅れは、むしろあらゆる面で有利に作用した。

この間「きかんしゃ」が刊を重ね、結果として『山びこ学校』の内容を充実させていったことはいうまでもないが、二年近い歳月の流れは、『山びこ学校』の存在を、かえってくっきりと浮き立たせる効果的な舞台装置の役割を果たすことにもなった。

朝鮮戦争がはじまって三ヵ月後の昭和二十五年九月、第二次米国教育使節団が来日した。米ソの冷戦の激化に加えて米中の対立も表面化しつつあった時代状況を反映して、第二次使節団の報告は、民主主義教育の必要性を徹底して説いた第一次報告とは大きく様変わりしていた。極東における共産主義に対する最大の武器は、教育をうけた日本の選挙民であるとして、第二次報告では道徳教育と宗教教育の必要性が力説された。

旧制から新制への切りかえにともなう学制の混乱も、昭和二十五年に一応のピリオドが打たれた。昭和二十二年から二十四年までの三年間は入学試験もほとんど形式的なものだったが、新制の教育体制が整った昭和二十五年からは受験制度が本格的に復活することになった。

『山びこ学校』は、戦後教育史にぽっかりあいたその三年間の実践記録だった。昭和二十六年三月に出版されるや二年間で十二万部という、当時とすればたいへんなベストセラーになったのは、早くも遠ざかるその時代に、人々がある懐《なつ》かしさと一種の幸福感を『山びこ学校』を通じて感じとったせいでもあった。『山びこ学校』の教育が行なわれた三年間は、戦後民主主義教育というものを何の疑いもなく信じられた稀有《けう》な時代だった。

また企画が立てられた学生書房や人民社ではなく、新興で無名の青銅社から出版されたことも幸いだったといえる。インテリ相手の学生書房ではこれほど広汎《こうはん》な読者を獲得できなかっただろうし、日共の秘密細胞だった人民社から出ることになっていたなら、人々が偏見ぬきにこれを迎えることはむずかしかったに違いない。

人民社社長の佐和と日共の資金提供関係は、日共の内部分裂直前、徳田球一の女婿《じょせい》として権勢を誇っていた日共幹部の西沢隆二《たかじ》（筆名・ぬやまひろし）に、五十万円の現金を二回に分け、車のなかで渡したのが最後だった。それ以降の青銅社時代には佐和と日共の資金関係のパイプはとぎれていた。

さらにいえば、『山びこ学校』の原稿が戦中、戦後にわたり苛烈《かれつ》な体験をくぐりぬけてきた有能なジャーナリストたちに二年近く揉《も》まれ、その思いを十分吹きこまれたことは、ある意味でそれ以上の意味をもっていた。

野口はそこに本当に地に足のついた戦後民主主義の到来を予感し、佐和はそこに一貫して自分が身を寄せてきた民衆のぬくもりを感じとっていた。

ジャーナリストとして山元村にはじめてはいった青木虹二の思いも同じだった。

大正十三年、新潟市に生まれた青木は、昭和十六年に東京商科大学（現一橋大）予科に進んだ。早生まれだったため昭和十八年の学徒出陣から免れ、外地送りとはならなかったが、世代的には「きけわだつみ」の世代だった。

戦後、青木は一橋新聞の復刊に力を尽くし、そこを母体として大学新聞連盟をつくり、『現代学生の実態』という単行本や、一般書店売りを目指した「クロニカル」という新聞形式の週刊誌を発刊した。これらの出版物には、若い頃からジャーナリストを志望していた青木のセンスだけではなく、先輩、同輩の多くを戦場で失い、それゆえに自由と平和を人一倍希求するようになった戦中派の心理的プロセスがよく表われている。

青木は全学連結成の陰の立役者でもあった。青木が嘱託社員となった学生書房発行の

「学生評論」を全学連の機関誌として譲りうけ、同誌に学生運動論を書きつづけた全学連初代委員長の武井昭夫《たけいてるお》によれば、青木は自分がキャップをつとめる大学新聞連盟のネットワークを通じて集めた各大学の動向を逐一武井のもとによこし、この情報が全学連結成のなによりも強力な武器になったという。

『山びこ学校』が青銅社から出版される半年前の昭和二十五年九月、青木は横浜市役所に就職し、横浜市史の編纂《へんさん》などに携わるが、そのかたわら、ライフワークともいうべき百姓一揆《いっき》の研究にとりくんだ。

研究職でもない一介の事務職員が厖大《ぼうだい》な資料を蒐集《しゅうしゅう》してまとめあげた五百ページを超す大著、『百姓一揆の年次的研究』（新生社）は、歴史学界を驚嘆させた。その後につづく全二十巻の『編年百姓一揆史料集成』（三一書房）などの仕事は、青木年表とも、百姓一揆研究のバイブルとも呼ばれる業績となった。これらの仕事の根底には、敗戦四年目の冬枯れの山元村の山村風景が原風景としてきざまれていた。

山元村で農地解放の対象となったのはわずかばかりの田んぼだけだった。自分が生まれた新潟では農地解放によって小作農がかなりの恩恵をうけた。それに比べてここは戦前とほとんどかわらない。これが山村の実態というものなのか。

そんな思いを抱いて山元中学校に無着をたずねた青木は、宿直室の火鉢にあたりながら、子供たちの作文を憑《つ》かれたように読んだ。何度も熱いものがこみあげ、文字が涙でにじんだ。

　火鉢をはさんで対座した無着が「うさぎ」という作文を渡してよこした。

〈うさぎをころすとき　こがたなでこつんと一つくらす《なぐる》と「きい　きい」となきました

そして　うさぎのけっつ《しり》から　こがたなをさしました　それから　そりそりとむきました

足にきたとき　ちょっときずをつけて　ぽつりとおだり《おり》ました　すうーとむきました

手にきました　また　おだりました

頭にきたら　むきづらくなりました　こがたなで　ガス　ガス　むきました〉

　青木は背筋に寒いものが走るのを覚え、一言、「おそろしいな」といった。

「ここへくるまでは農村はこんなもんじゃないと思っていました。日本の教育がここから出発しなくちゃならないとすれば、本当にたいへんなことですね」

　そういってため息をつく青木に、無着はこんな説明をした。

「自分の名前も書いたことのないような子に字を書かせるにはどうするか。僕は、自分たちの生活のありのままを書けという教育で、彼らに作文を書くことを教えてきました。作文になったとき表われてきたのが、これです。何百年、何千年の歴史を背負った、百姓にだけあるニヒリズムだったということです」

　野口、佐和、青木という三人のすぐれたジャーナリストは、『山びこ学校』を世に送りだしただけではなく、そこから多くのものを学びとってもいた。

だが、これはどうしても多くの人に読んでもらわなければならない、という彼らの思いとは裏腹に、青銅社の内情はかさむ一方の「眞相」の借金に追われて、『山びこ学校』自体を出版するのがやっとという状態だった。宣伝費も組めず、初版もどう頑張っても五千部しか刷れなかった。

四面楚歌《しめんそか》のなかで、佐和が苦しまぎれにだした、いかにも海千山千のジャーナリストらしいアイディアがこの本の運命を決めた。

「返品になっても困るのはこっちだけだ。どうせなら、この本のよさがわかりそうな人のところに、タダで送りつけちゃおうじゃないか」

佐和は人名録をかたっぱしから繰り、これはと思う評論家や作家に、全部で二百冊の本を送りつけた。

効果は佐和の予想をはるかにこえるものだった。児童文学者の坪田譲治は、「こんな良い作文集が、いままでわが国で出たことがありますか。私も何度も読んで、涙をこぼしました」という手ばなしの推薦文を寄せ、エッセイストの高田保《たもつ》は東京日日新聞に連載中のコラム「ブラリひょうたん」で、こう激賞した。

〈……無性に泣かされてしまった。泣かされながら、しかし親愛の情を感じた。この情は人をして、何ものかに向かって明るく憤怒《ふんぬ》させる〉

『山びこ学校』を取りあげた新聞、雑誌は、昭和二十六年だけで、軽く百紙を超えた。そして、いずれの書評でもその賞賛の渦の中心にあったのが、江口江一という少年が書いた「母の死とその後」という作文だった。

第三章　「母の死とその後」

〈僕の家は貧乏で、山元村の中でもいちばんぐらい貧乏です〉

江口江一の「母の死とその後」は、こういう書きだしではじまっている。

『山びこ学校』をとりあげたあらゆる新聞、雑誌が、まずこの作文にふれたのは、山元村の貧しさが痛々しいまでのリアリズムでそこに描かれ、それに押しつぶされそうな少年を強く励ます無着の声が、その行間から聞こえてくるような切実さがあったからだった。

事実この作文には、貧しい山村での無着の教育実践が結晶のようにちりばめられ、何度読んでも胸をしめつけられる。

江一の家は、曽祖父《そうそふ》の代までは村でも一、二を争う資産家だった。代々進歩的な農業経営を行ない、水田に化学肥料をいれたのも、葉煙草《はたばこ》をつくったのも、村でいちばん早かった。

だが、明治四十年、繭《まゆ》の仲買いに失敗し、全財産をなくした。残ったのは三反の畑と、往時の豊かさをとどめる石垣だけだった。朽ち果てていくばかりの家の屋根には大きな穴があき、雨は容赦なく天井からおちてきた。

江一の家がある境地区《さかい》は、山元村でも最も辺鄙《へんぴ》で最も標高の高い山あいにへばりつく集落である。土地はやせ、陽はほとんどあたらない。

江一が中学に進んだ頃、家には、病身の母と年老いた祖母、江一を頭にした三人の子供が身を寄せあうように暮らしていた。

父は、江一がまだ小学校にもあがらない五歳のとき、胃潰瘍《いかいよう》で苦しみながら死んでいった。遺影ひとつない葬式がすむと、家には五円の金しか残らなかった。その五円も税金にとられ、心臓に持病をもつ母と、ほとんど目のみえない祖母は、毎日わらじを編み、それを米にかえて三人の幼児《おさなご》を育てた。母は、江一が早く一人前の大人になり、借金だらけの苦しい家計を少しでも助けてくれることだけをのぞみに、病身に鞭打《むちう》ち、働きづめに働いた。

青白い顔に鉢巻きをしめ、むりやり男仕事をこなしてきた母が、病いの床についたのは、江一が中学二年になって半年目の秋だった。それまでも江一は母の仕事を手伝うため、しばしば学校を休んでいた。

「医者にかかるとゼニがかかる」という母をなんとか説得して病院に運んだのは、床からほとんど起きあがれなくなってから、二カ月近くも経《た》った雨の日だった。病院といっても民家に少し手を加えただけの、ベッドも、ろくな医療器具もない、村でただ一軒の診療所だった。

江一の家から診療所に行くには、急斜面のだらだら坂を下ってたっぷり一時間はかかる。江一は、村から借りたリヤカーに布団《ふとん》を敷いて母を寝かせ、あんかを抱かせた上に油紙をかけ、雨が降りしきる山道を一言もしゃべらずにおりていった。

母が死んだのは、それから十一日目の寒い晩秋の朝だった。まだ五十にもなっていなかった。

死の直前、村の人がみんな協力して家の仕事を手伝ってくれたことを江一が伝えると、今まで一度も笑ったことがなかった母が、突然、にこにこっと微笑《ほほえ》んだ。江一はそのとき、いま笑った母の顔は一生忘れられないだろうと思った。

〈今考えてみると、お母さんは心の底から笑ったときというのは一回もなかったのではないかと思います。お母さんは、ほかの人と話をしていても、それは「泣くかわりにわらったのだ」というような気が今になってしまいます。それが、この死ぬまぎわの笑い顔は、今までの笑い顔とちがうような気がして頭にこびりついているのです。

ほんとうに心の底から笑ったことのない人、心の底から笑うことを知らなかった人、それは僕のお母さんです〉

江一の両肩にはこの日から、七十四歳の祖母、十一歳の妹、九歳の弟の一家四人の生活が重くのしかかってきた。

百を超す新聞、雑誌が江一の作文を激賞したのは、しかし、こうした不幸な境遇に情をほだされたからだけではなかった。江一がその境遇を子供ながらしっかりうけとめ、健気《けなげ》にも生きていこうとする姿に、深い同情と感動を示したのである。

江一の母の葬儀には、無着も同級生たちも参列した。同級生たちは貧しいなかからなけなしの金を出しあった上、全校からも募金を集めて霊前に供えた。

葬式がすみ、香典を整理すると七千円の金が残った。祖母は「おまえのおやじが死んだときよりも残った」といったが、これまでの借金を返すと、香典は一銭も残らなかった。それどころか、まだ四千五百円の借金を返済しなければならない立場に追いこまれていた。江一は父が死んだときの方がまだましだと思うほかなかった。

江一がこの作文を書いたのは、母が死んで明日で三十五日目という霜のおりる夜だった。明日になれば、食い扶持《ぶち》を少しでもへらすため、幼い妹と弟が家を出ていくことになっていた。

江一を助けてちっちゃな体にたきぎを背負い、いやな顔ひとつせず歯をくいしばってきた弟。看病づかれからきた百日ぜきで、母の死後ずっと寝たきりの妹。二人とも明日から、山元村とは遠く離れた親類にもらわれてゆく。

そうなればこの家は、祖母と江一のたった二人きりになるのだ。

江一は明日からのことを考えないわけにはいかなかった。その考えを綴《つづ》ったのがこの作文だった。

無着は常々いっていた。作文は文章をうまく書くためにあるんじゃない。考えをまとめる力をつけ、自分の生活を少しでも進歩させるためにあるんだ。

その日の昼間、江一は無着が宿題にしていた「いま、考えていること」という作文を箇条書きにして提出していた。

来年は中学三年で学校にはぜひ行きたいと思うから、よくよくのことでなければ日やといには行かず、世の中に出て困らないように勉強したいと思う。

金が足りなくなく暮らせるようになったら、少し借金しても田を買わねばならぬと思う。なぜなら、田があれば食うにはらくに食えるから。もし田がなくて、その上、だれも金も米も貸さなくなったら死んでしまわねばならなくなるから。

それには頭をよくし、どんな世の中になっても、うまくのりきることができる人間にならなければならない。

昼間はそう書いたが、いま思うと、江一にはそれは考えれば考えるほどまちがっているような気がしてならなかった。

第一に、いま以上に死にものぐるいで働いても、本当に金がたまるかどうかという疑問だった。第二に、自分が田んぼを買うと、別な人が自分みたいに貧乏になるだけではないかという疑問だった。

母はあれだけ働いても借金をくいとめることができなかった。それを僕がくいとめられるだろうか。そのことを考えると江一にはまったくわからなくなって、夜もねむれなかった。

江一はあらためて、自分の家の家計収支を計算してみた。

言葉だけじゃダメだ。いつも頭のなかに数字をいれて考えろ。これも無着が日頃からっていることだった。それに、学校にはほとんど行けなかったが、数学は江一が最も得意な科目だった。江一の計算は実に緻密《ちみつ》で、家族が一日に食べる米の量、しょうゆ、塩のかかりにまでおよんだ。

去年家に入ってきた金を計算してみると、一切合財あわせて三万二千円だった。内訳は葉煙草二十貫で一万二千円、三月からうけている生活保護が一ヵ月千三百円で、全部で十ヵ月もらったから一万三千円、それに七千円の借金だった。

一方、支出でいちばん大きいのは米代だった。当時、米は文字どおり主食だった。一日の摂取量は、現在の摂取量の約二倍にあたる三百六十グラムが必要とされた。当時の単位になおすと一日ひとりあたり二合五勺《しゃく》だった。五人家族の江一の家では、一日一升二合五勺、ひと月では三斗七升五合かかる。

去年の配給米の値段は一斗あたり五百円だったから、ひと月千八百七十五円、一年では二万二千五百円かかっていたことがわかった。

ただ一つの収入源の葉煙草だけでは、米を買っただけで一年間に一万五百円のマイナスが生じる。それでもどうにか食べていけたのは、一万三千円の生活保護の恩恵をうけていたためだった。一枚の田んぼももたない江一の家では、米を手に入れるには買うよりほかなく、これがいくら働いても貧乏から這《は》いあがれない最大の理由だった。

母が死に、明日から弟と妹との分の食い扶持もいらなくなる来年はどうだろう。いままでは五人いたから、ひと月三斗七升五合の米が必要だったが、これからは祖母と二人きりだからひと月一斗五升の米ですむ。金額になおすと、ひと月七百五十円、一年では九千円となり、五人で暮らしていたときより、年間で一万三千五百円分楽になる計算だった。

しかし、配給米の値段は一斗あたり五百円から六百二十円にあがっており、実際には、二人でもひと月九百三十円の米代は最低必要だった。それに米代だけではなく、しょうゆ代、塩代、電気代も考えなくてはならない。加えて税金もあるから、ひと月のかかりは、どうしても二千円を超えてしまう。冬になれば炭や薪も買わなければならず、二人で生きていくにも、最低で月に二千五、六百円は必要だった。

収入源はやはり葉煙草だけだが、それも来年は平年より間違いなく出来が悪いことが予想された。一万円になればいい方で、月になおすと八百円そこそこにしかならない。生活保護が来年からひと月千七百円にあがったとしても、葉煙草代とあわせて月二千五百円である。弟と妹が他家にもらわれていっても、やはり、ぎりぎりの生活ができるかどうかだった。ましてや借金の返済などとてもできない相談だった。

無着のこの当時の給料は戦後インフレの影響で、五級八号俸の四千三百四十四円と、大幅な賃上げをされていた。それでも、やりくり算段をしなければとてもやっていけないことが日記には、連綿とつづられていた。江一のひと月の収入は、いくらがんばっても無着の給料の半額にいくかいかないかだった。そんな収入で、江一は今後二人口を養っていかなければならなかった。

いま自分の目の前にある数字は、昼間、先生に提出した考えとあまりにもかけはなれすぎている。自分は、来年は三年だから学校にはぜひ行きたい、と書いたが、こんな状態では満足に学校に行けるかどうかもわからなかった。

そんな状況にありながら、江一が細かい家計の数字まであげ、これからのことを書いてみようという気になったのは、その少し前にこんな出来事があったからだった。

江一の母が死んで半月ほどたってから、無着と校長の本間甚八郎が江一の家にやってきた。母が病いの床についてから、江一はたまに学校に顔を出すことはあっても、ほぼ一カ月半、休校状態がつづいていた。無着と本間の訪問は、それを心配してのことだった。

一家の大黒柱となった江一には、母の死を悲しんでいる暇《いとま》すらなかった。その日もちょうど、バイタ負いに出かけるところだった。バイタ負いとはたきぎ運びのことで、冬仕度には欠かすことのできない作業だった。

無着は、悲しい顔ひとつみせず毎日山仕事に出かける江一の気持ちを慮《おもんぱか》るように、ふだんよりひときわ大きな声でたてつづけに言いつけた。

「今日は、バイタ負いか。それが終わったらなんだ」

「煙草のし」

「そりゃ何日ぐらいかかる」

「わからない」

「去年の日記さ出してみろ」

「そんなこと日記さ書いてない」

「だめだ。何日かかるか、今日から日記さ毎日つけるんだ。煙草のし終わったらなんだ」

「雪がこい」

「それが終わったらなんだ」

「それが終わったら学校さ行けるかもしれない」

「なんだ、それじゃ二学期はほとんどこれないじゃないか。とにかく明日、学校さこい。仕事の計画表をつくってもってくるんだ」

　その夜江一は、十二時までかかって無着にいわれた計画表をつくった。つくってみると、無着がいったとおり、十二月は一日か、うまくいってもせいぜい二日しか学校に行けないことがわかった。

翌日、江一が学校に行き計画表をみせると、無着はじっと眺めてから、三、四人の同級生をそばに呼び集め、それを級長の佐藤藤三郎に渡した。

藤三郎は無着がクラスのとりまとめ役と頼んでいたリーダーだった。江一の母が死んだとき、率先して香典集めに走ってくれたのも藤三郎だった。

藤三郎はだまって計画表を見ていたが、無着の「なんとかならんのか」という一言に、きっぱりとした口調でこう言った。

「できる。おらだの組はできる。江一が学校にこれるようになんかなんぼもできる」

そういって藤三郎が同級生の顔を見わたすと、みんなも黙ったまま大きくうなずいた。江一は母の死からずっと泣くのをがまんしていた。だがそれをみたとたん、江一の目から思わず大粒の涙がしたたり落ちた。

それから三日後の土曜日、同級生たちは約束した通り江一の家にやってきた。そしてこの日一日だけで、江一ひとりでは何日かかるかわからないたきぎ運びと葉煙草のし、それに雪がこいまで終わらせてしまった。

江一に「母の死とその後」を書かせた動機は、直接的には、母の死後自分はどう生きるべきかという、江一自身のぬきさしならない自問にあった。

だが、もし無着と四十三人の子供たちを分かちがたく結ぶ強固な絆《きずな》がなかったならば、江一は書くことで母親の死をのりこえようとする勇気をもつまでにいたらなかったかもしれない。また江一の作文がこれほど多くの人の胸をうつこともなかっただろう。

父と母の死。弟妹との別れ。これからもつづく苦しい家計。無着と同級生たちが差しのべるあたたかい手。ここまで綴られてきた「母の死とその後」は、こう結ばれていた。

〈明日はお母さんの三十五日です。お母さんにこのことを報告します。

そして、お母さんのように貧乏のために苦しんでいかなければならないのはなぜか、お母さんのように働いてもなぜゼニがたまらなかったのか、しんけんに勉強することを約束したいと思っています。

私が田を買えば、売った人が、僕のお母さんのような不幸な目にあわなければならないのじゃないかという考え方がまちがっているかどうかも勉強したいと思っています〉

『山びこ学校』のエッセンスともいうべきこの作文は、「きかんしゃ」のなかで最初に活字になった作品だった。

「きかんしゃ」の存在をはじめて伝えたのは、児童雑誌「少年少女の広場」の昭和二十四年十月号だった。だが、それはほんの小さな紹介記事にすぎず、本格的な活字となった最初は山形縣《けん》教育研修所発行の「新教育」（のちに「山形教育」と改題。同時に発行所も山形縣教育研究所にかわる）誌上でのことだった。

この雑誌は、戦後間もなく県の学務課のなかに新しい教育に対応する研究機関と機関誌を望む気運が生まれ、これがきっかけとなって、昭和二十二年八月に創刊されたものだった。行政上は、その翌年の昭和二十三年に発足した県教育委員会の管轄下にあったが、実質的にはこれとは独立した媒体といってよく、新教育の実践成果を積極的にとりあげていた。

同誌の昭和二十五年二月号の教育時評に、山形南高校の国語教師の芳賀秀次郎が、「尊敬すべき実践」と題して次のように書いている。

〈私はここに、尊敬すべき一の教育実践―文集「きかんしゃ」―の紹介をしたい。文集「きかんしゃ」は、無着成恭君の指導による南村山郡山元村中学二年生の、作品集であり、生活記録であり、勉強の足跡であり、ときに必死の叫び声である。

特にその中で江口という子供が書いた「母の死とその後」という長い文章などは、全国のあらゆる人々に学者にも政治家にも芸術家にも読まれていいもの、ぜひ読んでもらいたいものと私は思う。私はその文章を何度もくりかえして読み、読む度にあふれ出る涙をとどめ得なかった〉

その翌々月の四月号では「母の死とその後」の全文が掲載され、八月号ではこの作品についてのシンポジウムが特集された。

中央でもこれをとりあげる出版物が相次いだ。昭和二十五年九月、国民図書刊行会発行の季刊児童文化誌「新児童文化」(第六集)は、全国の優秀作文とともに江口江一の作品をとりあげ、「日本綴方《つづりかた》の会」の編集によって昭和二十五年十一月に出版された『模範中学生作文集』（第一出版株式会社）のなかにも掲載された。

「母の死とその後」は、まずこうした小出版物のなかに登場し、児童文学者や国語教師たちの間に、小さな波紋ながら強い衝撃をあたえていった。

翌二十六年になると、日本文芸家協会編の『少年文学代表選集Ⅱ』や「平和婦人新聞」の創刊号にも転載された。そして「世界」の二月号が総合雑誌のトップを切り、その全文を七ページにわたって掲載するにおよんだ。「母の死とその後」はここにいたって、広く人口に膾炙《かいしゃ》することになった。

この作文が、『山びこ学校』の出版以前にこれほど多くとりあげられることになったのは、この作品が内包する強いインパクトもさることながら、山形県の作文コンクールに入賞し、ついには文部大臣賞を受賞する栄誉につつまれたためでもあった。

山形県教職員組合が県下の教職員に呼びかけ綴方文集を募集したのは、昭和二十五年二月のことだった。「母の死とその後」が書かれて約二カ月後のことである。

戦前、山形県下では村山俊太郎《としたろう》や国分一太郎など生活綴方の指導者が輩出し、秋田、青森、宮城など東北各県の青年教師たちと連動して「北方教育」運動の一翼をになった。県教組による綴方文集募集の呼びかけは、戦時下に弾圧された生活綴方運動の復興を奨励する立場から実施されたもので、戦後では全国でも最初の試みだった。

執行委員長田中新治、文教部長萩生田憲夫、総合文化研究所所長須藤克三《かつぞう》の三名の審査

の結果、無着指導の「きかんしゃ」は組合賞三編のなかに選ばれ、副賞五百円を獲得した。

ちょうどその頃、日本教職員組合と教科書研究協議会の主催による第一回全国生徒児童作文コンクールが開催され、各県教組に優秀作品の応募を求めていた。

山形県教組では組合賞に入選した「きかんしゃ」のなかから江口江一の「母の死とその後」をとくに選んで、これに応募することとした。この審査の結果、江口江一の「母の死とその後」は、愛知県蒲郡《がまごおり》南部小学校四年の小田昇平が書いた「手術」とともに、文部大臣賞を受賞することになる。

日教組の機関紙「日教組教育新聞」の紙上に受賞が発表されたのは、『山びこ学校』が出版される四ヵ月も前の昭和二十五年十一月十日のことだった。

前述したように『山びこ学校』は、企画から実際に出版されるまで二年近い歳月を要したが、結果からみれば、この時間は『山びこ学校』にとって有利に作用した。小さな波紋が徐々に広がり、「母の死とその後」の文部大臣賞受賞をきっかけにさらに波紋が広がろうとするタイミングをみはからうように、はじめてその全貌《ぜんぼう》を明らかにすることになったからである。

文部大臣賞の授賞式は、「日教組教育新聞」紙上に受賞者の名前が発表された一週間前の二十五年十一月三日の文化の日、東京・神田一ツ橋の教育会館で行なわれた。江一は無着に引率され、級長の藤三郎とともに授賞式にのぞんだ。

無着は戦前の山形中学時代に友人をたずねたり、山元中学の教師になってからも何度か所用で上京していたが、江一と藤三郎にとってははじめての東京だった。

まだ山形市へのバスは開通しておらず、三人は三時間かけて山形市まで歩き、山形駅を午後七時十五分に出発する鈍行の夜汽車で東京に向かった。藤三郎は詰襟の学生服、江一は桑の木の繊維で編んだふつうの襟の服だった。文部大臣賞受賞を記念して村から特別に配給されたその服は、藤三郎の目にも粗末に映った。

十一時間かかって上野に到着し、三人は東大の学生食堂に向かった。山形中学から東大にすすみ、当時、東大の生協活動に携わっていた無着の友人は、彼らに朝食をおごってくれた。貧しいはずの山元村でもみたことのないような五分づきの黒いごはんだった。

三人はそれから、山元村から自炊用にもってきた三升の米をしょったまま、会場の教育会館に向かった。

会場に入る前、無着は藤三郎にいった。

「藤三郎、江一さ服貸せ」

小学生の部門で受賞した愛知県の小田昇平と、藤三郎から借りたダブダブの服を着た江一がそろって登壇したとき、無着は思わず涙ぐんだ。

家族全員につきそわれ小ざっぱりした開襟《かいきん》服と半ズボン姿で登壇した昇平に対し、ふた親をなくした江一は家族のつきそいもなく粗末な服装で東京までやってきた。その境遇の違い以上に無着を涙ぐませたのは、中学三年の江一の背が小学四年の昇平に比べても、五センチも低いことだった。

山元村の子供たちは中学一年くらいから、大人が担《かつ》ぐのと同じ重さの荷物をしょって一里もある山道を上りおりする。そんな苛酷《かこく》な労働と貧しい食生活が江一の成長を小学校四年生にも劣るほどにとどめた。そのことが無着の目頭を熱くさせた。

『山びこ学校』の出版以前に、児童文学者や国語教師の間に少なからぬ関心と期待がその周辺に集まっていたもう一つの理由は、指導者である無着の名前が彼らの間にぼつぼつあがりはじめていたためだった。「きかんしゃ」を最初に紹介した「少年少女の広場」の巻末には、全国の綴方教師の連絡先が載っていた。昭和二十四年七月に「きかんしゃ」第一号を刷りあげると、無着はこの欄を通じて知りあった全国の綴方教師たちにそれを送りつけ、その交流を通じて全国的な綴方研究誌をつくろうと呼びかけた。

その皮切りとして無着がたったひとりでガリ版を切り、昭和二十五年六月、山元中学から全国の綴方教師にむけて郵送したのが「つづりかた通信」という個人誌だった。

無着が独力で「つづりかた通信」の発行に踏みきったのは、児童雑誌が次々と廃刊に追いこまれ、最後に残った「少年少女の広場」まで昭和二十五年五月に廃刊となってしまったからだった。

無着と全国の綴方教師を結びつけた「少年少女の広場」は昭和二十一年四月、「子供の広場」として創刊された。編集方針に民主国家日本の建設がうたわれ、編集同人には『山びこ学校』を世におくりだすきっかけをつくった国分一太郎をはじめ、日共文化人が数多く名を連ねた。当時国分は日共文化部員として代々木の本部に通う身だったが、その給与は「少年少女の広場」の発行元である新世界社から出されていた。

新世界社の社長は、高利貸しとして戦後の一時期悪名をはせた金融王の森脇将光《もりわきまさみつ》だった。森脇は大正十二年の関東大震災の直後、まだ地面が熱いなかをかけずりまわり、『関東大震災の惨状』といううすっぺらな小冊子をつくって、のちの出版活動資金を確保した。戦後は、横浜事件で弾圧された「中央公論」元編集長の小森田一記が社長の世界評論社の大スポンサーとなり、同時にその子会社の新世界社にも金を出し自ら社長も買ってでた。ただしその関係は資金面だけで、思想的にはむしろ日本共産党とは対立する立場にあった。

日共とは正反対の立場に立つスポンサーが、日共と密接なつながりをもつ編集同人たちの給料の面倒をみさせられる。戦後の混乱期でなければとても考えられないこうした無軌道なやり方はやはり長つづきするはずもなく、創刊四年目にして森脇は新世界社の経営から手を引き、「少年少女の広場」はついに廃刊のやむなきにいたった。

「少年少女の広場」は小さなスペースながら、子供たちの作文が掲載できる唯一《ゆいいつ》の児童雑誌だった。それまで廃刊になるということは、せっかく灯《とも》った戦後の生活綴方運動の火を消してしまうことに等しかった。「つづりかた通信」の発行は無着の危機感の表われだった。

廃刊となった「少年少女の広場」の編集同人らが母体となって「日本綴方の会」が設立され、ここから生活綴方の全国的組織「日本作文の会」に発展していったのも、元はといえば、無着の呼びかけに応じた地方教師たちの支援によるところが大きかった。「少年少女の広場」の後身ともいうべき「日本綴方の会」の第一回目の仕事で、江一の作文も収録された『模範中学生作文集』の巻末付録には、全国綴方人及び戦後文集一覧が掲載され、そのなかに無着成恭と「きかんしゃ」の名前もあがっていた。

無着成恭の名は、すでに全国の綴方教師たちの間でかなり知られるようになっており、『山びこ学校』への期待はいやが上にも高まっていた。

戦前の生活綴方運動を地下水脈とするこうした人脈の広がりが、『山びこ学校』を社会現象化するまでのベストセラーにおしあげる最初の原動力だった。

戦後派教師たちの気負いにも似た強い自負心がこのうねりを下支えし、さらに広汎《こうはん》なものとしていった。自分たちは戦中派教師と違って、教え子たちを戦場に送らなかった。その戦後派教師のわれわれの手で、混乱した戦後の教育状況を再建しなければならない。『山びこ学校』はこうした戦後派教師たちの決意を指し示すシンボル的存在でもあった。

無着が山元中学で、子供たちに教えることより考えさせることに力点を置いたのも、戦中派教師たちの轍《てつ》を踏むまいという思いが大きく作用していた。彼らが教えたことが結果的に戦争につながったとすれば、教えること自体非民主主義的な教育であり、作文などを通じて子供たち自身に考えさせることこそ、真に民主主義的な教育と呼べるのではないか。

この論理を敷衍《ふえん》していけば、子供に何も教えない教師こそ本当の教育者だということにもなりかねないが、当時の無着にはそこに気づくまでの深い省察が欠けていた。また山元中学の先輩教師たちも、戦時中に行なった教育に対する負い目から、無着の自由奔放な教育を黙ってみているほかなかった。

しかし、わずか三年の短い期間にもかかわらず、無着が世間を驚嘆させるほどの教育実践成果をあげることができたのは、単にこうした外在的要因が重なったせいばかりではなかった。

戦前の生活綴方運動を身近に知る立場にあったこと、「つづりかた通信」を通じて全国の綴方教師と頻繁に連絡をとりあっていたこと、そして戦後派教師としての強い自負などの要因が『山びこ学校』を誕生させ、やがてそれをベストセラー化させる伏線となったことは確かだった。だが、これだけでは一年半の間に「きかんしゃ」を十五号も発刊させた無着のエネルギーと、その無着に絶対的な信頼を寄せた子供たちの内面まで理解することはむずかしい。

「きかんしゃ」には、宮沢賢治を彷彿《ほうふつ》とさせるような詩もあれば、社会学者と比べてもそれほど遜色《そんしょく》なさそうな地域調査も載っている。戦前の生活綴方運動を受け継いだかと思わせる生活記録があるかと思えば、農民文学の萌芽《ほうが》を予感させる作文も収められている。

まるで地中から一気に芽ぶいたようなその文藻は、すべて、無着が子供たちに教材として与えた山元村の現実から生みだされてきたものだった。無着は子供たちの手になる詩や社会調査、生活記録などの作品に的確な指導を加え、次々と「きかんしゃ」の刊を重ねていった。

無着はそのかたわら、四十三人の子供たちの頭をかわるがわるバリカンで刈り、ひまをみては生徒の家を駆け回った。誰の家に鶏が何羽いるか、どこの緬羊《めんよう》が仔《こ》を何頭産んだか、誰の家で病人が出たか、いつも手にとるようにわかり、廊下を歩く足音だけで生徒の名前があてられた。

教師として傑出したこうした資質は、無着個人の生得のものによるところが大きいとはいえ、必ずしもそればかりとはいいきれなかった。

無着の出自と彼をはぐくんだ風土、そして時代が、『山びこ学校』誕生には少なからず寄与していた。もう少し正確にいうならば、無着の教え子たちを生んだ時代と地域が、無着のそれと縒《よ》りあわさって結ばれたひとつの像こそが、戦後教育史に屹立《きつりつ》する『山びこ学校』という作品だった。

第四章　檀那《だんな》寺の跡とり

無着成恭は昭和二年三月三十一日、山形県南村山郡本沢《もとさわ》村菅沢《すげざわ》の曹洞《そうとう》宗の禅寺、沢泉寺《たくせんじ》の長男として生まれた。俗名は成雄だったが、十歳のとき得度して成恭と改められた。

父親の成孝《せいこう》は読経《どきょう》も説教もうまく、節回したくみに朗々と響かせるその声を聞くと、仏になったようだと檀家連《だんかれん》の評判をとった。健康にはややすぐれないところがあったが、なかなかの豪傑タイプで、仏壇の裏は暗くひんやりして密造にはもってこいだといってつくったドブロクを、警察の目を避けるため氷枕《こおりまくら》につめ、「ホラ、もってけ。沢泉寺名物、清酒〝沢泉《さわいずみ》〟だ」と、無着の友人たちに景気よく配った。

母の静《しずか》は東村山郡山辺《やまのべ》町の出身で、正規の免状はもたなかったが、一時、本沢小学校で教鞭《きょうべん》をとり、そののちは、農閑期になると、村の娘たちを集めて針仕事を教えた。明るくわけへだてのない性格は、誰からも慕われ、村人たちは、沢泉寺に行けば必ず一人前の針子になれるとほめそやした。

沢泉寺の檀家はわずか十四軒だけで、葬式も年に一度か二度あるきりだった。寺の収入は、わずかな地所からあがってくる米と、供養《くよう》にあげられる仏供米《ぶつぐまい》とで十五、六俵しかなかった。父が一時期本沢村の役場づとめに出たのも、母が教師づとめをしたのも、ほとんど現金収入のない寺の家計を少しでも支えるためだった。

無着が二歳のとき、寺から出火し、沢泉寺は丸焼けとなった。静の針仕事のわずかな稼ぎでは寺の再建はとてもおぼつかず、檀家連は貧しいなかからなけなしの私財を寄せあい、寺の復興に力を尽くした。

母の静は幼い成恭に向かってよく言った。

「こんなに小さな寺では、住職だけでは食っていけない。住職をしながら、村の小学校の先生をするのがいちばんだ。もし、それができないなら、役場か農協の書記をすることだ。そうしないと、食いっぱぐれることになるぞ」

幼い無着には、この「食いっぱぐれる」という言葉が、なぜか恐ろしく感じられてならなかった。その言葉は子供心に、澱《おり》のように重く沈んでいった。

生前、静が語ったところによれば、子供時代の成恭は素直で明るく、成恭がいると家のなかがいつも春風が吹いたように和やかになったという。

成恭が四歳になったとき、妹の知香子《ちかこ》が生まれた。成恭は静が丹精をこめてつくった苺《いちご》の花をきれいにむしり、それをまだ生まれたばかりの知香子の目の前にかざしながら、「きれいだべ、きれいだべ」と言ってそのまわりをかけまわった。静はその姿がいじらしく、とても怒る気にはなれなかった。

昭和八年、無着は本沢尋常高等小学校へ入学した。

無着が生まれ、小学校に通った本沢村は、山形県のなかでも際《きわ》だった文化風土をそなえた村として知られている。斎藤茂吉の高弟の結城哀草果《ゆうきあいそうか》をはじめ、数多くの文化人をこの村は輩出していた。

山形市生まれの農民詩人で野の思想家とよばれ、昭和五十九年に七十六歳で物故した真壁仁《まかべじん》は本沢村について、今から二十年前にこんな文章を書いている。

〈ふしぎな村である。山形市の上町《うわまち》に続く南館《みなみだて》から右に折れ、富中《とみのじゅう》、前明石《まえあかし》を通って須川《すかわ》を渡る。すると歌人の横尾健三郎（本沢農協創立以来の組合長）の家がある。戦時中、野鳥研究家の中西悟堂が疎開《そかい》していた家で、蜘蛛《くも》の研究家である錦三郎は横尾の実弟である。そこから南へ続く二位田《にいだ》部落には、石倉恒三、寒河江《さがえ》隆三の家がある。結城哀草果の住む百目鬼《どめき》部落には、石倉君の店のところの小路から田圃《たんぼ》に出るのだったと思う。寒河江の家には美術評論家の今泉篤男が疎開生活をおくった。

二位田の次が役場や学校のある長谷堂《はせどう》である。ここは渡辺熊吉、遠藤友介の家があり、熊吉の義兄粟野平助も住んでいる。今日活動している日本画家斎藤二良、児童文学作家鈴木実の家も長谷堂である。無着成恭の生まれた寺はここから西に離れた大森山の麓《ふもと》の漆房だったと思う〉

真壁はこれにつづけて、隣村の柏倉門伝《かしわくらもんでん》は文明開化に早くから敏感だったが、本沢村は月並俳句などをひねり長らく惰眠をむさぼっていたという哀草果の慨嘆をひき、月並俳句の土壌からこれほど文学芸術の芽が伸びるとは哀草果も思いもよらなかっただろう、けれど、その種をまいたのは、ほかならぬ哀草果自身であった、と書いている。

この村の文化性は、小学生時代の無着も一文を寄せた本沢小学校の作文集「あをぞら」によく表われている。昭和四年に同校の綴方《つづりかた》研究部が創刊し、昭和十七年でひとまず休刊となる「あをぞら」は、カラー印刷の表紙といい、全編活版の本文といい、とても戦前、戦中の小学校文集とは思えない立派なつくりである。

本沢村の生まれで、山形師範卒業後本沢尋常高等小学校に着任、のちに山元村に十一年間赴任することになる遠藤友介は、「あをぞら」の創刊号あとがきで次のように述べている。

〈いい文や、いい詩は作るものではなく生まれてくるものだ。心に喜びのある人は喜びの文が、心に悲しみのある人は悲しみの文が。私たちはもっと細かな点までもよく観察し、もっと一寸《ちょっと》したことも深く考えていこう〉

本沢村と山元村は距離にして六キロほどしか離れていない。だがその生活環境は、文字どおり別世界といってよかった。平野部に広がる本沢村は山村の山元村に比べ一戸あたりの耕地面積も広く、食うや食わずという状態には戦時中も戦後も襲われることはなかった。

この村では、結城哀草果をかこみ、真壁仁が本沢村の文化人としてあげた人々や真壁自身もふくめ、いろりばたで文学談議にふける光景が、特段、奇異とはされなかった。

これは戦後の話だが、本沢村の役場を改築するという話がもちあがったとき、青年団を中心に猛烈な反対運動が起きた。哀草果はこのとき、「村には分にすぎたものが一つだけあっていい。それは学校である。学校はどれだけ立派すぎてもかまわない。しかし村役場などは改築する必要がない」といって、青年たちの反対運動を強力に支援した。

無着はこういう文化的雰囲気をもった村で子供時代を過ごした。本沢小学校時代の成績はトップグループには入っていたものの図抜けてはおらず、クラスで三、四番をいつもうろうろしていた。

中学は県下一の進学校、山形中学を目ざしたが、あえなく不合格となり、無着は七十二名の男子クラス全員とともに、小学校高等科に進んだ。このうち四名はその後、満蒙《まんもう》開拓義勇軍に志願して日本海を渡った。昭和十四年、戦雲はこの文化的な村にもおおいはじめていた。

翌年、無着は念願の山形中学に進んだ。

無着は小学校時代から数学は得意だったが、国語は大の苦手だった。本沢小学校の作文集「あをぞら」に寄せた作文も、「少年倶楽部《くらぶ》」に載っていた入選作を丸ごと写してすましたほどだった。無着は中学に入学して間もなく、学校から帰るなり寺の土間に座りこみ、

「中学さなど行かなければよかった」と泣きだしたことがあった。母親の静がなだめすかして聞くと、どうしても国文法がわからず、学校に行く自信がなくなったという。漢字のおぼえも妹の知香子の方がよく、父兄会でも、「素直なお子さんですが、もう少し勉強させて下さらないと」と、教師から釘《くぎ》をさされるような子供だった。

性格的には父親ゆずりのきかん気なところがあり、山形中学の入学式の翌日、体操ズボンに名前が書いてあるかどうかを調べにきた教師に、「先生のズボンには書いてないな」といって、立っていられないほどのビンタをくらったこともあった。

無着が山形中学に進んだ昭和十五年は皇紀二千六百年にあたり、翌年十二月八日には日本は太平洋戦争へと突入していった。戦時体制が濃厚になるにつれ、正規の授業の合間に組みこまれた軍事教練の頻度が、日ごと増していった。この当時の校務日誌には、次のような文字が頻出している。

全校行軍、報国農場作業、市営グラウンド奉仕作業、練兵場勤労奉仕、製炭作業、緊急食糧増産奉仕作業、田植え勤労奉仕、原野開墾勤労奉仕、雪中行軍。

昭和十九年夏、忠、孝、仁、義など漢文調のクラス名をつけられた無着ら山形中学五年生百三十名は、学徒動員令により、群馬県太田市高林の中島飛行機小泉工場に動員された。無着が海軍兵学校の受験準備に入っていた頃だった。海兵志願の動機については、のちに特攻隊で散華《さんげ》する二歳年上の従兄《いとこ》の予科練入りの影響や、海兵に合格すれば動員が少しおくれるという打算も働いてはいたが、軍国教育をたたきこまれた当時の中学生としては、むしろ常識的といってよい選択だった。

海兵のテストの三週間ほどまえ、無着が学校から帰ると、父の成孝が正座して待っていた。前には海兵の受験票が置いてある。海兵受験は無着ひとりで決めたことで、父の成孝は受験票が送られてくるまで何ひとつ知らされていなかった。

「成恭、海兵を受けるのか」

と問う父に、無着は「うん」と答えた。すると成孝は張りのある声で、諄々《じゅんじゅん》とさとすように言った。

「坊主《ぼうず》の倅《せがれ》が、なんで人を殺すことを教える学校にはいろうとするのか。一億玉砕というならば、一億玉砕を見とどけて、一億人の引導を渡してから死ぬ。それが坊主の役目だ。仏教は日本より大きいんだ。仏法は王法より大きいんだ」

このとき成恭は父を非国民だと思ったが、口答えはせず、父の言葉に従って海兵受験をあきらめた。

中島飛行機への動員はその直後のことだった。工場ではおもに零式艦上戦闘機、通称ゼロ戦をつくっていた。工場長は無着らに向かい胸を張って言った。

「君たちは、この工場に動員されたことを誇りに思っていい。この工場は、名実ともに日本一の大工場なのだ。双発の銀河が二十五機、ゼロ戦というすばらしい戦闘機が四十機、毎日この工場から戦場に飛び立っているんだ」

無着はこの訓辞を、身内がふるえてくるような思いで聞いていた。

だが、興奮は最初の数日だけだった。油まみれの作業に加え、食事といえば米が一割で麦五割、あとはサツマイモと大豆を混ぜた飯、そして点呼、点呼の毎日は、無着を次第に厭世《えんせい》的な気分にさせていった。

動員後二十日目の昭和十九年八月二十六日、無着は日記にこう書いた。

〈今朝もまた予科練の入隊者があり壮行式。今朝から軍人勅諭でなく海行かばの歌と、校歌で送ることになった。

朝食――さつま芋。南瓜《かぼちゃ》。大豆。麦。米。

汁――ネギに南瓜をみじん切りにした物。

ゲートルを巻きながら、いやになってきた。なにいやになってきたのかと聞かれると、その正体が自分でもつかめない。こんなふうに働いているのがいやでもあるし、生きているのがいやなようでもあるし、ああいやだいやだ、という感じである〉

九月十一日、無着が山形に一時帰省すると、母は沢泉寺の参道までころげるように飛びだし、「よく帰ってきた。よく帰ってきた。やせたなあ成恭」と言って、涙をぽろぽろとこぼした。

翌二十年も勤労動員の毎日だった。無着が山形中学を卒業するのは、この年の三月三十一日、ちょうど満十八歳の誕生日を迎えた日だった。動員先での卒業式には卒業証書の授与もなく、卒業証書は四月にはいってから、送る人も誰もいない山形中学の講堂で渡された。

無着は山形中学を卒業後、坊主の勉強をするために東京の駒沢《こまざわ》大学に入るつもりだった。寺のひとり息子として生まれ、両親から、ゆくゆくは沢泉寺の住職となり、そのあと本寺の清源寺《せいげんじ》の住職になるんだよといわれて育てられた成恭としては、それは当然の選択だった。

ところがその年の三月、B29約三百機による無差別攻撃をうけ、東京は焦土と化す。東京上空の空が真っ赤に燃えている光景は、動員先の群馬県太田市からも、はっきりとみえた。東京はいつまた爆撃にさらされるかわからず、駒沢大学行きを決意していた一時帰省中の成恭に向かい、母は、

「そんな危ないとこさ、成恭ばやれん。山形師範にでもはいって、空襲がおさまってから行けばよかんべ」

と言って成恭の東京行きをひきとめた。母はつづけて言った。

「沢泉寺は小さいお寺だから、住職だけじゃとても食わんねえ。まんず学校の先生さでもしながら住職して、本寺の清源寺さ移ったら先生ばやめればよかんべ」

成恭は母のこの意見を聞き入れ、東京行きをひとまず断念し、山形師範に入る道を選ん

だ。宗教をとるか、教育をとるか。これが、無着を生涯悩ますことになる選択の最初の一歩だった。

山形師範学校には合格したものの、四月に入学式はなく、無着はその日から山形から一つ秋田寄りに行った北山形駅前の山形航空工場の勤労動員にかりだされた。入学式は七月に一応行なわれはしたが、名前を呼ばれると式はそれで終わった。翌日から校庭に防空壕《ぼうくうごう》を掘る作業や、飛行機を飛ばす燃料用の松根油《しょうこんゆ》をとるため出羽の羽黒山で、四十人ほどの相撲取りたちに交じって松の根っこを掘る作業に動員された。

八月十五日は羽黒山の山中で迎えた。正午に重大放送があるというので早目に山をおり、社務所のラジオに耳をすましたが、無着にはよく意味がのみこめなかった。そのあとの説明を聞いて、やっと戦争に負けたことがわかった。

それから無着は、松の根掘りの道具をとりに戻るため、再びカンカン照りの日射《ひざ》しをあびて白っぽくみえる山道を誰とも話さず上った。みんな、もうばらばらだった。無着はゆっくりゆっくり上り、道具をとると、またゆっくりゆっくり、夕方までかかって山の麓の宿舎まで戻った。

夜、ゆでたジャガイモをみんなものもいわずにぼそぼそと食べていると、すこし酔っぱらった海軍の下士官が、突然、泣きわめきながら部屋に入ってきた。

「貴様ら、日本が負けてうれしいのか。腹を切れ、腹を」

泣く者もいたが、無着は別に悲しくはなかった。虚脱感とジャガイモの満腹感でねそべっていると、仲間のひとりが、しょぼしょぼしてたってしょうがあんめえ、歌でも歌って景気つけんべ、と言って手拍子をとりだした。

みんな手をたたいて「黒田節」を歌い、無着も大声を張りあげて手を打った。

敗戦を迎えるまでの無着には、のちの『山びこ学校』でみせる型破りな行動力はまったくといっていいほどみられない。貧しいながらも教育熱心で愛情こまやかな家庭環境に育ち、両親のいうことを素直に聞く少年は、時折、座敷童子《わらし》のようないたずら心をみせて周囲をはらはらさせることはあっても、基本的には真面目《まじめ》であまり目立つこともなかった。勤労動員でもサボることなく、毎日の日記を欠かさず、吉川英治の『宮本武蔵《むさし》』が世界最高の小説だと単純に信じるような学生だった。

精神的にはやや晩生《おくて》ともいっていいその無着が、のちの型破り教師の片鱗《へんりん》をみせはじめるのは、敗戦を境にしてのことだった。戦時下の禁圧状況では個性を発揮しようにも発揮できる場はなく、目の前にせりあがってきた戦後という舞台を待って、はじめて無着の個性が精彩をはなちはじめた。

昭和三十五年、無着は『ぼくの青年時代』という本を書いた。この本のまえがきには、戦中に教育を受けた自分が、戦後をどう生きたらよいのかという真摯《しんし》な問いかけが素直に吐露されている。

〈……ぼくのような戦中派といわれる連中は、戦死することが約束されて教育されてきたのだ。だから、戦死するまでの、ささいないたずらは大ていの場合大目に見られたし、戦死すればすべて帳消しになり、その死は、意識するとしないとにかかわりなく、意味がつけられたのだ。

つまり、ぼくは戦死すればよかったのだ。それが生き残った。生き残ったばかりに、さまざまなごまかしが、自分自身の生き方の上に悪性のできもののように吹き出し、同時に、己れ自身の内側からは、生きるということはどういうことなのか、死ぬということはどういうことなのか、という二つの問題が、情ようしゃなくつきあげてくるのだ〉

山形師範の授業は敗戦後十日目に再開される予定だったが、教室の窓ガラスは一枚残らず割れ、講堂は戦時中印刷工場に接収され、また海兵や予科練に行った学生の復員が遅れているなどの理由から、正式には十月一日をもって再開された。

無着はこれで正式に山形師範学校本科一年生となったが、この学年の編成は混乱した時代そのままだった。無着のように旧制中学から入学してきた者、山形師範の予科から一緒に進級してきた二、三年生、予科練や海兵から編入してきた者などから成る混成部隊で、学生数だけはとびぬけて多く四百名を超えていた。無着とは親交はなかったが、一級下には鶴岡《つるおか》中学の夜間部から入ってきた作家の藤沢周平がいた。

無着の存在が一躍学内の注目を集めるようになるのは、学園民主化をめぐるストライキが打たれたさなかのことだった。闘争は、軍国主義教師の辞任要求や、学生自治会の設置、学校の実習田からとれた作物が行方不明なのはなぜかなどの嫌疑を、学校側につきつけるところから始まった。

この闘争の先頭に立ち、教員奉職後、レッドパージされることになる武田信昭によれば、学生の不穏な動きに対し、学校側が打ち出した休校宣言にどう対抗すべきかを相談しているとき、このまま籠城《ろうじょう》すればいいじゃないかと、大声を張りあげたのが無着だったという。

「要求が通るまでここで籠城しようじゃないかと言って、柔道場のまん中にドッカとあぐらをくんで座りこんだ。それでみんなの肚《はら》が決まり、ストライキに突入していった。こんな面白い男もいるのかと強烈な印象をうけたことをおぼえている」

校長との団体交渉の席上でも無着は武勇伝をのこした。靴をはいたままの足を机の上に投げだし、フンフンと鼻先であしらうような校長の態度に無着は我慢ならず、顔を真っ赤にしてどなりあげた。

「校長、その足はなんだ。人と話をするときの態度か。その態度そのものが軍国主義だ！」

要求通り自治会は認められ、無着は生活部や文化部をきりもりする立場についた。無着は問題の実習田に縄を張り、実際に耕作していた教師の名前を書いた杭《くい》を立て、学生の手による〝農地解放〟を行なった。無着にとって教室は、自らの生を充実させるにはもはや物足りない場所となっていた。戦後の虚脱と混乱は、教師から教える術《すべ》を奪い、学生に学ぶ気力を失わせているように無着にはみえた。

無着は師範に入学当初、数学科に籍をおいていた。山形中学時代から幾何や代数が好きで、自分自身でも理数系だと思っていたためだった。しかし、次第にこんなものをやってなにになる、という思いにかられるようになり、本科三年のとき社会科に移った。

この頃になると無着は、自治会の文化部活動と好きな授業に顔を出す以外は、学校とは疎遠《そえん》になっていた。無着の目は学内からはっきりと学外に向けられ、山形市内のメーデーには参加せず、わざわざ東京のメーデーに参加したりもした。山形市内の書店をハシゴし、手当たり次第本を読んだのも、文化部の仲間と共著で『純白』という俳句短歌集を出したのもこの頃だった。

俳人としての無着は臼田亜浪《うすだあろう》が主宰していた「石楠《しゃくなげ》」の系統に属し、東北学生俳句連盟の主要メンバーとして活躍した。

数学科から社会科に転科し、俳句づくりから文学にのめりこむ。師範時代のこの無着の足どりには、『山びこ学校』を生みだす種子が少なからず埋めこまれている。

子供たちの社会調査や江口江一の作文で数字が重要な役割をもたされているのは、片足を数学に、もう片足を社会科においた来歴をもつ無着ならではの教育指導の賜物《たまもの》だった。

また『山びこ学校』の冒頭に掲げられ、この本全体を象徴する「雪がコンコン降る　人間は、その下で暮しているのです」という詩は、もし俳句づくりで培《つちか》った無着の感性がなかったならば、ガリ版刷りの「きかんしゃ」にとりあげられることもなかったろう。

　顔を真っ赤にして横柄《おうへい》な校長をどなりつける情熱もふくめ、無着が戦後青春をおくった坩堝《るつぼ》のような師範時代の三年間は、無着を『山びこ学校』に向かわせる道を確実に用意した。

　無着を『山びこ学校』にさらに接近させていったのは、自分の生まれ故郷である本沢村の青年団活動や文化活動への没頭だった。

　結城哀草果を頂点として文化人にはことかかない本沢村に生まれながら、無着はそれまで、彼らと接触する機会をあまりもたなかった。その無着が自分の村に目を向けるようになったのは、将来自分は沢泉寺の住職となり、そのかたわら母校の本沢小学校で教鞭をとるという目標が、はっきり視野におさまってきたためだった。

　一方、本沢村の青年たちも戦時体制からの解放感はあるもののそれをどこにぶつけたらよいか、そして今後の農業生活の座標軸をどこに据えたらよいかわからず混迷状態におかれていた。村の青年たちもまた、戦後派の村のリーダーとしての無着の帰郷を待っていた。無着は本沢村の青年学校などに青年たちを集め、河上肇《はじめ》の『経済学大綱』などを教材にした読書会を開くようになっていた。

　彼ら村の青年にとって、本沢村に文化の種子をまいた哀草果とそれをとりかこむグループは、世代的に親子ほどの違いがあり、敬して遠ざける傾向にあった。無着は、いわば本沢村文化人の第二世代に属していた。

昭和二十年十一月、この村から「草酣《そうかん》」というガリ版刷りの文芸誌が創刊された。発行人の斎藤二良は当時本沢青年学校の教師で、無着の山形中学での五年先輩にあたっていた。東京物理学校出身の二良の兄が学生時代の無着の数学の勉強をみてやったこともある関係だった。

現在日本画家として活躍し、中学時代に哀草果から短歌の手ほどきをうけた斎藤がこの同人誌を出すにいたったのは、結城哀草果を代表とする戦前派本沢文化人たちとの世代間ギャップが次第に昂《こう》じてきたためだった。

戦後の本沢文化はわれわれの手で創造するという気負った思いは、昭和二十二年二月発行の「草酣」十四号のあとがきによくあらわれている。

〈我等は農村に生れた。農民の子である。今起《た》たずしていつの日に起ちあがるか。青い空を見上げた時我等は何かしら嬉《うれ》しい訪れが来ることを感ずる〉

無着は「草酣」の三号目から同人として参加し、これ以降、毎号のように俳句を発表している。

〈星空の深き大樹に風眠る〉
〈シグナルの明滅よ雪音もなく〉

〈避雷針より霧うすれ来て葬の列〉

〈O型のわが血を吸える蚊を見つむ〉

〈蔵王《ざおう》より月山までの鰯雲《いわしぐも》〉

　こうした俳句をつくりながら、無着は一方で、数学的思考にもまだとらわれていた。「草酣」十七号の「俳句雑論II」で、無着は濁音、半濁音を含めた日本語の文字七十三音の組みあわせによって、今後どれくらいの数の俳句をつくることが可能かを順列数式をつかって計算をしている。無着のこの合理的すぎる精神と、俳句の叙情性はまだこの段階では統一されておらず、その統一は『山びこ学校』まで待たなければならなかった。

　短歌俳句誌としてスタートした「草酣」は、短歌や俳句だけでは農村改革はできない、農業問題をとり入れなければならないという無着の意見をうけ入れ、供出米の問題や、農家の次三男対策についての論評なども載せる農業雑誌的色彩を強めていった。無着は「草酣」の同人誌活動のかたわら、本沢村の農協に出入りして、大正期からの本沢村の貯金残高の変遷《へんせん》や、昭和初期の農村不況の頃、農家の借金がどれくらいあったかなどの調査も積んでいた。

「草酣」の資金はすべて斎藤のポケットマネーで維持されていた。その借金が百円を超え、いよいよ刊行がむずかしくなったとき、無着はあたりまえのような顔をして、こう言った。

「二良さん、それじゃ『草酣』はオレがやるよ。もうすぐ卒業して学校の先生になれば、給料が入ってくる。その金でやるよ」

母校の本沢小学校に赴任し、郷里の文化活動に携わることは、もはや無着にとって自明のことだった。

斎藤によれば、無着はこの当時からカリスマ的なリーダーシップを発揮していたという。

「雰囲気づくりが実にうまかった。ナタで割ったような大胆な発言で、いつの間にか自分のペースにまきこんでいってしまう。あの天性のアジテーターぶりは誰にも真似《まね》ができなかった」

「草酣」で俳句に開眼し、村の青年団活動を通じて農業問題に傾斜していった無着に、もう一つ決定的な影響をあたえたのが、本沢村青年学校長の神保良太郎だった。神保は、戦前の生活綴方教師として弾圧をうけた村山俊太郎と師範学校時代同期だったが、生活綴方運動には参加せず、戦時中は、どちらかといえば軍国主義的立場に立っていた。

だが、物ごとにこせこせしない大らかな人柄は、そうした過去の思想的立場を越えて村の青年たちの人望を一身に集めていた。神保は無着に常々こう言っていた。

「頭のいいものは別にかまわなくてもいい。できないと思われている子に自信をつけ、伸ばしてやるのが本当の教育だ」

無着は、戦時中の言動に責任を感じ、戦後上手に立ち回れないでいる神保の愚直さが好きだった。無着の周囲には、過去についてはロをぬぐい、戦後社会にたくみに身をすり寄せていった者が少なくなかっただけに、その思いはなおさらだった。

無着はちょうどその頃、『山びこ学校』の誕生には欠かせないもう一人の重要な人物に出会うことになる。


昭和二十二年四月、山形師範の三年になったばかりの無着は、山形新聞の編集室を突然訪れた。編集委員の須藤克三《かつぞう》に面会するためだった。

「山形師範学校社会科学研究会の代表の者です。先生にぜひ、講義をしてもらいたいとお願いにまいりました」

須藤が大声で来意を告げる男の足元をみると、朴歯《ほおば》の高下駄《たかげた》である。よくもまあそんな格好で受付の案内も通らずに二階の編集室まであがりこんできたものだと、あきれたが、ひとなつこい表情ときれいに澄んだ眼の色は、妙に人を魅《ひ》きつけるものがあった。須藤は否応《いやおう》なく、この傍若無人の来訪者の申し出を引き受けさせられる羽目となった。

これが無着と須藤のはじめての出会いだった。これを機に、無着は足しげく須藤のもとに通いはじめ、須藤のもっている知識を貪欲《どんよく》に吸収していった。

無着が編集委員となって、山形師範学校の創立七十年記念文芸誌「明窓」をつくったときには、編集責任者にまつりあげた須藤のうしろについてはなれず、原稿の整理の仕方、編集の技術、校正の方法、印刷や製本の知識まで、一切合財をのみこんでしまった。このときの体験が、「きかんしゃ」づくりには大いに生かされた。

しかしこうしたこと以上に重要なのは、無着が須藤を通じて、初めて生活綴方の手ほどきを受けたことだった。無着はそれまで、綴方とは小学校時代にさんざん書かされた戦地の兵隊向けの慰問文だとさえ思っていた。須藤に会うまでは、戦前の村山俊太郎の仕事も国分一太郎の仕事もまったく知らなかった。

無着は山元中学でも最初から綴方教育を実践したわけではなかった。学力も低いこの子らをどう教育していったらいいのか。途方に暮れた無着が須藤に相談にいくと、須藤は「綴方でも書かせてみろ」と言った。この一言が、「きかんしゃ」を生みだす最初のきっかけだった。

無着は子供たちの作文ができると、山形市内の須藤の家を訪ねては意見を聞いた。須藤もまた、山元中学校校長の本間甚八郎が山形師範で同期だったという気安さから、無着とともに山元中学の教壇にあがり、子供たちを直接指導したりもした。

無着にとって大きかったのは、須藤から綴方教育の指導を受けるのと同時に、東京にいる国分一太郎を紹介してもらったことだった。

須藤と国分は山形師範で先輩後輩の間柄だった。山形師範で村山俊太郎と同期、国分からみて三期上だった須藤は、師範を卒業後、まっしぐらに生活綴方運動に突き進んでいった村山や国分とはかなり違った道筋を歩いてきた。母校の宮内小学校に奉職後、東京に出て出版社の小学館につとめ、戦後は山形新聞社の論説委員におさまった。民間教育運動の理想にかたくななまでに殉じてきた国分に比べ、須藤は同じ民間教育運動を指導しながらも、より現実的で柔軟だった。

須藤は児童文学者でもあり、ジャーナリストでもあり、生活記録運動の指導者でもあったが、なによりも山形県の文化を中央に伝えるすぐれたオルガナイザーだった。

山元中学で生まれた「きかんしゃ」は、ちょうどボールをパスするように、無着から須藤に渡り、須藤から国分に渡っていった。須藤を中継ぎ役とするこの人脈ができていなかったならば、「きかんしゃ」は、山元中学の倉庫に永遠に眠ることになったかもしれない。

しかし、『山びこ学校』を生みだす上での最も大きな偶然は、無着の山元中学赴任それ自体だった。

昭和二十三年二月、山形師範の卒業を目前にした無着は担任教官から呼ばれ、こう言われた。

「無着君。君は山形市に残ることに決定したよ。社会科からは三人だ。君らは今度はじまった小学校の社会科をやってもらいたいんだ。学校はそのモデルスクールになった山形第七小学校だ」

無着は、教官がいち早く赴任地を教えてくれたのは自分を喜ばせようとしてのことだと思ったが、その期待にそむくように答えた。

「先生、ありがたいことですが、それはだめです。僕は、自分の生まれた村の子供をかしこくしないで、いったいどこの子をかしこくできるのだっていう考えをもっているんです。だから、僕はいま、自分の生まれた本沢村の小学校の先生になろうと、運動しているところなんです」

無着はすでに本沢小学校の校長にそのことを打診しており、そこで、内諾の感触も得ていた。

ところが、山形市内の小学校を断わってまで本沢小学校を望んでいたのに、実際に渡されたのは、予想もしなかった山元中学校への着任辞令だった。斎藤にかわって「草酣」を主宰し、本沢村青年団運動のリーダーになるという夢は、この一枚の辞令で水泡に帰した。

師範時代の同級生の武田信昭によれば、無着はこのとき武田の家に泊まり、

「結城哀草果の策謀にやられた。もう教師なんかやめだ。坊主になって本沢村の文化活動一本でやろうと思う」

と、夜おそくまでわめきちらしたという。

無着がここで突然もち出したアララギ派の歌人の結城哀草果は、本沢村のみならず、山形県を代表する文化人として知られていた。斎藤茂吉の高弟として昭和四年に歌集『山《さん》麓《ろく》』、昭和十年に第二歌集『すだま』を発表して歌壇に確固たる地位を築きあげ、東北大

冷害にあえぐ山村を取材した昭和十年の『村里生活記』などの随筆でも、モーパッサンの描写力と比肩《ひけん》された。中央の出版界に通用する唯一《ゆいいつ》の山形文化人という名声は、多くの門弟を生み、当時山形県知事だった村山道雄も弟子の一人だった。死の三年前の昭和四十六年には、山形市名誉市民の第一号に選ばれた。

その哀草果が、自分の影響下にある知事の村山に手を回して赴任先をかえたのではないか、というのが無着の推測まじりの鬱憤だった。無着の推測には、まったく根拠がないわけではなかった。

昭和二十一年、京都大学の桑原武夫《たけお》が主張した、〝第二芸術論〟に無着は強い共感をおぼえた。俳句結社の党派性を批判し、この詩型は現在の複雑な現実を盛りこみえない、せいぜい第二芸術にすぎない、という〝第二芸術論〟の論旨は、俳句に手を染めながらも、なにかものたりないものを感じはじめていた無着にとって、光明にも似たものだった。

一方、結社性を重視する哀草果にとって、〝第二芸術論〟は、はなはだ面白くない主張だった。とりわけ、〝第二芸術論〟の影響をもろにうけ、短詩型文学の限界性を同じ本沢村内で言いたてる無着の言動は、目ざわりなものだった。その哀草果の感情は無着も知っており、それが哀草果の策謀という言葉が口をついてでた心理的背景だった。

この辞令のショックは相当に長びいた。無着は山元中学校赴任後一カ月目の日記に、こう書きつけた。

〈――必ず村（母校）に行くからな、と周囲の青年達にもらし、また自分でもそのつもりでいろいろプランなど立てそのうちのいくつかは仲間の手で検討され、着任すればすぐにも活発な運動を展開しようと意気ごんでいたのも見事にくつがえされ、思いもよらなかった山奥の小さな分教場に追われて、今このようなかび臭い宿直室に寝起きしている自分を考えるとおかしくなってくる。

「県内の教員異動くらいは自分一人の力で何んとでも出来るんだよ」という某ボスのコトバが生きている以上、この山形県はまだまだなのだ〉

無着がこの辞令に納得できないでいることがありありとうかがえる。だが、哀草果の次男の結城晋作によれば、それは無着の思いすごしというもので、事実はむしろ逆だったという。

「山元中学への赴任が決まったとき、沢泉寺の成孝和尚《おしょう》が父をたずねてきて、私の目の前でこんなやりとりをしていった。なんとか先生の力で本沢村に戻してくれるようお願いできないだろうかという成孝和尚に、父は、気持ちはわかるが、昔からかわいい子には旅をさせろというではないか、といって成孝和尚をさとした。成孝和尚はそれを聞いて、よくわかりましたと納得して帰っていった」

哀草果の存在が無着の着任人事にどんな影響を与えたかは別にして、仮に無着の思いどおり本沢小学校に赴任していたとするならば、『山びこ学校』はまず生まれなかったに違いない。住職のかたわら母校の教師となった無着は、本沢村の文化を担《にな》う地域リーダーとしての人生を歩んでいくことになったろう。

その無着が意に反して山元村に着任した。これは文化的渇望《かつぼう》状態におかれていた山元村からみれば、本沢文化の最もストレートな形での移入にほかならなかった。

数学、俳句、農業への問題意識と青年団活動を牽引《けんいん》していこうとする強い意気込み、そして須藤克三を媒介役として知った戦前の生活綴方の知識。戦死以外に生死の意味をもてずに生きてきた無着が、戦後に生きる意味をつかむため必死で学びとったことのすべてが、いわば山元村のために用意されていた。

無着は山元中学への辞令に不満をもらしながら、同じ日の日記にこうも書いていた。

〈たった一ト月しかならないのに子供達にも、部落の人達にも離れ難い愛着を感じている〉

無着が心ならずも赴任した村と子供たちに離れ難い愛着を感じたのは、この村と子供たちがもつ純朴さゆえからだけではなかった。この村の人々のほとんどは、無着の生家の沢泉寺の本寺にあたる清源寺の檀家だった。無着の目の前にいる子供らは生徒でもあり、檀徒でもあった。

子供たちからみれば無着は単なる新任教師ではなく、村の駐在よりはるかに偉く、村長、校長なみの敬意を集める存在だった。そのことが無着に、着任後わずか一カ月にもかかわらず、郷愁にも似た感情をこの村におぼえさせた大きな理由だった。そしてまた、無着が一ヵ月のうち二十日間も子供の家を泊まりあるくことを可能にさせた一つの素地でもあった。

無着の出自も生まれ育った時代も地域も、すべてが山元村での新しい教育の可能性を予感させていた。あとは無着のなかに内蔵されたものを、いかにこの村の子供たちに注ぎかけるかだけだった。

この村でやれるところまでやってみよう。無着にそう決意させたのは、「沢泉寺は貧乏寺なのに、息子ばかりか娘まで師範にあげた」と村人からいわれた自分自身の境遇とは比較にならないこの村の、想像を絶するほどの貧しさだった。

自分が師範学校と本沢村から学びとったものが、本当にこの村の貧しい現実に通用するのか。二十一歳の新任教師は、その一点に教師生命を収斂《しゅうれん》させていった。

第五章　翻弄《ほんろう》される山村

『山びこ学校』の四十三人の生徒は、いずれも昭和十年四月から十一年三月までの間に生まれた子供たちである。昭和九年の東北大冷害の年に母親の胎内に宿された彼らは、山元中学校のなかでも最も少人数の学年だった。

四十三人中、六人兄弟以上が二十九人おり、父親を戦死や病死で失った者も八人いた。農村窮乏のまっただなかに生をうけ、小学校にあがったときから戦争下に生きた子供たちだった。

昭和九年、山元村の夏は寒かった。前年の夏、今でも日本の最高気温となっている四十・八度の気温が山形市で記録されたが、この年は四月末になっても降雪がつづいた。桑の葉は発育をとめ、山元村最大の収入源である養蚕は潰滅《かいめつ》状態に陥った。前年、山元村の養蚕農家一戸につき年間五百二十八円あった収入は、一挙に百七十四円にまで落ち込んだ。

東北の農村一帯を襲い、宝暦、天明、天保の飢饉《ききん》にも劣らぬと称されたこの冷害凶作は、太平洋岸を南下する寒流の異常現象が一因をなしたものだった。ふだん金華山沖まで北上する暖流の黒潮がこの年は寒流の親潮の強い流れに圧倒され、その流れに乗ったアラスカのオットセイが犬吠岬《いぬぼう》まであらわれた。

この年の山形地方の平均気温は、七月二十一・六度、八月二十二・四度、九月十八・八度と平年より二度あまりも低く、しかも多雨に見舞われ、日照時間は決定的に不足した。

山元村は多雪と融雪のおくれで苗代《なわしろ》も田植えもおくれ、ただでさえ発育不良の稲に長雨とイモチ病が襲った。この年の山元村の米の一反あたりの収量は〇・四六一石、すなわち一俵強にすぎなかった。

それまでも山元村の平均反収は三俵あまりしかなく、山形県の平均反収約五俵にはるかにおよばない状態が毎年つづいていたが、この年は山形県の反収平均約三俵の三分の一という有様だった。三百坪の田んぼから、わずか六十キロの米しかとれない大凶作だった。

それ以前五カ年の平均収穫高に対し、近隣の村は五割程度の減収でくいとめたが、山元村の減収率は七割以上にも達した。太平洋岸から発した異常な冷気は、ふだんから日照時間も短く通風も悪いこの山あいの村を、文字どおり直撃した。

昭和九年の冷害がいかに深刻な打撃をこの村にもたらしたか。何人かの古老の証言が残っている。

〈当時私は、小滝の庄屋で農夫頭をしていた。その年は土用の時でも毎日毎日水車が回っていた。三枚あった蓑《みの》も雨のためすべて腐った。その家には普通だと例年百三十俵もとれる米が、その年に限ってたったの七俵だけという驚くほどの凶作であった。
その庄屋では凶作の場合を考えて代々籾《もみ》を備蓄していたが、この年はやむにやまれず、籾堂を開封して賄《まかな》った。その米は四十年前のものだった。江口国吉（入丸森《いりまるもり》・当時二十三歳）〉
〈曽我の雨から降り始め、百日間雨が降り続いた。その間太陽が顔を出したのはわずか三回きりだった。それも薄日で弱く照ったのみだった。雨といっても霧のような雨で、働いているときは生温いため蓑一つでも十分だったが、働かないときは逆に寒く肌こや合わせは放されなかった。
毎日毎日雨に濡《ぬ》れるため荷縄、蓑、笠《かさ》は乾く暇がなかった。例年我家では六十俵とれる米がこの年は十六俵しかとれなく、しかもすべて砕け米だった。米びつがいつもからっぽの有様だった。川合太郎（境・当時二十六歳）〉
平成二年、狸森《むじなもり》の田畑家屋敷を妹にゆずり、山形市の郊外に一家全員で移ってきた佐藤源吉も、昭和九年の冷害を体験したひとりである。当時源吉は二十三歳だった。
「旧暦の五月二十七、八日は曽我の雨といっていつも雨が降るんだけんど、それが過ぎると必ずカラッと晴れるんだ。ところがあの年に限ってお天道さんが出なかった。川の水の色もいつもと違ってなんかくすんでいた。
どんより曇った空から来る日も来る日も雨がおちてきた。ぶあつい雲にはねかえされでもしたんだか、ふだん絶対に聞こえないはるか遠くの蒸気機関車の音が、畑にいても一日じゅう聞こえた。そんな状態が丸一年も続いた。米はふだんの二〇パーセントもとれず、精米すると青いきな粉のようになった。あれはたまげた年だった」

大正十二年にはじめて灯《とも》った電灯は料金未納の家が続出し、山元村のほとんどの家が元のランプ生活に戻った。税金も大半の家が滞納し、どこの家も暗いランプの下に家族が体を寄せあい、サツマイモやカボチャだけで飢えをしのいだ。

源吉の長男はちょうどこの年に生まれた。『山びこ学校』の子供らの一級上にあたる長男は、糖尿病、腎臓《じんぞう》病などでこれまでに十回も入退院を繰り返し、今も一週間に三回病院に通っている。源吉には、その原因が今でも授乳期の栄養不良にあるように思われてならない。

昭和十一年の山元村の壮丁《そうてい》検査状況は、次の通りだった。

資格者二十七名

甲八名　乙十二名　丙六名

山元村はこれより前、世界恐慌《きょうこう》の余波にも生活の基盤を大きくゆさぶられていた。一九二九（昭和四）年十月のアメリカ株式市場の大暴落は、生糸相場の暴落という形でこの東北の寒村を襲った。昭和元年、養蚕農家一戸につき年間七百三十三円あった収入は、昭和五年には、百七十二円と、四分の一以下の異常な減収となった。

炭と米と繭《まゆ》によって生活を支えてきたこの村は、生糸相場の暴落、米の大凶作という二重の打撃にみまわれた。『山びこ学校』の生徒は、まさにこうした貧窮下に生を授けられた子供たちだった。

山元村の村民は財政逼迫《ひっぱく》を理由に、明治十九年に開設された小白府《おじらふ》分校を冬期を除いて休校したいとの意見書を郡役所に提出し、政府所有米の放出や、道路工事など救農対策事業の早期実現を求める要望書が、山元村役場からやつぎばやに出された。

山元村には九州や関西などから義捐《ぎえん》米や義捐麦、はては義捐芋や衣類まで届いたが、所《しょ》詮《せん》その場しのぎの救援策でしかなかった。

教師の俸給は遅配、欠配をきたし、欠食児童数はうなぎのぼりにあがった。昭和七年七月、文部省は全国農村の欠食児童は二十万人にのぼると発表したが、それから二年後の東北大冷害によって、その後の実態ははるかに悲惨な方向に向かっていた。

昭和九年末に山形県がまとめた報告によれば、県下で欠食児童のいない学校は三百四十一校中わずか十校にすぎず、その時点で四千八百名を数えた欠食児童は、近い将来一万三千名あまりに達するだろうと述べている。

昭和九年十月、東京朝日新聞は、「東北の凶作地を見る」という十七回連続のルポを特集した。その見出しからだけでも当時の窮困ぶりがうかがえる。

〈鶏の餌《えさ》まで食い払下米待望〉

〈村民の常食物はドングリの実〉
〈朝礼や体操に倒れる児童〉
牛蒡《ごぼう》のように細い大根、苦味と渋味を抜かなければとても食べられないトチの実、ワラビの根、イナゴ、松の表皮の下の白皮を煮て搗《つ》いて丸めた松皮餅《もち》。『山びこ学校』の生徒を生んだ親たちは、時としてそんなものまで口にしなければならなかった。

この年の十一月四日、山形県内の小学校校長たちは善後策を講じるため、県下約四千人の小学校教師たちを代表して山形市内の教育会館に集まった。教師たちも俸給の遅配、欠配で生活苦にあえいでいたが、子供らの窮乏は見るにしのびず、自分たちの俸給の百分の一を出しあい、欠食児童の給食費にあてることをきめた。

山元小学校の昭和九年当時の状況は、結城《ゆうき》哀草果の「村の生活」と「給食」というルポに詳しく書かれている。哀草果はこの年の十二月二十六日、ひと月半ほど前にはじまったばかりの児童給食を取材するため、山元村にやってきた。このとき山元小学校の欠食児童数は、全児童数四百三十名中五十八名にのぼっていた。

〈……ある日、学校の炊事場で飯を炊《た》いていると、尋常二年の九歳になる児童が走って来て、飯が吹きあげている釜《かま》近く顔を寄せて「ああよい匂《にお》いだ」と言った。その児童に朝なにを食べてきたかと尋ねると、大根を茹《ゆ》でたのを食ったという。ご飯は昼学校でご馳走《ちそう》になれとお父さんが言ったというのである〉

哀草果が尋常二年以上三百八十名の家の食物状況を調べてみると、白米を常食としている子供は十名しかいなかった。哀草果は、この十名を根拠に、現在山元村で純米飯を食べているのは多くみても、七、八戸にものぼるまい、と推測している。当時の山元村の戸数は二百八十六戸だから、純米を食べられる家は三パーセントにもみたない。

〈……他は麦飯、南瓜《かぼちゃ》飯、大根飯、小豆飯等であって、南瓜飯を常食としているという児童の皮膚は、黄疸《おうだん》のように黄色になった。また時々食《ときどきぐい》（夜毎《ごと》に食うもの）には粥《かゆ》、湯漬飯、雑炊、ハツトウ、蕎麦《そば》がき等で、これらの食物は、出来るだけ糧《かて》を延ばすもので、ハットウというのは、蕎麦団子を味噌汁に煮たものである〉

副食物は大根汁、イナゴなどで、メザシなど塩干しの魚を三日おきに食べられる子供は三百八十名中、たった九人しかいなかった。刺身は婚礼の時以外食べられないというのが、当時の村人たちの常識だった。また、山元小学校から四キロほど離れた小白府分校では十五人の子供のうち、四人が欠食児童だった。

哀草果は山元小学校を取材におとずれた六日前の十二月二十日の給食をメモしている。その献立は次のようなものだった。

芋飯……分量一人分半搗米一合馬鈴薯《ばれいしょ》小二個
味噌汁……牛蒡、鰹節《かつおぶし》少量
漬物……白菜

哀草果が山元村を訪れた当日、山元小学校ではちょうど期末の学芸会が開かれていた。子供たちは、ストーブも炭火もない暗い板敷きの床に素足で座り、破れた障子から吹き込んだ雪が彼らの髪をまっ白にしていた。先生も子供らも寒さにふるえて拍手もうまくできなかった。

舞台にあがった子供たちは三重にもあげをした袴《はかま》をつけ、両足が入るほど大きな足袋をはいていた。この村では、袴も足袋も兄弟で共用だった。

哀草果はその二日前の十二月二十四日の午後、着ぶくれた男が、山形市内の洋服屋でスカートを買っているのを、偶然目撃していた。

〈店には一円八十銭より安いスカートはなかったが、男は木綿でよいから六十銭位の品が欲しいとしきりにいった。その男の尋常六年生になる女の子が、学芸会の遊戯に選ばれて、当日スカートをはいてくるように先生にいわれたからである〉

娘のスカート一枚買うことさえできず、飢餓線上ぎりぎりまで追いつめられた村人にできることといえば、自分が家を出ることで、貧しい家計を少しでも助けることくらいのものだった。

金融恐慌の余波による生糸相場の暴落がこの村を襲った昭和五年の時点で、当時二百九十七戸あったこの村からの出稼ぎ人は二百六人を数えた。その職業別内訳は、当時の資料のまま記載すれば、工女五十五人、山元村地区内の年季奉公をふくめた農業五十一人、女中二十五人、日雇十五人、番頭五人、醜業婦五人などとなっていた。

昭和九年の冷害凶作の時点では、二百八十六戸のこの村から男百八人、女百十七人の計二百二十五人の出稼ぎを数える事態となった。年齢別では十五歳以下三十八人、二十歳以下百五人、二十五歳以下五十九人、三十歳以下十九人、などからなり、職業別では製糸業四十七人、農業三十九人、店員二十四人、紡績工場二十二人、職人二十三人、子守り十四人などで占められた。

出稼ぎ先は山形県内が百一人、あとは東京、茨城、神奈川、名古屋、大阪などに散らばった。村には年寄りばかりが残り、消防団も解散せざるを得なかった。

欠食の次に山元村の子供たちを待っていたのは、食い扶持《ぶち》べらしするにもなかなかできない奉公難だった。

未曽有《みぞう》の不況はまともな稼ぎ口をとざした。年季奉公の店員や、三度の賄《まかない》はしてくれるかわりに俸給なしの子守りにありつけただけでも、よしとしなければならなかった。昭和九年の大凶作を身をもって体験した佐藤源吉によれば、村人は口にこそださなかったが、娘をひそかに身売りする家も少なくなかったはずだという。

前記の東京朝日新聞の東北凶作地のルポのうち、山形県最上《もがみ》地方を取材した回では、「売られる最上娘　哀切・新庄節」の見出しで、次のような報告がなされている。

〈……身売りがふえるだろうというので、身売り防止の方策をたて新庄警察署が主になって、先頃村々で「娘を売るな」と座談会をやって歩いた。

娘一人の身代金《みのしろきん》は年季四年で五百円ないし八百円、しかし周旋屋の手数料や着物代や何やかを差引かれて実際親の手に渡るのは、せいぜい百五十円くらいだ。可愛《かわい》い娘を手離しても、百五十円の金を握りたい、一つの悲風習でもあろうが、やはりそれも煎《せん》じつめると、食えない苦しさからに違いないだろう。しかも、娘を売った親たちは「凶作で米がないから、年季が明けても村の懐《ふところ》には帰るな」というのだ。農村の窮乏もここに至っては正視するにしのびない〉

事態は山元村でもそう変わらなかった。山元村の隣りの伊佐沢《いさざわ》村（現長井市）では「娘身売りの場合は当相談所へ御出《おいで》下さい」という張り紙が役場に貼《は》りだされた。

山形県保安課の調査では昭和九年十一月までの県内の娘身売り数は、三千二百九十八名にのぼった。その内訳は芸妓《げいぎ》二百四十九名、娼妓《しょうぎ》千四百二十名、酌婦千六百二十九名だった。娼妓千四百二十名のうち、八〇パーセントにあたる千百四十二名は東京の花街への身売りだった。

この当時東京には約七千五百名の娼妓がいたことが警視庁の調査で明らかになっている。これでいくと、山形県出身の娼妓は東京で働く全娼妓のほぼ六分の一に近い。

金融恐慌と冷害凶作によってもたらされたこうした事態に対し、もっとも大きく、もっとも性急なかたちで示された反応が、日本に軍部独裁への道を突き進ませる端緒となった昭和十一年の二・二六事件だった。これに参加した兵士は疲弊した農村の出身者が多く、彼ら農村出身者たちの境遇に対する同情と、重臣政治への危機感をつのらせた青年将校の天皇親政を求めての蹶起《けっき》は、かえってこのクーデターを奇貨とした軍部の台頭を招く結果を生んだ。そしてこれが、三たび山元村に暗い影を投げおとす大きなひき金となった。

大正四年十二月、大正天皇即位大典記念事業として山形市六日町字寒河江《あざさがえ》町に、県立自治講習所が開設された。初代所長に就任したのは、のちに「満州開拓の父」と呼ばれることになる加藤完治だった。

明治十七年、東京本所の旧士族の家に生まれた加藤は、東大農学部を卒業後、愛知県安城《あんじょう》農林学校の教諭に任じられていた。県立自治学校は、設立目的に地方自治行政担当者の養成をかかげた全国でも例をみない学校だったが、独自の理論で知られる古神道《こしんとう》学者の筧克彦《かけいかつひこ》に心酔していた加藤は、単に官吏養成をするだけではなく、広く農村の中堅指導者を養成しなければならないと、筧の主唱する皇国精神にのっとった農本主義の精神教育を実践していった。

加藤は農民教育には実習農場が必要として、北村山郡大高根《おおたかね》村の元陸軍軍馬補充部牧場を借りうけ、高冷地開拓の精神と技術を練磨する場所とした。ここは標高五百メートルにおよぶ荒蕪《こうぶ》の地で、十一月には降雪し、同時に交通も杜絶《とぜつ》する。この実習農場がのちに、満州開拓移民の重要な内地訓練場となる。

だが加藤は、この当時から満州開拓移民を計画していたわけではなかった。皇国農民精神を基調とした健全な自作農を営むことのできる者を、農村の中核的指導者として育成するというのが、所長に就任して以来の加藤の教育方針だった。『上山《かみのやま》市史・下巻現代編』及び『山形県立上山農業高等学校五十年史』には、加藤が満州開拓に目を開かされる過程が、次のように述べられている。

大正十年一月のある日、入寮受講中の学生数名が所長官舎に加藤をたずねてきた。彼らが悲壮な口調で訴えるには、自治講習所に入所して農業の重要性はよくわかった。だがいくら精神と技能を練磨して帰村しても自分ら次三男には耕したくとも耕すべき土地がなく、結局は離農するしか道がない、というのである。

加藤はこれを聞いて愕然《がくぜん》となり、農家の次三男に耕地を与えること、それには狭隘《きょうあい》な日本内地ではなく外地に新天地を求めることが何よりの先決事項だと痛感するようになった。

大正十四年三月、加藤は朝鮮への入植を決意し、この呼びかけに応じた自治講習所卒業生ら十戸が朝鮮に渡った。これが、満州移民の先進県といわれた山形県の外地開拓の先がけだった。

昭和六年に満州事変が勃発《ぼっぱつ》すると、山形県はいちはやく、その地を集団農業移民地とする案を明らかにした。これを立案したのは東村山郡大郷《おおさと》村（現山形市）の角田《すみた》一郎という退役陸軍中佐だった。

角田は陸軍士官学校の第十六期生で、日露戦争に出征後、シベリア出兵に参加し、未墾の北満の原野を地理踏査した経験の持主だった。その角田が退役帰郷後、農村の実情を勘案して立案したのが集団武装移民構想だった。

角田はこの構想をもって上京し、まず陸士の同期生で参謀本部付となっていた永田鉄山をたずねた。だが永田は、満州への農業移民に関しては政府も軍部も現段階では否定論、時期尚早論が強く、採用されるのは困難だろうとの見解を示した。このとき角田が思いだしたのが、大正十四年、山形県立自治講習所所長を退き、昭和二年に茨城県友部《ともべ》に新設された日本国民高等学校の初代校長として着任していた加藤完治だった。

角田は加藤とは面識はなかったが、自治講習所時代、加藤が農村の次三男対策として海外拓植を主張し、全国から注目を集めていたことを知っていた。

角田はさっそく加藤に面会を求め、自分の考えている満州移民案を提示した。角田の構想は次のようなものだった。

満州は日露戦争以来日本の重要な生命線であり、この未墾の沃野《よくや》に開拓農民を送りこみ、日本の食糧基地とすることは国防的観点からみても、耕地難にあえぐ零細農家の次三男救済対策としても最適であり、さしあたって現地の治安状況に照らしあわせ、在郷軍人から選抜した百戸を一集団とする自警自衛の村落を形成すべきである。

加藤はこの構想に大いに共鳴し、翌日、角田を同道し、角田の陸士時代の教官だった陸軍大臣の荒木貞夫《さだお》をたずね、早期実現を強く訴えた。

翌昭和七年、加藤は建国宣言直後の満州に渡り、奉天で山形県鶴岡《つるおか》市出身の関東軍参謀石原莞爾《かんじ》と会った。石原は加藤の考えに賛同するとともに、部下の関東軍司令部付満州国軍事顧問の東宮鉄男《とうみやかねお》を加藤に引きあわせた。昭和三年の張作霖《ちょうさくりん》爆殺事件で関東軍参謀河《こう》本《もと》大作の指示をうけ、現場指揮をとった東宮は、軍事的観点から北満への集団移民を推進すべし、との具申書を上官の石原に提出していた。東宮の具申書は加藤の考えていることと共通するところが多く、ここに至って、拓植移民構想と軍事戦略目的は密接に結びつくことになった。

関東軍の了承をとりつけて帰国した加藤は、一戸あたり耕地二十町歩五百戸の実験入植案を拓務省に働きかけた。この移民案は昭和七年八月、臨時国会で可決された。

これより前、加藤は県立自治講習所の卒業生や山形県内の入植希望者約五十名を、関東軍から借りうけた奉天郊外の訓練農場にすでに送り出していた。

昭和七年十月、東北六県や新潟、長野など寒冷地出身の在郷軍人約五百名は山形県立自治講習所の大高根実習農場などで訓練をうけたあと、本格的集団移民の第一号として満州に向け神戸港から出航した。第一次集団武装移民といわれ、入植後は弥栄《いやさか》村と称したこの部隊のうち、三十九名が山形県出身者で占められた。このなかには山元村出身者も一名含まれていた。

入植後千振《ちふり》村と称された昭和八年の第二次移民でも、瑞穂《みずほ》村と名づけられた昭和九年の第三次移民でも、山形県の入植者数は計画送り出し総数の一割以上を占めた。

二・二六事件のあとをうけた広田弘毅《こうき》内閣が、昭和十二年度を初年度として向こう二十年間に、戸数にして百万戸、人数にして五百万人の農業移民を満州に入植させる国策をたてたのは昭和十一年八月のことである。政府が満州への入植を決定した背景には、ソ連に対する第一線兵力の扶植という関東軍の目的とも合致した軍事的側面以外に、日本全国の農家五百四十四万戸のうち、三分の一は耕地面積も狭く不合理な過密経営で生産に不適とされた点があげられる。一方、今後三十年間に三千万人の人口増加が予測されるにもかかわらず、大正十三年の新移民法によるアメリカへの日本人移民禁止にみられるように、他地域への大量海外移民が絶望的な状況に追いこまれていたことも、満州に目をむけさせる大きな理由だった。

政府は差しあたり昭和十六年度までに十万戸を満州に送り出す第一期五カ年計画を発表したが、山形県はいち早くこれに応じ、昭和十六年度までに三千七百八十戸の農家を送り出す計画を立てた。当時山形県の農家総数は約十万戸だったから、五年間で山形県全体の四パーセント近くの農家を移住させるという計画だった。

これより前の昭和九年、山形県は県知事を会長とする山形県拓務協会を結成し、各町村ごとに次三男会を設置することを奨励していた。満州移民の国策が決定した昭和十一年八月、両団体は二十三名のメンバーを組み、行程八千キロメートルにおよぶ満州移住地視察慰問の旅を挙行した。全国初の試みだった。

当初、開拓団の編成は各県の混成となっていたが、全国に先がけ県単独の開拓団を組んだのも、一地域を丸ごと移住させる分村、分郷計画に着手したのも山形県が最初だった。

山形県は青少年開拓民、いわゆる満蒙《まんもう》開拓青少年義勇軍でも先鞭《せんべん》をつけた。満蒙開拓青少年義勇軍の正式の募集が始まるのは昭和十三年からだが、その先がけは、昭和九年東満国境に近い饒河《じょうが》に入った少年開拓団だった。山形県は、全国から二十歳未満の青少年三十名を募集したこの饒河少年開拓団に三名の少年を送り、続いて三百名を募った北満国境の伊拉哈《イラハ》少年隊にも百二十四名の少年を送りこんだ。

加藤完治は、これら実験的開拓を経て発足した満蒙開拓青少年義勇軍を養成する機関の最高責任者でもあった。加藤は日本国民高等学校校長の身分のまま、同校に隣接する茨城県内原《うちばら》に満蒙開拓青少年義勇軍訓練所を開設し所長に就任していた。『満洲開拓史』によれば、内原訓練所が昭和十三年から二十年までに送り出した青少年義勇軍の総数は八万六千五百三十名に達した。このうち山形県は、昭和二十年の未渡満者二百名を含めて三千八百八十六名の義勇軍を送り出した。満蒙開拓青少年義勇軍の約四・五パーセントを山形県一県で占めたのである。

一方、同じ『満洲開拓史』によれば、満州に送りこまれた一般開拓者の総数は二十二万三百五十九名で、うち山形県出身者はその六パーセント強にあたる一万三千二百五十二名におよんだ。山形県は零細農民を多数かかえていた上に、加藤完治の教えを受けた青年農民たちが県下の農村に中堅指導者として数多く散らばっていた。こうした状況が、山形県からの開拓団を東北六県一とさせ、全国でも長野県に次ぐ満州移民県に押しあげた大きな原動力だった。

とりわけ、山元村をかかえる南村山郡の動きは顕著だった。加藤が初代所長をつとめた自治講習所は昭和八年、上山農学校の敷地校舎の提供を受け、同校と合併する形で県立国民高等学校と改組された。初代校長に就いたのは、加藤に心酔していた自治講習所二代目校長の西垣喜代治だった。

これ以降県立国民高等学校は山形県、なかでもお膝下《ひざもと》の南村山郡の開拓教育のメッカ的存在となっていった。山形県が全国に先がけて行なった満州視察旅行の総指揮をとったのは西垣喜代治だったし、山形県の満州移民政策の大綱を立てたのは上山農学校で教頭職にあり、県立国民高等学校で教鞭《きょうべん》をとった経験をもつ県地方技師の工藤三蔵だった。

加藤完治の教えは、西垣や工藤らを通じて旧上山農学校卒業生、国民高等学校同窓生らに確実に受けつがれていった。彼らはまず昭和十三年に満州開拓期成同盟会を結成し、次いでこれを拡充して南村山郡大陸進出同志会を発足させた。ここで策定されたのが、山元村を含む南村山郡全体の分郷計画、いわゆる満州蔵王《ざおう》郷建設計画といわれるものだった。そのあらましは次のようなものだった。

南村山郡は耕地総面積七千七百二十一町歩で、そこに農家が七千五百二十六戸ある。一戸あたりの耕地面積はわずか九反六畝《せ》に過ぎない。これを山形県の適正規模一戸あたり二町歩に拡大しようとすれば、南村山郡の農家の約半分の三千八百九十戸が過剰農家となる。満州蔵王郷建設計画とは、南村山郡の全農家の半分以上を満州に入植させるという壮大な計画だった。これを昭和十二年度を初年度とする十カ年で完遂するというのがこの計画の骨子だった。

だが、昭和十二年の日中戦争勃発以来、戦火は拡大の一途をたどり、農村の過剰労働力は応召や軍需産業に自然吸収されていったため、この計画は軌道修正を余儀なくされた。南村山郡一円の編団方式は見直され、零細農家が特に集中し満州移民に熱意を燃やす上山町、中川村、本沢村、そして山元村の一町三カ村から集中入植するとの方針に改められた。上山町外三カ村蔵王郷開拓団建設組合は昭和十七年十一月に設立され、山元村がその送り出しの中心目標に据えられた。山元村の農家二百二十八戸のうち、三町以上の耕地をもっている農家はわずか二十戸に過ぎず、一町未満の農家が全戸の半数以上の百五十二戸を占めていた。

これより前の昭和十五年、南村山郡大陸進出同志会は満州東端の東安省宝清県の小城子《しょうじょうし》に蔵王郷開拓団をすでに送りこんでいた。敗戦時において百二十戸四百七十八名を数えたこの開拓団のうち、山元村出身者は二十四戸八十九名と、開拓団中最も多数の開拓民を送り出していた。

この開拓団に加わった山元村出身者によれば、開拓団建設組合が選出した村の移民推進員が毎日のように家にやってきて、山元の次三男をすべて満州に移民させ、ゆくゆくは山元村全体を満州に入植させるという計画を熱をこめて語ったという。

山元村の推進員は産業組合専務理事など村の有力者数名がつとめたが、山元国民学校の教師のなかからも一名選ばれた。無着が通った本沢尋常高等小学校で作文集「あをぞら」の指導を行ない、満州国建国宣言がなされた昭和七年に、山元尋常高等小学校に転任してきた青年教師の遠藤友介だった。

遠藤は明治四十年、無着と同じ本沢村に生まれ、若い頃は結城哀草果が主宰していた本沢読書会の常連メンバーだった。やがて哀草果のアララギ系の歌風にあきたらないものをおぼえ、歌人でもあり経済学者でもあった米沢《よねざわ》の大熊信行《おおくまのぶゆき》主宰の「まるめら」に、山形師範の同期生でまだ上京前だった須藤克三《かつぞう》らとともに投稿するようになっていた。その一方、詩人の真壁仁らと一緒にガリ版刷りの短歌誌「藁《わら》屋根地方」を発行する文学青年だった。

これらの誌上でも遠藤の定型を破った自由律短歌はすでに注目を集めていたが、遠藤の歌風が円熟味をみせるのは山元尋常高等小学校に赴任してからだった。

遠藤は山元村に赴任直後、こんな歌をよんだ。

〈ここへ　きたのは　おれのこころではない。支配された　おれは。よわい　よわいおれは。ひとには　いはぬ。おのれを　いはぬ。おれのほんとうを　だれが　わかるか。とうとうきた。山にきた。山は　まんさくの　はなだった〉

無着が山元への赴任に際して激しく懊悩《おうのう》したように、遠藤もこの山間僻地《へきち》の学校への転任を「おれのこころではない」とよまなければならなかった。彼ら師範学校出のエリートにとって山元村は、戦前も戦後も絶海の孤島にも似た存在だった。

山元に赴任してからの遠藤は自分の寂寥《せきりょう》感と疎外《そがい》感を貧しい村の子供たちに仮託するように、リリシズムとリアリズムを融合させたすぐれた自由律短歌を次々とよんだ。

〈けさは　おかゆをすゝって　きました　とても　ひもじくて　たかとび　などは　できないのです〉

〈「ことしは　三〇エンで　たかぐられだよ」　となみだのんで　子どもうったはなしするははおや、そのみだれがみに　まっしろいわらぼこり〉

〈ぬまのひかりを　みるたびごとに　死にたくなると　おまへはいふ　おまへは　まだ十四さいの　少女ではないか〉

〈あすは　とほく　こもりにやられるといふ　おまえの　おおきいゴムぐつ　あめなかをゆく　からかさかたむけ　さよなら　さよなら　さよなら〉

遠藤の山元村赴任は十一年間の長きにおよんだ。戦後の昭和二十一年には一年間だけ最後の国民学校校長として山元村に再び赴任となり、二十三年には山形県教組の初代執行委員長に就いた。その後遠藤は本沢中学、山形六中などの校長を歴任するが、昭和三十年三月、山形六中の卒業式の壇上で蜘蛛膜《くもまく》下《か》出血により卒倒、二十日あまりのち同校の宿直室で不帰の客となった。

遠藤が四十九年の短い生涯につくった歌は百七十九首にすぎないが、山元に赴任した昭和七年にはその三分の一近い五十四首がよまれ、昭和十五年までにつくられた歌をあわせると、全歌作の七割近い百十九首が山元時代によまれた。

その旺盛《おうせい》な作歌活動が昭和十五年を境にぴたりととまり、それ以降遠藤が歌づくりに手を染めることはなかった。昭和十五年といえば、遠藤ら移民推進員が活発な戸別訪問を繰り返し、山元村から二十四戸の農家を満州に送り出した年だった。

遠藤は山元に赴任して間もなく、「まるめら」の主宰者の大熊信行に宛《あ》て「山元村の人々は台湾米のかゆをすすり、かぼちゃを食い、いもを食い、ドン底の生活をしている。それでいてドン底を知らない。ドン底であると思っていないから、そこから這《は》いあがろうとしない。それが悲しい」という手紙をしたためていた。

遠藤の作歌活動の突然の停止は、投稿の舞台となっていた「まるめら」が当局から左翼的との由《よし》なき嫌疑をうけ、太平洋戦争が勃発した昭和十六年に廃刊に追いこまれたことが直接的な理由ではあった。生前の遠藤を知る人のなかには、それに踵《きびす》を接して始まった満州開拓団への積極的な勧誘活動を、時局への迎合と結びつけて見る向きがないわけではない。しかし、この貧しい山村で歌をつくること自体自慰行為にすぎず、歌で教え子たちの貧しい現実を救済することは絶対にできないという絶望感と虚無感が、遠藤の作歌活動を停止させる大きな内面的理由だったということもできるだろう。

山元村が遠藤ら移民推進員の勧誘によってどれだけの数の開拓団員や青少年義勇軍を満州の地に送りこんだかは、資料が散逸して確実なところはたどれない。

ただ、それを類推させるだけの調査はある。

山形県拓務課につとめ、蔵王郷建設組合主事の要職にもついた大江善松の調べによれば、現存する資料上では、山元村からの一般開拓民と青少年義勇軍者数は次のようになっている。

〈一般開拓民〉

第一次弥栄　四戸

第五次永安屯　三戸

第六次北五道崗　一戸

第七次六道河　一戸
第八次大平山　一戸
第九次小城子　二十四戸
合計　三十四戸
白家《パイジャ》鉄道自警村　二戸
総計　三十六戸
〈青少年義勇軍〉
第一次伊拉哈　三名
第一次柏根里　一名
第一次北斗　一名
第二次興安　一名
第五次四台子　六名
第六次勃利　二名
第七次對店　四名
合計　十八名

以上が確実に氏名の判明している山元村出身の満州開拓者の数である。だが大江によれば、実数はこれよりは間違いなく上回っているだろうという。

これを山形市出身の満州開拓者戸数と比較すると、山元村の突出ぶりがよくわかる。鉄道自警村を含めた山形市出身の一般満州開拓民の総数は三百四十四戸である。これを昭和十五年当時の山形市の世帯数一万二千九百六十一戸で割ると、二・六パーセントとなる。

これに対し山元村からの一般開拓民三十六戸という数字は、昭和十五年当時の同村の世帯数二百九十戸に対し、実に一二・四パーセントという高い比率を占めている。つまり山元村からの満州入植者の割合は山形市の六倍近く、村の十軒に一軒以上の割合で渡満しているのである。

昭和十四年に山元小学校がつくったガリ版刷りの「山元村村勢概要」には、山元村経済更生標語として、「希望の村を大陸につくれ」というスローガンが掲げられている。満州送り出しの中枢《ちゅうすう》機関である拓務協会の実質的最高責任者が県の学務部長であったことにも示されるように、山形県各市町村の学校は好むと好まざるとにかかわらず、満州移民の員数割りあての責務を大きく負わされた。

拓務省が昭和十五年、十六年に青少年義勇軍を対象に調査した資料によれば、内原訓練所に入所するのに際し最も反対したのは母親、逆に、応募動機で最も多かったのは教師の指導だった。

昭和十七年三月、山元尋常高等小学校は卒業生五十名のなかから六名の青少年義勇軍を送り出した。無着と同じ、昭和二年生まれの子供たちだった。そのひとり、加藤（旧姓長橋）朝之助は六人兄弟の三男で、父親を早く亡《な》くし、耕すべき田んぼはほとんど皆無という家に生まれた。

生計を支えたのは他の農家の手伝いでその日をしのぐ手間とりだけだった。卒業まぎわ、加藤は同級生五人とともに体操場に集められた。全員貧しい農家の次三男だった。教師の説明は、この村では希望をもとうにももてない子供たちの胸を高鳴らせるものだった。

関東軍への食糧補給が目的で軍事とは一切関係ない。一定の期間がすぎれば開拓した土地はすべて君たちのものになる。将来そこに村ができ、優秀な者は村長にも、学校の先生にもなれる。

彼らは卒業証書を渡される前に、制服、制帽、巻ゲートルを、なかば強制的にうけとらされた。出発当日は村長をはじめ、校長、生徒ら山元村総出の盛大な壮行式が行なわれた。まだあどけなさが残る六人の少年は、出征兵士さながらに万歳の合唱と日章旗の波に見送られ、山元村をあとに安東省四台子の訓練所に向かった。

満州現地での生活は教師の説明とは大違いだった。いつでも鍬《くわ》を鉄砲に持ちかえられるための軍事訓練が毎日のようにつづいた。訓練もすみ、いよいよ念願の開拓地に入植できるというその矢先、アメリカのB29が編隊を組んで訓練所の上空に飛来した。満州の撫《ぶ》順《じゅん》爆破のニュースが入るなか、加藤らは、爆撃の跡始末や塹壕《ざんごう》の穴掘り要員として駆りだされ、まもなく関東軍の指令で警備隊に編入された。

加藤は敗戦とともにシベリアに抑留され、帰国したのは山元村を出発して六年九ヵ月後の昭和二十三年十二月のことだった。無事帰還はしたものの、村では食べられないからこそ満州に渡った加藤らの耕せる土地が、故郷の山元村に残されているはずもなかった。彼らは新たな開拓の場を国内の未墾地に求め全国に散っていった。

六名のうち一名が北海道、二名が茨城、一名が千葉に開墾地を求めて移住した。残る二名も山元村にはとどまれなかった。現在上山《かみのやま》市で暮らす加藤は、戦後、南陽市の農家に婿《むこ》に入り、近くの吉野鉱山や横浜への出稼ぎで働いたあと、六十五歳のいまも鉄板溶接工として働く身である。

「満州には大志を抱いて行ったわけじゃありません。他の五人も同じだったと思います。母も私の満州行きについては相当に悩んでいました。けれど、山元村にいたんじゃ食えない。それに先生からいわれればいやとはいえなかった。

結局私たちは軍隊の補助要員だったわけですが、満州行きをすすめた先生たちをうらむつもりはありません。あれは国策だったんです。いま人生をふり返って、苦しいことばかりだったとは思いますが、満州で死んでいった沢山の人たちのことを思えば、生きているだけで幸せだと思っているんです」

『満洲開拓史』によれば、満州には敗戦直前、一般開拓団や義勇軍を含め約二十七万人の開拓民がいたが、うち三〇パーセントに相当する約八万人が戦死、餓死、凍死、病死したとされている。

本沢尋常高等小学校の高等科一年のとき無着を担任した高瀬健も、満州に渡ったひとりだった。高瀬は昭和十九年三月、山形県下から集めた三百四十名の青少年義勇軍を引率して、新潟港から満州の東安省勃利に入った。このなかには無着の同級生二名を含む本沢国民学校の卒業生八名、山元国民学校の卒業生二名も含まれていた。

昭和二十年八月八日の突然のソ連軍の参戦によって、三百四十名の高瀬部隊は、九十名が戦死、病死、あるいは餓死で異国の土となった。

一年の抑留ののち帰国した高瀬は、八十二歳のいま、生き残った隊員たちの手記をまとめた出版の準備をしている最中である。墓参のため満州に戦後三回も渡り、五年がかりで集めた手記をポケットマネーで刊行しようとしている高瀬は、戦後四十七年たったいまも、戦中の責任を痛感しながら誠実に生きていた。無着が生涯で最も尊敬する先生というのが、この高瀬だった。

「戦争も末期になると義勇軍のなり手が不足してきて、県の方からそれまで以上にやかましく催促するようになってきました。満州に行けば豊かな生活が送れるといって連れていった子供たちには本当にすまないと思っています。しかし、県からの圧力にはとても抵抗できるような状態ではなかったんです。あれは完全な棄民でした。一般開拓民も青少年義勇軍も民間人という理由で、今もって恩給も年金もつけられていないんです」

昭和十五年、山元村を中心に編成され、東安省小城子に入植した蔵王郷開拓団でも多数の死者をみた。

昭和十九年六月の時点で四百六十八名を数えた小城子開拓団のうち、死亡が確認された者だけで二百三十八名、消息不明者は百二十八名にのぼった。生存帰還者は全体の四分の一にも満たない百二名にすぎなかった。

小城子開拓団の被害がこれほど甚大《じんだい》なものとなったのは、一つには、その入植地がソ連国境に近いという地理的不幸のせいだった。しかしそれ以上に大きかったのは、太平洋戦域における連敗の結果、関東軍七十五万兵士が次々と南方の戦場に送られ、彼ら開拓民を守るだけの兵力がすでに満州に残存していないことだった。満州開拓民は、いざというときの楯《たて》と頼んでいた関東軍にひそかに去られ、戦火のまっただなかに裸同然で投げだされたのである。

百二十戸の小城子開拓団中二十四戸と、最多の開拓農家を送りこんだ山元村の被害はとくに著しかった。山元村出身者八十九名中、死亡が確認された者は五十二名におよび、一家全滅した家も四軒を数えた。

山元国民学校から在満蔵王国民学校訓導として送り出された長橋清八・まつ夫妻も、満州で生まれた二歳の娘を道づれに全滅の悲劇をたどった一家だった。昭和二十年八月十七日、満州の山中で匪賊《ひぞく》に襲われた長橋一家の最期《さいご》は、ある団員が残した手記に生々しく記録されている。

〈……ふと右方を見ると十数名の満人が銃を構えて伏せながら団員の方を目がけて進んでいる。

「来たぞ、逃げろ！」

と叫びながら子供二人の手をとって後方の草むらに伏す。一列になって伏せていた婦女子に向かって満人等は射撃した。逃げるひまもなく射《う》たれて悲鳴が起る。

「やられた！」と長橋先生の声に続いて、

「わたしも……」と奥さんの声、そして、

「早く子供を殺して下さい！」と苦しげに叫ぶ。「よーしッ」と長橋先生は日本刀で我が子を我が手にかけ、苦しむ奥さんの咽喉を突き、返す刀で我が咽喉を突いて自決したのである〉

それから三年後に無着に教わることになる小笠原誠も、赤ん坊が泣くたび敵にみつかるのをおそれた団員が「捨てろ！」と叫ぶ声が聞こえる同じ満州の暗い山中を、着のみ着のままの姿で逃避行につぐ逃避行をつづけていた。まだ十歳の少年だった。

山元村狸森出身の誠の父、小笠原司は昭和十四年秋、加藤完治がつくった北村山郡の大高根実習農場できびしい訓練を受けたのち、十名の隊員とともに新潟港から満州の小城子に渡った。この先遣隊を率いたのは、昭和三十八年、「少年の橋」で芥川賞を受けた後藤紀一の兄で、満州移住協会参事として山形県の満州移民送り出しに奔走していた後藤嘉一だった。小笠原は小城子で満州入植の準備をととのえ、一旦《いったん》帰郷して、妻と誠ら二人の子供を満州に連れ帰った。

小笠原一家の満州での生活は山元村よりずっと裕福だった。本部職員だった小笠原の家には食糧もふんだんにあり、中国人の馭者《ぎょしゃ》を使った馬車も自由に乗りまわせる身分だった。三人の弟も生まれ、入植生活もいよいよ軌道にのりかかった頃、突然、ソ連軍の進攻が開拓団を襲った。

まだ乳のみ児だった三人の弟は逃げる途中の山中でつぎつぎと息をひきとった。残された二人の子供の手を引いた両親は、この世の地獄のような山中を一ヵ月近くさまよってどうにかハルビンまで生きのびた。だが、それも束《つか》の間《ま》、両親はハルビンの病院で相次いで冷たい体となった。あとに残されたのは小学校四年の誠と小学校二年の妹のキヨの二人だけだった。

幸運だったのは開拓団のなかに偶然生きのびた母方の親類がいたことだった。残留孤児になってもおかしくない状況を親類の庇護《ひご》で救われ、誠とキヨが佐世保に帰ってきたのは昭和二十一年の秋だった。

満州の小城子には故郷をしのんで団員が名づけた蔵王山という小高い山があり、最上川《もがみ》と呼ばれた川が流れていた。幼いとき山形を離れ、故郷の記憶がほとんどない誠にとって、それが蔵王山であり最上川だった。

細く幾重にも曲がりくねった故郷の山道を上りつめ、満州では目にしたことのない鮮やかな紅葉にかこまれた模型のような山元村が見えたとき、誠は子供ながらに胸をしめつけられるような思いにとらわれた。満州の広漠たる光景を見なれた誠の目に、それはあまりにも小さく、あまりにも貧しく映った。

昭和二十三年春、まんさくの花が咲く山道をやってきた新任教師の無着成恭が見たものは、そういう歴史を背負った村であり、そういう歴史をくぐった子供たちだった。

第六章　素足の卒業式

昭和二十年八月十五日の正午、九歳の佐藤藤三郎は家族と一緒に三球ラジオの前にいた。大本営発表を聞くのが国民の義務だといわれて買わされた四十二円五十銭のラジオだった。

朝から日がじりじりと照りつける暑い日だった。玉音放送があることは前から聞いて知らされていたが、どんなにダイヤルをあわせても雑音ばかりで鮮明な音が出てこない。

「どこの家でも聞いてるからだな。音波を強くひっぱる高いラジオに負けて、安いラジオにはうまく音がはいらないんだ」

そう言いながら耳をすましていた父は玉音放送が終わると、だまったままうなだれた。祖父の「やっぱり、やっぱり」という低いつぶやきがもれ、家の中を気まずい沈黙が流れた。

のちに『山びこ学校』の級長になる藤三郎にとっては、日本が敗《ま》けたということよりも、自分にかけられた三百円の徴兵保険はどうなるのだろうかということの方が大きな関心事だった。

毎月いくらかの掛金をかけると、徴兵検査のとき三百円の支度金がおりる。三百円の金があれば、出征のとき必要な腕時計と万年筆と軍靴《ぐんか》が買えるという保険だった。

その徴兵保険の支度金も敗戦となれば、帳消しになるに違いない。藤三郎はそのとき、自分は一生革靴とも、万年筆とも、時計とも無縁の人生をおくることになるのだろう、と本気で思った。

保険にはもう一つ思い出があった。藤三郎が二歳のとき和歌山の紡績工場に働きに出ていた姉が病死した。男二人、女七人の九人兄弟の一番上で、まだ十九歳だった。その姉が亡《な》くなったときのことを、母はよく藤三郎に語った。

「あの娘は、明日で保険が切れるという日にちゃんと死んでくれた。保険が切れれば入院費を払わなくちゃならない。親孝行な娘だった」

涙もみせずにそう語る母親の心の内側に、涙以上の深い悲しみがあることは、子供ながらによくわかった。それが藤三郎をなおつらくさせた。

山元村古老の佐藤源吉によれば、戦争末期から敗戦後の数年間の経済的困窮は、昭和九年の東北大冷害時の比ではなかったという。

「米はもちろん豆も馬鈴薯《ばれいしょ》も、口に入るものはみんな供出された。農家なのに食うものがほとんどなかった。配給米は一人あたり一日二合一勺《しゃく》しかない。食べ盛り、育ち盛りの子供をたくさんかかえた家では、栄養失調の子供が続出したんだ」

その戦時下から敗戦後にかけて、まさに食べ盛り、育ち盛りの時代をおくったのが『山びこ学校』の子供たちだった。カボチャごはん、大根ごはん、馬鈴薯ごはんが彼らの常食だった。魚は一週間に一回食卓に出ればいい方だった。

のちに子供ができてから、藤三郎は押入れのなかから中学時代の通知票をみつけ、中一の長女の体位と比べてみたことがあった。

中学一年のとき藤三郎の身長は百三十六センチあったが、昭和三十七年生まれの長女は百六十三センチと三十センチ近くも高く、体重は藤三郎の三十二キロより三十キロ以上多かった。それでも藤三郎の体位は当時の平均を少し上回っていた。

彼らはそんな体で勤労動員に連日かりだされた。小学校の高等科に通う生徒は文部省通達によって通年動員となり、教室での授業は一切廃止された。藤三郎ら尋常科の生徒も、通達こそなかったが、四年生から杉皮背負い、開墾、畑の草むしり、松の根掘り、防空壕《ぼうくうごう》掘りと、大人なみの労働力として扱われた。校庭にまで大豆が播《ま》かれ、授業らしい授業はほとんど行なわれなかった。

国家の労働力として奉仕させられた彼らは、敗戦後は家にとって欠かすことのできない労働力となった。敗戦をはさんだ昭和二十年度の学校日誌をみると、欠席児童数は戦時下より敗戦後の方がずっと多く、全児童約三百名に対し、欠席児童四十名以上という日が毎日のようにつづいている。

敗戦からほどない頃、教師は突然、藤三郎たちに墨をすらせた。すりおわると教科書を開かせ、神国日本を称揚している部分や、アメリカやイギリスを非難している部分を、それぞれ筆でぬりつぶさせた。アメリカの兵隊が明日にでも村にやってきて、若い女を全員つかまえ牛のように鼻環《はなかん》をつけてひっぱっていく、という噂《うわさ》が流れた頃だった。藤三郎たちは、戦時中、日本軍も中国で同じことをしてきたと聞かされていた。

新しくきた教科書は、チリ紙よりうすい紙に印刷されていて、文字は裏うつりしていた。裁断も製本もされていない新聞紙を広げたようなそれを各自ナイフで切り、木綿糸で綴《と》じたものが、彼らが戦後手にしたはじめての教科書だった。

学校にはボール一個なく、チョークさえクラスに割り当てで配られた。無着が赴任してきた昭和二十三年当時も、事情はこれとまったく変わらなかった。

設備や備品のひどさ以上に無着を驚かせたのは、子供たちのドロンとした活気のない目だった。小学生の頃から一人前の大人として扱われていた彼らの体には、早くも生活苦のようなものがしみついていた。

昭和二十五年六月、無着の指導によって子供たち自身が調査した資料によれば、山元村で配給米をもらわずにすむ農家は、わずか六十九戸しかなかった。この当時山元村の農家は二百七十一戸だったから四軒に三軒近くは、農家なのにもかかわらず、米を買わなければならなかった。また家を継ぐことができないままでいる結婚適齢期の次三男は、三百三十一人と、村民千九百七十八人の六分の一以上を占めた。

金融大恐慌《だいきょうこう》と東北大冷害による必然的出稼ぎや、国策による満州入植とそれにつづく国内未開墾地への移住は、この村の貧しさを救済する根本的解決策とはならなかった。そのしわ寄せを一身にうけたのが、無着の目前にいる子供たちだった。

村の年寄りたちは学校に休まず通う子供をみては、「あれは家の手伝いもせず学校にばかり行って困ったものだ。先が案じられる」と、囁《ささや》きあった。子供たちを労働力としてかりださなければ、この村の生計は成立しなかった。そしてその原因は、この村の基盤をなす農業構造それ自体にはらまれていた。

『山びこ学校』が出版されて約半年後の昭和二十六年八月、専修大学の社会科学研究会がこの村の実態調査に入った。そのレポートには、この村がもつ構造的欠陥が克明に報告されている。

この調査当時、山元村の面積の八八パーセントは山林で、畑地は七パーセント、水田は四パーセントにすぎなかった。

耕地面積の絶対的な少なさに加え、耕地面積のなかに占める水田と畑の割合が、この村の経済を一層圧迫した。この当時の全国平均では耕地面積の八一パーセントが水田で占められているのに対し、山元村は逆に六五パーセントが畑で、水田は三五パーセントにすぎなかった。

これは山村ゆえの一種の宿命でもあったが、経営規模別にみると、事態はさらに深刻だった。三反以下の耕地しかもっていない農家では、耕地面積の八五パーセントが畑で、一五パーセントが水田というように、零細になればなるほど水田面積の割合が少なくなる。

その畑も十一月から翌年の三月いっぱいまで確実に雪でおおわれるため、自家消費用の米を買うための換金作物の栽培も簡単にはできなかった。これが、この村の大半の農家が、農家でありながら食糧の配給をうけなければならない最大の原因であり、同時に、山元村の子供たちに、米だけは自分でまかなえる水田の所有を激しく思いつめさせる最大の理由だった。この村では、毎年五月か六月になると、大部分の農家が飯米を食いつぶし、あとは移入米か雑穀に頼るほかなかった。

十四歳の江口江一が「母の死とその後」のなかで、田んぼさえあれば食うだけはできる、借金しても田んぼを買いたい、と書いたのは、それができなければあとは死ぬ以外にないことを、骨身で知っていたためだった。

さらにいえば、戦後の農地解放が末端にまでいき届かなかったことも、この村の農業構造を戦前なみにとどめた大きな原因だった。無着が赴任して二週間目、村でこんな出来事がもちあがった。

ある小作人が農地解放で手に入れた田んぼに苗を植えた。ところが元地主は、日やといの動員をかけてそれを全部ひっこ抜き、自分の苗に植えかえた。小作人も黙ってはいなかった。応援にきた農民組合も手伝って元地主の苗をひっこ抜き、再び自分の苗を植えた。翌日田んぼにいってみると、小作人の田にはまた元地主の苗が植わっていた。農民組合は蓆旗《むしろばた》を押し立ててその田を占領し、元地主の苗をひき抜いてふみつぶし、三たび自分の苗を植えた。

結局、この田は小作人のものとなったが、旧地主の報復を恐れて泣き寝入りする小作も多かった。

この騒動があってから間もなく、山元村のなかに、「農民組合は共産党だ。あいつらは小作人の味方をするようなことをいって、山元村を赤化しようとしている。あいつらのいうことを聞いていると、先祖代々の土地すべて、ロシヤに売っぱらわれるぞ」という地主サイドからの流言や、「小作人の味方をした者は村八分にする」という脅迫めいた蜚語《ひご》がとびかった。農民組合がその後解散を余儀なくされたのも、こうした脅迫的言辞に屈したためだった。

ほんのひとにぎりにすぎない地主たちが、農地解放をなしくずしにしてしまうだけの強権を、なぜ発揮できたかといえば、この村の大半が山林で占められていたからにほかならなかった。

この村で一町歩以上の耕地を所有する地主たちはまたほとんど例外なく、大山林の所有者でもあった。小作人たちは、下草をとるにしろ、粗朶《そだ》を調達するにしろ、炭を焼くにしろ、なにかにつけて山を利用させてもらわなければならず、また山自体が木材の伐採や運搬など、貧しい農民たちに日やとい雇用の機会を与えてくれる場でもあった。この所有非所有の関係が、戦前の主従関係をそのまま温存させていった。

農地解放の対象はあくまで農地のみであり、山林は一切対象とならなかった。全面積の九〇パーセント近くが山林で占められる山元村のような場合、不徹底な農地解放はむしろ、村民の間の不公平をさらに広げる役割を果たすことにしかならなかった。

彼ら山林地主たちは農地解放によって資産を減らすどころか、朝鮮戦争の特需で急騰《きゅうとう》したパルプ材の収入などによって、脱穀機、籾摺《もみすり》機、製粉機などを買い入れ、この機械力で零細農民に対する支配力をさらに強めた。山ももたず、田もほとんどもたない農民は、その機械を使わせてもらうため、ほとんど地べたに頭をすりつけるようにして懇願しなければならなかった。

専修大の調査では、山元村における役畜《えきちく》類の所有状況も明らかにされている。それによると牛、馬などの役畜類の所有頭数は、一戸あたり〇・四三頭にすぎない。家畜をおけば労働力の省力化になるばかりでなく、その糞尿《ふんにょう》からつくられる堆肥《たいひ》が貴重な肥料となることはわかっていても、自分の食う米にさえ困っている零細農民に牛馬を購入し、それに飼料をほどこす経済的余裕など残っているはずもなかった。

農機具についても同じだった。昭和二十九年段階で、二百七十三戸の農家が個人的に所有している農機具は、電動機五台、脱穀機五台、籾摺機一台、精米麦機三台、カルチベーター（耕耘《こううん》機）二台にすぎなかった。この村ではリヤカーすら貴重品で、全部で二十六台と、十軒に一軒の割合以下の所持率でしかなかった。

牛馬や運搬具を所有する経済力がないとすれば、他に頼りになる労働力は子供だけだった。彼らは家畜や運搬具のかわりに重い荷物を背負い、急な山道を上り下りしなければならなかった。

田も畑もすべて人力だけが頼りだった。冷たい山清水の水田にほとんど一日じゅうつかる激しい労働は、山元村の人々の寿命を確実に縮めた。次にあげるのは、山元村から百戸を抽出し、敗戦直後から昭和二十六年八月までの耕地面積一町以上の農民と、五反以下の農民の死亡者を原因別に示したものである。

	一町以上	五反以下
中風	二名	六名
肺炎	一名	三名
乳幼児死亡	二名	三名
心臓病	一名	一名
老衰	七名	一名

この調査でもう一つ明らかになったことは、農産物の販売価格と農家が購入する肥料などの価格との、鋏《はさみ》状の開きである。昭和二十四年四月から二十五年三月までの価格を一〇〇とすると、昭和二十六年十月の畜産物価格が一〇三・一だったのに対し、同じ時期の家畜用飼料の価格は二〇〇・六と約二倍にはねあがった。

これらの数字には、山元村の農民が自分の労働力を売ることでしか、すなわち脱農民という形でプロレタリア化しなければ生きのびられない現実が示されている。

山元村の百戸七百十三人についての、昭和二十五年の社会的流出人口は二十五人だった。これを千人あたりに換算すると三十五・一人となり、全国平均の二十四・九人よりも十・二人も多い。ここにとどまっていたのでは食えないという現実は、戦前の金融大恐慌や東北大冷害による地域住民の大量流出の再現をこの村にもたらした。

この頃の山形新聞には、まるで時代を逆戻りさせてしまったかのような身売りの記事が頻出している。

「身売り人買い全国的に／児童では県が第一」の見出しを掲げた昭和二十五年十一月四日付けの記事によると、二十五年一月から六月までの全国の身売り児童数は三百四十名にのぼり、うち山形県が九十九名とトップだった。

雇入れ先の職業は接客婦八十一名、酌婦十二名、特殊喫茶十三名、芸者七名、合計百十三名で、これら客商売関係が、業種のわかっている二百五十二名中半数を占めていると、この記事は伝えている。

二十七年三月十日からは、「人買いの地高座郡《こうざ》」というルポが、二日にわたり掲載された。これは神奈川県高座郡と山形県南村山郡との間に大がかりな人買い組織があることを報告したものだった。

二十九年に入っても人身売買はあとを絶たず、朝日新聞山形版三月二十六日付けには「五十名が人身売買」という記事が出ている。

〈山形県労基局婦人少年室では昨年末から県内二百五十五中学校の長期欠席者の実態を調査したが、百六十二名の長期欠席者中、五十名が人身売買であることがこのほど判明した〉

この記事には、具体的な人身売買のケースも報告されている。

〈M子（十五）の家は兄弟八人、姉の一人は小学校を出るとすぐ女工として他県に行き発病して死に、もう一人の姉は売春婦だ。母はM子が十三歳の時結核で死亡、父は自作田四反を持っているので生活は村でも中位だというのに性格は冷酷でM子の母が長患《ながわずら》いで寝ている時も看病はおろか医者にもかけず「早く死んでしまえ」とののしったほどだった。

M子は中学を卒業して母亡き後を受け継ぎ一家を切り盛りしようと決意したが、卒業後三日目に父からいきなり愛知県の紡績工場に働きに行けと命令された〉

また同年十一月十日付けの山形新聞によると、満十八歳未満の未成年者で人身売買の被害者となった千八百八十七名のうち、八〇パーセント以上に相当する千五百四十一名が売春関係への身売りで占められた。

人身売買に出された子供たちは農家出身者が最も多く、その生計状態はひと月の収入が五千円から八千円の農家が大部分だった。一ヵ月五千円以下の収入しかない農家も全体の三八パーセントを占め、その平均耕地面積は、水田二反三畝《せ》を含め四反三畝と、稲作を主体とする農家としては極貧農の部類に属していた。

〈調査にあたった調査官の報告にも「売られてはたらいている年少者を訪ねて、学校の話をすると、どの子供もだまってしたをむいてしまう」といっており、子供たちの悲しみが、いかに深刻なものであるかを伝えている〉

無着の前にいる子供たちも、こうした子供たちと経済的にはあまり変わらない境遇下にあった。無着の目には、彼らは将来を展望するどころか、希望をもつという意味さえ忘れてしまっているようにみえた。

無着が社会科の授業で「村を豊かにするための一番の方法は機械化を進めることだ」と大声で説明すると、子供たちはテストのときだけは「日本の農村を民主化する道は、みんな力を合わせて農村を機械化することです」などと書いてきた。

しかしそんな解答を書く子に作文を書かせると、「百姓は馬鹿《ばか》でもなれるから私は百姓をするつもりです」と書き、「父が年をとったので、私はなるべく学校を休んで働くようにしたいと思います」などと書いてきた。また父親を早くになくし、女手ひとつの母親から「生活を楽にしたいなら、人が八時間働くとき十時間働け」といわれつづけて育った子供の作文には、「本当にそうだと思います」という内容しか書かれていなかった。

無着はこれらの作文を前にして頭をかかえこんでしまった。この子供たちをなんとかしなければならないと思えば思うほど、解決の糸口は遠のいた。

煩悶《はんもん》の毎日がつづき、その苦しみのなかから生まれてきたのが、綴方《つづりかた》は書かれた結果ではなく、問題の所在を明らかにするための出発点ではないか、という考えだった。無着はそれまでにも子供たちに綴方を書かせていたが、それは綴方を教材にして勉強するために書かせたものではなく、いわば漫然と書かせてきただけだった。

無着の授業はこれを境にがらりと変わった。ある子供が、学校に行ったばっかりに、農業がいやになって田んぼを全部売り払った近所の農家の話を、綴方にして書いてきた。

無着はこの綴方を教材にして、「教育を受けるとなぜ百姓をするのがいやになるのだろう」という問題を、まず子供たちに投げかけた。

子供たちの意見はまちまちだった。「百姓のようなつらい仕事をしなくとも生きていけるから」と答える子供もいれば、「百姓はあまり物を知らない方がよい」という意見を述べる子供もいた。

それらの意見をまとめてみると、「百姓は働くわりに儲《もう》からないから」というのが、クラスの大方の意見だった。

　そこで無着は子供たちに、「本当に百姓は割損なのか」という新たな問題を投げかけた。活気のなかった子供らの目に光が宿りはじめ、教室はやがて喧々囂々《けんけんごうごう》の討論場と化していった。

「俺たちは炭の本当の値段を計算するから、お前らは繭《まゆ》の値段を出してみろ」

「米一俵の本当の値段はいくらぐらいだろう」

「葉煙草《はたばこ》の値段はどうだ」

　議論は農産物の値段から徐々に発展し、「米と鍬《くわ》ではどちらが値上りしたべ」とか「米と肥料ではどうか」などという声までわきおこり、それぞれの問題別に調査する班がつくられた。

　数日後、子供らの調査の結果が発表された。

「いま供出で一俵百五十円で出している炭は、いくら少なく見積もっても百八十三円にはつく」

「昭和十二年から比べると米は百二十倍ぐらいしか値上りしていないのに、鍬や鎌《かま》は百五十倍ぐらい値上りしている」

　子供たちの調査結果は、「百姓は割損である」という結論を、実証的に導き出す結果となった。

数日前の白熱した議論とはうって変わって、教室のなかを悲観的な空気が流れた。

「百姓はやはりあまり考えないで働けばいいんだ」

「いくら損をしても百姓をやめたら飯が食えなくなる」

しかしそんな意見のすぐそばから、全く違う意見もとびだした。

「損をしても働かなければならないなんて、そんなばかな話はあったもんではない」

「百姓は損をしなくともよくなるよう頑張るべきだ」

こんな意見が出てきたとき、無着は思わず「そうだ、そうだ」と大声をあげた。たとえそれが少数意見であったとしても、それは正しい意見であり、社会科教育の眼目の一つである農民の生活を高めるという目標にもかなっていると思ったからだった。

だが、その意見は正しいとしても、それでは割損の百姓をどうしたら割損でなくすことができるのか。問題がここまでくると、無着にも子供たちにも皆目見当がつかなかった。

無着と子供らが再び振り出しに戻りかかったとき、ある子供が「教科書の二十四ページを見てみろよ」と叫んだ。『日本のいなかの生活』という題名の教科書のそのページには、江戸時代の農村の暮らしについて次のように記述されていた。

へ大名の領地も米の取れ高によって五万石とか二十万石とかいわれたように、米は社会生活の組織をつくる基礎だった。そして、米をつくる農民は士農工商といわれたように、形の上では武士に次ぐ位置にあったが、実は武士や大名の生活をささえるために、きまった

土地にしばりつけられて、ただ骨身をくだいて働かせられていた〉

子供たちはこの部分を読んだとき、百姓が割損なのは単に耕地が狭いからだけではなく、人と人との関係がそうさせていることを理解する糸口をつかんだ。

無着がつづけて、〈農民は自分でつくった米を口にすることは珍しく、あわ、ひえ、麦などをいつもたべていた。また朝は早起きして草刈り、昼は田畑の耕作に精を出し、晩には縄をない、蓆《むしろ》、俵をあむという休みなしの毎日だった〉という部分を読みあげると、「おらだの村とそっくりだ」「文部省は俺たちの生活をよく知っている」という声が乱れとんだ。

機械化や農地解放についての綴方がまた書かれ、それを教材にした議論が何度も繰り返された。百姓はなぜ割損か、という問題に対する無着のクラスの結論と解決案は次のようなものだった。

農民をもっと金持ちにしなければならない。

そのためには農民は自分さえよければよいという考えを捨てて、力を合わせ、機械化を考えなければならない。

結局は農民の団結心によってしか農村は豊かにならない、貧乏を運命とあきらめるのは忍耐でも勤勉でもない、という結論に達したとき、無着は、貧乏を乗り越え、新しい時代を築いていこうとする子供たちの息吹《いぶ》きに圧倒される思いがした。

彼らはそうした思いを抱きながら、自分の目で確かめた真実をさりげない形で、しかし驚くほど深く、綴方のなかにとらえていった。

ある少年は戦死した父親のことを「父の思い出」という綴方に書いた。

敗戦後いくらたっても父は帰ってこなかった。昭和二十二年の秋、「戦死した」という一通の電報だけが舞いこんできた。少年も母も弟妹も、家中みんなが「ちきしょう」と思った。だが、誰に「ちきしょう」といえばよいのかわからなかった。

父の遺骨が入った骨箱はとても軽かった。それでも少年は落とさぬようしっかりと抱きかかえ、家までの遠い雪道を歩きつづけた。

家に帰り骨箱をあけると、なかには骨片すら入っていなかった。かわりに位牌《いはい》ひとつが入っているだけだった。

葬式がすみしばらくした頃、役場の人間が「天皇陛下からきたんだ」といって盃《さかずき》をもってきた。

〈そのとき弟が「とうちゃんばころして、さかずきなのよこしたてだめだ」といって泣いた。

それをきいて、お母さんは、あわてたようにして「これこれ、そんなことをいってはだめだ」などといって一生懸命なだめていたことが私の頭にこびりついている。

ほんとうのところ、お母さんも、私も、家の人はみんな、こんなさかずきもらうよりも、生きているお父さんをかえしてもらいたかったのだ。

じっさい、弟や妹は、父の顔さえ知らない。弟は三歳のとき、妹は六歳のとき、私は十歳のとき父にわかれたのだ。だから、父の思い出といっても、私さえよっく《（十分に）》かけない。私たち兄弟は、「お父さんがいてほんとうによかった」というよろこびをしらないのだ〉

ある少女が書いた「病院ぐらし」は、母の入院費用に山を売った話である。

母の看病に付き添っていた少女に、朝の二時起きして病院にやってきた父はため息まじりにいった。

「また山売ったよ。五万円だった。牛を売ろうと思ったけど二万円だというんでやめた。一万や二万じゃ、とっても追っつけねえからな」

それを聞きながら少女は、お母さんは「うん、うん」といって聞いているけど、本当はとてもつらい話なんだろうな、と思った。

〈私は考えなければなりませんでした。もしも、売る山がなかったら、もしも売る牛がいなかったら、もしも、なんにも金のはいる道のない家だったら、私たちは、また私たちのお母ちゃんはどうなっているのだろうということです。そして、世の中には、そんな人がたくさんいるのではないかということです。だから、売る物があるお前の家は、感謝しなければならないのだと、いろいろな人が教えてくれるのだけれども、それなら、売る物

を何一つ持っていない人は、なにに、どう感謝したらよいのだろう〉

ある少年は「くぼ」という題名で、自分の家の田んぼのことを書いた。無着が授業中に、「みんな、自分の畑や田の名前が、なぜ、そう呼ばれるようになったか調べてみると面白いだろう」と言ったのが、少年がこの綴方を書くきっかけだった。

少年が家に帰り、さっそく父親に「おっつあ、なしてくぼというんだ」とたずねると、父親は一言、「ひどこだからよ」とだけいった。日のあたらない低地だからくぼか、と少年は納得したが、それでは何反ぐらいあるのだろうと思ってもう一度たずねると、父親は急にきつい顔になり、「そんなこと調べるもんでない。この前も社会科だなて、調べだでないか。先生からきかっだどぎあ、おらしゃね、といえばいいんだ」と語気荒くいって、まともに答えようとしなかった。

少年は考えこまざるを得なかった。無着先生は正しいことは正しいといい、ごまかしをごまかしであるという目と耳を養わなければならないといったが、父親は「そんなことが正確にわかってしまえば、お前らにメシを食わすこともできなくなる」という。そういえば、村の一軒一軒を回って調査したときも、はじめの考えとはまるっきり反対で、どこの集落がいちばんうそつきかということがわかっただけだった。

〈私は一体何を考えればよいのだろう。

私は一体どうすればよいというのだろう。

先生は、「ぜったいごまかしがあってはならない」というし、おっつあは、「ごまかしや、ヤミがなければ、今の世の中ではくらしてゆけない」というし、いったい、何がわるいんだ〉

「私たちが大きくなったとき」という作文は、旧地主の家に生まれた少年が、持てる者の立場から貧しい山村の現実を描いた唯一《ゆいいつ》の作品である。

朝食を食べていると、同級生の母親がやってきていろりばたに頭をすりつけるようにして、祖母に頼みごとをはじめた。籾《もみ》をひいてもらえないだろうか、という相談だった。少年はばつの悪い思いをしながら学校に向かった。その道々、自分の家に財産や機械があるというだけで、頭を下げる村人が出てくることは悪いことだという考えが、頭をはなれなかった。

これからは共同作業場のようなものを建て、そこに機械を導入して共同で使うようにしなければならない、というのが少年の考えだった。個人で機械をもつには値段が高すぎるし、もし個人でもった場合、それに見合うだけの仕事量がないため、結局、機械を遊ばせることが多くなるだろう。

だが、それぞれの集落のなかには父祖以来の人間的対立があり、共同化がうまく運びそうにないことも少年は知っていた。

〈部落の人たちからいつまでも頭を下げてもらいたいなら、今のように対立している方がよいだろう。とにかく、私たちが大きくなったときだ。私たちが大きくなったそのときこそ、昔の、うまくない話を水に流して、日本の農村が発展することを考えるのだ〉
綴方を通して自分が生きている村のことを知り、百姓として生まれた自分の将来について考える。無着が悩み抜いてつかんだ綴方教育はめざましい成果をあげ、同時に現実的な効果も生んだ。
無着は綴方文集「きかんしゃ」を発行するとともに、「学級通信」というクラス向けの通信を出していた。昭和二十五年十月二日発行の「学級通信」第六号には、無着あてに送られた父兄からの欠席願いが転載されている。その横に同年九月と十月はじめの欠席者数が載せられた。
九月一日一人　四日三人　五日四人　六日六人　七日三人　八日三人　十一日二人　十二日三人　十三日三人　十四日三人　十五日五人　十八日十七人　十九日四人　二十日六人　二十一日七人　二十六日十三人　二十七日十二人　二十八日八人　二十九日十一人
十月二日八人　三日六人　四日八人
無着は四十三名のクラス中、一日平均一割近くが欠席していることを数字で示す一方、受けとったばかりの欠席届を例にとり、短信欄にさりげなくこう書いた。
〈この欠席届をいただいたときはほんとうにうれしかった。実は、いわなければならぬと思っていたときだった。友だちにでもよいから「欠席なら欠席」とことわるようにして下

さい〉

これ以降、無断欠席はめっきりと減りはじめ、自分で欠席届を書いて出す子供も現われた。

〈欠席とどけ　この前、母が腹をいたくしたとき、休ませて下さいという手紙を先生にあげてから今日までなんのたよりもせず休んでしまいました。おゆるし下さい。

一週間程ねてから、おかげさまでようやくよくなりました。ところが、この二三日は葉煙草のしで忙しく、それが終わったと思ったら今日からせいさいを洗わなければいけないのです。ほかの家ではもうみんなつけてしまったのに、私の家では病気したためおくれてしまったのです。

それに水が速いので、どうしても私が水を下の川からくみ上げてきて洗わなければならないから、はかどらないのです。ほんとうにわるいけれどもそういうわけだから今二三日休ませて下さい〉

無着はこの欠席届をもらうと、すぐにクラス全員の前で読みあげた。するとその日の昼休みの時間にさっそく学級委員会が開かれ、子供たちが手分けして、欠席届を出した少年の家に手伝いにいくことが決められた。あと二、三日休ませて下さいといってきた少年が次の日登校できるようになったのは、子供たちのこの協力があったためだった。

またこの欠席届は、水のない集落は共同して水揚げポンプを買えばよい、私たちが大きくなったらきっとそうする、などと子供たちが話し合うきっかけもつくった。綴方による教育は実に手間のかかる仕事だった。だが無着は、その仕事を辛抱づよくつづけること以外に農民と教師が手をつなぐ道はなく、また彼ら零細農民がどん底から這《は》いあがる道はひらけないことを確信していた。

昭和二十四年七月に第一号がつくられた「きかんしゃ」は、彼らが卒業する二十六年三月には十四号と刊を重ねていた。その「きかんしゃ」を底本とする『山びこ学校』が刊行されたのは、彼らの卒業とほぼ同時期のことだった。無着は『山びこ学校』の巻末に、作者紹介として四十三人全員のプロフィールと寸評を加えた。それが、卒業していくひとりひとりに対する無着のはなむけの言葉だった。

昭和二十六年三月二十三日、山元中学校の雨天体操場で行なわれた卒業式にのぞんだのは、小学校四年のとき東京の砂町から疎開《そかい》転校し、中学三年の二学期に横浜に転校していった高野武を除く、以下の四十二人だった。

『山びこ学校』の冒頭の詩「雪」を書いた石井敏雄、「母の死とその後」で文部大臣賞を受けた江口江一、戦死した父のことを「父の思い出」に綴《つづ》った江口俊一、十人兄弟の八番目に生まれた大風盛幸《おおかぜせいこう》、北方生えぬきの百姓の目をしていると無着が評した大宮弥助。

「勉、くよくよするな胸張って行け、お前のやってることは正しいんだ。人間というものはまだまだ信頼のおけるものだぞ」という言葉で送られた小笠原勉、満州からの引き揚げの途中、父と母と三人の弟たちを失った小笠原誠、「秋雄よ、ああ秋雄。お前の家の牛が死んだとき、お前は父や母と共に悲しんでいたっけなあ。あれをなくすなよ」といわれた川合秋雄。

十人兄弟の九番目に生まれ、うち四人を亡くした川合和雄、村の大半が農家のなかでめずらしく教員の父を親にもって生まれた川合貞義、「父は何を心配して死んでいったか」という綴方を書き、無着から「末男よ。ほんとうだ、ほんとうだ。『農村の三男と生まれた僕はなにをすればいいのか』は私にもわからない。ただ一生懸命職を探してやるからなあ」といわれた川合末男。

「哲男。よろこんでいるぞ。お前の印刷技術は学級随一だったからなあ。地道にたたきあげろ」と激励された川合哲男、体も弱く成績も悪い自分を燃えない根っこにたとえた川合実、「くぼ」という作文で、その日暮らしに忙殺される大人にはとてもとらえきれない山村社会の裸の真実を描きだした川合義憲。

自分で書いた欠席届を出して無着を感激させた木川進、「私は学校よりも山がすきです。それでも字が読めないと困ります」と書いた佐藤清之助、級長として三年間クラスをひっぱってきた佐藤藤三郎、「うさぎ」という詩を書き、山元村にはじめて入ったジャーナリストの青木虹二《こうじ》を震撼《しんかん》させた平吹光雄、「すずめの巣」という作文を書く二カ月前に父と姉をつづけて亡くした村上幸重《こうじゅう》。

「善三郎。お前長靴をなくしたときは心配したなあ。とうとう出てこなかった。だからといって人間をうたがってはだめだぞ」というはなむけの言葉をもらった門間善三郎、村長の孫に生まれ、自分が大きくなったら金持ちの家に土下座をしにこなくてもすむような村にしたいと書いた横戸惣重《そうじゅう》。

七人兄弟の末子に生まれ上の二人を亡くした阿部ミハル、入院した母親の看病日記のなかで「山も牛もない家は一体なにに、どう感謝したらよいのだろう」と書いた上野キクエ、大きな声ではっきりしている江口サメ、非常に無口な江口久子、勉強熱心な小笠原弘子。

人手が足りなく学校を時々休まなければならないことを嘆いた川合ハナミ、りっぱな体格のわりに恥ずかしがり屋の川合ハマ子、短距離走だったら男にも負けない川合ヤエノ、宮沢賢治の世界を彷彿《ほうふつ》とさせる「雨」という詩を書き、無着から「すんだ目をしている」といわれた佐藤代理子。

私は妹より小さくてくやしいという詩を書いた須藤真佐江、八人兄弟の六番目に生まれ、うち二人を亡くした清野百合子、風邪で四十度の高熱を出しながら母に背負われて教室にやってきた頑張り屋の長橋アサエ、「苗引きしていると　足が　なんだかもずもずする　なんだべと思って　あげて見たら　びる（蛭）だった　びるは　ころころになるまで　血を吸っていた」という詩を書いた長橋アヤ子、深刻な作文が多いなかでいろりばたのほのぼのとした家族の団欒《だんらん》風景を書き、学校には弟を背負って通った長橋カツエ、裁縫が上手な前田秋子、ソロバンが大好きな門間きみ江。

いつもにこにこしている門間きり子、父を亡くした門間照栄、教室のすみの方にいるが人の話をじっと聞いている門間三千代、「父と兄が山からかえってきて、どしっといろりにふごんでわらじをときはじめると、夜です」という詩を書いた横戸チイ子、必要なことははっきりいう横戸春子。

以上四十二人のうち高校に進学する者は男子の四人だけだった。残り三十八人はこの日を最後に、学校そのものと別れを告げる子供たちだった。

子供たちの半数は上ばきもなく素足だった。答辞を読む予定になっていた佐藤藤三郎は、三年前の小学校の卒業式を思い出していた。戦時下の供出で、火鉢も鉄ビンもなくなっていた学校に、藤三郎らはジュラルミンのやかん一個を贈り、「みかんの花咲く丘」を歌って卒業した。父兄で参列したのは藤三郎の母親ひとりだった。

だがそれから三年後の中学の卒業式には、多くの父兄が参列し、来賓席も満席だった。そのなかには、『山びこ学校』を世に出すきっかけをつくった野口肇の姿もあった。

正面壇上には、この寒村に春の訪れを伝えるまんさくの黄色い花が咲いていた。藤三郎はその花に語りかけるように、どっしりした声で答辞を読みあげた。

自分らが中学に入る頃、先生というものをほとんど信用しないようになっていた。これが藤三郎の最初の言葉だった。なぜそうなったかといえば、小学校六年間に十一人もの先生にかわられたことや、戦時中ぶんなぐってばかりいた先生が、敗戦後急にやさしくなったからで、無着先生が赴任してきたときも「三年間教えるなんてうそだべ」といいあい、先生のいうことも最初は、「勝手だべ」といってきかなかったことを正直に告白した。そこまで述べると、藤三郎は一段と声を張りあげた。

「私たちは、はっきりいいます。私たちは、この三年間、ほんものの勉強をさせてもらったのです。たとえ、試験の点数が悪かろうと、頭のまわりが少々鈍かろうと、私たち四十三名は、ほんものの勉強をさせてもらったのです。それが証拠には、今では誰一人として、『勝手だべ』などという人はいません。人のわる口をかげでこそこそいったりする人はいません。ごまかして自分だけ得をしようなどという人はいません。

私たちが中学校で習ったことは、人間の生命というものは、すばらしく大事なものだということでした。そしてそのすばらしく大事な生命も、生きて行く態度をまちがえば、さっぱりねうちのないものだということを習ったのです」

つづけて藤三郎が語ったのはこんなエピソードだった。

中学三年になったとき、クラス全員が無着からゲンコツをくらったことがあった。その日は寒く、みんなで火鉢にあたっていたが、誰かがくべた紙のせいで教室じゅう煙だらけになってしまった。そこへ無着がガラッと戸をあけて入ってきた。

「煙たいなあ。誰だ、紙くべたの」

おだやかな口調でたずねる無着に、誰ひとり手をあげようとしなかった。それをみて無着が怒りだした。

「私は、なにも怒るつもりで聞いたのではない。それなのに手をあげないとは何だ。疑っているのか、バカ者。紙がいぶっているのにくべた者がいないなどということがあるか。お前たちにそんな教育はしなかった筈《はず》だ。残念だ、残念だ」

そういいながら、無着は全員にゲンコツをふるった。それからしばらくして、木川進がのろのろと起《た》ちあがった。

「われがったす。忘れていたっす」

壇上で素直に謝る進をみて、みんな笑い、「おれたちに謝るより先生に謝れ」といって、また笑った。

無着も「みんなのなかに、自分の悪さを他人になすりつけるようなバカ者はいない筈だった」といって、愉快そうに笑った。

会場は水を打ったように静まり返り、藤三郎の次の言葉を待った。

「私たちはそういう教育を受けてきたのです。私たちの骨の中心までしみこんだ言葉は『いつも力を合わせて行こう』ということでした。『働くことが一番好きになろう』ということでした。『なんでも何故《なぜ》？　と考えろ』ということでした。そして、『いつでも、もっという方法はないか探せ』ということでした。

そういうなかから『山びこ学校』という本が生まれました。この本の中には、うれしいことも、かなしいことも、恥ずかしいことも沢山書いてあります。しかし私たちは恥ずかしいことでも、山元村が少しでもよくなるのに役立つならよいという意見でした」

来賓席から嗚咽《おえつ》の声がもれた。PTA会長の長橋正が目を真っ赤にして、おいおいと声をあげて泣いていた。学校の前で雑貨屋を営む長橋は、ともすると冷ややかな目で無着の教育を眺めがちな村の有力者が多いなかで、終始一貫無着の教育を応援してきたひとりだった。

「ああ、いよいよ卒業です。ここまでわかって卒業です。今日からは、先生がしょっ中いっている言葉どおり、『自分の脳味噌《のうみそ》』を信じ、『自分の脳味噌』で判断しなければならなくなります。さびしいことです。先生たちと別れることはさびしいことです。しかし私たちはやります。今まで教えられてきた一つの方向に向かってなんとかやっていきます。

私たちはやっぱり人間を信じ、村を信じ、しっかりやっていく以外に、先生方に御恩返しする方法がないのです。先生方、それから在校生の皆さん、どうか私たちの前途を見守って行ってください。卒業していく私たちを、いつまでもあたたかな目で見守ってください」

静かな感動がひろがる会場に、古ぼけたオルガンの伴奏で「仰げば尊し」の音楽が流れ、彼ら四十二名の子供たちはそれぞれの人生の第一歩を踏みだしていった。

卒業式の前、無着はできあがったばかりの『山びこ学校』の見返しの部分に献辞を記し、卒業記念がわりとしてクラス全員に贈っていた。それが、学校を去っていく彼らと無着とを結ぶ絆《きずな》の証《あかし》だった。

雪の中で手をかじかませている少年少女の絵が表紙になったその本の見返し部分には、山元村の地図が描かれ、四十三人の家まで書きこまれていた。藤三郎が贈られた本のそこには、あばれたような墨文字でただ一言、「藤三郎、迷ったらもう一度ここから出なおしだ」と、書かれてあった。

第七章　幻の「きかんしゃ」発掘

『山びこ学校』の子供たちが卒業して三十九年後の平成二年六月、私は山形の駅頭にいた。福島からの新幹線延伸にともなう工事で、駅舎の周囲には足場が組まれ、構内自体も雑然としていた。

山元小中学校や山元村旧役場の取材で、『山びこ学校』の卒業生の消息の手がかりをまったく得られないまま、山形駅に戻ったものの、今後の取材の展望があるわけではなかった。無着成恭への最初の取材はすでにすんでおり、無着が卒業生の消息についてほとんど知らないこともわかっていた。

徒労感にとらわれたまま、山形駅構内地下の小さな喫茶店に入った。角川文庫版の『山びこ学校』を開き、さてどうしたものかとぼんやり考えていると、カウンターのなかから五十がらみの女主人が、突然声をかけてきた。

「お客さん、『山びこ学校』のこと、調べてんのけ?」

見知らぬ人からのふいの質問に返答に窮していると、「うちの姉ちゃん、『山びこ学校』

の卒業生なんだ」と、思いもかけない言葉を投げてきた。彼女がいうには、自分も山元村の出身だが、中学校にあがったときはもう無着先生は東京へ行ってしまっていなかった、けれど、うちの姉ちゃんは三年間無着先生に習ったから、『山びこ学校』のことならよく知っているはずだ、とのことである。

この時点で消息がわかっていたのは、山元村に残った佐藤藤三郎、横戸惣重、江口俊一の三人だけで、その三人とも山元村を離れた卒業生の消息についてはまったくといっていいほど知らなかった。『山びこ学校』の見返しに描かれた地図をたよりに、何軒かの卒業生の家を訪ね歩いてもみたが、廃屋や跡形もなくなったところが多く、手がかりらしい手がかりはほとんど得られなかった。昭和二十五年当時の人口千九百人が、現在七百人強と激減した山元村の超過疎化《かそ》現象は、かつてジャーナリズムに華々しくとりあげられた彼らの痕跡《こんせき》すら、ほとんど押し流してしまっていた。それだけに、この情報はとびつきたくなるほどの朗報だった。

彼女から姉の連絡先を教えてもらい、翌日、つとめ先で、『山びこ学校』卒業生のなかの初の女生徒に会うことができた。それが、卒業に際し無着から、「はっきりして、すんだ目をしている」といわれた佐藤代理子だった。彼女は四十年前、兄弟と一緒に山へタネイモをまきに行き、雨に降られたときのことをこんな詩によんでいる。

〈(前略)あついなあ　と腰をのしたら

こくぞうさま《（白鷹山）》の方から　白い雨がやってくる
雨だ　といったら
みんな　腰をのして　顔をあげた
風が　ごっごと　ふいて
雨がどっどと　やってきた
なあに　すぐ　やめる
兄さんがそういってみのをきた
私も弟もみのを着て　また　うない《（耕し）》はじめた
風は
こくぞうさまから　おくりおくり《（つぎつぎと）》に
雨をはこんでくる（後略）〉

寒村の開墾風景を目にうかぶように書いた少女は、白い帽子、白い作業服に身をつつみ、鮒忠の上山《かみのやま》ブロイラー工場で働いていた。

「仕事は焼鳥の材料さばきです。給料は手取りで十五万円と安いんですが、家のローンが残っているので、まだまだ働かねば」と、屈託なく笑うその風貌《ふうぼう》には、すんだ目をした少女時代の面影が残っていた。

代理子が自宅からバイクで五分のこの工場につとめはじめてから、もう十五年近くたつ。

前の職場の時計の部品工場をやめたのは、通勤時間がかかりすぎ、寝たきりになった姑《しゅうとめ》の面倒が十分にみられなくなったためだった。

六人兄弟の三番目として山元村菅《すげ》に生まれた代理子は中学卒業後、実家の養蚕農家を八年手伝ったあと、親戚《しんせき》の紹介で上山市の兼業農家に嫁いで会田姓に変わった。それから今日までの約三十年間、婚家の田んぼを耕し、十五年前に九十歳で亡《な》くなった姑をみとり、その間、ヘルメットをかぶりバイクに乗ってパートづとめをつづけた。自分は割のあわない時代に生まれたとは思うが、その苦労を自分の子供たちの世代にわからせるのは無理だということもよくわかっていると、代理子はいった。

コンベア関係の工場で働く夫との間には一男一女があり、長女はすでに片づいた。長男は高校卒業後、仙台の自衛隊に勤務しており、今では七歳を頭に四人の孫を持つ身である。山元村の実家は七年前に引き払った。

代理子が無着から贈られた『山びこ学校』の見返しには、「人の悲しみは自分の悲しみ。人の喜びは自分の喜び」と書かれてあった。今でもその考えは、自分のなかに生きているような気がするという。

「職場でいじめられている人をみると、損だと思いながら、つい口を出しちゃうんです。つくづく世渡りがヘタだなあ、って思います。

無着先生のような先生は、もういないでしょう。先生は風邪をひいて学校を休んだときでも、クラスのことを心配して、師範学校に行っていた妹さんを代わりによこすんです。本当に私たちのことを親身になって心配してくれました」

代理子の話では、『山びこ学校』を卒業した女性のうち、上山市周辺に住んでいる者は、五、六年に一ぺん集まり、旧交をあたためあっているという。そのとりまとめ役の川合ヤエノを紹介してもらったことが、『山びこ学校』の卒業生の消息を知る最初の糸口となった。

昭和三十二年に結婚して土屋姓にかわったヤエノは、上山駅にほど近い立派な門構えの家に住んでいた。精密機械の職工として叩《たた》きあげ、今は独立して下請け工場を営む夫との間に一男をもうけ、上山市役所につとめるその長男もすでに二児の父である。

山元中学時代、百メートルの短距離走が得意だったヤエノは、綴方《つづりかた》では、深刻ななかにもユーモアが漂う母親とのやりとりを「教科書代」という題で書いていた。

〈(前略)「またぜにか。ぜに、ぜに、ぜに、ぜにて、このがきびらだ口あくさえもすると『ぜにけろ』だ。ほだえ一丁前な身体《からだ》して、よくはずかしくないもんだ。おらだ、おまえぐらいのときは、学校さえもろくだにゆかせてもらえなくて、奉公に行ったりして、うちさ手つだったんぜは」(中略)

それからまた私に「なんていう本や」ときいたので「『生命財産の保護』ていうんだ」

といったら、『生命財産の保護』？」とへんな顔していってから、「はえず、なんぼや？」ときいた。「十円二十銭」と答えたら、「何故《なぜ》なこと書いてあるか知らねけんども生命財産ば保護するんだらば、あんまり銭々ていうなて先生っちゃいうておけ」といって笑った（後略）〉

　九人兄弟の八番目として山元村六角《ろっかく》に生まれたヤエノは、山元中学を卒業後、夏場は近くにあったベントナイトの採掘工場、冬場は山形市内の材木屋に炊事係として二年間奉公した。奉公先からもらう月千五百円の給料にはまったく手をつけず、全額親元に送った。

　ヤエノが夏場、選別作業員としてつとめたベントナイト工場は、戦時中、強制連行された朝鮮人たちが数多く働かされていた。無着が入った教員住宅は、そのベントナイト工場の社宅を買いとったものだった。

　肥料や石鹼《せっけん》の原料になるその粘土状の鉱物を、ヤエノは空腹になるとよく食べた。

「香ばしくってうまかった。なにしろサツマイモのツルが食べられりゃ上等の部類で、そこらに生えてる草でもなんでも食べたんだかんな。魚なんて干物《ひもの》のしょっぱいのが盆と正月に出るきりだった。弁当につめられるだけの米が炊《た》けねえんで、重曹で炊いてふくらませ、それにヌカをまぶしたのが弁当だった。牛より粗末なもの食ってたんだ」

　唯一《ゆいいつ》の娯楽は映画だった。ヤエノは、村にだけいたんじゃ視野が狭くなる、映画をみてこいと無着からしょっちゅうすすめられ、南陽や上山まで片道三時間の山道を歩いて映画を見に行き、よく夜明け方山元村に帰ってきた。

山元中学が東京に修学旅行を出すようになったのは、『山びこ学校』の一年下のクラスからである。ヤエノたちのクラスは中一のとき松島に、中三のとき鶴岡《つるおか》に近い日本海側の湯野浜に、それぞれ一泊旅行をしただけだった。ヤエノは、松島への旅行には金がなくて行かせてもらえなかったが、湯野浜への旅行は、クラス全員が杉皮集めをして金を集めたため、どうにか行くことができた。

「無着先生のことは忘れられねえな。先生は子どもたち一人一人の考えが違うということをちゃんとみてて、私らみてえなビリから数えたほうが早い生徒にもちゃんと手をかけてくれた。先生のことを、『山びこ学校』を捨てて東京の明星《みょうじょう》学園でタレントになっちまったなんて言う人もいるけんど、私にとってあんないい先生はいなかった。無着先生の教育がよかったっていう証拠に、卒業生の誰ひとり離婚してねえだろ、ハア。けんど、山元村はなんぼ懐《なつ》かしくても、もう暮らせねえな。上見りゃきりないけんど、ハア、今の生活は昔に比べりゃ、天国みたいなもんだ」

ヤエノも代理子も口裏を合わすように、「高校ぐらいは出ておきたかった」と言ったが、当時の山元村では、娘を高校にあげるということは経済的理由以上に、それ自体が非常識きわまることとみられていた。

ヤエノの話では、『山びこ学校』卒業生の同窓会のような組織はないが、神奈川にいる川合貞義が卒業生の消息を一番よく知っているとのことだった。

高校に進んだ四人のなかの一人でもある貞義には東京に戻ってから連絡をとることにした。その前に、ヤエノが今でも時々顔をあわすという江口サメ、川合末男、川合実、川合哲男の四人に会うことができた。


湯野浜への修学旅行の積立貯金のため杉皮背負いをしたときのことを作文に書いた江口サメは、山形から一駅上山寄りにいった蔵王《ざおう》駅の近くに住んでいた。庄司理容院という椅子《いす》二つだけの小さな床屋が、サメの職場兼自宅だった。

男四人、女四人の八人兄弟の末っ子として山元村中ノ森の三反足らずの田んぼしかない農家に生まれたサメは、食うや食わずの少女時代をすごし、中学を卒業後、山形市内の「千草」という床屋に五年間見習い奉公として住み込んだ。給料は月百円だった。

中学時代、サメの家に両親がそろっていることはめったになかった。屋根ふき職人の父とベントナイト掘りの母は毎日の仕事が忙しく、サメが学校から帰っても家はいつもまっ暗だった。サメが床屋になろうと思ったのは、店をやっていればいつでも人がいて家のなかが明るいじゃないか、と考えたからだった。見習い二年目で免許をとり、二十四歳で結婚したのをきっかけに小さな店を借りて始めたのが最初だった。今の店は自分のもので昭和四十二年、三十一歳のとき開店した。

その後の他の卒業生たちへの取材とあわせてわかったことだが、『山びこ学校』の二十一名の女子生徒中、手に職をつけたのは彼女ひとりだった。無着が赴任してはじめに実行したことは、それまで別々だった男女の席を一緒に並べたことだった。卒業式のときも、女生徒に向かって、「女はお嫁に行って旦那《だんな》のケツさくっついていれば一生楽に暮らせるから気楽だ、なんていわれないように頑張れ」と、激励の言葉をとばした。

「床屋をはじめたのも、無着先生の影響だったかもしんねえな。なにしろ、毎日毎日、作文だろ。作文書かねえと、学校から帰してくんねえ。仕方なく書くんだけんど、書くことといえば貧乏な家のことぐらいしかねえ。それで貧乏はイヤだ、貧乏はイヤだ、という考えがいやでもしみついた。苦労して自分の店がもてたときは、本当にうれしかったなあ」

大きな声ではっきりしゃべるところは、無着が『山びこ学校』のなかで寸評した人柄通りだった。

サメという名前には、これ以上子供が生まれて生活が困らぬように、という両親の切実な思いが込められていた。これで子供は、納《おさ》めという意味だった。その名を、庄司と姓の変わった結婚を機にさえ子とかえた。

定年後も同じ日本通運の臨時雇いとして勤務する夫との間に一男一女があり、すでに長女は土木業者に嫁いだ。高校卒業後、専売公社入りした長男も結婚して、その嫁が将来店を継ぐことになっている。店舗兼住宅のローン返済も終わり、二人の孫の面倒をみながら、好きな床屋をつづけるサメにとって、山元村ははるか遠い存在となっていた。「村にはもう家もねえ。家族全員がおりてきた。墓も下へおろした。村には時々、山菜とりに行くけんど、住めっていわれてもなあ……」

上山市や山形市に地盤をおろした彼女ら三人に共通していたことは、山元村の貧しい暮らしはもう御免だ、という強い思いと、その思いにもかかわらず残る無着への郷愁にもにた根強い感情だった。

卒業式のとき無着から「実、顔が青いぞ。早寝早起きして、とにかく身体をきたえろ」といわれた川合実は、上山市役所の交通対策課につとめていた。

実は『山びこ学校』のなかで、こんな作文を書いていた。

〈夜の飯を食ったあと　みんなイロリばたにあつまった　イロリはえんぶらえんぶらしてもえなかった

母は　もえない根っ子を　ひっくりかえし　もっくらかえししながら　「義憲は　上の学校さ入れるったンなえが　にさも、頭でもあっど　学校さでもへれるんだげどなあ」といった

父が「なにかの番頭でもさせっか」といった

兄は「屋根ふきすろ」といった

こんなはなしは 毎晩のようにくりかえされるのだが 私の将来のことはまだきまらない 私が からだが弱い上に 頭がわるいからだ からだが弱くて 百姓仕事も 大工仕事も 屋根ふき仕事もつとまらないと思うからだ 頭がわるくて 頭の仕事もだめだと思われるからだ

私の家で 私のことは 今晩のもえない根っこのようなものだなあ〉

実が生まれた山元村境は学校から最も遠く、通学には一時間近くかかった。実の家もまた八人兄弟という子沢山だった。二反の田んぼと少々の蚕、それに冬場の炭焼きだけではそれだけの子供を養っていくことはできず、戦死した長兄から数えて四番目の実は中学卒業後すぐ「くいぶちをへらすため」山形市内の農家に住み込み奉公に出された。年俸は四万円だった。そのすべてが実の前を素通りして、実家に送られた。

作男生活は六年間つづいた。夢も希望もなにひとつない毎日だった。これからの世の中は、手になにかしら技術をつけなければやっていけない。昭和三十二年、二十二歳の実はそう一念発起して、家に内緒で自衛隊の試験を受けた。運転免許をとるのが目的の逡巡《しゅんじゅん》したあげくの選択だった。

実の行動は、無着の教えに背くことだった。無着は教室で「戦争は最大の犯罪だ」と説き、「私の教え子から警察予備隊に行く者は一人もいないだろう」と言いきっていた。その言葉が実の胸に重くのしかかった。

「自衛隊に入ったら、先生にきらわれるだろうと思い、苦しみました。家に内緒で受けたのは、兄が戦死していて、家からも反対されると思ったからです。でも、親に反対されようが、先生にきらわれようが、ここで自衛隊に入らなければ自分は一生浮かばれない。僕としても真剣だったんです」

陸上自衛隊入りした実は北海道の美幌《びほろ》に駐屯し、そこで念願の大型免許を自分の金は一銭もかけずに取得した。初任給五千三百円だった。実はその給料のなかから仕送りをかかさず、故郷に残した幼い弟や妹の生活を支えた。そんな実に自衛隊を除隊することを決意させたのは、故郷に残った級友の佐藤藤三郎からきた一通の手紙だった。

実は自衛隊入りした後ろめたさから、中学時代の同級生とはほとんど没交渉にしており、故郷を出るとき行李《こうり》の底にいれてきた『山びこ学校』一冊が、実と彼らをつなぐ唯一の絆《きずな》だった。

藤三郎からの便りには、実の自衛隊入隊について非難がましいことは一つも書かれていなかった。しかし北海道の寒さのなかで働く実の体のことだけを気づかうその文面は、実には、かえってこたえた。

昭和三十六年三月、実は退職金の三万六千円を含め爪《つめ》に火をともす思いで貯《た》めた三十万円の金をもって除隊した。その後三カ月間、山形でダンプカーの運転手として働き、三十六年六月、上山市役所の土木清掃関係の運転手となった。月に七万円稼げるダンプカー運転手から、初任給一万一千円の市役所職員に転職したのは、とにかく身分の保証される仕事につきたかったためだった。

二十七歳で結婚した妻は老人ホームにつとめ、三人の子供はすべて独立した。四十年前、「もえない根っ子」と自嘲《じちょう》した少年は、退職金をローンに組みこんで建てた立派なマイホームで、二人の孫と丹精こめた盆栽に囲まれ、三年後の定年を心待ちにする生活をおくっていた。

「もう働きません。定年後は、好きな盆栽で余生を過ごしたい。盆栽仲間と話しているときが、私にとって一番の幸福なんです」

『山びこ学校』卒業生たちの生活は一様につましかった。その後の取材結果と照らしあわせても、四十三人のなかで、土地や株に手を出した者は一人としていなかった。

山形中学、山形師範を通じてずっと無着と同期生だった寺崎厚一は、『山びこ学校』の生徒たちから「きかんしゃ」の寄贈を受けた一人である。彼の手許《てもと》にはいま、昭和二十五年一月発行の第二号と、同年四月発行の第三号しか残っていないが、そのそれぞれの裏表紙に、製本者のことば、発送者のことばという添え書きが載っている。寺崎に送られたものは、いずれも川合哲男からのもので、三号の裏表紙には、哲男の次のような鉛筆書きの跡が残っている。

〈寺崎先生、「きかんしゃ」第三号出来上りました。この「きかんしゃ」の印刷者は無着先生と友達の佐藤晋さんにたのんで作ってもらいました。私には、実にきれいなのでもっと綴方や詩の方も勉強しなければならないと思いました。まず読む力、作る力を勉強する。今度から私達の手で印刷することになりました。そして字のごまかしのないようにしたいと思います。では、批判や感想を必ずだして下さい。まっています〉

このなかに出てくる佐藤晋とは、無着の山形中学時代の同期生で、「きかんしゃ」のガリ版切りやレイアウトを手伝うなど無着の教育実践活動を陰で支えた一人だった。その佐藤の同期生でもある寺崎に「きかんしゃ」を送った川合哲男は、つい最近まで山形市内の靴の卸会社につとめていたが、妻の病気で退職し、看病生活をおくっていた。

卒業のとき無着から「哲男、よろこんでいるぞ。お前の印刷技術は学級随一だったからなあ。地道にたたきあげろ」といって送りだされた少年は、その言葉通り、卒業後一週間目に親戚の紹介で山形市内の印刷工場につとめた。給料は百円だった。徹夜の連続にやめていく中卒組が多いなかで、哲男は五年間の年季あけ以降もつとめあげ、そこには結局十一年間勤続した。

六人兄弟の次男として生まれた哲男の山元村境の実家も、また山をおりていた。「きかんしゃ」もそのとき処分され、印刷責任者の哲男の手許には一冊も残っていなかった。しかし、無着が『山びこ学校』の見返しに書いてくれた「正しいことは正しいという」という言葉は、今も哲男のなかに生きていた。哲男はしみじみとした口調でつぶやいた。

「そういう生き方はいいなあ、どんなに貧乏してもそうして生きていきたいと思った。あの言葉だけはあとあとまで忘れなかった。あの言葉のおかげで、なんとか今日まで生きてこられたような気がする」

ある夏、蔵王温泉のおかま（噴火口）に旅行に行ったとき、無着は突然、素っ裸になり、褌《ふんどし》一丁になって噴火口にできた水たまりにとびこんだ。褌は古くなった妹の帯を仕立て直したものだった。哲男はそれをみて、なんておおらかな先生なんだ、いつも堂々として少しも気取らない、と心の底から感動させられた。

子供たちの学力を向上させるという点で無着の教育に批判があることは知っていた。また本当は高校ぐらい出ておきたかったという自分自身の思いもないわけではなかった。だが、無着が独立独歩の気概を身をもって教えてくれたことは、それはそれでよかったと哲男は感謝している。

昭和三十六年に見合い結婚した妻との間になしたひとりっ子の長男は、山形県内の工業高校を卒業後、東京の電機会社につとめている。その長男が、いまの哲男の最大の生きがいである。

「息子は、私たち夫婦がやりたくてもやれなかったことをやってくれている。山形になかなか帰れないことを気にかけてよく電話をかけてくるけれど、東京で立派にやっていることが一番の親孝行なんだ、といってやってるんだ」

「父は何を心配して死んでいったか」というすぐれた作文を書いた川合末男は、上山温泉の「五助旅館」の営業部長として働いていた。昭和三十二年に結婚し、姓は川合から木村にかわっていた。

山元村境の末男の家は曽祖父《そうそふ》の代まではかなりの資産家として通っていた。だが、祖父の代に没落、祖父は山を売り、木を売り、ついには家にある仏壇をかついで山形まで売りに行くというところまで追いつめられた。末男が九人兄弟の末っ子として生まれた当時、家は炭焼きと養蚕だけで細々と食いつなぐような状態だった。

「口もきけない、手足の自由もろくにきかない父」が末男のことを心配して死んでいったのは末男が十五のときだった。死ぬまで父の下の世話をつづけ、「お母さんを安心させるためにも、よい職業につくことだと思う」と書いた末男は、中学卒業後、校長の本間甚八郎の紹介で、山形市内のメリヤス工場につとめることになった。無着が運転するオート三輪にふとんをつみこみ、助手席に乗って行った先はメリヤス工場とは名ばかりの、あばら屋同然の作業場だった。

牛小屋の二階を改造したうす暗い部屋には編機一台が置かれているだけで、従業員は末男のほかは誰もいなかった。三千円の給料という約束もいっこうに果たされず、末男が手に出来たのは月一回の床屋賃だけだった。

そこを一年半で辞め、義理の兄の運送店に運転手としてつとめはじめた。末男は作文のなかにも「私は自動車の運転手になりたい」という夢を綴《つづ》っていた。

運送店のオーナーの義理の兄が病いに倒れてからは、末男が雇われ所長としてその店の全般を取りしきった。多いときには三十名近い従業員を使いこなした運送店も、代理店の指定を受けていた明治製菓の上山工場にオイルショックで撤退されてからは、赤字がふくれあがる一方だった。末男はストレスからくる十二指腸潰瘍《かいよう》にかかり、会社を手ばなさざるを得なかった。今の旅館には新聞広告を見て昭和六十二年に応募した。末男はこれまでの人生をふり返って、「苦労の連続だった。生まれた星が悪かった」とつぶやいた。だが、その思いをふりきるようにこうも言った。

「二人の子供も独立して、今じゃ三人の孫もいる。世の中をうらんだらバチがあたります。無着先生の教育についてとやかくいう人もいるけれど、先生に教わったおかげで不幸になったというのなら、とんでもない言いがかりです。先生がいたから学校へ行くことが楽しくなったし、やる前に考えろという言葉で、責任をもって行動することの大切さを教えてくれた。私は無着先生に教わったことを含めて、自分の人生に満足しています」

この言葉にこめられた思いは、山形と上山で会った『山びこ学校』卒業生全員の気持ちとも共通するものだった。彼ら六人は経済的には必ずしも豊かとはいえなかったが、精神的にぎすぎすしたところは少しもなく、一様に心のゆとりをもって生きているように感じられた。

山形で『山びこ学校』卒業生六人の消息を確認した私は、ひとまず東京へ戻った。東京に戻って最初にやるべき仕事は、川合貞義に連絡をとることだった。土屋ヤエノが『山びこ学校』の卒業生の消息を最もよく知っているといっていた貞義は神奈川県の相模原《さがみはら》市に住み、いまは医療機器販売会社の社長におさまっていた。

その貞義はこちらの期待に反して、最近は『山びこ学校』の卒業生たちと会うことはめったになく、すぐに連絡がとれそうなのは関東近県に住む二、三人の卒業生だけだという。ただし、これまで『山びこ学校』について書かれた新聞、雑誌類はかなり保存しており、そのなかからめぼしい記事をコピーしてくれた。それらの記事はどれも似たりよったりで、たいして参考にはならなかった。だが、そのコピー類にまぎれこんでいた一枚のリストが、決定的な手がかりをあたえてくれた。

山元中学校第四回卒業生名簿と書かれたB４判のリストには、『山びこ学校』卒業生四十三名全員の氏名と住所が、手書きの文字で綴られていた。欄外には昭和五十年八月現在、毎日新聞東京本社社会部調べ、と書かれていた。

毎日新聞がこの時期に『山びこ学校』の特集を組んだものと推測をつけ、この頃の毎日新聞を繰ってみると、昭和五十年八月十三日付けの社会面に、「全調査・私たちの30年／『山びこ学校』の43人」という大きな記事が見つかった。別見出しには、「貧乏だから村を出た」「『学歴』の壁厚く」とあり、四十三人のその時点での近況が、一人あたり二行の短い記事にまとめられている。

貞義がもっていたリストはこの記事を取材するために作成されたもので、取材を受けた貞義が毎日新聞の記者からもらいうけたものだった。その後の調査で、この記事を書いたのは毎日新聞社会部記者の矢倉久泰だということも判明した。

現在毎日新聞論説委員の肩書きをもつ矢倉の話では、この記事は終戦三十年記念特集の連載記事の一本として書かれたものだという。八月十日から始まり十七日で終わった七回連載の特集には、『山びこ学校』の卒業生のほか、混血児一期生、東宝ニューフェース一期生、北海道開拓民、婦人議員、海軍特別年少兵などのその後が、たしかに追跡レポートの形でまとめられている。

当時教育担当記者だった矢倉は『山びこ学校』のその後をテーマに選び、まず、当時明星学園の教諭だった無着成恭を訪ねた。無着から、『山びこ学校』卒業生の住所リストを入手するためだった。無着のリストには卒業生四十三名全員の連絡先は載っておらず、矢倉はその空白を埋めるため山元村に入った。

矢倉の記憶では、無着からもらったリストは完全ではなかったが、卒業生の連絡先はそれでかなりわかり、あとは、住所の判明している卒業生を順番に訪ねたり電話をすることで、不明者の連絡先をつかむことができたという。

昭和五十年当時、無着と教え子たちの関係は今ほど疎遠《そえん》ではなく、また教え子同士の連絡もかなり緊密にとられていた。この記事が出た二年後の五十二年八月十五日、上山温泉で開かれた、四十二歳の「厄ばらい」を兼ねた同級会には、二十五名の教え子たちが出席していた。

矢倉が取材を終え、空白になっていた部分を埋めたリストを無着に手渡しながら卒業生の消息を伝えると、無着は「みんな平凡だが一生懸命生きている。これでいいんだ」といって、目をしばたたかせた。

私が次にやらなければならない仕事は、矢倉が無着から入手した名簿をベースに作成したリストを点検し、再度洗い直しをして新たな名簿を作成することだった。またこのなかには、死亡者や、消息不明と書かれた卒業生も含まれており、死んだ卒業生の遺族や、この段階でわからなかった生徒の行方を追う必要もあった。

山形駅構内の喫茶店で偶然声をかけられたところから始まった『山びこ学校』卒業生の探索行は、そのプロセスでたまたま入手することができたリストの浮上により、急に展望が開けたようにも感じられた。

だが、リストを洗い直しする作業とは、彼ら四十三人が卒業後辿《たど》った戦後四十年の歳月の発掘作業そのものにほかならなかった。そのことに気づいたとき、私にとってこのリストは単なる名簿ではなく、無言のうちに重い問いを投げかけてくる黙示録的存在にかわっていくように感じられた。

その名簿の奥にあるものが、戦後史の底流に垂らされた一人一人の錘《おもり》だった。私はまだ、水面に浮かぶ浮子《うき》を発見したにすぎなかった。

『山びこ学校』卒業生の消息をたずね歩きながら、私はもう一つの探索もつづけていた。『山びこ学校』の底本となったガリ版刷りの「きかんしゃ」を全巻探しあてることだった。無着と山形師範で同期生だった寺崎厚一のところでその一部はすでに入手していたが、それを読めば読むほど、全巻を通読してみたいという思いが募った。

無着も佐藤藤三郎も紛失してしまい、山元中学校にも残っていない文集を探しあてることは至難の業かと思えたが、無着の教育をありのままの形で知る上で、これを入手することは不可欠のことだった。

『山びこ学校』に掲載された作品は、あくまで無着の教育の一つの成果でしかない。しかもそこには、編集者である野口肇の視点が混入している可能性も高い。無着の生の教育実践のプロセスを知るためには、やはり、実際に授業で使った「きかんしゃ」を、できれば生徒の書き込みのある「きかんしゃ」を手に入れ、それを詳細に検討することがどうしても必要だった。

私は『山びこ学校』の卒業生に会うたび、まず「『きかんしゃ』をおもちじゃありませんか？」とたずねた。無着の同僚教師にも、当時無着が作成した「きかんしゃ」配布リストに記載されている全国の綴方教師にも同様に質《ただ》した。が、いずれも所持していないとの返事だった。

無着と東京のジャーナリズムを最初につないだ須藤克三《かつぞう》の遺《のこ》した厖大《ぼうだい》な蔵書類のなかからも発見できなかったし、『山びこ学校』を出版するそもそものきっかけをつくった国分一太郎の遺族の許《もと》にも残されていなかった。

『山びこ学校』の当初の版元に予定されていた学生書房関係者も保管していなかったし、初版の版元となった青銅社社長の佐和慶太郎の手許にもなかった。

山形県立図書館、山形県教組の付属機関の教育文化資料館、天童市にある山形県教育委員会管轄《かんかつ》の教育センター資料室、山形大学図書館、山形新聞資料室、さらには故須藤克三がつくり、無着成恭も設立発起人のひとりだった山形県児童文化研究会のメンバーなど、考えられるかぎりのところにあたったが、「きかんしゃ」はついに発見できなかった。

最後に残ったのは、山形市内にある県立教育資料館だった。ここは、元山形師範学校があったところで、その後、山形県立北高校の校舎として使われていたが、昭和五十五年に明治時代に建てられた当時の校舎を復元し、県立博物館の分館としてオープンした。

三層の時計塔を正面中央に据えたシンメトリックな建物は、戦前に国分一太郎や須藤克三が、戦後に無着成恭や藤沢周平が通った当時と寸分かわらず、構内に一歩入ったとたん、過去にタイムスリップしていくような錯覚に一瞬おちいった。

係員に頼み、蔵書目録カードを見せてもらったが、「きかんしゃ」は、やはりここにもなかった。そのとき係員が、『山びこ学校』についてなら、こんなものならあります、といって紫色の風呂敷《ふろしき》包みをもって入ってきた。

なかをあけると、黒い紐《ひも》でとじられたB5判のかなり分厚い冊子が四冊出てきた。表表紙、裏表紙とも白い厚紙でおおわれた冊子の背表紙には墨で「『山びこ学校』資料集」とあり、それぞれに一巻、二巻、三巻、四巻と記入されている。

第一巻をあけると、「『山びこ学校』とその後」と題されたガリ版刷りの資料が一集から十集まできちんとバインディングされて出てきた。これまで『山びこ学校』について書かれたレポートや、テレビで放送された『山びこ学校』についての番組内容を採録したものを集大成したもので、すでにそれらの資料にあたっていた私には、それほど新鮮味はなかった。ただ、公刊された資料をわざわざガリ版刷りにして複製する情熱には、ただならぬものをおぼえた。

第二巻も、『山びこ学校』についてのラジオ番組を採録した第一集から始まっていた。二集から五集までは、第一巻同様すべて私がすでに目を通していた資料をガリ版刷りにして複製したものにすぎなかった。だが、第六集の前にはさまれた別冊を目にしたとき、ページを繰る手がとまった。

探し求めていた「きかんしゃ」創刊号が、やはりガリ版刷りの複製の形でできたのである。奥付には、これまでの資料と同様、山形県上山市立山元中学校・朝倉高文複製と書かれてあった。

第三巻にも同じ形で、「きかんしゃ」四号、五号、六号、七号、九号が、第四巻には、十二号、十三号、十四号の複製文集がはさみこまれていた。

さらに驚かされたのは、これとは別の未整理資料のなかから、「きかんしゃ」の一号から十五号までのコピーを合本したものがでてきたことだった。そこには、『『山びこ学校』資料集」では欠本となっていた二号、三号、八号、十号、十一号、そして「お便り集」と題された十五号と、卒業後三年目の昭和二十九年一月に発行された同じく十五号も揃《そろ》っていた。「きかんしゃ」は、『山びこ学校』の生徒が在学中に一号から十四号までつくられ、卒業後四ヵ月目の昭和二十六年七月に、『山びこ学校』について全国から寄せられた感想の手紙を特集した「お便り集」が、そして三年後に卒業生の有志によって、最後の「きかんしゃ」がつくられたことが、これでわかった。

だが、これら貴重な資料のオリジナル原本がどこにあり、そのコピーがなぜここに持ち込まれたかについては、現在の職員の誰もが知らなかった。

その謎《なぞ》についてひとつの手がかりを与えてくれたのは、県立教育資料館の元学芸員の松田源恵だった。松田は平成四年一月に急逝したが、生前私に語ったところによれば、四巻本の『山びこ学校』資料集」は、作成者の朝倉高文自身が教育資料館に寄贈したものだったという。

一方、朝倉の資料集では欠本となっていた「きかんしゃ」を補う形で集められた未整理資料は、やはり元学芸員の玉井茂が個人的に収集しておいたものではないかというのが、松田の推測だった。

その玉井は昭和五十八年十一月に亡くなっていた。このため本人の確認はとれなかったが、未整理資料中の「きかんしゃ」合本に貼《は》られていた付箋《ふせん》が重要なヒントとなった。「きかんしゃ」二号と三号のコピー本に貼られた付箋には、「川合哲男君が寺崎厚一さんによこしたものをコピーしたものです」という添え書きがつけられていた。

寺崎は前述したように無着とは山形中学、山形師範を通じての同期生で、玉井とは、玉井の死後刊行された遺稿集に絵筆をとるような間柄だった。その寺崎は、『山びこ学校』生徒の川合哲男から送られた「きかんしゃ」の二号、三号を玉井に貸したことをおぼろげながらおぼえていた。

もう一つのヒントは、六号、九号、十一号に貼られた付箋だった。そこにはいずれも、「下段の書き込みは門間きり子さんの鉛筆書きです」と書かれてあった。

卒業に際し無着から「いつもにこにこしてあたりを明るくさせてくれる」という言葉を贈られた門間きり子は、結婚して庄司姓にかわり、現在は山形市内に住んでいた。

きり子の話では、実兄の門間三郎から県立教育資料館の学芸員を紹介され、当時きり子が保存していた「きかんしゃ」を貸したことはおぼえているが、それが玉井という名前だったかどうかについては記憶にないという。

この当時きり子は、創刊号だけを除いて、残りの「きかんしゃ」を全巻揃えていた。学芸員に貸した「きかんしゃ」は間もなく戻ってきたが、その後紛失してしまったらしく、いまは自分の手許にないとのことだった。

きり子に学芸員を紹介した兄の門間三郎は、山元中学校の出身で、きり子の三年先輩にあたる。その門間三郎によれば、妹のきり子に紹介した学芸員は、間違いなく玉井茂だったという。

学芸員の玉井茂と門間三郎の橋渡し役をしたのは、玉井の兄の玉井誠だった。誠と三郎は山形工業高校の同級生で、その縁により、誠から、弟の茂を紹介された。三郎は茂から「きかんしゃ」を探していることを聞かされ、妹のきり子に話をつないだ。未整理資料中の「きかんしゃ」合本は、やはり、きり子の手許にあったオリジナル原本をコピーしたものが大部分だった。

だが、その合本がいつつくられたかについては、「貸したのは十年ぐらい前」というきり子の記憶があるだけで、紹介者の三郎も、玉井の未亡人の承子も兄の誠も、記憶にとどめていなかった。

昭和五十八年五月、創立百周年を記念した山元小中学校の新校舎が落成したとき、玉井と同僚の松田は、旧校舎がとりこわされる前に調査にはいり、段ボール箱にして十箱分の資料を収集したことがあった。しかしそこには、彼ら二人が期待していた「きかんしゃ」は一冊もなく、『山びこ学校』に関する他の資料も一切なかった。

『山びこ学校』が出版されると東京のマスコミ関係者が続々とやってきて、資料類を全部持っていってしまった、というのが、そのときの山元小中学校側の説明だった。

玉井が県立山辺《やまのべ》高校の社会科教諭から、県立教育資料館の職員に転じたのは昭和五十七年四月のことだった。そしてその後の一年は、学芸員の国家試験資格をとるため、受験勉強に明け暮れた。

玉井が「きかんしゃ」を求めて山元小中学校の調査に入ったものの発見できずに終わったのは、学芸員の資格をとった直後の昭和五十八年五月のことである。ということは、玉井がきり子から「きかんしゃ」を借りたのは、それ以降のことと考えてほぼ間違いない。

丁度その頃、玉井は体調の不調を訴えて、入院することになった。本人には大腸ポリープと告げられたが、本当は大腸ガンだった。

五十八年七月末に一度退院したが、八月末には再入院しなければならなかった。その後の職場復帰はかなわず、玉井は同年十一月に、四十歳の若さで永眠した。

この時間的経過からみると、玉井が「きかんしゃ」の合本を作成したのは、病いが小康状態を得た五十八年七月末から八月末にかけての一ヵ月の間としか考えられない。亡くなった同僚の松田の生前の証言によれば、教育資料館にはコピーの設備がなかったため、一時退院した玉井は近くの県立図書館に通いつめ、これまで集めた厖大な資料をコピーする作業に憑《つ》かれたように没頭していたという。そのなかに、玉井がきり子から手に入れた「きかんしゃ」がはいっていたかどうかは、いまとなっては確認のとりようがない。ただ、おそらくそうだったろうと思われるひとつの根拠はある。

玉井の妻の承子は、医者から夫の命があと三ヵ月ですと告げられたとき、本人に告げるべきか告げざるべきか悩みに悩み抜いた。が、玉井本人から、自分にはまだやるべきことが沢山残っているという言葉を聞いて、最終的には告知する決意をした。

身を切るほど辛《つら》いことではあったが、残された短い時間のなかで、悔いの残らない仕事をしてもらうことが本人の意にも沿うことになると考えたからだった。玉井には教育資料館の学芸員としての仕事のほかに、山形県下に残る古文書を収集研究する個人的ライフワークも残っていた。

「きかんしゃ」合本の作製は、死を覚悟した玉井の学芸員としての最後の仕事だったに違いない。

県立教育資料館で発見したもう一つの資料、『『山びこ学校』資料集』の作成者である朝倉高文も、平成元年五月に、六十八歳で鬼籍にはいっていた。

朝倉は、須藤克三が「『山びこ学校』を無着ひとりのものに終わらせてはならない。みんなのものにして、はじめて『山びこ学校』が生きる」と県下の若き教師たちに呼びかけて、昭和二十七年七月に結成した山形県児童文化研究会の主要メンバーの一人だった。

このなかには、とぼしい月給をさいて謄写版《とうしゃばん》を買い、共稼ぎ教師の妻とともに原紙をきりつづけた教育実践記録を『わらし子とおっかあたち』にまとめた烏兎沼《うとぬま》宏之や、『村の一年生』のなかで、黒板に木の絵を描き、そのそばにひらがなで、「き、き、き、き」と書くところから、僻村《へきそん》の子供たちの教育をはじめたことを淡々と綴った土田茂範ら、無着から一、二年遅れて山形師範学校を卒業した教師たちがいた。

無着の『山びこ学校』に刺激をうけてこうした教育実践活動に入っていった教師たちよりも、朝倉は世代的にはひとまわり上だった。大正十一年に駐在所の巡査の息子として蔵《ざ》王《おう》温泉の近くで生まれた朝倉は、山形師範学校を昭和十五年に卒業、南置賜《みなみおきたま》郡南原村の関小学校をふりだしに、前半生を僻地教育にささげた。

昭和十七年に召集をうけ、麻布《あざぶ》三連隊に入隊した朝倉は中国戦線に投入され、復員したのは敗戦後九年目の昭和二十九年六月のことだった。

その後朝倉は本校から通うにも、最上《もがみ》川を船で渡り、国鉄の線路上を六キロも歩く以外には道のない、最上郡古口《ふるくち》村小学校の沓喰《くつはみ》分校や、いまは二世帯二人しか住む人のいない上山市東小学校の古屋敷《ふるやしき》分校に赴任した。

二つの学校ともいまは廃校となっているが、朝倉が赴任した当時の沓喰分校には、電気も電話も新聞もなく、ランプの明りだけがたよりだった。雪にとざされる冬場は、共同炊事をつづけながら、じっと越冬するほかなかった。

その朝倉が、校長として山元小中学校に赴任したのは昭和四十九年四月のことだった。

朝倉が、四巻四十三集にもわたる厖大な『山びこ学校』資料集」を、なぜまとめようと思いたったか、そして、なぜ「きかんしゃ」を集めようと考えるに至ったかについては、それぞれの資料に付されたまえがき、あとがきに断片的に記されている。

それによると、山元小中学校に赴任して約二ヵ月後の昭和四十九年六月十日の昼近く、NHKの宇宿《うすき》と名乗る記者から朝倉にかかってきた突然の電話が、最初のきっかけだった。

「いま山形に取材に来ているんですが、ぜひ山元の学校におじゃまさせていただきたいのです。『山びこ学校』のことでお聞きしたいのですが、御迷惑でしょうか」

朝倉は山元小中学校に赴任した直後、教職員たちから、『山びこ学校』のことについては聞かないでほしい。また先生も『山びこ学校』については何もしゃべらない方がいいと思います」という、注意とも警告ともとれる不思議な話を聞かされていた。

それに、朝倉自身も当時『山びこ学校』に対する格別の知識をもちあわせていなかったこともあって、宇宿の来訪を固辞することにした。

翌日、宇宿は朝倉が断わったにもかかわらずカメラをかかえ、小雨の降る中を山元小中学校にやってきた。朝倉は少し強引だとは思ったが、せっかく訪ねてきてくれた以上、むげに追いかえすこともできないと思い、二時間ばかり自分の知っている範囲のことをしゃべった。

それから二週間ほどたった六月二十六日の午後四時すぎ、NHK教育テレビの「教師の時間」の教育実践の記録の一つとして、番組は放送された。タイトルは「『山びこ学校』から何を継承するか」だった。

これは後に、その他の教育実践の記録とあわせて、『近代日本教育の記録』という三冊の本にまとまるが、テレビを見ていた朝倉は、番組のなかで流れた一つの発言に、ひどくショックをおぼえた。

それは、無着と同時期山元中学校に赴任していた鈴木兵三の、「無着先生が去ったあとの継承化ということも、学校ではなされなかったし、そのことは山形県としても惜しいと思うんです」という一言だった。

朝倉はそれまで『山びこ学校』の一読者にすぎなかった。しかし、この発言は、朝倉のそうした第三者的立場を大きくぐらつかせる契機となった。朝倉はそれから約十年後の昭和五十八年一月に刊行した「『山びこ学校』資料集」の最終巻の第四巻第十四集で、当時を次のようにふりかえっている。

〈『山びこ学校』の舞台となった山元中学に赴任してきた以上、『山びこ学校』という一冊の実践記録ができるまでの過程を研究していかなければならない。『山びこ学校』は無着成恭個人のものではなく、われわれ全体の遺産でもあるはずだ。そのためにはどうやって継承させていけばよいのか、本気になって考えてみなければと気づいたのである〉

無着の同僚教師の発言は、朝倉にそう決意させるだけのインパクトをあたえた。

そういえば、山元中学校の校舎には、『山びこ学校』当時を思い出させるものは何ひとつ残っていなかった。これが先任教師たちの言う『山びこ学校』については「語るな、聞くな」という意味だったのか。

朝倉は自分のなかに、静かな怒りが立ちあがるのを感じていた。そして、『山びこ学校』に関してこれまで書かれたありとあらゆる資料を集めそれを自らガリ版で刷り、関係者に配布することを、後半生のライフワークとしていくことを自分に課した。

その第一弾が、NHK教育テレビで放映された「『山びこ学校』から何を継承するか」の採録版だった。朝倉はそれを五十部つくり、無着成恭や国分一太郎、須藤克三ら『山びこ学校』ゆかりの人々に送った。昭和四十九年十月のことだった。

「『山びこ学校』とその後」第一集と銘うった私家版資料集のあとがきで、朝倉は次のように書いた。

〈『山びこ学校』を語るな、聞くなというような意味のことをまえがきに書いたが、そんなこととは無関係に『山びこ学校』から何を継承するかを論じられている。そして、事実として六月二十六日にテレビで放映されている。

そこに、語るな、聞くなは何を意味しているのかをあらためて考えさせられてしまうのである。

自己逃避と批判されても仕方がないだろう。無能力の策だと指摘されても止《や》むを得ないだろう。もっときつくいえば、地区民がうるさいからだとか、オレとは関係ないことだったとか、そんなことにかこつけて、自分から教育の道を正しく求めて歩もうとしない《教師》だということになる。

こんなことを考えさせられたり、気づいたことが第一集の意味することだとすれば、この第一集――『山びこ学校』から何を継承するか――を大事にしていきたい〉

朝倉にこれだけの決意をさせるきっかけをつくったＮＨＫ記者の宇宿利典は、その番組をつくってから十八年後の現在、ＮＨＫの大分支局にいた。あなたのつくった番組が、一人の校長の後半生のテーマを決めました、と告げると、宇宿は興奮した口調で、そんなことがあったんですか、まったく知りませんでした、と電話口で何度も繰り返した。

「私は昭和十六年の生まれですから、子供の頃『山びこ学校』の本を読み、映画をみて育ったくちです。あれには本当に感動しました。ＮＨＫに入局して十年目に、過去の教育実践をとりあげるという企画があがったとき、ためらわず『山びこ学校』を選んだのはそのためです。

ところが、あれだけすごい教育実践をやりながら、現地には何ひとつ資料が残っていなかった。学校の図書室には『山びこ学校』の本すらなく、先生たちも『山びこ学校』については ふれたくないという雰囲気でした。村を取材しても、あれは〝村を売った男〟というような冷たい反応しか返ってきませんでした。

東京で考えていたことと現地の空気の落差が非常に大きかったことは、今でも強く印象に残っています。だけど、あれがきっかけとなって、校長先生がそんな厖大な仕事を残されたことは、今の今まで知りませんでした」

朝倉の私家版資料集は、その後もほぼ一ヵ月に一回の割合で刊行され、昭和五十年十二月には第十集までの刊行をみた。その作業をつづけながら、朝倉は次第に疑問を感じるようになっていた。

『山びこ学校』について書かれた資料を収集すればするほど、『山びこ学校』が日本の教育界に残された巨大な遺産だということは、今さらながら強く実感できた。しかし、あらためて『山びこ学校』から何を継承するか、と問われた場合、これまでの資料だけで十分に答えることができるだろうか。

やはり、無着と四十三人の子供たちの、ありのままの教育実践の姿を知るためには、その舞台となった文集「きかんしゃ」を集めることが必要なのではないか。

朝倉はそう考え、「きかんしゃ」を探すことを決意したが、間もなく、それが想像以上の難作業だと気づかされた。朝倉はこれも、『山びこ学校』を封印する「語るな、聞くな」のタブーのせいだと感じつつ、それならばなおさら、「きかんしゃ」を絶対に探し出してみせるという決意をあらためて固めた。

朗報は朝倉の私家版資料集の送付先から寄せられた。日本教育史を専攻している山形大学教育学部助教授（現教授）の石島庸男《つねお》から、「きかんしゃ」をお探しのようですが、第二号についてなら心当たりがあります、という葉書がきたのが最初だった。私家版資料集をつくりはじめて一年以上たった昭和五十一年はじめのことだった。

石島がいう「きかんしゃ」第二号の心当たりとは、山形県教組元執行委員長の田中新治が所蔵していたもので、朝倉は石島を仲介役にして田中からそれを借りうけた。それは茶封筒のような色をした粗末なわら半紙製で、二つ折りにされ、針金でとじられていた。

朝倉はそれをそのままコピーしたりはしなかった。原本にまず蠟《ろう》原紙をあて、下に下敷きをしいて、一字一字鉄筆で軽くなぞっていった。そのあとヤスリ版の上で本書きし、謄写版で刷るという恐ろしく手間のかかる仕事だった。表紙に刷り込まれた木版画は、学校じゅうシラミつぶしにして探し出した版木を使い、まったく原本通りに複製した。

当時山元中学校の教頭だった須田勇一によれば、朝倉は職員が全員帰ったあとも毎日職員室に一人残り、一心不乱にガリ版切りをつづけていたという。

ガランとした職員室で、ガリ版刷りの文字を鉄筆でなぞっていると、当時の教室の雰囲気や、四十三人の子供たちひとりひとりの性格まで伝わってくるように感じられ、朝倉の手に思わず力がはいった。

元県教組委員長の田中が保管していた「きかんしゃ」第二号は、文部大臣賞を受賞した江口江一が田中に送ったものだった。その裏表紙には、製本者のことばという、江一自身の鉛筆書きの跡が残っていた。朝倉はその一文字一文字を鉄筆でていねいになぞっていった。

〈「きかんしゃ」第二号　一九五〇年一月一日印刷　一九五〇年一月十日発行　編集発行責任者　無着成恭　製本責任者　江口江一　山形県南村山郡山元中学校

製本者のことば　江口江一

1この文集は私たちがいろいろ勉強や生活の中からとり出して作った文集です

2原紙は先生にきってもらったがトウシャバンは生徒たちの手でしたので力の入れどこなどうまくなかったせいかこいところうすいところがあります　それに手工が下手なので製本がうまくできなかった

3新聞紙で表紙を作りそじ《（ママ）》ないようにと思ったがあまりうまくいかなかったようです

4中味は私たちの生活そのままですからよく心をこめてよんで下さい
5この文集はどなた様の物となるかわかりませんが私たちの心のこもっている文集だから大事にして下さい
6手紙を下さる場合にはすみからすみまでよんでからよこして下さい
7私たちは文章の中にもあるように本気になって生活を勉強しているのですから先生と生徒の間でも手紙のやりとりをしたいと思います〉

朝倉の私家版資料集は佐藤藤三郎にも送られていた。藤三郎自身がもっていた「きかんしゃ」は、『山びこ学校』を出版した青銅社社長の佐和慶太郎に貸したまま、行方不明となっていた。『山びこ学校』のベストセラーに気をよくした佐和が、続編をつくる資料として藤三郎から借りうけていったものだった。このため、藤三郎は朝倉からの「きかんしゃ」照会の依頼には直接こたえることができないでいた。

朝倉の依頼をうけて「きかんしゃ」を探していた藤三郎が、その所在を知ったのは、昭和五十二年八月十五日、上山温泉で行なわれた「厄ばらい」を兼ねた同級会でのことだった。その席で同級生の門間（旧姓・川合）ハナミから、「きかんしゃ」を全巻揃《ぞろ》いでもっていると聞かされたことが、隘路《あいろ》を開くきっかけとなった。

ハナミのもっていた十六巻ひと揃いの「きかんしゃ」は、その年の九月十四日、上山市立教育研究所設立二十周年記念事業の一環としてガラスケースに収められて出品されたあと、藤三郎の仲介を経て、朝倉の許《もと》に借りうけられた。朝倉版「きかんしゃ」は、大部分、ハナミの原本を複製したものだった。「きかんしゃ」の収集を朝倉が決意してから、その時点で、すでに三年以上の歳月が流れていた。

「きかんしゃ」の複製本を含めた朝倉の私家版資料集は、第一巻十集、第二巻十集、第三巻九集、第四巻十四集と、全部で四十三集つづき、NHK記者の宇宿が朝倉をたずねてきてから足かけ十年目の昭和五十八年一月でひとまず終了となった。

朝倉は昭和五十二年に山元中学から蔵王一中の校長に転じ、五十五年には定年退職となったが、それでも私家版資料集だけはコツコツとつくりつづけた。その資料集が県立教育資料館に寄贈されたのは、五十八年十月のことだった。朝倉とは別に、「きかんしゃ」の収集に執念を燃やした県立教育資料館学芸員の玉井が、死の床にあった時期だった。

二人の人間をこれほどとりつかせた「きかんしゃ」の原本は、しかし、その後の探索でも、なかなか発見することはできなかった。玉井が原本を借りうけた庄司きり子の手許にも今はなかったし、朝倉に十六巻ひとそろいの「きかんしゃ」を貸しだした門間ハナミのところにも残ってはいなかった。現在南陽市に住むハナミの話では、朝倉先生に全巻貸したことは確かだが、返送が一冊一冊だったため、そのうちどこかにまぎれこんでしまったという。

朝倉版の「きかんしゃ」にしても、玉井の合本コピーにしても、一級資料であることは間違いなかったが、複製のため、字句に不鮮明な部分が多く、完璧《かんぺき》を期すには、やはり原本を入手する以外にはなかった。

だが、山形県内のどこを訪ね歩いても、「きかんしゃ」の原本は痕跡すら発見することができなかった。やはり「きかんしゃ」の原本を十年以上探しつづけている山形大学教育学部教授の石島庸男の話では、「きかんしゃ」はおそらく山形県内には完全な形では残っていないだろう、とのことだった。

「きかんしゃ」を見つけることはなかばあきらめ、『山びこ学校』卒業生の消息をたずね歩くことに取材の重点を移したとき、思わぬ僥倖《ぎょうこう》がやってきた。

最初にそれをもたらしてくれたのは、『山びこ学校』の冒頭の詩、「雪」を書いた石井敏雄だった。無着から「学校を休みたくないと思いつづけながら働いている」と評された敏雄は、二十八歳で入り婿《むこ》となって大場姓にかわり、現在は横浜市の環境事業局事務所で清掃職員として働いていた。

敏雄が中学卒業後しばらくして山元村を離れたことは電話で知らされていたため、敏雄にはあえて、「きかんしゃ」のことはたずねなかった。故郷をはなれた卒業生が「きかんしゃ」を保管しているとは、思ってもいなかったためだった。

ところが、横浜市旭《あさひ》区にある約束の清掃事務所にたずねていくと、敏雄は会うなり、大きな茶封筒のなかから、予想もしていなかった「きかんしゃ」をとりだした。驚く私を見て、敏雄は朴訥《ぼくとつ》な口調で「よかったら貸してあげる」といった。

黄色く変色したボール紙の表紙に、機関車の絵が敏雄の鉛筆書きで描かれ、紙紐《かみひも》で綴《と》じられた厚さ五センチほどの冊子には、昭和二十四年七月一日発行の創刊号から、昭和二十六年二月二十七日発行の第十二号まできちんとはさまれている。

ボロボロではあったが落丁、乱丁はなく、字句もきわめて鮮明だった。敏雄は山元村を離れてから何回か転居したが、これだけは忘れずもっていたという。

惜しむらくは十三号、十四号と、卒業後出された二冊の十五号が欠けていたことだった。しかし、これだけでも十分に貴重な資料だった。

その資料を敏雄から借りうけて一週間後、ついに「きかんしゃ」十六冊すべてを入手する幸運にめぐまれた。

いまや幻といってもいいであろう「きかんしゃ」全巻は、「病院ぐらし」という作文のなかで、「山も牛もない家は一体なにに、どう感謝したらよいのだろう」と書いた上野キクエの手許に残っていた。二十三歳の春に結婚、川合姓とかわって現在静岡県富士市に住むキクエは、電話では、『きかんしゃ』はたぶんないと思います。一応探してはおきますが……」といっていたが、私にはひそかに期するところがあった。

というのは、『山びこ学校』を卒業した女性たちのとりまとめ的存在の土屋ヤエノから聞いた話を、そのときかすかに思い出したためだった。キクエは昔、ヤエノに、「私にはなんにも財産はないけれど、『きかんしゃ』をもっていることだけが財産なの」と語っていたという。

やはり期待した通りだった。新幹線の新富士駅から製紙工場街を抜け、車で約二十分ほど行ったキクエの家をたずねると、キクエはお茶を出して一旦《いったん》奥に引っこみ、昨日一日がかりで押入れをさがしてやっと見つけましたといいながら、卓袱台《ちゃぶだい》の上に分厚い冊子を置いた。表紙の板紙に黒い布が貼《は》られたその冊子には、間違いなく「きかんしゃ」の創刊号から、卒業後三年目の昭和二十九年一月一日発行の十五号までの十六冊が完璧におさまっていた。

キクエからそれを借りうけ、卒業生の消息を訪ね歩くことは一旦中止して、「きかんしゃ」を集中的に読むことに時間をあてた。そこには、無着が全身で子供たちにぶつかった三年間の教育実践のすべてが、私の想像をこえる形でつまっていた。

創刊号一ページ目の冒頭に、「きかんしゃ」と題する無着の詩が載っている。

〈きかんしゃわ
ごまかしを　灰にしないでわおかぬ
まっかな火と

人間を　しあわせにしようとする
はげしい　じょうねつを
まっくろなからだで　つつんでいる。

きかんしゃわ　働くことが大好きだ。
つまれた　にもつわ　どんなに　おもかろうと
二本のレールが　正しく　まっすぐでさえあれば
ありったけの　力をだして　がんばる。
だが、レールが　へっていたり、ひろすぎたり
まくら木が　浮いていたりすれば
きかんしゃの　いきどうりわ　ばくはつする。
きかんしゃわ　みがかれた　たましい　を持っているのだ。

きかんしゃわ　たくましい　うで　を持っている。
すばらしい　あし　を持っている。
ピストンだ。車輪だ。石炭だ。鉄だ。水だ。
そしてそれらが　ばらばらになっていてわ

なにも出来ない　ということもよく知っている。
ねじ一ツゆるんでいても　きかんしゃわ動けないのだ。
だから
ピストンわ　がっちり　車輪をにぎり
すいじょう汽わ　ものすごい力をピストンに加え
すべてのうでわ　がっちり組合わされ
はじめて
人間をしあわせにする　という一ツの目的のため
ごうぜんと　地ひびきを立てて　はしるのだ。
それが　きかんしゃだ。

そして
おれたちわ
きかんしゃだ!!

1　きかんしゃの子供わ　いつも力を合わせて行こう
2　きかんしゃの子供わ　かげでこそこそしないで行こう

3　きかんしゃの子供わ　いいことを進んで実行しよう
4　きかんしゃの子供わ　働くことがいちばんすきになろう
5　きかんしゃの子供わ　なんでも　なぜ？　と考える人になろう
6　きかんしゃの子供わ　いつでも　もっといい方法はないか　探そう〉

はを、わと書くなど、発音どおりの表記法となっているのは、無着が当時、同じ表記法を使っていた作家のタカクラ・テルに熱中していたためだった。また、この詩自体も「彼は巨大な図体《ずうたい》を持ち／黒い千貫の重量を持つ」で始まる中野重治《しげはる》の詩、「機関車」の影響を明らかにうけていた。無着は、人の気持ちを昂揚《こうよう》させるエネルギッシュな詩を巻頭にかかげながら、一方で父兄にあてた「教室から」というページでは、不安と煩悶《はんもん》のかげりもみせている。

〈……私がなんにもいわなくとも、子供達がその作品のなかで充分いっていいてくれるような気がするのです。この文集が、私の教室をあけすけにのぞかせてくれるような気がするのです。

授業参観日わおろか、P・T・Aの総会のときでさえも三人きり来てもらえなかったのだから、あるいわこの文集さえも読んでもらえないのではあるまいか、などと心配しています。どうか、お子さんに声を張りあげて読ませて下さい。

私わ今のところ、子供のしあわせのことしか考えていません。寝てもさめても、子供、子供、子供で、子供が頭からはなれないのです。子供をしあわせにするにわどうすればいちばんよいか、ということを考えて毎日くらしているのです。おそらくこのまま死ぬまでこのことを考えているのでないか、などと思ってみたりします……〉

江口江一の「母の死とその後」が掲載され、巻頭に無着が、「これは私たちの手と足と頭と、私たちのもっているすべてを総動員して作った、私たちの教科書である」と自信をこめて書いた第二号は、「きかんしゃ」十六巻中の圧巻である。六十ページにわたるその文集には、日記、葉書、接続詞を使った短文の勉強、「私たちの家」というテーマの課題作文などが、子供たちが押しくらまんじゅうでもするかのように、ぎっしりとつまり、いまにも子供たちのはじける声がきこえてきそうである。そして、そのそれぞれに無着の的確だが、子供たちの心をなごませる評が加えられている。

無着はこの文集でなにを目指したかについて、次の十項目を箇条書きにしてあげた。

〈勉強1　「日記」でくわしく書く勉強をする。

勉強2　「日記」で生活のしかたを勉強する。

勉強3　「日記」のもっとよい書きかたを勉強する。

勉強4　「葉書き」できめられた大きさに思っていることをきちんと書く勉強をする。

勉強5　原稿用紙の書き方を勉強する。

勉強6　「短文」で言葉の使い方を勉強する。

勉強7「私たちの家」でわれわれはどんな考え方をすればよいかを勉強する。
勉強8「私たちの家」で同級生同士がどんなふうに力を合わせるかを勉強する。
勉強9「私たちの家」で生活を掘り下げ、正しく強く生きる勉強をする。
勉強10「あとがき」で文集を作る仕事はどんなに大事なことか勉強する。〉

この文集は誌面全体が上段四分の三、下段四分の一に仕切られ、上段に子供たちの作文、下段に文章指導という構成になっている。

たとえば、四十度の高熱を発したときも母親に背負われて学校にやってきた頑張り屋の長橋アサエが、昭和二十四年六月十日の出来事を書いた四百字詰め原稿用紙一枚程度の日記に対し、無着は、文節の右肩に十カ所以上の数字をふり、下段にその数字に照応したこと細かな添削理由を述べ、最後にこんな講評をした。

〈アサエ、よく書いた。特に、「昼からは、雨が降ったりやんだりした。それでも母は山にくわこきに行きました」の、「それでも」は上手な使い方だ。ここで「それでも」といわなければならない生活を考えてみよう〉

葉書の勉強は、山元村では一年にどれくらいの葉書が書かれているかを調査したことから始まったものだった。子供たちが自分の母親に葉書を何枚書いたかたずねた結果は、次のようなものだった。

さっぱり出さない　百三十人　六二パーセント

一枚か二枚出した　二十九人　一四パーセント
五枚ぐらい出した　二十三人　一一パーセント
十枚くらい出した　十人　五パーセント
十枚以上出した　十八人　九パーセント

この結果について無着は子供たちの意見を求めた。葉書をたくさん書いて世の中の様々な人たちとつながれる大人になることが、新聞もラジオもない家が三分の一もあるこの村の文化を高める最もよい道だ、というのが、そのときの無着のクラスの結論だった。無着はクラス全員に実際に葉書を書かせ、その一枚一枚に懇切な指導を加え、最後にこうしめくくった。

〈おい、みんな!! みんなうまいのにびっくりしたぜ。こんなにうまいとは思わなかったぜ。ところで惣重、弘子、ミハル、久子、チイ子、江一、幸重、弥助、ヤエノ、一体お前たちはどうしたというのだ。

弘子なんか「拝啓　大分寒くなりました。一朝ごとに一日一日と寒さを感じられます」とたった二行かいただけではないか。一体誰にやろうと思ったんだろうと思って宛名《あてな》をみたら宛名がかいていないじゃないか。

誰にかくか宛もなくて、ただ「うまくかこう」としても葉書や手紙はかけないのだ。誰にかくかはっきりきめたときはじめて葉書や手紙がかけるのだ、とあんなに言ったのに。

よいか、もう一ペンいっておくぜ。葉書や手紙は、誰に何を言ってやるということさえはっきりしていれば、誰でもかけるんだということを〉

この葉書の勉強で、うさぎを殺すところを恐ろしくなるほどリアリスティックに書いた平吹光雄は、同級生の大風盛幸に宛て、

〈いよいよ寒くなりました

木の葉も落ちました

左になにかおもしろいものがあったら

こっちにかいてよこして下さい〉

と、書いた。無着はふだん作文の時間をいやがって逃げまわる光雄の葉書を特にとりあげて、

〈見てみろ!!　光雄が書いたぞ!!　「盛幸君、面白いことがあったら左にかいてよこせ」と、葉書きの右の方に書いて、左の方をあけて。みんな、これはたいしたことだぞ!!　光雄は、誰かになにかきこうとしたときにはがきを書くことが出来たのだぞ!!

ただなあ、光雄、はがきはもどってこないのだからなあ〉

と、ユーモラスにしめくくった。

「きかんしゃ」三号には、その光雄が書いた「うさぎ」の評も載っていた。

〈よくかいた。よくかいた光雄!!　よくかいたぞ。それでな光雄!!　そのうさぎ誰のだっ

たの？　殺すときなんともなかった？　頭むいてしまってからどうしたの？
そんなことよりももっとだいじなことは、どうしてころしたのかということ。　ね、わかった？
この詩の中には、どうしてころしたか、ころすときどう感じたか、何故《なぜ》ころさねばならなかったか、かいていないでしょう〉

接続詞を使って短文を作る勉強では、自分が何をいいたいかはっきりわかっているか、正しい言葉を使っているか、やさしい言葉を使っているかを、三つのポイントとしてあげ、①のみならず②そこで③しかしながら④しかし⑤つまり⑥したがって⑦けれども⑧また⑨その上⑩及びの十の接続詞の使い方が、具体的に指導された。

ここで無着は単に文章技術を教えるだけではなく、わずか二十文字程度の短文にも、毎日の生活が入っていることに注意をむけさせた。そして、その例として江口江一と佐藤藤三郎と川合貞義がつくった短文をあげた。

江一は、「母は医者にこれ以上ないというほどにてあてをしてもらった。しかし、死なねばならなかった」と書き、藤三郎は、「学校を卒業したら、俺は俺の考えで生活することはできまい。したがって、そこをどうするのかが俺の問題だ」と書いた。また貞義は、「僕の父は、共産党は悪いという。しかしほんとうだろうか」と書いた。

「きかんしゃ」二号には、満州で両親と三人の弟をなくした小笠原誠が、日本に帰国するまでの記録を綴った作文も載っていた。無着は、山元村の現実を社会科の教材としてとりあげると同時に、子供たちひとりひとりが抱えている問題を、作文のかたちで表現させていた。「帰るまで」と題したその作文の第一回目の結末部分は、次のようなものだった。

〈……出発するとき、お父さんはワンさんの手をにぎって、何べんも頭をさげていた。母は弟の進をおんぶした。僕と妹だけ車にのった。あねちゃんが馬を引き、お父さんが先頭に立って出発した。ワンさんが泣いていた。あたりはうす明るくなっていた〉

誠は、十三号目の「炭やきものがたり」にも「木わり」と題して、「足に注意しろ。ふっとんで木のはじで目をやられるな。マサカリの柄をおるな。注意してだぞ。死んでしまうからな」という、いまにも伐採労働者の息づかいが聞こえてきそうな文章を書き、その挿絵として、マサカリを大きく振りおろそうとしている男の姿を版画に彫っていた。この版画は現在、角川文庫版の『山びこ学校』の表紙をかざっている。

無着の教育指導範囲は、子供たちひとりひとりの個人史から、労働現場まで、きわめて多岐にわたっていた。そのエッセンスが、「きかんしゃ」第二号だった。その末尾で、無着は、あなたのお子さんたちが書いた作文を、なんだこんなもの書きやがってなどといわずに読んでやって下さい、と父兄に訴えた。

〈……子供たちは家のことも村のこともしっかり考えているのです。江口江一君の綴方を見て、考えなしに「貧乏つづり方」という人は人でなしです。

私は、これらのつづり方をよみながらなんにもしてやれない自分をなさけなくなってくるのです。はがゆくなってくるのです。だからこそ文集でも作って、せめて学校だけでもゆかいにしようと一生けんめいになっているのです。

どうか、これをよんでくださる父兄の方々。多くの先生方。私の手もつないで一緒に前進させて下さい〉

無着の綴方指導は、子供たちが文章のなかに生活をしっかりつかんでいるかどうかの一点に向けられていた。

〈桑が
おっかだねる部屋に　いっぱいだ
どうゆうふうにねたらよいかと
ふとんを持って
おっかあは考えている〉

「くぼ」という作文で村の大人たちの欺瞞《ぎまん》性を鋭くついた川合義憲が書いた、「ねるところ」と題したこの詩について、無着は次のように評した。

〈さあ、またみんなで詩の勉強をはじめるぞ。生活をぎっちりつかんでいるかどうかだったなあ。どうだこれは？　生活をぎっちりつかんでいるか？　いるなあ。

これは、ほんとうに義憲の詩だ。義憲が見つけた詩だ。蚕に部屋をとられて、どこにねたらよいかわからなくなってしまって、ふとんを持ったまま立ち往生してしまった義憲のお母さんや、家の中が目に見えるようだ。

どうだ。こんなことは、みんなの家にもあるではないか。あるぞ。あるぞ。小屋にねたうちもあるぞ。蚕と蚕の間にねきりむしのようにまるくねた人もあるはずだぞ。

さあ、そういう生活を見落したのは誰々だ。手をあげて見ろ‼　義憲は見おとさなかったんだぞ〉

「詩研究号」と題された昭和二十六年一月発行の第九号は、無着の文章指導の様子をよく伝えている。上段に子供たちの作文や詩をのせ、下段を空欄にしたその号には、子供たちの作品に無着が指導をほどこして板書した内容が、上野キクエの鉛筆で写しとられてそのまま残っていた。

〈いたのまはまっくろだ　ところどころにはすこしこく　黒くなっているところがあるそれはたしかに　母が入いんしてから出来た　かすがこびりついていたのだ　ふかれていなかったために出来たかすだ

今朝　やっと今朝　何日ぶりでふくのだ　私がふくのだ　かんかんになったぞうきんを米びつのわきから　ひっとり出して　あついい湯にとかしてふいたのだ　力いっぱいふいたのだった

だが　ふかれた後は　きれいではなかった　まだ　そっちにも　こっちにも　いやそこ
にもごみが　こびりついていた　私は　やっぱり二度もふいた
だが　まだまだ　こびりついたごみはとれなかった〉

川合貞義が書いた「いたのま」というこの詩に対し、無着は、①貞義しかつくれない詩②ごたごたしている詩③それでも心持ちがわかる詩④お母ちゃんというのはありがたいのだなとわかる詩⑤もっともっと短くなる詩だと、批評したあと、次のように添削指導した。

〈太陽の反射光線で　目がいたくなるほどに柱をさかさまにうつし　ぼくたちの顔をうつ
すほどに　光っていた板の間
それが　汚れてしまってから久しい　母が入院してからだ
病院から帰ってきたぼくは　米びつのかげで凍っていた雑巾《ぞうきん》を　ひっぱり出し　あつい
湯でギュッとしぼり　力いっぱいふいた
おかあさんの退院も　時間の問題だという朝　力いっぱいふいた〉

「きかんしゃ」は、昭和二十五年九月発行の五号目までは無着の全面的な指導の下につくられたが、昭和二十六年一月発行の六号目からは、ほとんど子供たちの手だけでつくられるようになっていた。その号のあとがきには、川合哲男、川合義憲、川合貞義、木川進、江口俊一、佐藤藤三郎の六人の連名で、「もう私たちは一人で立つことができるのだ。先生がいなくとも、こうゆう文集をつくり、字のまちがいも、文章の通じないところも又研究してしみじみとわかるように、することができるのだ」という表明が記されている。誌面を上下段にわけて授業にも活用できるようにした無着の工夫も、子供たちの間にうけつがれた。扉には毎号、こんな言葉が書かれていた。

〈◦字のまちがいはどうだ。
◦文のつづきぐあいがどうだ。
◦しみじみとわかるようにかかれているか、
　さあ、下にぐんぐんなおせ〉

「きかんしゃ」全巻を読み通してわかることは、これを底本として編集された『山びこ学校』との微妙な違いである。たとえば「きかんしゃ」三号の生活詩集の最初に、川合貞義の「乳しぼり」という詩が載っている。

〈山羊の乳首を　ひとさし指からじゅんぐりに　力を入れてにぎる
眞白な乳が　ちゅう　と　しぶきをはいて　強くなべをうつ
ちゅう　としぼるごとに　足と足との間の　なべにひびいて　足につたわってくる
またそのたびに　ちったしぶきが　白い水玉になって　足からころげおちる〉

この詩は『山びこ学校』のなかには採用されていない。また、川合末男の「みずおよぎ」という詩も外されている。

〈沼のまんなかで　頭が「ツカッ」とした　「いたいっ」といって　頭に手をあげたら
からだが　しずんでしまった　おまけに水をのんだ　浮きあがって　「うゝ」といったら
頭の上を　あぶが　ブンブンとんでいた〉

「きかんしゃ」には、この詩にみられるような、子供たちと自然との官能的といってもいいようなつながりをのぞかせる作品や、佐藤代理子の「るす番」のような、寒村に育った少女の心の襞《ひだ》を伝えてくれる作品が少なくない。

〈ゆうべからのふぶきは　まだやまない　お母さんと　お父さんは　そうしきに行った
兄さんと弟は　上の山に行った
昼から妹は　ナトコ（注・巡回映画）を見に行った
私だけだ
私は　ぞうきんをさしていた　外で誰かの声がする　私はたって行って戸をあけたら
急に　まぶしくて　目をあけられなかった〉

この種の作品は、なぜか『山びこ学校』では、ほとんど排除された。かわりに、江一の「自分が田んぼを買うと、別な人が自分みたいに貧乏になるだけではないか」という作文に代表される、自分の置かれた状況を冷静に分析した大人びた作品が、集中的に収録された。

「きかんしゃ」と『山びこ学校』の間に横たわるこの微妙な差異は、『山びこ学校』を編集した野口肇の存在を抜きにしては語れない。

そして戦後民主主義にジャーナリスト生命を賭《か》けた野口のこの意識的な選択は、『山びこ学校』にたちまち絶賛の嵐《あらし》をもたらす吸引力となるとともに、やがて『山びこ学校』を徐々に批判にさらす排斥力の原因ともなっていくのである。

第八章　谷間の英雄

「きかんしゃ」を底本とした『山びこ学校』が青銅社から出版されて二ヵ月後の昭和二十六年五月、二人のジャーナリストが相前後して、山元村に入った。これが、『山びこ学校』がマスコミに本格的にとりあげられる最初のきっかけだった。

『山びこ学校』が出版される以前、江口江一の「母の死とその後」に関しては、一部ではかなり早くから反響を呼んでいた。

江一の作文は昭和二十五年十一月に文部大臣賞を受賞したこともあって、二十六年になると、日本読書新聞、図書新聞などの書評紙が、まずこれをとりあげた。次いで「世界」の二月号が全文を掲載し、一月三十一日付けの夕刊朝日新聞の「今日の問題」というコラム欄では、貧農少年の希望と題し、江一に社会的援護の手を差しのべようと訴えるまでになっていた。

『山びこ学校』出版前のこれら一連の報道は、『山びこ学校』のベストセラー化に火をつける、いわば導火線の役目を果たした。

『山びこ学校』が出版されると、これを書評でとりあげない新聞、雑誌をみつける方がむずかしいような状態となった。東京日日新聞、東京新聞、新潟日報、神戸新聞、京都新聞、大阪新聞など全国津々浦々の新聞がかなりのスペースをさいて『山びこ学校』を紹介した。雑誌でも「展望」の二十六年五月号に、編集長臼井吉見《うすいよしみ》自らの署名入り書評記事が載ったのを皮切りに、教育誌、農業誌、グラフ誌、婦人誌、宗教誌までがそのあとを追った。

昭和二十六年一年間だけでも百を超す新聞、雑誌が『山びこ学校』をとりあげた。その視点と論調は、歌人で経済学者の大熊信行《おおくまのぶゆき》が述べた「これは生活綴方の伝統をうけつぎながら生活算数への道をひらいた」という的確な評や、臼井が書いた「『山びこ学校』の問題」という手ぎわよい書評に代表されていた。

〈僕がこの本で最も感動したのは、無着先生受持ちのこれら四十三人の生徒たちは、いずれも、現在の日本の根源的な問題を背負わされており、無着先生の指導とかれらの努力によって、かれらは、自分の生活のなかに問題を見出《みいだ》し、その解決にむかって、勉強をつづけている態度である（中略）。

世評の高い『少年期』のこまっちゃくれた特権意識には不快を覚えたが、『山びこ学校』の少年たちには、心からの親愛感を抱かないわけにはいかなかった〉

昭和二十六年八月には山形縣《けん》教育研究所発行の「山形教育」が一冊丸ごと『山びこ学校』の特集でつぶし、同年十月に国土社から創刊された「教育」は、その創刊号で「山びこ学校の総合検討」と題し、三十ページに及ぶ特集を組んだ。さらにはこれらの批評を集めた『「山びこ学校」から何を学ぶか』という四百ページ近い大著も、同年十一月、『山びこ学校』と同じ版元の青銅社から出版された。

だがこれらの著作はいずれも、『山びこ学校』という本のなかの活字をたどり、社会的あるいは教育的に、または児童文学的に問題をクローズアップした、いわば二次資料にすぎなかった。実際に山元村に入りこみ、『山びこ学校』の実態を生身のかたちで浮きぼりにしようという試みは、二人のジャーナリストの山元村入村を待って、初めてなされたものだった。

一人は「展望」に簡潔な書評を書いたばかりの臼井吉見、もう一人は「週刊朝日」記者の永井萠二《ほうじ》だった。

臼井がいち早く『山びこ学校』に注目したのは、先天的なジャーナリスト感覚のせいもあったが、青銅社社長の佐和慶太郎が送った二百冊の贈呈本リストのなかに臼井も含まれていたためだった。『山びこ学校』を編集した野口肇は、臼井とは日本ジャーナリスト連盟の仲間同士でもあった。「展望」の昭和二十六年六月号に載った「『山びこ学校』訪問記」のなかで、臼井は無着の授業を目《ま》のあたりにして、次のように書いた。

〈二十歳の新卒の青年教師に、ゆるがぬ体系などあってたまったものじゃない。そんなものがあるとすれば、借りものにきまっている。彼は大声で生徒に話しかけ、大声でいっしょに笑うだけだ。こんど新しく受持った三年生のソロバンの授業を少し見せてもらっただけだが、およそこれほど体系や方法論に帰納できぬ授業もめずらしいだろう。名前のとおりムチャクチャの即興的なものだ〉

無着個人の人柄については、「五尺八寸はあろうかと思われるのっぽで、笑うとまるで子供のような表情になる。大きな声で話し、大きな声で笑う。屈託のない、人なつっこい、楽天家といった感じだ」とスケッチし、無着の授業は一見ムチャクチャにみえるが、綴方の添削推敲《すいこう》を手段としながら、はっきりと生活の添削推敲を目標としている、と結論づけた。

臼井はこのなかで、無着は共産党員ではないだろう、子供の教育にこんなにうちこんでいる上等な共産党員などいるはずがない、とも述べている。

臼井が山元村に入ったとき、『山びこ学校』の映画化準備のため、シナリオ作家の八木保太郎と理研映画プロデューサーの若山一夫が、偶然、山元村を訪れていた。一夜、宿直室でその三人を囲み、教師たちとの話し合いがもたれた。

無着の同僚の一人がその席で、

「私たちは人間最低の線として、卒業するまでには、うそをつくな、かげ口をいうな、ごまかしをするな、するまえに考えること、みんな力を合わせることの五つは、一人残らず身につけさせてやりたい。そのために私たちは、寝ても、さめてもそのことを忘れないし、授業でも、作業でも、遊びでも、いつもそれを考えて子供たちにあたっている」というと、八木は「あなた、それは人間最高の線ですよ」と、いかにも感動した面持ちでその言葉を二度繰り返した。臼井も「そうです。全くその通りです」と、特徴のある二重あごを、大きくうなずかせた。

臼井に遅れること数週間後、上野から夜行列車で山形に向かった永井萠二は、岡本良雄、前川康男《やすお》、神宮輝夫《てるお》、古田足日《たるひ》、山中恒《ひさし》、山元護久《もりひさ》ら、錚々《そうそう》たる童話作家群を輩出させた早稲田《わせだ》大学童話会の出身だった。

無着は永井とは一面識もなかったが、早大童話会とは奇縁をもっていた。永井が山元村に入った昭和二十六年春、山形から上京してきたばかりの無着の縁戚《えんせき》の鈴木実は、早大大《おお》隈《くま》講堂前の掲示板を見て童話会入りを決めた。鈴木と無着は祖母同士が姉妹で、互いの家をよく行き来する仲だった。

のちに、山形県大高根の米軍射爆場反対闘争を描いた『山が泣いてる』で第一回日本児童文学協会賞を受賞した鈴木は、当時まだ児童文学にはさほど関心をもっていなかった。その鈴木が童話会入りをきめたのは、掲示板にはられた童話会主催の講演会の講師の名前に、格別の親しみを覚えたからだった。

鈴木が上京する直前、無着は鈴木の家にやってきて、大またでいろりのある部屋まであがりこみ、あがりかまちに腰をおろしながら、カーキ色の雑嚢《ざつのう》の中から出来たばかりの『山びこ学校』をとりだした。顔をほころばせ、それが特徴の糸切り歯をのぞかせて、「坪田譲治さんが推薦文を書いてくれたんだ」と、うれしそうに言った。

鈴木が目にした掲示板の張り紙には、その坪田譲治の名前が書かれてあった。

無着とはそんな不思議な因縁をもつ早大童話会は、大正七年に鈴木三重吉が始めた「赤い鳥」運動とは正反対の立場に立っていた。「赤い鳥」運動が、いわば子供を神様に仕立てあげる立場をとったのに対し、早大童話会は、リアリズム童話の立場を伝統としていた。

臼井につづいて二番目に山元村に入った永井は昭和二十一年に朝日新聞社に入社すると、すぐに敗戦直後の上野の浮浪児をルポし、その後も、水上生活や離島などの逆境をけなげに生きる子供たちを数多くレポートした。それらの仕事にも早大童話会の伝統が受けつがれていた。

出版後すぐに『山びこ学校』を読んだ永井は、いいしれぬ衝撃をうけた。その頃永井は、六・三制が始まったばかりの全国の小中学校をよく取材して歩いていた。

めぐまれず、報いられず、ただ子供たちを愛することに生きがいを感じている全国の教師たちの前に、すばらしい主人公を探してきて、あなたがたの同志がここにいますよ、と語りかけるようなレポートが書けないか、というのが、その頃の永井の夢だった。

『山びこ学校』という文集を書かせた教師こそ、自分の探していた理想の教師ではあるまいか。永井はひそかにそう考えた。

永井は身分的には一介の週刊誌記者にすぎなかったが、その立場をこえ、戦後を代表するすぐれたジャーナリストの一人だった。

永井が朝日新聞社に入社してまもなく、「週刊朝日」の副編集長として陣頭指揮をとったのは、平成四年四月、七十九歳で亡《な》くなった扇谷正造だった。昭和二十年九月、戦地から復員して古巣の朝日新聞社に復職した扇谷は、昭和二十二年に「週刊朝日」の副編集長に任ぜられ、まず、これはと思う新人記者を社内からスカウトしていった。

その一人が「少年朝日」にいた永井だった。扇谷は、早大童話会仕込みで筆が立ち、元陸軍伍長《ごちょう》でもあった永井に大きな期待をかけていた。その頃の扇谷のモットーは、「兵隊と新聞記者は叩《たた》けば叩くほど強くなる」というもので、「旧制中学卒プラス人生体験十年に平均読者像をおけ」、「いいルポを書けば雑誌の全ページでもつぶす」というのも口ぐせだった。

その永井が扇谷の命をうけて書いた「上野地下道の生態」（昭和二十二年二月八日号）というルポは、戦後日本のジャーナリズムの一ページをかざる記録として大評判をとった。

永井は、何種類かの予防注射を打った上、当時「週刊朝日」の挿絵をかいていた画家の熊谷守一から譲りうけたボロボロのオーバーを着込み、浮浪者に変装したその姿で、一週間近く上野地下道に泊まりこんだ。

太宰治《だざい》と入水《じゅすい》心中した「山崎富栄の日記」（昭和二十三年七月四日号）を取ってきたのも、永井だった。当時「週刊朝日」の発行部数は約十七万部だったが、この号は三時間あまりで売り切れ、昭和二十九年に百万部を突破する同誌飛躍のスタートとなった。

扇谷は昭和二十六年五月に編集長に就任すると、「週刊図書館」という、当時どこも本格的にはやっていなかったブックレビューのページをもうけた。その選評委員の一人が臼井吉見だった。臼井から『山びこ学校』のことを聞かされた扇谷は、教育ものは週刊誌としては地味だとは思ったが、全国の教員の一割が読めば部数増にもなるだろう、とソロバンをはじき、個人的読者もつくほどのスター記者となっていた永井を山元村にとばした。

山元村に入った永井は、無着にたちまち魅せられた。現在、明星学園のある武蔵野《むさしの》市吉祥寺〔編集部註・明星学園は三鷹市に所在〕に住む永井は、その後明星学園の教諭になり、教育評論のタレントになっていった無着と何度か接している。子供たちと一緒に感動をわかちあう田舎教師にあった永井は、後年の無着とはおよそかけはなれた、素朴で情熱的で、郷土愛に燃えた青年という印象をうけたという。

同時に永井は、無着の指導によるこの寒村での教育実践は、戦後の民主主義教育の一つの方向を間違いなく指し示していると、確信した。東京を発《た》つときは二ページの特集の予定だったが、とてもそんなものではおさまりそうになかった。永井はとりあえず、増ページの連絡を編集部にすると、扇谷からすぐに電報がきた。

「シメキリ1シウカンノバス　テツテイテキニシユザイノウエ　ナンマイデモカカレタシカネスグオクル」

永井の山元村滞在は一週間におよんだ。教室の授業風景をのぞき、校長の本間甚八郎の話を聞き、PTA会長の長橋正や、『山びこ学校』出版のそもそものきっかけをつくった須藤克三《かつぞう》に会い、文部大臣賞を受賞した江口江一の家まで訪ねた。さらに佐藤藤三郎ら『山びこ学校』を卒業したばかりの子供たちにできるだけ多く集まってもらい、最後の晩は無着の生家の沢泉寺に泊まりこんで両親の話も聞きとった。

永井のルポは、結局、十ページにわたる長編記事となった。「山びこ学校の子どもたち」と題されたそのルポの冒頭に、永井はこう記した。

〈これは、ひとつのレポートである。とくに、恵まれず報いられず、ただ子供たちを愛することに生甲斐《いきがい》を感じている全国の教師たちに捧《ささ》ぐレポートである〉

この記事は「週刊朝日」昭和二十六年六月十日号の巻頭をかざった。編集部には、すぐにおびただしい数の投書が寄せられた。

「東北の寒村の子たちが、おたがいにいたわりあって、村の向上を目ざして努力している姿に胸うたれた」

「子どもにとって、すぐれた教師がどんなにたいせつなものなのかを知りました」

投書の大半は家庭の主婦からのものだった。『山びこ学校』がこうした主婦をはじめ、広汎《こうはん》な読者層の支持を得た一つの理由に、『山びこ学校』が出版されるほぼ半年前の昭和二十五年十月、光文社から出版され、一年間で二十五万部というう当時とすれば驚異的なベストセラーとなった、『少年期』と対比されたことがあげられる。

女性心理学者波多野勤子《いそこ》と長男の往復書簡をまとめた『少年期』は、ベストセラー出版社と異名をとった光文社のそもそもの基礎をつくり、同社社長の神吉《かんき》晴夫をベストセラーづくりの神様といわせた最初の本だったが、反発もまた大きかった。その本のなかに漂う特権的意識を感じとった識者からは、前記の臼井吉見の『山びこ学校』の書評にもみられるような非難めいた批評が相ついだ。

『山びこ学校』には「無性に泣かされた」と、東京日日新聞のコラム「ブラリひょうたん」で激賞した高田保《たもつ》も、『少年期』に対しては、「エゴイズムのにおいに不満を感じた」と、不快感を隠さなかった。

『山びこ学校』の編集者である野口肇も、『少年期』を『山びこ学校』と対比させ、辛辣《しんらつ》な批評を下した。

〈(前略) 息子は勉強好きの優等生だ。「東京でも一、二といわれる」特殊学校からいやいやながら「いなか」の学校に疎開《そかい》するが、「あんないなかの子に負けやしません」と発奮した甲斐あって、見事に新制東大にパスする。彼は父を敬い、母を愛し、父親のようなすぐれた学者になるのが理想である（中略）。

わたしは『山びこ学校』を世に送りだすのに協力したひとりである。だからこれを過当に評価し、逆に『少年期』の取扱いについて点がきびしすぎるとの非難が起るかもしれぬ。しかし、もしわたしに『山びこ学校』との個人的なつながりがないとすれば、『少年期』およびそれを猫なで声でほめたたえた「自由」教育者たちは、もっともっと手いたい批評を浴びたはずである〉

『少年期』を読んで残ったこうした不満を、『山びこ学校』にみなぎる素朴さとたくましさが、はからずも埋めた。『少年期』は『山びこ学校』をベストセラーに押しあげるかくれたバネだった。

当時まだテレビはなく、マスメディアの王者は活字だった。とりわけ、出版社系週刊誌も創刊以前で、他の週刊誌としては「サンデー毎日」一誌しかなかったこの時代において、「週刊朝日」の果たした社会的影響ははかりしれないほど大きかった。

扇谷が副編集長についた昭和二十二年、同誌は発行部数十万部足らずの弱小誌にすぎなかった。扇谷は戦前の隆盛を夢想する上司に呼ばれ、「なんとか三十万部にしてほしい。そうなれば、独航船を仕立てて、樺太《からふと》から材木を持ち出しても、紙の手当てはする」との命を受けていた。

そこであげられた目標の三十万部は、永井ルポが書かれた昭和二十六年には早くも達成され、それ以降も倍々ゲームの伸びを示していた。扇谷の狙《ねら》いは主婦のガマロを開けさせるホームジャーナルづくりだった。その上り調子の週刊誌が十ページもさいた『山びこ学校』のルポは、現在ならさしずめ、テレビのゴールデンタイムに長時間のワイドショー番組を組んだにも等しい出来事だった。

日照時間二、三時間という山あいの寒村は、この永井ルポが発表されて以降、マスコミから時ならぬ脚光を浴びていくこととなった。新聞や雑誌の記者とカメラマンが連日のように山元中学校を訪れ、NHKや山形放送は、『山びこ学校』の卒業生たちを集めた放送座談会を、その年だけでも四度にわたって開いた。

野口肇の編集になる『山びこ学校』が、やや問題意識を前面に押しだしすぎているきらいがあるのに対し、永井のルポは、どちらかといえば、貧しいながらも素朴さを忘れない子供たちの屈託のない姿に焦点があてられていた。

それは二人のジャーナリストの個人的資質の違いという以上に、戦後ジャーナリズムの流れを決定づけた二つの手法を、それぞれ最も良質な形で代表するものだった。

評論家の松浦総三は、「戦後ルポルタージュ30選――その流れと傑作――」という文章のなかで、戦後第一期は民主革命の時代であり、風俗的には焼跡ヤミ市の時代であったと分析した上、次のように述べている。

〈第一は「週刊朝日」や「サンデー毎日」の風俗ルポで、上野地下道（敗戦難民の宿泊所）

や夜の女やパチンコ屋などのルポであり、その代表的人物は、「週刊朝日」の永井萠二らであった。

第二の流れは「日本評論」に拠《よ》った村上一郎と野口肇のルポで、これは『日本の断面』という本におさめられている〉

松浦は同じ文章のなかで、野口肇らの「日本評論」ルポが社会科学的であったのに対し、〝扇谷学校〟の中心人物であった永井萠二の「週刊朝日」ルポは、ヒューマニズムとニュースストーリーと風俗ルポをミックスしたものだった、と書き、戦後第一期のジャーナリズムを代表する傑作として、野口らの『日本の断面』と、永井の「週刊朝日」ルポをまとめた『焼け跡は遠くなったか』をあげた。

戦後を代表する二つのジャーナリズムの流れが、巧まずして、『山びこ学校』の上で合流した事実に、『山びこ学校』が投げかけた問題の大きさが示されている。と同時に、二つのジャーナリズムの合流による補完作用は、『山びこ学校』をベストセラー化する上で、決定的な役割を果たした。

野口の先鋭な問題意識で編まれた『山びこ学校』は、永井のヒューマニスティックなルポでつつまれることによって、広汎な読者を獲得していくことになった。

『山びこ学校』の反響は広がる一方だった。昭和二十八年七月に、研究社から、〝Echoes from a Mountain School〟という英訳版が出版されると、その英訳版からヒンズー語に転訳され、さらに中国語訳版も出版された。その一方、ユネスコの機関誌で五ページにわたって紹介されるなど、国際的な広がりまでみせていった。

昭和二十六年七月十一日、山元村はこの村はじまって以来の緊張につつまれていた。「僕が大人になったら、貧しい家の人が土下座するような村でなくしたい」と作文に書いた横戸惣重の祖父の横戸惣太山元村村長以下、本間甚八郎山元中学校校長、長岡富太郎山元小学校校長、長橋正ＰＴＡ会長、小学校九名、中学校五名の職員を含む、総勢約百名が校門前に整列し、山形市内から乗用車六台、バス一台、オートバイ一台を連ねてやってきた文部大臣一行を出迎えた。

現職の大臣がこの村を訪れることなど、いまだかつてない出来事だった。村人はこの日のため、便所の下駄《げた》を新調し、灰皿、茶器、スリッパ、椅子《いす》などを、前夜おそくまでかかって用意した。

午前十一時二十五分、セミしぐれの間を縫って山元村に到着した文部大臣の天野貞祐《ていゆう》は、長岡小学校校長の紹介で朝礼台に立ち、カンカン照りの校庭に整列した総勢約四百五十名の全職員全生徒に向かって挨拶《あいさつ》した。

「私も山の中の生まれで、子供の時は洋服も着られなかった。校舎も設備も、この学校より悪かった。勉強はその人の考え方でいくらでもできます」

これより前、天野はこの日のため音楽室を改造して急ごしらえした控室で、無着と文部大臣賞を受賞した江口江一の二人に会い、それぞれ短い激励の言葉をかけていた。刈り立てのイガグリ頭に青いジャンパー姿の無着に、

「こんな山のなかでも立派な教育ができることを、君は全国の先生方に実証してくれた。本当に感謝する。教育者は他のことには目を向けず、教育の仕事のなかで志をとげるべきだ。君はまだ若いのだから、今後の活躍をなお一層期待する」

という言葉をかけたあと、天野は、無着の隣りで新調の金ボタン姿でかしこまっている江一の方に向きなおり、肩に手をかけて、

「よい作品を書いてくれました。今後もよい作文を書いて立派な人間になってください」

と励ました。

この間、新聞社のカメラのフラッシュが何度もたかれた。天野と無着の間に何本も録音マイクがつきだされ、ニュース映画のカメラが終始まわされた。この日天野に随行して山元村入りした報道陣は、東京からの新聞記者六名を含めて十五名、理研映画などニュース映画社のカメラマン二名、山形放送などラジオ局の録音班五名の、計二十二名を数えた。

無着から三冊の『山びこ学校』を贈られた天野ら一行が二十五分の短い視察を終えて帰ったあと、無着は新聞記者たちの取材攻勢にあった。そのときの無着の答えは、次のようなものだった。

「どんな偉い人がきても私は授業の予定を変更しない。ありのままの姿をみてもらいたい。たとえ誰がこようと、来るものは拒まず、去る者は追わずです」

山形市内に住む人はいうまでもなく、山元村とさほど離れていない本沢村の人でさえめったに訪ねてきたことのない山あいの寒村は、この日を境に、全国の教育関係者から熱いまなざしを向けられることになった。

今にして思えば、天野の『山びこ学校』訪問は奇妙な出来事だった。昭和二十五年九月に教員のレッドパージ実施を正式に承認した天野は、その年の十一月に修身科の復活を言明し、翌二十六年二月の国会で「静かなる愛国心」の必要性を強調した文部大臣だった。

昭和二十六年七月、文部省は自由研究の時間を廃止するなど、昭和二十二年五月に出た学習指導要領の全面的改訂を行なった。これが、「国家基準」として法的拘束力をもつ昭和三十三年版学習指導要領に向けての改訂作業の第一歩だった。

昭和二十二年五月に文部省から出された学習指導要領は、あくまで「試案」にすぎず、無着が、山元中学校独自の教育プランを立てることは文部省の意向にも沿うことだと考える根拠も、またそこにあった。しかし二十六年の改訂版からは「試案」がとれ、文部省の教育現場への規制力が、これを機に強まっていった。この時の文部大臣もやはり天野だった。

昭和二十五年六月の朝鮮戦争勃発《ぼっぱつ》以来、巷《ちまた》には逆コースの流行語が生まれたが、教育界における逆コースの波はいち早く起きていた。

下山事件、三鷹《みたか》事件が起きた昭和二十四年七月、GHQ民間情報教育局（CIE）教育顧問のイールズは、新潟大学の開校式で、「共産主義を信奉する教員は、自由を守る教育の場にはふさわしくない」という内容の講演を行なった。さらに、二十五年九月に来日した第二次アメリカ教育使節団は、自由教育を強く奨励した二十一年三月の第一次使節団の勧告とはうってかわって、日本人は共産主義から自由を守る旗手とならなければならない、と勧告するようになっていた。

無着の教育はまさに、日本をとりまくこうした国際政治の大きな転換点の谷間で行なわれたものだった。天野もまた、一気に花開いた戦後民主主義教育が徐々に退潮し、かわって国側の文教政策が再び力をもちはじめた谷間に登場した文部大臣だった。

天野の『山びこ学校』訪問は、いわば戦後史のなかにぽっかりあいたエアポケットで行なわれた、一種の休戦協定にも似た儀式だった。

天野が『山びこ学校』を訪問してから三ヵ月後の二十六年十月、映画『山びこ学校』の撮影が、この村を舞台にして始まった。

映画『山びこ学校』が製作されるそもそものきっかけは、国分一太郎の新宿柏木《かしわぎ》の自宅に、記録映画作家の野田真吉がふらりと訪ねていったことに始まる。

野田は昭和二十年十二月、労働組合の結成を契機にして始まった東宝争議の組合側闘士の一人だった。進駐軍の戦車まで鎮圧に乗り出し、来なかったのは軍艦だけといわれた大争議が一応終息した昭和二十四年、野田は、新設された東宝教育映画部にフリーの演出家として移り、児童劇映画などの演出を手がけていた。

同じ日共党員の国分のところへ行き、児童もの映画の企画のネタを拾ってくるというのが、その頃の野田の日課だった。その縁から、ジャーナリストの野口肇とも知りあうようになっていた。あるとき、国分が無着から送られてきた「きかんしゃ」を野田に渡しながら、「無着という面白い男が山形にいるんだ。ひょっとすると映画になるかもしれない」と言った。

野田は国分から渡された「きかんしゃ」を読み、すぐに東宝教育映画部に映画化の話を持ちこんだ。しかし暗すぎるとの理由で、この段階での映画化は見送られた。

野田はそのあと、この話を昔からの知りあいのシナリオライターの八木保太郎にもちかけた。『山びこ学校』が出版される約半年前の昭和二十五年十月のことだった。野田から借りた「きかんしゃ」を読んだ八木は、これこそ真の教育映画になる素材だと感動し、映画化をその場で決意した。

八木はすぐに旧知の理研映画プロデューサーの若山一夫に連絡をとり、「きかんしゃ」を読ませると、若山はたちまち目頭をうるませた。若山も、山元村と同じく雪深い信州の山村育ちだった。その作文を読んで泣かされた江口江一よりさらに幼くして両親を亡くした若山にとって、「きかんしゃ」に書かれていることは、すべて他人事《ひとごと》ではなかった。

若山はさっそく野田の紹介で『山びこ学校』の出版企画をすすめている野口に会い、映画化の話を無着に交渉してくれるように依頼した。

『山びこ学校』が出版されて間もない二十六年四月下旬、山元村を初めて訪問した八木と若山は、須藤克三や無着の同僚、卒業したばかりの子供たちと精力的に会い、映画化の構想を固めていった。

江一の家を訪ねたとき、若山は、その家が自分の思い描いていたイメージとあまりにもそっくりだったことに驚かされた。蔵王《ざおう》山に向かって東南の斜面にたつその家は、貧困という言葉を絵柄にしてたちあげたらそうなるに違いないと思わせる家だった。母を乗せたリヤカーを置いたと思われる入口の石段の上に、白い葉ぼたんの花が一輪咲いていた。若山がほめると、江一は黙ってその一株を掘ってよこした。若山は文部大臣賞を受賞しても全く変わらない江一の朴訥《ぼくとつ》な態度に、あらためて感動がこみあげてくるのをおぼえた。

脚本家の八木は『山びこ学校』は無着の花の部分で、映画では、それを咲かせた幹の部分を描き出したいと考えていた。そこで八木が無着に日記のようなものはないかとたずねると、あるという返事だった。ただしその日記は、いま手許《てもと》にはなく、舞台化の資料として児童劇作家の冨田博之に貸出し中とのことだった。

八木が無着の日記を冨田から入手して読んだのは、二十六年六月中旬、二度目の山形入りとなった汽車のなかだった。八木は山形の宿についてからも二日間、その日記を読みつづけた。大学ノートにして十冊にもおよぶ日記には、子供たちの成長の記録が克明に綴られていた。

八木は、子供たちに体ごとぶつかっていく無着の情熱にいまさらながら胸を打たれ、同時に、ムチャクチャ・カリキュラムといわれる裏に、実は用意周到な準備があることを痛感させられた。

これより少し前、無着の日記の存在を聞きつけた光文社の神吉晴夫が、冨田の下宿を訪ねていた。冨田からそれを借りて読んだ神吉は、是非出版したい、と無着にかけあったが、無着はプライバシーにふれる問題がありすぎます、いまはまだ時期尚早です、といって固辞の姿勢を変えず、結局、この本は幻の企画に終わった。

映画『山びこ学校』の撮影は、無着がマスコミのなかで次第にスター扱いされるなかで進められていった。

スタッフは、平成三年十一月、七十九歳で他界した監督の今井正以下、総勢約六十名を数えた。そのほとんどが、東宝争議で組合側に参加し、昭和二十五年のレッドパージの対象になった日共主流派の映画人だった。彼らは学校の裁縫室や公民館、さらに各農家に分宿したが、そのなかには子役として東京方面から集められた十七名の中学生も交じっていた。

うち八名は、戦前から左翼演劇の指導者として知られる八田《はった》元夫が顧問をつとめる東京少年劇団所属の子供たちだった。八田はこの当時、日本共産党の非常勤文化部員として活躍し、同じ日共文化部員の国分一太郎とも交流をもっていた。

東京少年劇団に所属する子役の一人で、江口江一役を演じた江森盛夫は、戦前、左翼詩人として知られた父親の江森盛弥が親交を結んでいた児童文学者の壺井《つぼい》栄の紹介で劇団入りし、当時は、因縁めくことに無着がのちに教鞭《きょうべん》をとる明星学園に通う中学生だった。

「江一君という少年には忘れがたい印象があります。無口だが篤実《とくじつ》で、もうすでに立派な大人の風格をそなえていました。

ただ、高校受験を控えていた時期に撮影にぶつかったことは今でも悔やまれてなりません。山元村の子らと一緒に無着先生の授業を受けたり、東京から僕らを引率してきた先生に、勉強をみてもらったんですが、そんな程度では東京の受験にはとても歯がたちませんでした。志望校をすべり、定時制に行くことになったのは、そのためばかりとはいえないでしょうが、かなり影響はあったと思います」

この学力格差の問題については、当時の「日教組教育新聞」が、現地の子供たちと、江森ら東京からきた子役たちとを集めた座談会のなかでも一つのテーマとなっている。

東京からきた子供たちと比べて学力の差は感じますか、という問いに対し、『山びこ学校』の学年より一級下で、生徒役として映画にかりだされたある少女は次のように答えている。

「それほどでねえな。英語だけは別だけんどよ。英語は選択科目だから上級学校にゆく者だけがしている。パンパンになるなら別だけんど山元村では必要ねえもの」

十七名の子役のうち九名は、児童劇団にも所属していないズブの素人《しろうと》だった。これは東京少年劇団所属の子役だけでは頭数をそろえることができなかったためで、同劇団マネージャーの相羽源次郎が、旧知の演劇仲間に声をかけて集めてもらったものだった。相羽の依頼で三人の子供を学校から送りだすことになった東京の北区立豊島《としま》中学校元教諭の鈴木信雄によれば、撮影が長期化するのを配慮して、子役として参加した三人の子供に対しては親の了解をとった上、山元中学への転校手続きをとったという。

同じルートで北区立赤羽中学から撮影に参加した大井正義も、学力の面で確かに不安はあったが、当時の教育界には『山びこ学校』ロケへの参加をとやかくいう風潮はまったくなかったと回想する。

現在、千葉県我孫子《あびこ》市に住む大井は、二年前、我孫子の寺子屋教育のルーツを探る自費出版の本を出した。もし、あのとき『山びこ学校』の生徒たちと一緒に勉強する機会をもたなかったなら、教育にも格別の関心をもつことなく、教育関係の本を書くこともなかっただろうという。

彼ら子役たちを引率して山元村入りしたのは、八田元夫の演出研究所に通っていた元小学校教諭の服部浩夫だった。

山元村の公民館で子供たちと一緒に三ヵ月間寝泊まりし、そのかたわら勉強の面倒もみた服部が一番印象に残ったことは、山元村の子供たちが学校の正門横にたつ二宮金次郎像をみて、「あればっかりのタキギを背負ったんじゃ、いくらでも本が読めらあ」と、笑っていった言葉だった。

頭をはるかにこえる高さから、足のふくらはぎくらいにまで達するたきぎを背負った村の子供たちを見慣れるようになっていた服部には、その笑いが、貧しい山村に生まれた子供たちの怒りと悲しみを表わす精一杯の表現のように感じられた。

雨天体操場のなかに組まれた教室のセットには、東京からの子役に交じって、正規の授業を休んだ山元中学校の生徒約三十名も一緒に机を並べた。この映画の助監督をつとめた田代秀治は、「授業には随分支障をあたえたし、村にも相当の迷惑をかけた」と、四十年前の出来事をふりかえった。

天候の不順や交通難もそうだったが、それ以上にスタッフを悩ませたのは資金難だった。食料が一週間近くもとだえ、村人からなけなしの食料をわけてもらって、どうにか食いつないだこともあった。あるとき、今日は御馳走《ごちそう》だよ、といって村人がもってきた干しイワシの天プラを見て、田代は、この村の貧しさをはじめて思い知らされたような気がした。

この当時、村には映画スタッフに牛乳を供給する牛がたった一頭しかいなかった。

スタッフを悩ませた資金面の最高責任者は、この映画製作のために八木プロダクションを発足させた脚本家の八木保太郎だった。八木はとりあえず二百万円だけ調達し、あとは撮影をしながら集めていくという心づもりだった。

監督の今井が、残りの資金のあてはあるのかとたずねると、八木は、硫黄島の近くの海底に軍艦が沈んでいる、それを引きあげて鉄クズにして儲《もう》けようとしている知りあいがいるので、そいつから借りるつもりだ、と平然としていった。今井が、冗談じゃない、それじゃ雲をつかむような話じゃないか、というと、八木は二、三日して、別口の金策がついたといって、ニコニコ笑いながら山元村のロケ現場に戻ってきた。

八木がいった別口の金策とは、山形県教職員組合の全面的協力を得てつかんだ資金調達の糸口のことだった。この件の県教組側の窓口となったのは、当時、副書記長兼総務部長の役職にあった駒澤常治だった。

八木と若山から何度にもわたって資金調達の陳情を受けていた駒澤は、協力はしたいが、一体どれくらいかかるんですか、と率直にたずねると、約六百万円かかるという返事だった。そんな莫大《ばくだい》な資金は県教組単独でまかなえるはずもなかった。

そこで一計を案じた駒澤は、役人らしくない男気に普段から好感をもっていた県総務部長の堀田政孝に、ざっくばらんに相談をもちかけた。堀田の返事は明快だった。「『山びこ学校』がせっかくここまで有名になったんだから、県としてもひとつ支援しようじゃないか」というのである。

しかし、県の資金を映画づくりに直接融資することは、いくらなんでもできない相談だった。二人は知恵をしぼって、県のしかるべき指定銀行が県の口ききで、まず県教組傘下《さんか》の組織に資金融資をする、しかるのち八木プロがその資金を無担保で借り受ける、という方式を考えだした。

県指定の荘内銀行が山形県学校生活協同組合に融資した六百万円は、こうして、そっくりそのまま八木プロに流れることになった。

それだけではなかった。県と県教組が一体となった映画『山びこ学校』後援会までが作られた。この組織を通じ、全県あげて映画製作のバックアップをすることが正式に決まった。

村山道雄山形県知事を会長にいただいたこの後援会組織は、副会長に県教育委員会副委員長、県議会文教常任委員長という、県と議会を代表する教育畑の二枚看板をそろえ、常任理事には、県総務部長の堀田と、県教組委員長で県学校生協理事長の西村力弥の二人がはいった。

県総務部長の堀田は、戦時中、山形県の特高警察課長をつとめ、軍部批判で酒田に謹慎中だった関東軍元参謀の石原莞爾《かんじ》の監視役にあたったものの、逆に石原の感化をうけ、戦後は公職追放の憂目《うきめ》にもあった人物だった。一方、県教組委員長の西村は、昭和六年、山形県の生活綴方《つづりかた》運動の先駆者である村山俊太郎らと山形県教育労働者組合を結成、非合法活動を理由に教職を追われ、戦後は大高根の米軍射爆場反対闘争の先頭に立ち、西村力弥ならぬ、「西村基地弥」の異名をとったほどの闘士だった。

本来なら不倶戴天《ふぐたいてん》のその二人が、映画『山びこ学校』後援会組織では、仲よく顔をそろえた。

県および県教委側と県教組側の最高幹部が同一組織に轡《くつわ》をならべることなど、常識的には考えられないことだった。この組織が結成される三年前の昭和二十四年十月、県教委は県教組委員長の小池久四郎や、村山俊太郎夫人の村山ひでら、組合活動家十九人のレッドパージを通告した。そのなかには山形師範で無着と同期だった武田信昭もはいっていた。

行政側と教組側はその後、昭和二十九年二月に閣議決定された、教員の政治活動の禁止および教育の政治的中立を骨子とする教育二法の施行や、昭和三十一年六月の、教育委員会メンバーの公選制から任命制への移行、さらには、同年十一月から始まった勤務評定制度の導入など一連の教育改革をめぐる対立によって、ますます対決色を強めていった。

その両者が呉越同舟することになったのは、一つには、修身復活を言明し、レッドパージを実行した文部大臣の『山びこ学校』訪問に象徴される、転換期の時代そのものがなせるわざだった。だがそれ以上に大きかったのは、『山びこ学校』それ自体が内包する深さと広がりだった。

教育の理念が混迷に向かうこの時代にあって、『山びこ学校』の素朴で純粋な理念は、行政側や組合側を問わずに共感させるだけの説得力をそなえていた。新しい教育の価値観をさがしあぐねていた両陣営にとって、『山びこ学校』は、お互い都合のいいように解釈できる格好の材料だった。

その後、対立をふかめてゆく両陣営の奇妙なデタントのまっただなかに登場した『山びこ学校』にマスコミがとびついていったのも、それが、次第に遠くなりつつある戦後民主主義教育の匂《にお》いを強烈に発散させていたためだった。そしてその『山びこ学校』を指導した無着の姿は、遠くをのぞくレンズが対象を間近に感じさせるように、実像より巨大化した像としてマスコミのなかに定着されていった。

『山びこ学校』を報じたマスコミは、無着を天才でも英雄でもない、どこにでもいる田舎教師にすぎない、といいながら、その田舎教師がこれだけすぐれた業績をあげた、というひとひねりしたいいまわしで無着を英雄視していった。

映画『山びこ学校』後援会の常任理事の一人には、須藤克三も加わった。終始リベラルな立場をとり、行政側にも組合側にもうけのよかった須藤の加入は、県教組主導型の組織に不満をもつ行政側のくすぶりを緩和する上で、大いに役立つことになった。

後援会の協力を得た山形県教組は、県下約九千人の小中学校教員全員に対し、『山びこ学校』のシナリオを買うように指令を発する一方、東北各県教組に対し次のように呼びかけた。

〈『山びこ学校』はわれわれ日本の教師に、日本の子供に、又多くの社会人に、驚異とほのぼのとした歓《よろこ》びを与えた。祖国日本の行方を切なる思いで教育に託する人々に明るい春の訪れに似た感じを与えた。

ここに登場する四十三名の子供たちは物事を素直に見、働らくことに強い誇りを感じ、正しいことを正しいと主張する勇気をもつことができた、全く幸福な子供らだといえる。これこそがわが国の幸福を約束するたくましい人間像だといわれるだろう（中略）。『山びこ学校』的生き方が強く大衆に浸透していくこの映画こそ、われわれの手で守らなければならないのである。しかも日教組の文化斗争の具体的活動として当然とりあげなければならないばかりでなく、江口江一の「母の死とその後」が日教組の手によって発掘されたものであり、『山びこ学校』が世に出る端緒を日教組が開いたことから考えても当然のことなのである（後略）〉

協力要請は日教組本体に対しても行なわれた。これをうけた日教組は、全国五十万人の教職員に、一人十円のカンパ指令を発し、総額五百万円の製作協力資金を八木プロに出資することを正式な組織決定とした。

山形県教組の機関紙「山形教育新聞」が、映画のシナリオを全文掲載し、撮影現地座談会を一ページさいて特集するなど、メディアのバックアップ態勢も強力だった。

一般紙の山形新聞も元編集委員の須藤克三の尽力で、「『山びこ学校』の映画化をめぐって」という二回にわたる座談会や、『山びこ学校』紙上試写会という記事に大きく紙面をさいた。さらに日教組の機関紙「日教組教育新聞」も、撮影の進行状況を追った記事を毎号のように載せた。

二十六年十月中旬に始まった撮影は、その年の暮、豪雪のためいったん打ち切られ、翌年一月、修学旅行先の湯野浜に見立てた千葉県房総半島の白浜海岸や、山元村の山林に見立てた相模湖《さがみこ》付近のロケが行なわれた。十日間の出張ロケには、校長の本間甚八郎、無着、『山びこ学校』の一学年下の三年生男女二十名が、学校を休んで参加した。

映画が完成したのは三月七日だった。三月十日、日比谷《ひびや》公会堂で開かれた記念試写会に招かれた無着は、訥々《とつとつ》とした口調で、

「この映画は売りものではありません。東北の一寒村の子供たちの訴え、教育に対する私の願い、そして農民の訴えを描いたものです」

と、挨拶した。

三月十五日には山元小中学校に全生徒、全村民を招待して、盛大な試写会が行なわれた。

昭和二十四年七月、東北の寒村の名もなき中学校の片隅でつくられた「きかんしゃ」は、『山びこ学校』となって出版され、そしていま映画にまでなった。『山びこ学校』の知名度はますますあがり、各界からの絶賛の声はとどまるところを知らなかった。

無着自身も、NHKラジオの人気番組「私は誰でしょう」にゲスト出演するほどの有名人となっていた。

無着はいまや山元村の、いや山形県の生んだ小さな英雄だった。だがその実像は、保守、革新両陣営やマスコミからもみくちゃにされながら、一躍教育界のスターになってしまった無着成恭と、無名のときのままの無着成恭との間にはさまれておろおろする、二十五歳の青年教師にすぎなかった。

無着は、たしかに戦後史の谷間が生んだ英雄だった。全国から脚光をあび、それが原因でやがて村から追放されることになる、ひとりの不幸な英雄だった。

第九章　村からの追放

山元中学校が初めて東京方面へ修学旅行に出かけたのは、昭和二十六年六月のことだった。『山びこ学校』の生徒は三カ月前に卒業しており、無着が引率したのはその一学年下の子供たちだった。一行のなかには、卒業はしていたが、特に東京への旅行を希望した『山びこ学校』生徒の上野キクエと、無着の母親の静《しずか》もまじっていた。

その年五十歳になる静はそれまで山形県から一歩も外に出たことがなく、せっかくの機会だからと、無着が強くすすめて連れてきたものだった。一行は鎌倉《かまくら》、江ノ島などを見学したあと、東京の三越劇場に向かった。そこで上演されている劇団民芸の『山びこ学校』を見ることは、この旅行の目的の一つとして最初から計画されていた。劇場で待ち受けていた新聞、雑誌社のカメラのフラッシュをさかんにあびた一行は、顔を紅潮させながら二階の座席におさまった。

やがて幕があがり、芝居が始まると、無着は次第に憂鬱《ゆううつ》になってきた。一階の座席を埋めた東京の中学生と、自分の周りにいる子供たちの反応があまりにも違う。東京の子供たちは、山形の方言や、無着が生徒の学力の低さを問題にするところで、さげすみと優越感を含んだ笑いを誘われ、自分の周りの子供たちは、実在の人物と劇中の人物の距離の違いだけに関心を示しているように、無着には感じられた。いずれも、無着が訴えようとした問題とは大きくずれていた。

無着は悲しくなりながら、つい一ヵ月ほど前、山元村を訪問してきた臼井吉見《うすいよしみ》の言葉を思いだしていた。臼井は、『山びこ学校』はそれが訴える本質的問題ゆえにジャーナリズムがとりあげるのではなく、ジャーナリズムがふだん興味本位にとりあげる殺人、姦通《かんつう》などと同列線上にとりあげられることになるかもしれない、と言っていた。貧乏や学力の低さに対する嘲笑《ちょうしょう》や、実在人物との違いにだけ向ける関心は、まさに臼井のいう興味本位の反応だった。

無着はその気持ちを誰かに訴えたくなり、自分からのぞんで閉幕後の舞台に立った。

「日本の土地は戦争中に荒れはててしまいました。百姓がその土地を立派な肥えた土地にするためには、たい肥などの肥料をたっぷりかけても、少なくとも五年は待たなければなりません。教育も同じです。まして教育は相手が人間ですから、二十年もかからなければ成果は出てきません。私はそういう仕事をするつもりです。〝教育の百姓〟になって頑張るつもりです」

無着はそもそも「きかんしゃ」をまとめ、『山びこ学校』として公刊する意志を最初からもっていたわけではなかった。無着の名が世間に知られる最初のきっかけとなった江口江一の「母の死とその後」の作文にしても、無着自身が作文コンクールに応募したものではなかった。

江一の作文が載った「きかんしゃ」二号が発行されたのは、昭和二十五年一月のことである。第三章でふれたように翌二月二十日、山形県教組は県下の小中学校に対し、綴方《つづりかた》文集の応募を呼びかけた。この募集は個々の作文ではなく、綴方文集を求めたものだった。五十編あまりの文集が集まるなか、無着指導の「きかんしゃ」は組合賞三編のうちの一編に選ばれた。

折しも、日本教職員組合と教科書研究協議会の主催による第一回生徒児童作文コンクールの募集が始まった時期だった。山形県教組にもその通知が届き、どの作品を応募するかが検討された。その席上、江口江一の「母の死とその後」はすぐれてはいるが、県の恥になるとの意見が出され、作文コンクールに応募することは見送られた。

それが結局応募されることになったのは、県教組文教部長で、県の文集コンクールの審査員もつとめた萩生田憲夫が独断したためだった。萩生田はガリ版刷りの「きかんしゃ」二号のなかから、江一の「母の死とその後」だけを原稿用紙に書き写し、東京の日教組本部に送った。

それからしばらくして無着が萩生田のところにカンカンになって怒鳴りこんできた。

「人の作品を黙って出す奴《やつ》があるか！　すぐにとり返してくれ」という無着に、萩生田は「十日間ほど待ってくれ」といって謝り、その場はそれで一応事なきを得た。

そうこうするうちに日教組から萩生田のもとに、江一の作文が文部大臣賞をとったという知らせが入ってきた。萩生田がそれを無着に伝えると、無着は萩生田のところに怒鳴りこんできたのも忘れて、子供のように欣喜雀躍《きんきじゃくやく》とした。

無着が組合の自分勝手な行動を怒ったのは、教職員の給料のなかから組合費を黙って天引きするような独善的な体質に常々反感をもっていたせいでもあった。無着は教職員になってから一年ほど組合に加入しなかった。組合入りするようになったのは、無着の生まれた本沢村菅沢の隣りの柏倉門伝村の出身で、当時組合の情宣部長の要職にあった西村力弥の粘り強い説得があったためだった。

西村との関係はその後もつづいた。西村は、映画『山びこ学校』後援会の常任理事につき、映画が公開されて約半年後の昭和二十七年十月には、社会党から衆議院議員選挙に出馬して当選を果たしていた。

西村は戦前、東京の吉原《よしわら》に身売りされた教え子をとりもどすために上京したほどの熱血漢だった。そうした個人的人気もさることながら、『山びこ学校』人気で、山形では当時スター的存在だった無着を応援弁士にかつぎだしたことが、西村の初当選に大きく働いていた。その西村とならんで映画『山びこ学校』後援会の常任理事をつとめた県総務部長の堀田政孝も、その後、自民党候補者として選挙に打って出て、代議士の座を射とめた。

萩生田の独断での作文応募といい、西村、堀田の代議士立候補といい、『山びこ学校』はそれを指導した無着の思いとは別に、当初から左右両方の組織に利用されがちな側面をもっていた。『山びこ学校』の出版で無着がたちまち包まれた栄光のなかには、彼を挫折《ざせつ》させ、やがて村から追放させる要素が、すでに含まれていた。

江口江一の作文が評判をとり、東京の学生書房から出版の話が持ち込まれた段階でも、無着はまだ文集を公刊することを躊躇《ちゅうちょ》していた。というのは、江一の作文がさまざまな雑誌に転載されだした頃、江一からこんな手紙をもらっていたためだった。

〈今日先生から僕の作文を載せることについていわれて、いろいろ考えてみました。僕の書いた「母の死とその後」が有名になっていること。いろいろな雑誌に発表になったりしたということ。しかし、あの綴方がなんぼ有名になっても、僕のお母さんは生き返ってこないのです。

いや、それよりももっと大事なことは、先生がいつもいってるように、自分の書いた綴方を、とびこえて行かなければならないということです。いつまでもいつまでも「母の死とその後」で涙を流してはいけないのです。それなのに、先生が「母の死とその後」のことで僕をよろこばせようとしていろいろいうのです。もう、あとぜったい「母の死とその後」のことはいわないで下さい。

一九五〇年六月二十八日

無着先生へ　江口　江一〉

無着がその日の午後、この手紙をクラス討論の議題にかけると、全員が全員、「江一の考えが本当だ」と言った。

「それなら、この手紙のどこに『本当だ』といわなければならないようなものがあるのか」

無着が重ねてたずねると、教室はしんと静まりかえった。沈黙を破ったのは佐藤藤三郎だった。

「あの綴方がなんぼ有名になってもお母さんは生き返ってこない。その言葉が、本当だという感じをさせるんだ」

「そうだ、そうだ」とみんながいい、小笠原誠は窓の外に浮かぶ白い雲をぼんやり眺めながら「死んだ人は生き返ってこない」と、ポツリとつぶやいた。誠は満州で両親と三人の弟を亡《な》くしていた。

無着はそのとき、少し前に読んだばかりの『きけ、わだつみの声』のシナリオのなかにあった、「死んだ人が生き返ってこない以上、生きている人は何を語ればよいのか」という言葉を、ふいに思い出した。

そのシナリオを生徒にもってこさせると、無着はこんな説明をはじめた。

「江一が『母の死とその後』のことはもういってくれるな、いってもお母さんがかえってくるわけではないのだから、といってるね。そして、それは本当だ、とみんないった。それならば、なぜ、『きけ、わだつみの声』などという映画をつくるのだろう。死んだ人々の日記や手紙を引っぱり出して、映画などにしても、死んだ人々は生き返ってこないのだから、江一の考えからいえば、むしろそっとしておいた方がよい、ということにならないだろうか。

江一は、もう発表したくないというのだからそれでよいし、また『母の死とその後』を越えていかなければならない、ということも本当に正しいと思う。しかし、江一はお母さんが決して心安らかに死んでいったと思わなかったから、あの作文が書けたんではないか。そういう点では『母の死とその後』はまだまだ読まれていいと思うし、私たちも、もっともっと考えてみる必要があると思う。でも、もう何回も問題にされたのだから、そういう点で私は江一と同じように、あの綴方を、もう引っこめてもよいという考えを持っているんだ」

「きかんしゃ」が世間に知られるようになって嫌がったのは、江一だけではなかった。

「きかんしゃ」二号に「田」という作文を書いた小笠原勉からも、無着は泣きながら作文を返してくれといわれていた。

〈私の家には田がない。米は全部配給だ。だから米の配給日の十日ぐらい前から、米をうけるぜにのことで、いつも父と母がごたごたけんかをするのだ（中略）。田だ。田さえあれば、自分で食うだけの米をとるのだから、とった金は残ると思う。父は葉煙草《はたばこ》の収入で堤を作るといっていた。私は田をつくるのだ〉

無着のところに泣きながらやってきた勉は、その作文を読んだ父親からすごい剣幕で怒鳴られた、と打ちあけた。

「『こだな綴方、本さのせて、なんだ。孫末代までの恥さらしだ。こだこと書く奴は、家におがんにゃえ。さっさと出ていけ』というんだ、だめなんだ、なんぼいうても、だめなんだ」といって泣きじゃくる勉をみて、無着は無性に悲しくなった。勉の作文は、配給米の金のことでいい合いをする両親をみて、金をため、土地を買って、田んぼをつくろうと決心する作文なのに、なぜ、それが親不孝で、孫末代まで恥をさらすことになるのか。

無着が勉と一緒に勉の家に行くと、勉の父親はいろりの火から目をそらさないまま、「あんな貧乏綴方書かれたんでは、嫁にいけなくなるって、こいつの姉もさっきから泣いている。俺は、先生の組さ行ってみて、本当にいい先生だと思っていた。人の物をとったり、人の悪口をいったり絶対するなと教えていた。でも、なんぼ先生がえらいか知れないけど、もうダメだ。こいつは親を傷つけ、家を侮辱したんだ。こんな馬鹿野郎《ばかやろう》はいない」と言って、大粒の涙をいろりの中に落とした。勉もおいおい泣き、勉の父親の顔を黙ってみつめていた無着の目からも涙がしたたりおちた。

無着はその数日前にも、七人兄弟の末っ子で上二人を亡くしている阿部ミハルから、綴方を返してくれといわれていた。その日、無着はこんな日記をつけた。

〈……「正直に」「ありのままに」書いた作品は子供達の親から否定される。第一には、悲しく貧しい現実が悲しい。第二に、悲しい現実をかくそうとすることが悲しい。そこで、教師のできる仕事は、悲しく貧しい生活現実を正しく認識させることと、大人はそれをなぜかくそうとするのかという観点に立って真実の秘密をあばいていくということだけだ。そこでは、綴方が必要だ。だから綴方は投げられない。投げるどころか、ますます勇敢にならねばならない〉

無着が『山びこ学校』を出版するにあたって、子供たちと何度も議論を重ねてきたのも、作文の公表をはばかる村人たちの声が日ましに高まっていたためだった。

クラス討論では、「こんな綴方を本にしたら、赤恥をかくだけだ」「俺たちは本にするためにに綴方を書いてきたわけではない」「本にするのはいいが、俺のだけはのせないでくれ」という否定論がある一方、「俺たちは先生から、どんな恥ずかしいことでもかくしてはいけないと教えられてきた。本にしたいという人がいるなら、本にしてもいいではないか」という意見もあがった。

議論は百出し結論が出せないまま、最終的にはクラス全員の決がとられた。三名欠席の投票の結果は、出版に賛成二十九票、反対十一票というものだった。最初に出版の話をもちこんだ学生書房が倒産したと聞いたとき、無着が内心ホッとしたと『山びこ学校』のあとがきのなかで告白しているのは、賛成多数とはいうものの、クラスの四分の一がまだ反対意見を捨てきれていないためだった。

しかし事態は無着の想像をはるかにこえる速さで進んでいった。野口肇の執念で『山びこ学校』が出版されるや、新聞社や雑誌社が連日のように山元村に押しかけてきた。「きかんしゃ」をつくっていたときにはまったく予想もしていなかった芝居や映画になるのにも、たいして時間はかからなかった。「きかんしゃ」のなかに封印されていた事実は、こうしたメディアの攻勢によって、またたく間に全国に知れわたることになった。

とりわけ村人を驚愕《きょうがく》させたのは、村人の間で一種のタブーとなっていた「おひかり様」と「やみ」の問題が白日のもとにさらされてしまったことだった。

「おひかり様」は、当時、山元村で流行していた一種の新興宗教で、「おひかり様」に入らない人は二年後に死ぬ、などというまことしやかな噂《うわさ》が村中に流れていた。これが無着のクラスで問題となり、次のようなクラス決議が出された。

へおひかりさまのことが私たちの学級で問題になりました。おひかりさまにはいると肥料をいれなくとも米がとれるということはほんとうでしょうか。それがほんとうだとすれば、八貫目の炭を背負ってもおひかりさまにはいっている人は、ほかの人よりもかるくなるじゃないかということでみんな笑いました。

ほんとうにおひかりさまはよいものでしょうか。

私たちの組で「おひかりさまに賛成できる人」といったら、だれもいませんでした。かぞえてみると、山元村では、三十人もはいっているようです。一人で一万円以上かかるそうです。一人平均一万円かかったとしても、三十万円もおひかりさまの札をかったことになります。山元村の今年の学校予算は十四万六千六百二十三円です。

こういうふうにくらべて見て、このおひかりさまのことについては、村の人はもっと考えてみなければならないのでないでしょうか〉

この決議文は村の辻々《つじつじ》に貼《は》られ、『山びこ学校』のなかにも掲載された。村内に子供たちの決議文が貼られるまでは村の古老たちも黙って見すごしていたが、それが衆目の知れるところとなって、村の古老たちの無着に対する反発は、目にみえて強まっていった。

それ以上に村をゆるがしたのは、「やみ」の問題だった。ことの発端は、無着が「愛される理論家」と評した川合義憲が書いた作文だった。義憲の父親が、小豆と米五升をやみで売った嫌疑で山形地方検察庁に呼び出しをうけ、その捜査で村の巡査が義憲の家にやってきた。

やみ米を本当に売ったかどうかたずねる巡査に、義憲の母親はこう答えた。

「売った。ほだな生きているかぎり、巡査だて、天皇陛下だてやみすね人なのえねべなえ。

ほだな、やみしらんなねようにしている政府がわるいんだやえ」

巡査はそれを聞いて「ふだな」といって帰っていった。ところが、あとから巡査自身がやみで炭を買っていたことがわかり、義憲の母親の気持ちはおさまらなくなった。

「われもやみしてきずがてえるくせなほに」

義憲はこの事件の一部始終を「やみ」という作文に書き、それがそのまま『山びこ学校』に載った。巡査はそれを読んで血相をかえて怒り、これ以降、ドブロクづくりだろうとなんだろうと、やみ行為をした村人を片っぱしから取り締まるようになっていた。

「おひかり様」や「やみ」の問題が明るみに出されたとき、村人たちは無着に対して、とりあえず、見て見ぬふりをしてやりすごした。そうした態度は、無着が自分たちの檀那寺《だんな》の跡とりになるかもしれないという遠慮から、きたものだった。しかし、村人の心のなかでは、無着はもはや村から追放すべき存在となりつつあった。村では、無着は村をくいものにした、作文を教えるといって子供に親や親戚《しんせき》の悪口を書かせた、などという口さがない評判もちらほら立ちはじめていた。

『山びこ学校』の出版がこうした軋轢《あつれき》を生むことは、無着もある程度承知の上のことだった。それよりも無着をとまどわせたのは、『山びこ学校』が有名になればなるほど、三越劇場で感じたのと同じ違和感が、日ましに募っていったことだった。無着と子供たちは、『山びこ学校』のなかに描かれた理想的な教師像と、貧しいながらも懸命に働く健気《けなげ》な生徒像という役割を、ジャーナリズムのなかで忠実に演じさせられるようになっていた。

無着は卒業まぎわにつくられた「きかんしゃ」十三号の冒頭で、子供たちにこんな別れの挨拶をおくった。

〈今日（三月十六日）サン新聞から写真をとりにきてくれた。いろいろ無理なことがあった。呼びたくもない山びこを呼ばせられたり、背負ってもこない赤ン坊を借りて背負ってきたり、実にばからしいことであった。ほんものでない、にせものの写真であった。

新聞記者さんが「協力してくれないと困る」とおっしゃっていたが、実際は私たちこそ「こんなウソを写真にとってもらっていいのだろうか」と恥ずかしくてならなくなっていたのだった。

だが「山びこ学校」の真実性を信じる私たちは、こうすることによって一人でも多くの日本人から「山びこ学校」が読まれ、そしていくらかでも日本の文化にプラスするならほん気で山びこを呼ぼうと考えて、写真をとってもらったのだった。そうだろう「きかんしゃ」の子供たちよ〉

ジャーナリストとしていちはやく山元村に入り、結果として『山びこ学校』ブームの火付け役となった元「週刊朝日」記者の永井萠二《ほうじ》は、当時をふり返って、

「あの記事は無着を英雄視して書きすぎた。当時の状況からすれば、彼を戦後民主主義教育の旗手として書く方が書きやすかったという面があったにせよ、それでは戦時中の報道

管制を裏返ししたことにしかならない。あの記事については反省しなければならないと思っている」と語った。

その当時書かれた『山びこ学校』をとりあげた記事のほとんどは、すでに遠くなりつつあった戦後民主主義教育が、こんな山奥の村で実践されていたことへの驚き一色に染めあげられている。東北大冷害に直撃され、満州開拓移民計画の中心地だったこの村の歴史的な省察や、無着の教育の功罪あるいは問題点の指摘というジャーナリズム本来の役割は、戦後民主主義の残り香への跪拝《きはい》の前に、喪失されていた。

ジャーナリズムによる喧伝《けんでん》は、知識人たちの手ばなしの絶賛の呼び水ともなった。

竹内好《よしみ》は、「無着成恭氏の教育実践ほど、日本の将来に希望をもたせたものはない。一人の教師の実践に、これだけの力があるのだ。五十万の教師の力が結集されれば、どんな大きな力になるかわからない」と評し、鶴見俊輔《つるみしゅんすけ》は、「無着先生の教育は、僕たちが戦前の中学校で受けた教育とはまったくちがった精神でつらぬかれている。秀才をつくる教育ではない。優秀な官僚をつくろうという教育でない。目上の者に従順な嫁をつくる教育でもない。人々それぞれが尊いという確信の上にきずかれた教育だ」と書いた。

『山びこ学校』をほめない者はインテリに非《あら》ずというムードが醸成されてゆくなかで、民俗学の泰斗で、教育問題にも深い関心をもっていた柳田國男《くにお》はちょっと違った反応をみせた。

無着の山形師範時代の同期生だった庄司和晃《しょうじかずあき》は、『山びこ学校』が出版された当時、東京の成城学園小学校で教鞭《きょうべん》をとるかたわら、成城大学と人的交流が深く、建物自体も成城大学の正門に近い民俗学研究所で柳田の社会科単元学習の教科書づくりを手伝っていた。あるとき柳田が興奮した面持ちで、『山びこ学校』のことを庄司に話しかけてきた。すごい本が出たものだといって柳田から渡された『山びこ学校』を手にとって、庄司は驚いた。庄司はまだ、その本のことを知らず、ましてや、それが山形師範で同期だった無着の指導になるものだとは、思いもよらなかった。

庄司が無着と師範学校の同期だったというと、今度は柳田が驚く番だった。

「そうか、無着先生というのはそんなに若いのか。実はあるところから『山びこ学校』の書評を頼まれているんだが、どうせほめることになってしまうのだから、断わることにしよう。あんまり若いうちから持ちあげると、将来、その人のためにならなくなるからね」

同じような危惧《きぐ》は、無着の生まれ育った本沢村の文化活動の中心的存在だった結城哀草果《ゆうき》も抱いていた。哀草果は昭和二十六年十一月に刊行された『「山びこ学校」から何を学ぶか』のなかに、次のような文章を残している。

〈(前略) かくして、「山びこ学校」と無着君は有名になった。当人の無着君は予想もしないほど有名になった。実をいうと有難迷惑であるのかも知れない。ところが当人の気持などには関わりもなく俗名が拡大してゆくのが、これまでの社会の常だ。

ところが世間というものはあまりにもそっけがなく、興味にあきると颱風《たいふう》の過ぎた朝のようにけろりとしてしまう。そして社会は人を有名にしたことに責任を持たない。責任を持つ位置に置れるのは、有名にされた当人その人に帰着する。そこで俗人は苦しまねばならぬ（後略）〉

しかし、こうした懸念《けねん》をよそに、無着の声価はうなぎのぼりにあがり、『山びこ学校』はその年の毎日出版文化賞をとった〔編集部註・正しくは候補〕ことも手伝って、売れに売れた。初版が出て四カ月後の二十六年七月には、川合義憲の「くぼ」や川合末男の「父は何を心配して死んでいったか」などの作文に佐藤藤三郎の卒業式の答辞を加えた再増補版が出され、二十八年までに十八刷、約十二万部が売れた。

『山びこ学校』の出版と映画の陰のプロデューサーともいうべき国分一太郎のところに、日共文化部員の蔵原惟人《これひと》、中野重治《しげはる》らがやってきたのは、その『山びこ学校』ブームがちょうど頂点にさしかかった頃だった。国分が蔵原に来意をたずねると、蔵原はおどおどした口調で切り出した。

「あの『山びこ学校』の無着成恭さんが指導した子供の作品で、まだ残っているものはないだろうか。それを集めて一冊の本をつくりたいんだ」

国分がくわしくわけをたずねると、昭和二十五年のコミンフォルム批判によって内部分裂した日本共産党一方の側の統一委員会、いわゆる「国際派」の組織の財政面がうまくいかず、無着が指導した子供たちの作文を集めて出版し、それを資金づくりにあてたいと思うのだが、とのことだった。

蔵原は「宮本顕治君はじめ、みんながなんとかならないかといっているんだ」と、哀願するような目つきになった。それから十三年あまりのちの昭和三十九年に国分と相前後して日共を除名されることになる中野は、いつもの苦虫を嚙《か》みつぶしたようなブスッとした表情のまま、蔵原のそばに黙って座っていた。

当時、国分のところには、新潮社から出ていた「銀河」という児童雑誌の編集者が熱心に通ってきており、その編集者との間で、『山びこ学校』未収録の詩を集めた出版企画が進められていた。これは、『山びこ学校』が出版されてから一年後の昭和二十七年三月、新潮社から『ふぶきの中に』という書名で出版されることになるが、国分が、その本のことをいい、さらにダメを出すように、無着くんのところに残っているものはおそらくもうないでしょう、と答えると、彼らはそれでは仕方がないという表情で引きあげていった。

『山びこ学校』のブームが高まるにつれ、その周辺には、無着の意志とは無関係なこうした政治的党派性を帯びた動きが、次第に頭をもたげてくるようになっていった。その動きに呼応するかのように、教育委員会など行政側からの『山びこ学校』批判の声も、また徐々に高まっていった。

先鞭《せんべん》をつけたのは、昭和二十七年五月、東北六県国語教育協議会の作文分科会からあがった批判だった。その要点は次の四つだった。

①『山びこ学校』のような文章が国語指導の基本とでもなるかのように、この作文集は全国に普及されているが、方言を使ってあるのは国語教育上賛成できない。

②国語教育を自由な方言から出発させるのも悪くはないが、中学二年生であの程度の言葉使いではダメだ。

③『山びこ学校』の中の作文は全部が生産と消費に関するものばかりで生徒が美しい世界を見る眼をなくしはしないか。

④作文は自分の考えを正確に他人に伝えるのが主眼であるのに『山びこ学校』の場合、作文教育が生活指導にかたよりすぎ、この指導方針は戦前の綴方教育に後もどりするものだ。

これは、その後国語教育界を二分する作文派対生活綴方派の論争を先取りするものだった。作文派といわれるグループは、文部省の学習指導要領に基づく表現指導に重点を置き、国語科としての計画的、系統的な指導を強調していた。一方、生活綴方派といわれる一派は、表現の裏側にある生活の指導を重視し、国語科のみにとどまらぬ社会科的指導に重点を置いた。『山びこ学校』は生活指導偏重型であり、方言へのノスタルジアを抱いた貧乏綴方一辺倒に陥っている、という国語教育協議会からの批判は、両者のこうした立場の違いに根ざしたものだった。

『山びこ学校』が生産と消費の問題にかたよりすぎているという批判は、雑誌「展望」の昭和二十六年六月号掲載の「『少年期』と『山びこ学校』」という座談会でも、すでに指摘されていた。出席者の一人、作家の平林たい子はその席上で次のような発言をした。

「『山びこ学校』では子供の関心を経済問題に引き込もうとしている努力が少し強すぎると感じましたね。自然に放っておけば子供はこんな生活的なものじゃないんです。子供のときからこういう社会の実相を、自然に知るのはいいけれども、無理にギュウギュウ知らせる必要があるかどうかということについては疑問があるんですよ」

山形県教育委員会指導主事の平田與一郎は、こうした批判をさらに敷衍《ふえん》させ、生徒たちの作文の発想や文型、語調の相似性を疑問視した上で、「ひとつの思考の溝があって、思考はそこを流れていく感じがする」と、無着の意図的な指導法を問題とした。

いまなお残るこの疑いは、とりわけ江口江一の「母の死とその後」に向けられていた。その作文指導に関していえば、江一が書いたオリジナルの作文を前に、無着が江一を放課後まで残し、ここはこうした方がいい、そこはこう直した方がいいと、こと細かく注意して出来あがったものだった。

平田はこれとは別に、『山びこ学校』が戦前の村山俊太郎や国分一太郎の仕事をみごとに継承したものだと評価しながらも、『山びこ学校』の子供たちが、野球や、年頃の娘なら当然関心をもつパーマネントの髪型などに少しも興味を抱いていないことに疑問を抱かざるを得ない、という内容の手紙を無着に宛《あ》てて出していた。

これに対する無着の返事は次のようなものだった。

〈(前略) 私は、師範学校を卒業したばかりの青二才なので、論理的なことは何一つわからないのです。ただ、子供たちの中にはいって、馬車馬みたいにムチャクチャにやってきただけのことです。その一つのあらわれが「山びこ学校」なのです。だから、私は「山びこ学校」は、そんなにネウチのあるものだと思っていませんでした。

それが今、わいわいさわがれているので、不思議でたまらないくらいなのです。「山びこ学校」のようなものは、あたりまえのことを、あたりまえにやっている教室からは、いつでも生まれてくるものなのではないでしょうか。ほんとうに私は、子供のすなおな考え方に教えられて、ここまでやってきたのです (中略)。

だから、「村山俊太郎さんや、国分一太郎さんのおしごとがみごとに継承、いや復活されたわけで、こんなうれしいことはありません」と、力をこめてほめてくださっているけれども、私には、全くなんのことかわからないのです。国分先生のことは、今から丁度一年前、須藤克三《かつぞう》先生から教えられ、須藤先生の紹介で、国分先生のところへ持ちこまれ、そういう中から「山びこ学校」が世に出るようになったため、知っていますが、国分先生が、若い頃、どんなお仕事をしたものなのか、まだ全然知らないのです〉

無着はこの手紙で、ほめたかと思えば批判し、批判したかと思えばまたほめる、平田の論理の乱れを「私には読書力がないため、平田先生のいうことがまったく読みとれなかったのです」という言葉であてこすり、随所にやんわりとした皮肉をとばした。二人の書簡のやりとりをまとめた元山形県教育研究所研究員の長谷川浩司によれば、平田は無着の返事の内容そのものよりも、その皮肉な調子に不快感を露《あら》わにしたという。『山びこ学校』への反発は、こうした無着個人の粘着的体質や相手に慇懃無礼《いんぎんぶれい》と感じさせる言動に、案外根強く支配されていた。

だが、無着が、国分や村山の仕事を知らず、「自分の仕事がもし似ているとすれば偶然の一致なのではないでしょうか」と言っているのは皮肉でも何でもなく、うそ偽りのないところだった。

無着に対する評価も批判も、『山びこ学校』が戦前の生活綴方運動を継承しているという点にポイントが置かれていた。日共が第二の『山びこ学校』を企図したのも、逆に、文部省や教育委員会が『山びこ学校』に次第に懸念を示すようになったのも、そのためだった。

左右両陣営のこうした見方は、しかし、いずれも的外れだった。『山びこ学校』のよき理解者であった鶴見俊輔は生活綴方運動の歴史を概括したなかで、無着と『山びこ学校』をこう位置づけている。

〈戦後の生活綴り方運動の新しい頂点をつくった無着成恭の方法は、マルクス主義的であると多くの都会的評論家から批判されたが、その創案者の無着は、マルクス主義の文献とは別個に、プラグマティズムの文献とも別個に、また生活綴り方運動それ自身の文献からさえも別個に、つまりほとんど何の文献の系統にもよらず、山形県山元村の現地の中学生に社会科を教えるというその実際上の問題を解決する努力の中から、直線的に『山びこ学校』という文集をつくったのである〉

国分一太郎は、のちに無着と本格的な親交が始まってから、「お前は共産党には入党するな。お前独自の道を行け」と助言した。また無着自身も、自分は自民党より共産党に嫌われつづけてきたと語っている。

無着の教育実践が、歴史の谷間で行なわれ、出来合いの教育理論の上に構築されたものでないことは、鶴見のいう通りだった。しかし、それが本として出版され大反響を呼ぶベストセラーになった頃、戦後史のなかにぽっかりとあいたデタント状況は急速に終息に向かい、左右両陣営の対立は先鋭化の兆《きざ》しをみせはじめていた。このタイムラグが、『山びこ学校』を左からも右からも偏見の目で見させる大きな素地を用意していった。

無着に国分一太郎を紹介した須藤克三は、映画『山びこ学校』後援会の会長に県知事の村山道雄をかつぎだす際、無着の『山びこ学校』は、戦前の北方性教育運動、なかんずく村山俊太郎や国分の生活綴方の流れとは、まったく縁もゆかりもない無着個人の創造的実践だとあえて強調し、村山の会長就任をとりつけた。教育委員会など右からの批判をあらかじめ封ずるための方便だった。

しかしその一方で、無着の教育実践は戦前の生活綴方運動とは切れていたという喧伝は、左からの批判を生む呼び水となった。彼らは、『山びこ学校』が戦前の生活綴方運動の流れを地下水のように汲《く》みあげながら、そのことを隠蔽《いんぺい》し、関係性を否定するのは、それを指導した無着の独善性と欺瞞《ぎまん》性にほかならないと、反発した。

山元村の古老たちの白眼視から始まった無着への批判は、次第に外部にも及んでいった。ジャーナリズムにとりあげられればとりあげられるほど、左右両陣営からの無着に対する風当たりは日ましに強まっていった。

昭和二十六年十一月二十八日、すでに積雪三十センチに及ぶ山元村で、映画撮影スタッフら十六名の座談会が開かれた。このもようは山形県教組発行の「山形教育新聞」の二十六年十二月十二日号に採録された。監督の今井正、無着成恭役の木村功、山形県教組委員長の西村力弥などが出席したその席で、無着はこんな弱音を吐き、周囲を驚かせた。

「私は最近、この映画が出る頃は、不誠実な男としての烙印《らくいん》を押されるのではないか、とさえ思っています。教育は技術ではなく、どう育てるかの精神の普遍化にあると思うのですが、『山びこ学校』出版以来私は、教員のなかにそうした考えの方がなんぼもいないことを知ったのです。

その人たちから毎日二十通くらいの葉書きがきます。とても返事を出せません。あるいは『あなたの教え子から、ムコさんや女中さんを世話してくれ』という手紙がまいこみますが返事を出しません。講演や原稿依頼が月二十件あります。とても書けません。そうしたなかで仲間たちから『ゴウマンになった』『不誠実でなかったのに』と言ってきます。それよりも、こうした状態の中で苦しんでいるのに教室の子供からさえもいわれそうで怖いのです。もう少し落ち着きたい」

無着は山元村を最初に訪れたジャーナリストの臼井吉見に対しても、「もう四、五年そっとしておいてもらいたかった。もう少し黙っていてもらえれば、自分から進んで結果を世間に問うて御批判を受けたいと思っていたが、いかんせん少し早過ぎた」と、その心中を打ち明けていた。

そんな悩みをもちながら、無着は頼まれればどこへでも気軽に顔を出していった。教室は自習時間が多くなり、緊密だった同僚たちとの間にも亀裂《きれつ》が生じ始めていた。無着は深刻な悩みを日記に書きつけた翌日、平気で生徒と一緒に泥まみれになって笑いころげることのできる教師だった。教師にうってつけのこうした資質は、ジャーナリズムが殺到するにつれ、次第に悪はしゃぎとなって現われていくことが多くなった。

無着は一夜にして有名になった自分にとまどいながら、明らかに浮き足だっていた。映画『山びこ学校』の最終シーンに、実際に教鞭をとる自分の姿を写してはどうか、という提案が無着自身からなされ、撮影スタッフを唖然《あぜん》とさせたこともあった。

無着の恩師ともいえる須藤克三は、常日頃から周囲に、「びっきの目になるな」と言っていた。びっきとは蛙《かえる》のことで、蛙のように足は山形についていても、目玉が中央に向いていてはだめだ、目も足もしっかりと山形の地に据えろ、という意味だった。山元中学に赴任してから三年間、しっかりと地域についていた無着の足もとは、中央に名が知られるようになるのと比例して、ぐらつきはじめ、地域を見据えていた目は泳ぎはじめていた。

無着は『山びこ学校』の生徒たちを送り出したあとも、三年間山元中学校に在職した。のちに無着は、昭和四十五年に出版された『続・山びこ学校』のあとがきで、この時代をふり返り、

「その三年間は、なんにも手がつきませんでした。『山びこ学校』の子どもたちにもなにか助言しなければならないといううきもちと、あたらしく受け持ちになった子どもたちには、ちがった方法で教育する必要があるのではないかといううきもちに板ばさみになって、結局、焦点の定まらない日びを送った」と、告白している。

『山びこ学校』の生徒たちを送り出してからの三年間は、無着にとって、将来を左右するきわめて重要な時期だった。

昭和二十七年八月、無着は山形師範学校で同期だった女性と結婚した。生家の沢泉寺で行なわれた結婚式には須藤克三や、かつて山元小学校に十一年間在職した遠藤友介も招か

れた。

その前年、無着の生家の沢泉寺の本寺にあたる清源寺の住職で、無着にとっては叔父にあたる無着仙道が亡くなり、沢泉寺の住職だった無着の父親の成孝が、清源寺の第二十四世住職として晋山《しんざん》した。仙道には息子がなく、哲仙という弟子をとったが戦死していたため、新住職の候補者は、亡くなった仙道の弟の仲成、仙寿、成孝の三人に絞られた。このうち仲成、仙寿はそれぞれ山形県内でかなりの大寺の住職についていたこともあり、仙道にとっては宗門上の弟子にもあたる末弟の成孝が清源寺の新住職に抜擢《ばってき》された。

清源寺は五百軒以上の檀家《だんか》をもつ大寺で、そこに十数軒の檀家しかもたない貧乏寺の沢泉寺の住職が入るということは、村人の耳目をそばだたせるような大栄転だった。

反骨の自力宗として発祥した曹洞《そうとう》宗では、新住職の晋山があれば、旧住職の遺族は寺内から放逐されるのが古くからのしきたりだった。清源寺には仙道の母と妻、養子にとった娘夫婦と一人の孫がいたが、仙道の死後、その一家五人は、このしきたりにしたがって、門前に追い払われた。

寺格が数段上の寺への栄転といい、前住職の遺族の放逐といい、このいきさつは、やはり曹洞宗の貧乏寺の一人息子として生まれた石川啄木《たくぼく》一家の住職後継の顚末《てんまつ》と酷似している。若い頃の詩歌づくりや、寒村での教員生活、やがて村から石もて追われることになる経歴も、無着と啄木に共通する境遇だった。

父成孝の栄転によって沢泉寺の住職は空席になったため、一人息子の成恭が沢泉寺の後継住職の辞令を受けることになった。無着の結婚は、この住職後継のさなかに行なわれたものだった。

寺の諸事万端を切り盛りするのは、昔から大黒《だいこく》と呼ばれる住職の妻の仕事である。もし無着がこの時点で結婚をしていなければ、沢泉寺の住職はまかせられず、したがって父親の成孝の清源寺入りがかなわぬ公算も大だった。その意味では、無着夫婦は古いしきたりに支配される宗門制度の犠牲者だったともいえる。事実、この結婚は長つづきせず、結婚後一年もたたない二十八年四月に破局を迎えた。山元村の農民たちは次三男問題で頭を悩ませていたが、寺の後継を運命づけられた長男の無着もまた、家の問題では、別の煩悶《はんもん》をかかえこんでいた。

この頃無着は、山形中学以来の親友で、「きかんしゃ」のガリ版を切ったこともある佐藤晋の家をよく訪ねては、「オレはもうどうにもならない」と、ノイローゼ患者のような深刻な顔で悩みを洩《も》らすようになっていた。新しい教育観をもってたくましく実践する、ジャーナリズムのなかの完成された教師像と、古いしきたりの壁にぶつかり二進《にっち》も三進《さっち》もいかぬ、現実の自分とのはざまで、無着は立ち往生していた。

離婚の事実がほとんど表面化しなかったのは、教育界の偶像に祭りあげられた無着を、そんなことで傷つけるのは日本の教育界のためにならないという政治的配慮が働いたためだった。無着の活動を公私ともに支援していた須藤克三や真壁仁は、離婚の事実がなるべく表沙汰《おもてざた》にならぬよう動く一方、別れた妻の就職先や再婚相手の世話をやく労までとった。

これ以降無着は、好むと好まざるとにかかわらず、虚像としての無着成恭を演じていく役回りを、己れ自身のなかに知らず知らず課していくことになった。


無着は『山びこ学校』の生徒を送り出したあと、その一学年下の三年生を受け持って卒業させ、昭和二十七年四月からは二年生を受け持った。そこで直面した生徒とのやりとりも、教師としての無着の自信をぐらつかせる出来事だった。

無着が家畜についての話をしていたときのことだった。なにげなく、「人食い人種って知ってるか」と、子供たちにたずねた。

「知ってる」「マンガでみた」「くちびる真っ赤なだべ」

子供たちが口々に言うのを制して、無着が、「よしよし、それなら、人食い人種が人食いでなくなるようにするには、どうしたらよいだろう」と、質問すると、

「勉強教えればいい」「鍬《くわ》なの鎌《かま》なのあずけて、食べもの自分でつくるようにさせればいい」

などという答えが返ってきた。無着は、よしよしと、心のなかでうなずきながら、突然、こんな質問を子供たちにぶつけてみたくなった。

「では聞くけど、日本の兵隊は、いよいよ食べるものがなくなったとき、人間の肉まで食ったという噂があるね。それを聞いてみんなどう思う」

無着としては、「ほだなバカなことあるか。そんなこと聞く先生の方がバカだ」という答えを期待しての質問だった。ところが、子供たちからあがった答えを聞き、無着はとんでもない質問をしてしまったことに気づかされた。最初に手をあげた少女の答えは、こうだった。

「ンだ。おらの兄さんもロシア人の肉食ったど。満州でだ」

この答えを聞いて、無着は教壇に呆然《ぼうぜん》と立ちすくんだ。体からスーッと血の気が引き、目まいがしてくるのを必死で抑える無着をよそに、子供たちは次々と勝手にしゃべりだした。

「オレもなんにもなくなったら食う」「オレも食う」

あげくには、「先生だって、いざとなったら食うべ」と言う子供まで現われた。

無着はその声でふっと我に返り、大声で、

「バカヤロー！　やめろ！」

と怒鳴った。子供たちはその声でしんとなったが、無着はそれ以上何もいえなかった。

原始人ですら神と埋葬への畏《おそ》れを知っていたというのに、なぜいまさら、この子供たちに、人間の肉は食べるものではない、と教えなければいけないのか。

無着は教壇に立ったまま、声をあげて泣いた。

この村からは戦争の被害者を多数出した。その被害者が同時に戦争の加害者でもあり、目の前の子供たちもまた加害者になりうるかも知れない。自分が体ごと子供たちにぶつかった教育は、結果として戦前を引きずりだしただけではなかったのか。その痛苦な認識は、無着を眠れなくさせた。その日無着は日記に書いた。

〈一時をうった。二時をうった。ますます目がさえてくる。この子どもたちをだれがこんな子どもにしたのだろう。なにが原因しているのだろう。それは、はっきりしているのではないか。それは、安保条約や破壊活動防止法案とつながるものではないか。破壊活動防止法のようなものが、このように人間性を破壊するものなのではないか。そして、人間性を破壊する最大のものは戦争なのではないか。そしてわからなかった。教員をやめようかと思った。

「いよいよ食べるものがなくなり、目の前に死んだ人間の肉だけあるばあいには、それを食ってでも生きのびる」――という思想（そんなもの思想でもなんでもない）が、東北農民のエキスであるとするなら、東北農民の強じんさもそこからでているのだとするなら、いったいそれはどういうことになるのだろう。いままでの教師も、学者も、だれもかれもが、そこまで気づかなかった問題なのだろうか。それとも山元村だけの問題なのだろうか。いやいや、「そういうばあい人間の肉を食うか？」という質問に対して三十名全員いっせい

に手をあげたではないか。——わたしはねむれなくなった〉

無着は教師になったとき、最低六年間は教職をつづけようと心に決めていた。山形師範を出た以上、三年間の教師生活が義務づけられていたことや、父親の成孝から常々、「教師なら教師。坊主《ぼうず》なら坊主。二足のわらじははくな」といわれていたせいもあって、無着は、六年はつとめなければこれという教育実践の成果は生まれない、と自分自身に言い聞かせていた。そのあと、本格的に住職生活に入るというのが、無着が当時描いていた人生設計だった。

その人生設計が、あたかも『山びこ学校』の出版が合図であったかのように、大きく狂いはじめた。虚像と実像のジレンマ、寺の相続問題と離婚、村の古老たちからの白眼視、『山びこ学校』以後、新しい教育実践を打ちだせない焦《あせ》り、教師仲間からのやっかみ、そしていざとなったら人肉を食べるという貧困ゆえからくる子供たちの開き直り。『山びこ学校』出版以降の三年間は、人生の難問が、無着に向けて一気に押し寄せた時期だった。

無着にとって、当時必要だったのは、もはや、山元中学校を辞める口実づくりだけというのが、偽らざるところだった。そういう時期に舞い込んだ第一回世界教員会議への招待は、文字通り、渡りに船のものだった。

昭和二十八年七月二十一日から二十四日までの四日間、ウィーンで開かれた世界教員会議の出席メンバーに無着を加えるよう強く推薦したのは、山形県教組元執行委員長の西村力弥と国分一太郎の二人だった。西村はその前年の二十七年十月、社会党左派から衆議院選挙に出馬してトップ当選を果たしたが、無着はこのとき応援演説にとびまわり、山元村の古老たちの間に根強くあった「アカ」のイメージを決定づけていた。

一方、国分は、日教組が昭和二十六年十一月、日光で開いた全国教育研究大会、いわゆる教研大会の講師団の一人として、昭和二十八年一月に高知で開かれた第二回大会から常任メンバーに加わっていた。国分は日教組に対し、世界教員会議には日教組の幹部だけではなく、現場の教師も送るべきだとの意見を出し、それには綴方《つづりかた》運動で素晴らしい成果をあげた無着成恭が適任だろうと付け加えた。

このとき選ばれた十七人のメンバーは次の通りだった。

団長・魚谷時太郎（兵庫県教組委員長）　副団長・長谷川正三（東京都教組連合委員長）
北浜清一（香川県教組委員長）　和田敬久（日教組教文部長）　土橋兵蔵（千葉県教組副委員長）
小畑義夫（横浜市教組中執委員）　東谷敏雄（大阪府教組書記長）　板尾徳太郎（徳島県教組書記長）　海後勝雄（埼玉大教授）　周郷《すごう》博（お茶の水女子大教授）　高田なほ子（参議院議員）
千葉千代世（日教組婦人部長）　羽仁《はに》五郎（参議院議員）　羽仁説子（日本子供を守る会副会長）
南博（一橋大助教授）　矢川徳光（教育評論家）　無着成恭（山元中学校教諭）

現場教師ではたった一人無着だけが選ばれたこの編成については、日教組内部からも批判の声があがったが、西村と国分の強い推輓《すいばん》にその声はかき消された。

七月十八日、総評の高野実事務局長らに見送られ、羽田空港で在日朝鮮人学童から花束を贈られた一行は、所期の目的であるウイーンの世界教員会議に出席したあと、現地で三々五々解散となった。

一行はその後、さみだれ式に帰国の途についたが、無着の音信は八月十八日の帰国期限が切れても、ぷっつりととだえたままだった。無着行方不明の報が流れるなか、九月五日夜のモスクワ放送から、突然、無着の特徴ある山形弁が流れてきた。

世界教員会議は当初、社会主義側の東ベルリンで開かれる予定だったため、外務省は一行への渡航許可をなかなかおろそうとしなかった。ウイーンに会場が変更になってからも、コミンフォルムの宣伝に利用される恐れがある、鉄のカーテン内に回ってくる者が出るかもしれないなどの理由をあげ、一行への旅券を出ししぶった。

一行への旅券がどうにかおりたのは、日教組側が世界教員会議に出席することを唯一《ゆいいつ》の目的とする旨《むね》を強調したためだった。こうした事情もあり、共産圏に入らないことは一行の事前の了解事項となっていた。朝鮮戦争の勃発《ぼっぱつ》以来、米ソの対立がいよいよ先鋭化していた時代だった。

そこへ突然のモスクワ放送だった。マスコミはこれにわっと飛びつき、その日のうちに無着の父の成孝のところにつめかけた。清源寺の門前に群がった新聞記者たちは成孝の陳謝の言葉を期待していたが、返ってきたのは、予想に反した怒鳴り声だった。

「私は私。成恭は成恭だ。いま何時だと思っている。午前一時だぞ。こんな時間に騒いでいるのは野良犬《のら》かゴロツキだけだ。静かな寺に騒ぎをもちこまないでくれ」

この発言をあとで知った成恭は、新聞記者を挑発して教員の自分をクビにする方向に持っていこうとする父の思惑を感じとった。成孝は、沢泉寺の住職を引き継ぎながら教育にうつつをぬかし、一向に寺の仕事に身の入らない成恭に業《ごう》を煮やしていたし、母親の静も、「成恭は、寺を継ぐ気なのか、一生教員で通すのか」と、周囲に悩みをもらしていた。

成恭も成恭で、ソ連に入ればクビ騒動が起きることぐらいとっくに計算ずみのことだった。

無着がソ連圏に入ったのは、ウィーンでの世界教員会議が終わったあと、一緒に会議に出席した羽仁五郎から、「いま日本では、君のような若者こそ、東欧を見ておく必要があるんだ」と、強くすすめられたからだった。無着はウィーンから国際列車でブカレストに入り、そこからモスクワ入りした。問題の放送は、「ソビエトの印象を語ってくれ」というモスクワ放送からの依頼にこたえたものだった。

無着は帰国直後のインタビューに、「辞めることは簡単だが、ソ連入りに政治的意図はなく、間違った行動だとは思わない。それが理由ならば、私は辞めない」と答えたが、それはいわば無着の教師としての最後の大義名分だった。

五十五日ぶりに山元村に帰った無着に対し、山形県教育長の塚原主計は、「事情はどうあれ結果的に見て入ソと帰校が遅れたのは公務員として非常に悪く、今後特定グループが利用することも予想されるから立場と使命を十分注意されたい」と戒告した上、無断欠勤だったとして、七月分と八月分の給料を返上するという処分で一応のケリはついた。

正式の処分はそれですんだが、山元村にはまた別の対応が待っていた。当時、山元村教育委員会は、助役兼務の佐藤正雄を教育長に、五人の委員で構成されていた。そのうちの一人、長橋孝徳は無着に向かってはっきりと、「あなたのようなエラい人は、山元のようなところにいる人じゃない。東京へでもどこへでも行って、思う存分自分の力を発揮したらいいでしょう」と、引導をわたした。この当時、市町村の教育委員会は教職員の人事権を握っており、五人の教育委員のうち四人までが無着更迭《こうてつ》の意向を固めていた。それを代表した長橋の具申は、無着への最後通牒《つうちょう》だった。

その長橋は八十二歳になるいまも、山元村元屋敷の旧家で矍鑠《かくしゃく》として暮らしていた。いろりのあった場所を掘りごたつに改造した部屋で、長橋は四十年近く前の出来事を、まるで昨日のことのようにふり返った。

「あの先生が来てから、村の子供たちが親のいうことをきかなくなった。西村力弥が選挙に出たときも村内で応援演説をやり、教室でも子供たちに、家に戻ったら西村先生に投票するよう親にもすすめなさい、ということまで言っていた。

私は清源寺の檀家の一人だが、成孝和尚《おしょう》も、あだな親不孝者はいない、あんなことやっているうちは跡をとらせられない、と年中いっていた。映画のロケ隊もアカばっかりだったのでみんな心配したが、子供らは、無着先生、無着先生って、そっちのいうことばかりきくので、ほとほと困っていたところだった」

無着が山元中学を退職し、駒沢《こまざわ》大学仏教学部三年に編入するため東京に向かったのは、山元に赴任して六年目の昭和二十九年四月、二十七歳になったばかりのときだった。

無着の辞任の直接の理由は、長橋ら教育委員からの辞任勧告にあったが、山元村を去る無着の心中はそう単純なものではなかった。

『山びこ学校』の教育は、たしかに子供たちに、どう生きるべきかという問題意識を植えつけてやることはできた。では、子供たちがその問題を解決しようとしたとき、そのための知識や技術をきちんと教えてやることができたかと問われれば、答えは、残念ながらノーだった。

六・三制の新教育制度は児童の学力低下しか生まなかった、という批判が生まれつつあった時代の空気や、ヨーロッパ社会主義圏で見てきたはやりの近代的科学教育の実態も、無着に『山びこ学校』教育の反省を強いる一因となった。

無着は、ヨーロッパ旅行中、スイスのチューリッヒの駅の売店で売られていた英語の雑誌にもショックをうけていた。そこには、日本の傷痍《しょうい》軍人の写真が大きく掲載され、その下に、日本では戦争で傷ついた兵隊は国家から生活を保障してもらえないため、街角で乞食《こじき》のようなことをしなければならない、という説明が添えられていた。そんな日本に戻り、再び東北の寒村で教鞭をとることに、無着は暗澹《あんたん》たる感情しかもてなかった。

四月十日の昼すぎ、山形駅は無着を送別する人波で埋めつくされた。午後零時二十六分発の汽車を見送る百名あまりの人波のなかには、須藤克三や本間甚八郎らにまじって、上山《かみのやま》農業高校定時制の四年生になったばかりの佐藤藤三郎の顔もあった。藤三郎の姿をみつけた無着は、車窓ごしに涙をうかべて握手を求め、なにか別れの言葉をかけようとしたが、声にはならなかった。

歓送の人波のほとんどは、無着が山元中学を卒業させたばかりの子供たちだった。彼らは、一年生のとき映画『山びこ学校』のエキストラとして駆り出され、世界教員会議に出席した無着から、全員ヨーロッパ土産をもらった子供たちだった。無着から絹のハンカチーフをプレゼントされた金子富子も、そのなかにまじって、無着を泣きながら見送った一人だった。

汽車が動き出す直前、無着は見送りの人波に向かって短い挨拶《あいさつ》の言葉を述べた。だがその声は、無着をとりかこんだ県教組幹部や報道陣にはばまれて、富子の耳にはとどかなかった。無着を父とも兄とも慕っていた富子は、そのとき、無着が急に遠い存在になってしまったように感じ、たまらなく淋しさがつきあげてきた。

山元村の次三男が都会に出るということは、間引きにも似た行為だった。彼らは、自分を歴史の闇《やみ》のなかに溶け込ませるように、夜逃げ同然にして村を去っていった。だが、村では一目も二目もおかれる檀那寺の跡とり息子で、その上、『山びこ学校』で盛名をはせた無着の門出は、内面の葛藤《かっとう》はどうあれ、文化人たちに歓呼の声で送られ、新聞も大きく報ずる、鳴りものいりの出立《しゅったつ》だった。

無着は動き出した汽車の車窓にもたれ、次第に遠ざかる山形の街並みをながめながら、啄木は二十六歳で死んだが、オレの人生は二十七歳から始まる、という思いにひとりふけっていた。

第十章　都会に出た十一人

無着成恭と相前後して東京方面に出た『山びこ学校』卒業生を探し歩く作業は、同書の冒頭の詩「雪」の作者を訪ねることから始まった。昭和五十年につくられた毎日新聞リストでも最初に記載されている、その石井敏雄は、リストにある住所と同じ所に今も住んでいた。

現在、横浜市環境事業局の清掃職員として働く敏雄は、四十年前、有名な「雪」とともに「すみ山」という作文を書いていた。

〈私はまいにち学校にもゆかず、すみ山にゆきました。私は「みんなのように学校にゆけたらな」とおもっているときがたびたびあるのです。

毎日山にいって、すみがまのてんかしつに木をわってくべます。上の方をあけて、下の方をふさいで木をくべて、木をでっちりくべて上のほうをふたいで下の方をあけるのです。

それから山のてっぺんからすみがままで木をしぱって《（ひっぱって）》くるのです。六回ぐらいしぱるとおひるになります。ごはんをたべるとすぐしぱりはじめます。

夏は夕方五時まで山にいます。かえりはすみをせおってきます。大しひ（地名）のあたりまでくるとあせがだらだらかきます。そこまでまだ半分ぐらいしか来ません。家にかえると六時半ぐらいになっています。支度をほごして、ごはんをたべて、わらをぶちはじめます。

おっつあんが、

「今日は学校さいっていい」

といったので、私はよろこんで学校にきました。そのかわり帰りに塩とさとうをかってこいといいました。学校からかえると、どいがまに、しばせおいにゆかなければいけません〉

敏雄の暮らしぶりは、江口江一が「母の死とその後」の結末部分で、「僕たちの学級には、僕よりもっと不幸な敏雄君がいます。僕たちが力を合わせれば、敏雄君をもっとしあわせにすることができるのではないだろうか」と、書いたほどの境遇だった。

「すみ山」のなかにある、おっつあんとは、実の父親ではなく、母親の弟にあたる叔父のことだった。敏雄が生まれたのも山元村ではなく、東京の荒川区だった。敏雄が二歳の頃、山元村の隣村の二位田出身の父親が死に、寡婦《かふ》となった母は敏雄を連れて、東京から出身地の山形にもどった。母は、父の姉の嫁ぎ先にひとまず身を寄せ、野菜の行商をして生活を支えた。

敏雄が六歳の頃、母は縁あって後妻に行くことになったため、敏雄は祖父母と叔父夫婦が住む山元村菅《すげ》の母親の実家に預けられることになった。叔父夫婦はその後六人の子供を生んだが、その家に預けられた時点では、敏雄が最も年長の子供だった。はじめの約束では、少し落ち着いてから、母が再婚先に敏雄を引きとることになっていた。その約束通り、母親は敏雄が小学校六年生のとき、叔父の家に敏雄を引きとりに現われた。

ところが、叔父夫婦は貴重な労働力に育った敏雄を簡単には手放そうとはしなかった。争ったあげく、母は叔父からこんな提案を呑《の》まされた。

お前がこの村から出るまで、この子に見つからねえように行け。その間に、この子が泣くか、泣かねえか、試してみるべ。泣いたらお前にやる、泣かねかったらこっちのもんだ。

母親は物陰に隠れながらわが子をじっと見守ったが、集落のはずれにくるまで、とうとう敏雄は泣き顔を見せなかった。若い頃、親類にだまされて仙台の方に身売りされたこともある母親は、この時点で、わが子と生き別れしなければならなかった。父の顔を知らずに育ち、母親とのつながりも薄かった敏雄もまた、両親との縁を、ここで絶ちきられることになった。

敏雄が中学にあがった頃、叔父は敏雄に炭焼きの釜《かま》ひとつを完全にまかせたため、敏雄が中学三年間に登校できた日数は、規定の半分にも満たなかった。敏雄が手間とりの仕事で働いているのを教室の窓からみつけた無着が、クラス全員に号令をかけて手伝いをさせ、敏雄を教室にとりもどしたこともあった。敏雄の欠席があまりにも多いのを心配した村の教育委員会が叔父あてに通知を出し、ひさびさに登校して書いたのが、「雪」という詩だった。

しばらく授業を受けていなかった敏雄は、無着から作文を書け、といわれても、何を書いていいのか、さっぱりわからなかった。窓際《まどぎわ》に座ってぼんやりと外を眺めていると、突然、雪が降り出した。敏雄はその景色を、ありのままに書いて、無着に提出した。

〈雪がコンコン降る
人間は
その下で暮しているのです〉

この詩は、肉親との縁うすい敏雄の境遇を、はしなくも表わしていた。山元村に生まれ育った者ならば、雪は「ぞくぞく」降るものであり、決して「コンコン」降るとはいわない。それが作者の敏雄にも自覚されていないところに、この詩のもつ深い悲しみがあった。まだ二親がそろっていた東京での雪の遠い記憶が、この詩にはかすかに投影されていた。

中学を卒業後、敏雄は本格的な労働力として叔父のもとで働きづめに働いた。夏は畑仕事、冬は木こりや炭焼きという生活は十三年間つづいた。その合間をぬって出稼ぎにも出た。仙台では砂防工事、青森では吊《つ》り橋かけのダム工事、千葉では団地の造成工事の現場で働いた。日当は四百円だった。

二十八歳で遠い親戚筋《しんせきすじ》にあたる南陽市の農家に入り婿《むこ》し、大場姓に変わってからも、敏雄は使いべらしされるだけの労働力でしかなかった。敏雄が世帯をもった南陽市小滝字水林番外地は、バスを降りてから山道を四キロ以上も歩かなければならず、山元村よりずっと辺鄙《へんぴ》な場所だった。入り婿先には年老いた両親だけが残り、男兄弟はみんな村を出ていた。

敏雄が同じ集落出身の知り合いを頼って神奈川県座間市に出てきたのは、三十五歳のときだった。働いても働いても少しも楽にならない生活をつづけることを思えば、都会で仕事を選ばなければなんとかくっていける、というのが、村を出奔した理由だった。敏雄は出稼ぎ先の熱海《あたみ》の道路工事現場から、離婚まで覚悟してそのまま座間に出た。

その後、婚家に戻った敏雄は家族と二日二晩話しあい、結局、一家全員が村を捨て、敏雄にしたがうことが決まった。

敏雄は食わんがために村を捨てはしたものの、入り婿先にも忘れず持ってきた「きかんしゃ」だけは、捨てなかった。その「きかんしゃ」をパラパラとめくりながら、敏雄は訥々《とつとつ》とした口調で当時をふり返った。

「あのとき決意しておいて本当によかった。あの村にはもう誰も住んでいない。あそこで暮らすのがそもそも無理だったんだ」

座間での生活は借家暮らしから始まった。家を借り、白黒テレビに茶碗《ちゃわん》と箸《はし》、それに一万円で布団《ふとん》を二組買うと、七年間の出稼ぎ労働でためた貯金は一文も残らなかった。現在の職場は同郷の知人の紹介によるもので、敏雄は就職に際し、中学以来にぎったことのない鉛筆で履歴書を書いた。

村から出て七年目の昭和五十二年に中古住宅を一千三百万円で購入、一時は親類の家をたらい回しにされかかったこともある義理の両親も、座間市郊外のこの家で息を引きとった。

「今になってみると勉強をしておけばよかったと思います。したくともできなかったんだけど、勉強をしておけば自分の好きな職業につけたかもしれない。もっとも、仕事を選ぶ余裕なんてものはなかった。その反動なのか、子供には大学に行け、大学に行けって、うるさいほどいった」

その男女二人の子供も高校を卒業後結婚し、それぞれ独立した世帯をもっている。『山びこ学校』卒業生のうち、今でも無着と行き来しているのは二、三人しかいない。敏雄はその数少ない卒業生の一人である。

「無着先生は、人間は話をしないと進歩しない、とよく言ってました。おまえたちには間違ったことを教えていない、というのも口癖だったなあ。私たちを踏み台にして東京にとびだしていったと思う反面、先生がいなけりゃ、私の詩がこうやって文集に載ることもなかった。私も村じゃ生活できなくて、都会にとびだしてきた。今なら先生の気持ちがわかる。そんな気もするんです」

深刻な作品が多い『山びこ学校』のなかで、「すずめの巣」は、珍しく、読む者の心をほのぼのとさせてくれる作文である。

わらびとりに行った子供が、森のなかで、タマゴが二つ入ったすずめの巣を見つけた。子供はとびあがるほどうれしくなり、このことは誰にも教えまいと心に決めた。時々こっそりと見に行くと、タマゴは三つになり、五つになり、そのうち、ヒナになった。その間子供は、いつとろうか、いつとろうかと思っていたが、なぜか巣のなかに手を伸ばすことはできなかった。

今日こそはと思い、友達にはじめて打ち明けて森に行くと、すずめの巣はからだった。

この作文を書いた村上幸重は、その二カ月前に父と姉をたてつづけに亡《な》くしていた。卒業式では、無着から「腹の底から笑える日が早くくることをのぞんでいる」という言葉を贈られていた。

その幸重は、東京湾にほど近い江東区辰巳《たつみ》の港湾団地に住んでいた。

湾岸高速道路が窓の下を走る団地の一室で、まず死んだ父親のことをたずねると、幸重は目をしばたたかせて、「親父《おやじ》はオレのことが好きだった。なんせ、よく働いたからなあ」とつぶやいた。

幸重も敏雄に劣らぬ働き者だった。朝は四時起きして畑に肥《こやし》をまき、夜は十一時、十二時まで自分の履くわらじを編んだ。学校の行き帰りにもたきぎを背負って歩いた。「背なんかのびるはずがねえ。それに学校どころじゃなかった。まあ、なんのために生まれてきたのかわかんねえような生活だった」

幸重の家には八反の田んぼと六反の畑があったが、供出がきびしく、養蚕や葉煙草《はたばこ》、冬期の炭焼きをこなしても、七人の子供をかかえた家を賄《まかな》っていくだけで精一杯だった。次男の幸重は中学を卒業するとすぐ、当然のように奉公に出された。奉公先は兄嫁の実家で、幸重の前を素通りして生家に送られた前払いの年俸は、八千円だった。

奉公生活の三年目、幸重は知人の紹介で東京深川の布団屋に見習いとして入った。最初の話では年季があけたら店をもたしてやる、との約束だったが、それは一向にはたされず、その上、月にもらえる小遣いはわずか百円だけだった。映画館に行きラーメンをする。月二回そんな楽しみをすると、小遣いはあらかた消えた。

二年目に小遣いは七百円にあがったが、よその布団屋では二万円近く給料を払っていることを知った幸重は、そのままそこを飛び出した。幸重は現在、日本水産系列の運輸会社のフォークリフト作業員として、自宅に近い晴海の職場で働いている。この職場を知ったのは、新しくつとめた布団屋で知りあった友人に築地《つきじ》の軽子《かるこ》の仕事を紹介されたのが、そもそものきっかけだった。

築地市場で魚介類の運搬をしながら、幸重は、近くの京橋商業高校夜間部にしばらく通った。東京は口のうまい奴《やつ》ばかりがいる、そういう連中の間でなんとかやっていくのには勉強するしかない、と思ってのことだった。月島のボクシングジムに通ったのもこの頃だった。いずれも長つづきはしなかったが、田舎ではなにひとつ好きなことができなかったから、高校やボクシングジムに通えただけでも幸福な気持ちになれた。

幸重の現在の職場の勤続歴はすでに三十年を超えている。三十年前に入った三十七人の同僚のうち、いまも同じ職場に残っているのは幸重だけである。

「クソがつくほど真面目《まじめ》なのは、無着先生の影響かな。怒ると恐かったけど、とってもやわらかいところのある先生だった。卒業してからも先生の言ったように頑張るんだと思ってやってきた。だからかなあ、人をだまして自分だけいい思いをしようなんてことは一度も考えたことがない」

ギャンブルは一切やらず、三十年間無遅刻、無欠勤をつづけるその真面目さが認められて、幸重は数年まえ、長年つとめてきた班長から、二十五人の部下をもつ監督に抜擢《ばってき》された。それでも幸重は役付を示すヘルメットをかぶらず、今も班長時代と同じもので通しているという。わけをたずねると、幸重は、「威張るのは好きじゃない。無着先生もそういうことが嫌いだった」といって、少し照れたような表情を浮かべた。

三人の子供は高校を卒業後、それぞれつとめ人になっており、いまや三歳の孫をもつ身である。唯一《ゆいいつ》の悩みは、五年後に定年がくると、借りあげ社宅となっているこの共同住宅から出ていかなければならないことである。しかし、そう語る幸重の顔に、あまり不安の色はみられなかった。

「結婚したての頃は金がなくて、ミカン箱の上で飯食って、質屋通いもよくした。いざとなったら橋の下でだって暮らせる」

無着の教育は、山元中学校の正門横に立つ二宮金次郎の銅像をいわば反面教師とするものだった。その銅像が象徴する忍耐と勤勉のなかにかくされたごまかしを、子供たちと一緒になってあばきだしていくことが無着の教育の根幹だった。いつでも疑問を持て、というのも無着の教えの一つだった。だが、無着自身も悩んだように、問題意識は問題意識のまま残され、それを解決するだけの知識や技術を、子供たちに修得させるまでには至らなかった。かわりに彼らのなかに確実に残ったものは、いつも力をあわせていこう、かげでこそこそしないでいこう、働くことが一番好きになろう、というむしろ二宮金次郎の銅像とも相通ずる勤労観と道徳観だった。

彼らは無着が植えつけようとした懐疑の精神は忘れても、無着自らが実践した勤労観と道徳観だけは忘れずに持ちつづけ、それを心のよりどころにひたむきに生きてきた。というよりは、東京方面に出た『山びこ学校』卒業生たちの前に立ちはだかった現実は、懐疑の精神をもとうにももてないほどの過酷な状況だった。資本主義社会の矛盾に目を開かされる教育を受けた子供らは、皮肉にも、最も禁欲的なかたちで、資本主義社会を支える礎石となっていった。

彼らが職を求めて東京方面に出てきたときは、集団就職という言葉も生まれていなければ、中卒者を金の卵といって好遇する環境もまだ生まれてはいなかった。

中卒者の求人倍率が求職倍率をはるかに上回る売手市場が出現するのは、日本が高度経済成長に駈《か》け足でのぼりはじめる昭和三十年代なかば以降のことだった。昭和二十六年に『山びこ学校』を卒業した彼らには、就職列車を見送るブラスバンドもなければ、それを上野駅で迎える垂れ幕もなかった。彼らは自分の親兄弟が辿《たど》ってきた道筋と同様に、身売り同然の口べらし要員として村から逃散《ちょうさん》し、わが身を過酷な労働現場に率先して投じていった子供たちだった。

恐ろしいほどのリアリティーでうさぎの皮を剝《は》ぐ場面を書いた平吹光雄は、「きかんしゃ」のなかに、もう一つ、「まむす」という詩を書いていた。

〈まむす
にょろりとむいた
むかれたまむすが
にょろり　にょろりと　うごく〉

山元村にはじめて入ったジャーナリストの青木虹二を、これらの詩で心胆寒からしめた光雄は、東名高速道路都夫良野《つぶらの》トンネルの赤い大陸橋が頭上におおいかぶさる谷川沿いに牧場を開いていた。牧場といっても狭い土地に牛舎が軒を接するだけで、牧歌的な雰囲気とはほど遠かった。

家畜独特の匂《にお》いが漂いだすその牧舎で、毎日朝四時起きして働く光雄は、とても五十七歳の年齢にはみえなかった。黒々とした髪、生気あふれる顔、いきいきとした身のこなし、そして飾らないものいいは、無着が卒業のとき「どんな苦しいときでも、また楽しいときでもヘヽヽヽと笑っていることのできる善人である」と評した人柄そのままだった。

「オレは学校の成績は悪かったけど、学校を出てからは生まれかわって、一番いい頭でやってきたと思ってるんだ。オレたちが生まれた時代は勉強をしたくたってできなかった時代だからな。無着先生がきたから子供の頭がよくなるなんてことはなかったよ。うちは畑と炭と牛飼いをやっていたけど、その仕事を手伝わされるより、学校へ行った方がマシというくらいのもんだった」

光雄は中学を卒業後、叔母の嫁ぎ先の神奈川県茅ヶ崎《ちさき》の洗濯屋に丁稚《でっち》小僧として出されたが、八日目でそこをとびだした。そこで出されるたった二杯の盛りきりメシでは空腹でとても眠れない、というのがやめた理由だった。故郷の山元村に戻った光雄は、親に買ってもらった馬一頭をたよりに、山から切り出した木材を製材所まで運ぶ馬力として四年間働いた。馬力をやめて再び上京してきたのは、それまで農協専用の貨物自動車一台しかなかった山元村にも、ぽつぽつトラックが登場し、馬力の仕事にかげりがみえはじめたからだった。

最初に住み込んだのは横浜本牧《ほんもく》の酪農農家だった。その後、東京の府中、横浜の戸塚と酪農農家を渡り歩き、二十六歳のとき世田谷《せたがや》の赤堤で独立を果たした。六年間働いてためた貯金をはたき、山形から七頭の牛を買ってきたのが、始まりだった。

その後の光雄の足取りは、首都圏住宅地の密集化にともなう、酪農農家の都市部からの遠隔化の軌跡そのままをたどった。光雄のたくましいところは、その移動にともなって、経営規模を確実に拡大していったことだった。

赤堤時代に飼っていた七頭の牛は三鷹《みたか》に移って九頭になり、神奈川県の松田では十五頭にふえた。同県足柄上郡の中井で二十六頭となり、そして現在の同郡山北町では、肉牛、乳牛あわせて約二百頭を数えるまでになった。使用人も五人おき、年間売り上げは一億円を超す。

光雄は独立するとき、牧場主から、もう牛なんて時代遅れだ、これからは土地だよ、と土地を買うことを強くすすめられた。しかし光雄はそんな忠告には耳を貸さず、牛一筋でやってきた。もし、いくらでも土地が安く手に入ったあの頃に土地を買っていれば、もっと大きな牧場経営ができていたかもしれない、という後悔もなくはなかったが、いや、土地なんかに目もくれず牛だけでやってきたからここまでになれた、という気持ちの方が、光雄には強い。

一男一女の子供のうち、二十六歳の長男は中学を卒業後、後継者として家業を手伝い、二十四歳の長女は東京のコンピュータ専門学校を出てOLとして働いている。その長女から時々くる便りが、なによりの楽しみだと、光雄は顔をほころばせた。

「親が昼も夜も休まず働いている姿をみて育ったおかげで、私も頑張れる、なんて書いてきやがるんだ。オレも、朝早くから起きて牛の体をゴシゴシ洗っている親父の背中をみて育った。学校の教育なんてそれほどのもんでないよ。一つの道を歩む。そうすれば何事であれ食っていける。それを教えてくれたのは親父だったと思うんだ」


村を出た『山びこ学校』の卒業生を訪ね歩きながら強く感じたことは、上京してきた彼らが、東京の中心部とはほとんど関係ない、いわば首都圏の周縁部でひっそりと暮らしていたことだった。御殿場線、相模《さがみ》線、南武線など、彼らを訪ねて乗った鉄道は、名前だけ知ってはいたが、実際に乗るのは初めての交通機関ということが多かった。

都心近くの江東区辰巳に住む村上幸重にしても、その団地は二十年前、人の背よりも高いススキが生い茂る夢の島の一画に建てられたものである。エレベーターのなか一面に落書きのある老朽化した建物からは、その一帯につけられたウォーターフロントというモダンな言葉のイメージよりは、都市のなかの新しい周縁というイメージの方が強く伝わってきた。

箱根より西に住んでいる卒業生が、義理の兄に招かれて静岡県富士市に移っていた上野キクエを除いて、一人もいなかったことも、一つの発見だった。それは、高度経済成長以前に村を出た東北出身者たちが、神奈川県より西に見えない文化的断層が横たわっているように感じとった証拠のようにも思われた。また東京周辺の大工業地帯といえば、まだ京浜工業地帯しかなかった時代を反映してか、川崎周辺に痕跡《こんせき》をとどめる卒業生が比較的多いのも特徴だった。

身体の弱い母親のかわりに炊事の面倒をみることの多かった木川進も、その一人だった。欠席届を自分で書いて提出して無着を感激させた進は『山びこ学校』のなかで「ぼくの家」という作文を書いている。

進は、村の大半が農業を営むなかで、めずらしく、祭文《さいもん》語りという郷土芸能を生業とする父をもつ家に次男として生まれた。

祭文語りとは、本来は神仏に対して祈願する際の詞章のことをいうが、中世以降は山伏らによって受け継がれ、次第に信仰をはなれ芸能化していった。山伏の道具の錫杖《しゃくじょう》、法螺《ほ》貝《らがい》を三味線がわりの伴奏に使うのが特徴で、浪花節《なにわぶし》のルーツといわれる門付けの郷土芸能だった。進の祖父が祭文好きだったため、進の家は昔から祭文語りや瞽女《ごぜ》など遊行《ゆぎょう》芸人たちの常宿となっていた。父の木川金三郎が勘当同然で祭文語りに弟子入りしたのも、そんな環境のためだった。

金三郎は滝の前で、滝音に負けない大声を出すようなきびしい修業を経て、計見一風《けいみいっぷう》を名乗り、長じて、大看板の九代目計見八重山《やえざん》を襲名した。昭和初期までは、山形県内はもちろん、遠く福島、新潟の村々まで巡業し、巡業先の辻々《つじつじ》に、「計見一風」と染めぬかれた幟旗《のぼりばた》が木枯しにはためく風景は、農閑期の東北の寒村地帯を彩《いろど》る一つの風物詩ともなっていた。だが、昭和九年の東北大冷害による大凶作や戦争、そして戦後の出稼ぎなどによって、進が生まれた頃には、冬場に祭文語りを楽しむ風習はほとんどすたれていた。

〈……田もない、畑もない私の家では、父がどんなにがんばってさいもんを語ってみたところで、たまってゆくのは借金ばっかりだ（中略）。それなのに、ともだちから「進の家さなの、銭あるっだよ」といわれると、ぼくはどういってよいのかわからなくなってしまう。そして、次第にくやしくなって、なみだが出てくることがたびたびある〉

進は、金がないことがはっきりわかる江一の家がうらやましくなってくるとさえ述べ、つづけてこう書いている。

〈「なぜ、ぼくの家に銭がないということがわからないのだろう」「なぜ、銭なんかないのだといってもほんきにしないのだろう」「なぜ、なくともあるように見えるのだろう」などと考えられてくる。みんなは「一晩に千円もとるからだ」という。それは、山元でのことなんだ。一晩に千円もくれるのは、山元だけなんだ。ぼくの父を、「かわいそうだ。子

供が六人もいるのに、田も畑もなくって」と思って、千円もくれるんだ〉

進も江一や敏雄と同じく、家の仕事や手間とりの仕事のため、学校にはほとんど出られなかった。かのといわれるかたい土の未開墾地を、やせこけた体に汗をびっしょりたらしながら、掘りかえし、遠い掘井戸から汲《く》み出した水を天びん棒の桶《おけ》であえぎながら運んでは、いろりばたにへなへなとすわりこむ毎日が、進の日常だった。

〈……ぼくは、学校を休むのはだいきらいだ。しかし、しかたがない。休んで、働かないと「めしを食わせない」といわれるからだ。

いよいよとなれば、学校をやすませられるのはぼくばかりでなく、弟たちも休まなければならなくなる。手間とりで、よいのがあったりすると、学校に行かないで、そっちに行けといわれる。弟たちは、学校を休んで子守りなどに行かせられる。みなぜにとりのためだ。

そのようにして、だんだんかのもたがやされて行くだろう。そして、今年よりも来年は、来年よりもその次の年は、といった調子で、くらしもらくになるのかも知れない。しかし、ほんとうにそうだろうか。どんなにかのをおこしてみたところで、それで生きてゆくには、兄さんの一生がやっとでないか。今おこしているかのが、ぼくや弟たちの生活をも、らくに一生くらせるようにしてくれるのだろうか。

ぼくは今、そういうぎもんをもっている〉

そういう疑問をもって中学を卒業した進は、家族や親類から、警察予備隊入りを強くすすめられた。家の食費がへるばかりでなくすぐに現金収入になるためだった。しかし進は、無着の教えを忠実に守り、警察予備隊入りを頑として受けつけようとしなかった。手を焼いた家族は、仕方なく、進を農家の作男に出すことに決めた。進とは二歳違いの長男の肇も、一年間働けば実家に米五俵送るという約束で、山形市郊外の農家にすでに年季奉公に出ていた。

進と奉公先の農家との間には、一年間で一万二千円という俸給の約束が結ばれていた。労働は中学時代とは比べようにならないくらいきつく、朝は四時起きして、夜は十時をすぎなければ床につくことができなかった。三年間の作男生活で、進が泣かない日はほとんどなかった。

そんな進に一つの転機をあたえてくれたのは、日給三百七十円の土工募集の知らせだった。行き先が岡山のトンネル工事現場だと聞いても、むしろ飛びつきたい思いだった。このとき進は、『山びこ学校』の印税を共同保管している「きかんしゃ同人金融部」から、出稼ぎ支度金として一万円を借りた。

ベストセラーになった『山びこ学校』は、無着成恭と子供たちを有名にしただけではなく、貧しい山村に生まれた子供たちに経済的恩恵ももたらしていた。『山びこ学校』の印税をプールし、年六分の利子で資金を融通しあう一種の信用金庫の発足は、現金収入のほとんどないこの村の子供たちにとって、貴重な財源となった。校長の本間甚八郎も家の新築資金をここから借りたし、東京に出た無着もやはり、清源寺の檀家《だんか》の娘で、上京後、看護婦となった女性との再婚を機に建てた武蔵小金井《むさしこがねい》の家の新築資金として、ここから十五万円借りた。

子供たちもまた、ここから借りた金を生活改善資金などにあてていた。小屋建築、役牛購入、牛車購入、鼻の手術代、炭山買入れの一部資金、母親のお産入院費、肥料購入……。「父は何を心配して死んでいったか」という作文のなかで、「自動車の運転手になりたい」と、将来の夢を綴《つづ》った川合末男は、ここから二万円借りて念願の自動車免許証を取得することができたし、いつも両親が留守でまっ暗な家がいやさに、床屋になろうと思った江口サメは、ここから一万円借りて調髪の道具一式をとりそろえた。「おれの手が　モーターにかわるのは　いつのことだろう　おれは　毎日おしぎりをつかって　いっぱいっぱ　わらをきっている」という詩を書いた佐藤藤三郎も、五万円借りて待望のモーターを手に入れた。ここから金を借りなかったのは、村長を祖父にもつ横戸惣重ぐらいのものだった。

ここから一万円の出稼ぎ支度金を借りた進は、その前にも、家の修繕と弟の修学旅行費用に、二万円の金を借りていた。岡山のトンネル工事現場への出稼ぎは、その借金を返す目的も兼ねていた。

進はその工事現場でも、無着の教えをかたくなに守り通した。まだ売春防止法が施行される以前のことである。飯場仲間は進をしきりに赤線に誘ったが、進は「金で女を買うことは悪いことだ」といって、絶対に首をタテにふろうとしなかった。

苦しい生活からなんとか脱皮し、同時にひと稼ぎしようという進の目論見《もくろみ》は、しかし、トンネル掘削中に大腿部《だいたいぶ》を骨折するという大怪我《おおけが》によって、もろくもくずれた。故郷に帰った進はまた「きかんしゃ同人金融部」から、入院費用を借りなければならなかった。

進が東京方面に出てきたのは、昭和三十一年、岩手県の飯場で知りあった仲間から、東京・蒲田《かまた》の塗装店を紹介されたのがきっかけだった。その後、江東区の塗装店を経て荒川区の東京ガンという塗装店に移った進は、吹きつけ工としてめきめき腕をあげていった。折からの団地造成ブームも手伝って、仕事は面白いように入ってきた。ひと月の収入は、よいときには七、八万円、悪いときでも四、五万円にはなった。進を頼って上京していた三人の弟の面倒を見、山元村の実家にも月に一、二万円の仕送りを欠かさなかった。

結婚したのは昭和四十六年、三十六歳のときだった。この当時、進は横浜の松井塗装店という店に職場を変えていた。その店を切り盛りしていたのは、七年前にオートバイ事故で夫を亡くしていた未亡人だった。その未亡人から腕のよいのを見込まれた進が、再婚相手に選ばれたものだった。

松井姓にかわり、小なりといえども店の主となったこの時期が、進にとって最も幸福な時代だった。若い頃は、酒をのむと誰かれかまわず論争をいどんだり、警官をみると因縁をふっかけていくようなところがあった進も、一人娘が生まれてからは、人格的にもかなり丸くなっていた。

だが、進の人生のうえにはじめて訪れた平穏な日々は長くはつづかなかった。取引業者から不渡り手形をつかまされ、最盛時には二十人近く使っていた職人のすべてを手ばなさなければならなかった。進が二十数年ぶりに無着に会いに行ったのは、丁度そのどん底の頃だった。

無着が明星学園の教師になり、ラジオの「全国こども電話相談室」の回答者として大活躍していることはよく知っていた。

その無着に会い、帰ってきたときの進の顔色は、家を出るときとはまるっきり別人のようだった。進は悄然《しょうぜん》として妻にいった。

「金は貸してくれなかった。せめて知恵だけでもと思ったが、それも借りられなかった。あれだけ信頼していたのになあ……。先生はすっかり変わってしまったよ。こうなった以上、二人して死ぬ気で働くほかないよ」

一方無着によれば、丁度その頃、進と顔を会わせる機会があるにはあったが、その席で進から金を無心されたおぼえはないという。

「たしかその当時、在京の山元中学校出身者の同窓会が浅草で開かれた。進君と会ったのはその席だった。けれど彼は、金のことなんか一言もいわなかった。もし進君が奥さんにそういって家を出たというんなら、出るときはそのつもりだったけれど、大勢人がいる前で言い出せなくなってしまったのかもしれない。かりに進君からそういう相談があったとすれば、僕だってむげに断わったりしないと思う。進君としても、金を無心してくるといって家を出た以上、奥さんに、頼んだけれど貸してもらえなかった、と答えるほかなかったのではないだろうか」

進はこの頃、「なんとしても高校だけは出ておきたかった」と、やはり中学しか出ていない弟たちに、よくこぼすようになっていた。しかし、いくら悔やんでも目の前の現実から逃げ出すことはできなかった。進は妻と二人だけで、一からやりなおそうと、改めて決意するほかなかった。

進が転落死したのはその直後だった。自分が組んだ高さ五、六メートルの足場から足をすべらせ、そのまま二度と帰ることはなかった。結婚生活四年目、長女は幼稚園に入ったばかりで、まだこれからが働き盛りの三十九歳だった。

毎日新聞のリストを洗い直し、新しい名簿をつくる作業は、比較的順調に進んだ。この名簿が『山びこ学校』卒業生の消息をたずね歩くベースとなった。そしてこの名簿をつくる過程で、四十三名の卒業生中、山形県内にとどまった者が二十九名、山形を離れた者が十四名いることも、明らかになった。このうち首都圏方面以外に出た者は、すでに住所の判明していた上野キクエ、北海道苫前《とままえ》郡苫前町古丹別《こたんべつ》の営林署員と結婚した阿部ミハル、宮城県塩釜《しおがま》市の製材会社で働く大風盛幸の三人だけだということも判明した。

東京方面に出た残りの十一名のうち、七名の消息についてはそう手間をとらずに確認がとれた。鬼籍に入っていた木川進と、すでに連絡のとれていた石井敏雄、村上幸重、川合貞義、平吹光雄以外の二名の住所も、その後の取材の過程でつかんでいた。

十人兄弟のうち四人を亡くし、無着から「教室の片すみにいて目だたないが、かけがえのないすなおさをもっている」と評された川合和雄は、中学卒業後、山形市内の編物工場、食品店の番頭などを転々としたあと親類を頼って上京、今は千葉市に住み、同市内のトタン板工場で働いていた。

無着から「誰にでもずけずけと文句をいいながら憎まれることを知らない」と評され、「くぼ」や「やみ」で寒村の現実を赤裸々に描きだした川合義憲は、新潟大学を卒業後、日立製作所につとめ、今は茨城県勝田市に住んでいた。

問題は残る四名だった。その四名については、昭和五十年の毎日新聞の記事では、次のようになっていた。

川合秋雄（行方不明）卒業してすぐ東京方面に働きに出たまま消息を絶つ。連絡とれず、昭和四十九年に失踪《しっそう》宣言。

高野武（横浜市）　疎開《そかい》児童。中三のとき横浜へ。工員、大工を転々、いま旭硝子《あさひガラス》下請工場に。「都会っ子でいじめられた」

門間善三郎（三鷹市）　二十歳で上京、問屋、貿易会社、ハイヤー会社を転々、いまは東京武蔵村山《むさしむらやま》市のコンピュータ会社に。

門間三千代（川崎市）　八月はじめ東芝に勤める工員と結婚したばかり。それまで歯科医のお手伝いや旅館の従業員を転々。

リストには、行方不明の川合秋雄を除いて、三人の詳しい住所も載っていた。このうち、結婚して長沢姓にかわった三千代は、川崎市幸区の向山荘というアパートに住んでいることになっていた。それを頼りに現地をたずねたが、向山荘はとっくにとりこわされ、今は跡形もなかった。近くの不動産屋に向山荘の大家の心当たりはないかたずねたが、手がかりらしい手がかりはなにも得られなかった。

三千代の消息も含め、所在不明の四人の手がかりをつかむには、やはり山元村にもう一度もどる以外にはなかった。最初の山元村入りから数えれば、もう十度目近い訪問だった。

三千代の実家のある沼田は、白鷹山《しらたかやま》の麓《ふもと》の山元村でも最も辺鄙《へんぴ》な集落である。車は途中までしか入れず、あとはくねくねと曲がりくねった急坂を上っていかなければならない。田んぼは小さく、なかにはいろりぐらいしかないものもある。ポツリ、ポツリと人家はあるものの、人が住んでいるような気配はほとんど感じられない家ばかりである。

案の定、三千代の実家も廃屋になっていた。三千代が『山びこ学校』に通っていた昭和二十五年当時、沼田には百四十人の人口があったが、現在はわずか二十七人を数えるのみである。そんななかで幸運だったのは、廃村寸前のその集落に、三千代の実家の分家筋にあたる家が一軒残っていたことだった。その家でも三千代の所在はわからなかったが、三千代の弟が山をおりて、現在山形市内にいるという情報を得ることができた。三千代の弟の話では、三千代はいま横浜市戸塚区の県営アパートに住んでいるとのことだった。

弟から教えられたそのアパートに三千代をたずね、『山びこ学校』時代の思い出を、というかいわないうち、三千代は「そっちは関係ない」と言って、すごい力でドアを引いた。再度、ドアホンを押しても、三千代は二度と出てこようとはしなかった。

同じような反応は、山形市内に住む小笠原勉への取材でもうけていた。勉は中学を卒業後、村で炭焼きなどをしたのち、東京の地下鉄工事現場で働き、いまは山形市内の水道工事店につとめていた。勉からは、東京への出稼ぎ時代のことをぜひ聞いておきたかった。その旨《むね》を伝える電話をいれると、勉はこちらの用件を半分もきかないうち、「せっかくだけんど」と、取りつく島もないまま電話を切った。その後も何度か連絡をとったが、反応は最初の電話とかわらなかった。

勉は自分の書いた作文を、父親から「孫末代までの恥さらしだ」と怒鳴られ、無着に泣く泣く返してくれと訴えた生徒である。勉のなかには、四十年前の痛切な記憶が、いまだ尾を引いているように思えてならなかった。

三千代にしても、昔の綴方《つづりかた》のことをいまさらむし返されるのはもうこりごりだ、という思いがあったに違いない。『山びこ学校』は、「きかんしゃ同人金融部」という経済的恩典を彼らにもたらした反面、貧困のイメージをマスコミから付着されつづける弊害も、また彼らに与えていた。

残りの三人の所在不明者のうち、学童疎開で山元村にやってきた高野武の行方は、なかなかつかめなかった。毎日新聞リストにある横浜市鶴見《つるみ》区の東雲荘には武はもう住んでおらず、家主も移転先については何も聞かされていなかった。勤務先から追おうにも、記事には武のつとめ先は旭硝子下請工場とあるだけで、これだけの情報で勤務先を探し出すのは無理だった。

学童疎開という特殊状況ゆえ、山元村にも武の痕跡《こんせき》は残っていなかった。村内を聞き回っているうち、森林組合につとめる五十年配の女性が、そういえば敗戦直後、村のとば口の須刈田《すがりだ》の郵便局長の家さに、東京の子が二人いたなあ、と遠い記憶をよみがえらせた。その郵便局長はもう亡くなっていねえが、長男が山形市内にいる、ひょっとしたらその長男が知っているかも知んねえぞ、とのことだった。

さっそくその長男に連絡をとると、はじめは何のことだかさっぱりわからない様子だったが、高野という姓を聞いて、高野という叔母はたしかにいる、ああ、高と武のことか、と一気に記憶をよびさました。高と武は、東京で世帯《しょたい》をもった自分の父親の妹の子で、自分にとっては従兄弟《いとこ》にあたる、たしかに敗戦後、二人はうちに疎開していた、武の方とは没交渉だが、兄の高の連絡先ならすぐわかる、といって、高の住所を親切に教えてくれた。

その線からやっとつかんだ武の住まいは、横須賀《よこすか》線新川崎駅前の、新三井超高層ビルをあおぎみる住宅密集地にあった。道路から一段下がった狭い土地に軒を接して建つ武の小さな家は、上空からたえず吹きつける強いビル風に、小刻みにふるえているようにみえた。

武は『山びこ学校』のなかで、いかにも田舎の生活をはじめて体験する学童疎開児らしい詩を書いている。

〈学校かえり　ぼくの目の前を　毛虫がのこのこ　よこぎろうとしている　こんちきしょうと思って　ふんづけたら　青いもろみが　ピューッと　はじけた　ぼくは　思わず　足をひっこました　なんでもないと思っても　きもちがわるかった〉

武にとっての山元村生活は、この「毛虫」という詩が象徴するような、居心地の悪いものだった。武と一緒に東京から疎開してきた母親は敗戦後の生活苦をしのぐため、借りた畑でとれた大豆やジャガイモをリヤカーに積み、山形市内などに売り歩いた。それを知った村の子供たちは、武が通るたびに石をぶつけ、「ヤミ屋のセガレ、ヤミ屋のセガレ」と、はやしたてた。

「あの村に楽しい思い出はありません。けれど無着先生はいい先生だった。親身になって、ひとりひとりの将来のことを心配してくれた」

勤務する工場が三交替制で、今日は明け番の休みという昼下がり、武はせまい台所でお茶をいれながら、しきりに目をしょぼつかせた。四十年前の学童疎開児は、すっかり初老になっていた。

昭和二十六年一月発行の「きかんしゃ」十号は、全ページ葉書の勉強にあてられている。葉書の勉強はこれが三回目だった。一回目は葉書大に切った西洋紙に、自分の好きな人に宛《あ》て練習用に書かせ、二回目は実際に無着が買ってきた本物の葉書に、無着の知り合い宛てに書かせていた。

〈三回目はこれだ。横浜へ転校していった武君からきたハガキに、みんな返事をかいたのだ。武君はよろこぶだろう。きっとよろこぶ。みんなの心がはいっているのだもの。

1　それでも武は、どのハガキを、いちばんうれしく読むだろう。

2　何回も何回もよみたいハガキはどれだろう。

3　誰でもかけるような、心のはいっていないハガキはないか。

4　さいごに、ハガキや、手紙をもらうと何故《なぜ》うれしいのだろう。

それを勉強するのだ。卒業してしまうと字なんか、かかなくなる人はいないように、女の人も、一年のうち、せめてハガキの十枚もかく人になれるように。とくに女の人は、字をかくのがすくなくなるからな。ではしじめるぞ〉

中学三年の二学期に横浜の学校に転校していった武からの葉書はこうだった。

〈皆さんいままで御手紙をやらなくて失礼しました。あんなに御餞別《せんべつ》までいただいて有難うございました。僕も皆さんに負けないで勉強をします。こんどこそ学校を休まないで勉強します。こちらの学校は、潮田中学校というのです。学校は近くてたいへん、しあわせです。もう横浜にきてから二十四日間もたちました。横浜には二回雪が降りました。みなさん体にきをつけて、さようなら〉

この葉書に対する返事は四十二人全員が書いた。無着も武の葉書に対し、

「ところでお前の学校は潮田中学校というのはよくわかった。しかし、潮田中学校というのは横浜のどのへんにあるのか、生徒は何人位いるのか、なんという先生の受持ちになったのか、全然わからないではないか。一生懸命勉強します、などとかかなくてもよいから、そういうことがはっきりわかるように書いてよこすんだ」

という注意まじりの返事を出し、生徒ひとりひとりの葉書についても、宛名は葉書の中央に書くこと、高野武様への「へ」という文字はいらないことなどをこと細かく注意した上、最後にこんな講評をした。

〈……江一、よい。俊一、ごたごたしているぞ。弥助、字をまちがうな。勉、長すぎる。実、もっとていねいに。藤三郎、もっと具体的に。惣重、字がきたないぞ。百合子、もっとくわしくな。きり子、詩のように書け……〉

武が東京城東区の砂町第一国民学校から山形県に集団疎開してきたのは、昭和十九年の

ことだった。一行は軍楽隊の景気のいい演奏に送られ、秋田県境に近い日本海側の吹浦《ふくら》という町に疎開した。昭和十九年六月の帝都学童集団疎開実施要領にもとづくこの疎開は、消極的な避難ではなく、積極的な戦争参加とされた。時の文部大臣の岡部長景《おかべながかげ》は、空襲の際、子供たちを安全地帯に送ってあることが父兄の後顧の憂《うれ》いを最大限なくし、同時に子供たちの不屈の精神を養う場ともなる、との談話を発表した。授業は学校ではなく、学寮となった旅館に教師が出向くかたちで行なわれた。

本来であれば武は敗戦後、その疎開先から東京にもどるはずだった。吹浦から東京にもどらず、母親の実家のある山元村須刈田に移ってきたのは、昭和二十年三月の東京大空襲で、武たち一家が住む東京砂町の長屋が焼失したためだった。無着の最初の駒沢大学入りを断念させ、結果として無着を山形師範入りさせることになったこの空襲は、武の人生をも大きく狂わせることになった。

東京に残っていた父と姉は炎のなかをかいくぐり、なんとか命だけはとりとめたが、武をわが子のように可愛《かわい》がっていた叔父夫婦はこの空襲の直撃で命を失った。焼失現場からは二人の遺骨すら出てこなかった。

母の弟にあたる武の叔父は山形から教師になるため東京に出たが、目が悪いため不合格となり、亀戸でかなり大きな菓子問屋を営んでいた。山元村に近い沼木《ぬまぎ》の農家に生まれた武の父が妻と三人の子供を連れて東京に出たのは、ボルネオに移民する下準備のためだった。ボルネオに行けばなんとか食えるだろうという父に、猛反対したのが、その叔父だった。

叔父は教育熱心で、子供がなかったため、ゆくゆくは次男の武を養子にとり、大学までいかせようという夢をもっていた。叔父にはそれだけの経済的ゆとりもあり、武もまた、将来は研究員のような職業につき、静かに生活をしたいとの夢をもっていた。その叔父の夢も武の夢も、東京大空襲が一夜にしてかき消した。

三年の二学期に山元中学校から横浜の潮田中学校に転校していった武は、中学を卒業後、数えきれないくらいの職業を転々とした。

ふり出しは初任給五千円のコルクの製造工場だった。その後、日本鋼管の臨時工、土工、ビル建設の下働き、鳶《とび》、クレーン工などをわたり歩き、一時は、自分のひっこみ思案の性格をなおそうと、飯場生活にとびこんだり、関東地方の全競輪場をハシゴして歩くギャンブル生活に身を置いたこともあった。

旭硝子の下請け工場で板ガラスの梱包《こんぽう》をする現在の仕事には、昭和四十六年についた。家族は洗剤の下請け工場のパートに出ている妻と、高校二年の長男、中学三年の次男の四人暮らしである。

「学歴の壁ですか？　感じるも感じないも、もうすっかりあきらめています。会社の社員食堂は本社の社員専用で、私のような現場作業員は入れない。いつも弁当です。壁は現実にあるんです」

退職金はいまやめると二百五十万円程度にしかならず、家をもつことはまったくあきらめているという。福島の原発作業員として働く弟から月五万円で借りている武の家を出ると、ビル風は強いつむじ風となって、路上のゴミを空高く舞いあげていた。

三人目の所在不明者、門間善三郎の手がかりとしては、中学卒業後、問屋、貿易会社、ハイヤー会社を転々という昭和五十年八月の毎日新聞の短い記事と、リストにある昭和五十年当時の住所、そして、今から三十年近く前に「週刊新潮」が『山びこ学校』卒業生の行方を追った記事中に書かれた、昭和三十七年当時帝都自動車のハイヤーの運転手だったという記述くらいしか、手許《てもと》になかった。

三千代の家よりもさらに奥に入った山元村沼田の善三郎の実家で応対に出た兄の善右エ門も、弟は一年に一ぺんくらい飲み屋から電話をよこすくらいで、親父《おやじ》の法事にも帰《け》えってこねえ、あれは本当に困ったヤローだよ、というだけで、善三郎の所在についてはまったく知らなかった。

毎日新聞リストにある住所に善三郎が住んでいないことは、すでに確認ずみだった。昭和五十年当時、善三郎が住んでいた三鷹市牟礼《むれ》の矢野荘はかなり以前にとりこわされていたが、大家は健在で、善三郎のことをかすかにおぼえていた。そこで得られた情報は、善三郎が移転先も告げぬまま五、六年前に引っ越していったこと、かつて日の丸自動車でタクシーの運転手をしていたこと、一時電話を引いていたが後に取り外したことの三つだった。

大家のもとを辞去して井の頭《いかしら》公園方面に抜ける閑静な住宅地を歩いていくと、反対側から明星学園行きのバスがやってきた。偶然ではあろうが、無着が駒沢《こまざわ》大学卒業後、二十七年間勤務した学校のこんな近くに善三郎が住んでいたとは、うかつにもそれまでまったく気がつかなかった。

大家から得た情報をもとに、まず日の丸自動車の本社をたずねた。善三郎がそこにつとめていたことはすぐに確認がとれ、入社の際に提出した経歴書が残っていることもわかった。事情を話し、閲覧させてもらった善三郎の経歴書には、昭和三十五年五月から三十九年八月まで、帝都自動車の渋谷《しぶや》営業所に勤務し、その後、五十二年八月まで沖ユニバックの武蔵村山《むさしむらやま》工場に運転手としてつとめ、日の丸自動車には五十二年十二月に就職、五十三年七月に退社したとの経歴が記載されていた。

しかし、日の丸自動車の退社理由や転職先の記載はなく、善三郎の足どりはここでぷっつりと切れていた。経歴書の備考部分に書かれた「性格は明るく、思想的問題はなし。組合経験もなし。交通違反も犯していない」という記述に、善三郎の実直そうな人柄は感じられたが、その後の消息を知る手がかりはなにひとつ残されていなかった。

ただひとつ目を引いたのは、「六年前（昭和四十六年）離婚、子供なし」という記述だった。というのは山元村に残る兄の善右ェ門が、「結婚？　結婚すりゃ便りくらいよこすっぺえよ。まだ、独りなんじゃねえのか」と言っていたからだった。

中学を卒業後、いくつもの職場を転々とし、運転手としてもかなりの数の会社を渡り歩いた善三郎にも、たとえ一時期とはいえ、独りではなかった時期があった。この事実には、なにか心をホッとなごませてくれるものがあった。

日の丸自動車を退職してからの善三郎の足どりを追うには、あとは、首都圏の電話帳を全部繰るか、おそらくその後もタクシー運転手をつづけているだろうとの推測のもとに、タクシー近代化センターにあたるか、その二つの道ぐらいしか残されていなかった。

江東区南砂町にある東京タクシー近代化センターには、東京二十三区と都下の一部で営業する約二百社の全タクシー運転手の名前が登録されている。門間善三郎の名前が登録されていないかどうかを照会してもらうため、そこをたずねたが、プライバシー保護のため、タクシー会社の経営者か、警察の許可がなければ、外部には一切教えることができないという返事だった。

もう一つの可能性として残された電話帳にも、門間善三郎の名前は見当たらなかった。東京二十三区はもとより、都下、神奈川、埼玉、千葉の全電話帳を片っぱしから繰ってみたが、どこにも彼の名は記載されていなかった。

四十年前、善三郎は親から買ってもらった七百四十円のゴムの長靴をなくし、もし出てこなかったらどうしようかと心配で心配で、夜も眠れなかった、と作文に書いた。卒業するとき無着はそれを引きあいに出し、「善三郎。お前長靴をなくしたときは心配したなあ。とうとう出てこなかった。だからといって人間をうたがってはだめだぞ」という言葉で、善三郎を巣立たせていた。

その後も善三郎の足どりは容易につかめなかった。しかし私には、善三郎が必ずこの首都圏のどこかにいるはずだという、確信めいたものがあった。電話も引かず、おそらくは独りで。

善三郎の行方を追いながら、山形で集めた新聞記事のなかの一片が、私の脳裏を何度かよぎった。善三郎が日の丸自動車を退職して、行方がわからなくなったのとほぼ同時期の昭和五十二年十一月十一日、朝日新聞山形版は、「出稼ぎ人、年に十数人蒸発」というニュースを報じていた。善三郎もその記事と同じ世界にきえてしまったのではないか、という不安も抱いたが、山元村の実家に死亡通知が入っていない以上、いまもどこかでハンドルを握りつづけているに違いないと思う気持ちの方がいくらか勝った。そう考える具体的な根拠があるわけではなかったが、「働くことがいちばん好きになろう」という無着の教えや卒業時に贈られた餞《はなむけ》の言葉が、いまも善三郎のなかに生きていることを信じたかった。

最後の方法は住民票を閲覧することだった。住民票の閲覧については、どこの自治体でもプライバシー保護の立場から警戒心が強く、簡単に許可がでるとは思われなかったため、あえてその方法はとらないでいた。だが、すべての手がかりをふさがれてしまった以上、たとえ窓口で撥《は》ねつけられようと、あたってみるだけの価値はあった。

善三郎が昭和五十年当時住んでいた三鷹市の市役所に行き、これまでの事情を説明したあと、移転先の住所を知ることだけが目的であると何度も念を押すと、係員は拍子ぬけするほど簡単に、善三郎の住民票をみせてくれた。そこには、善三郎が昭和六十三年十月に三鷹市から豊島《としま》区南大塚に移転したとの記事が記載されていた。住まいは間借りらしく、××方とあった。氏名を電話帳で発見できなかった理由がこれでわかった。

大塚駅からさほど離れていない密集した住宅街にあるその住まいを探しあて、出てきた家主とおぼしき初老の女性にたずねると、たしかに門間善三郎という人はうちの二階に間借りしているという。門間さーん、門間さーん、と家主らしい女性が大声で呼ぶと、メタルフレームのメガネをかけ、髪の毛がややうすくなった男性が階段をおりてきた。

善三郎の四十年前の風貌《ふうぼう》は、昭和二十六年に撮った卒業写真を見て知っていた。目の前に現われた六十年配の男性に、その面影があるかどうかは、夜のせいもあり、定かでなかった。だが、ひょろりとした背の高さで、本人であることを確信した。全員がドングリの背くらべのようにちんまりと写った卒業写真のそのなかで、善三郎ひとりは図抜けて背が高い。

「失礼ですが、『山びこ学校』の門間善三郎さんでしょうか」

住人は突然の来訪にさして驚いた様子もなく、醇朴《じゅんぼく》そうな表情で、「ハイ、そうです」と答えた。

話は後日ゆっくり時間をとってもらうことにして、短い立ち話のなかで、現在の職業だけはぜひ聞いておきたかった。

「タクシーの運転手です。会社が大塚の駅前なので、歩いていけるここに移ってきたんです」

中卒の学歴しかもたず、ひとり山形の片田舎からとびだしてきた善三郎の生活を今日まで支えてきたのは、やはり、上京後一念発起して取得した一枚の運転免許証だった。

九人兄弟の五番目として、養蚕と炭と葉煙草、それに八反歩の田んぼをもつ農家に生まれた善三郎は中学を卒業後、岡山県のダム工事現場にトンネル掘り要員として出稼ぎに出た。『山びこ学校』卒業生中、他県に出稼ぎに行った第一号だった。

善三郎がそこで命じられたのは、削岩機で岩盤に穴をあけ、そこにダイナマイトをしかける危険な仕事だった。安全管理などというものはまったくなく、裸で地下水のなかにもぐり、ダイナマイトをしかけてから、また地下水を泳いで逃げだすような現場だった。現場には朝鮮人労働者が多く、その朝鮮人労働者ひとりを含め、三人の作業員が、善三郎の目の前で命を落とした。現場に飛び散ったその肉片を、善三郎はワリバシで拾い集めた。

その現場を一年半でやめ一度山元村に戻ったが、村には、五男の善三郎がもらえる耕地もなければ、就ける職業もなかった。善三郎は再び土工として、奈良、静岡、富山などのダム工事現場を渡り歩いた。東京・平井の大工に嫁いだ姉のところに身を寄せたのは、中学を卒業して五年目のことだった。黒四ダムや佐久間《さくま》ダムなどの飯場生活時代には、だまされて押しこまれたタコ部屋から、十里の山道を歩いて脱走したこともあった。

姉のもとで運転免許をとった善三郎は、小さな貿易会社の運転手となり、やがて真面目な人柄が買われて社長のプライベート運転手となった。イギリス系アメリカ人の社長には聖心女子大に通う娘がおり、その娘を送り迎えするのが、善三郎の主な仕事だった。家財道具を質に入れ、英語の教材を買いこんだのはこの頃だった。いまでも善三郎が、ごく簡単な挨拶《あいさつ》程度なら英語でできるのは、その頃の勉強の成果である。

外国人社長のおかかえ運転手生活は、社長一家が香港《ホンコン》に移住したため、五年でピリオドが打たれた。その後、帝都自動車のハイヤー運転手として五年間つとめ、沖ユニバックのトラック運転手に転職した。そこをやめたのは、トラック運転手から立川にある倉庫の清掃作業員に回されたためだった。会社はしきりに希望退職をすすめたが、それには応じず、二年間、コンピュータ部品のサビとりや油さしを強いられて、入社十三年目に退職を決意した。そのとき、善三郎が手にした退職金は、わずか五十万円だった。その後、日の丸自動車につとめ、今のタクシー会社には昭和五十三年に入った。現在の月収は約四十万円あるという。

沖ユニバックの時代、善三郎はよく食事に通った食堂の娘と知りあい結婚した。三十三歳のときで、相手は、善三郎より十歳年下の名古屋大を卒業したばかりの女性だった。結婚生活は八年つづいたが、実家の家業の方に妻の時間がとられがちになって、その成りゆきのまま離婚ということになった。子供はいなかった。『山びこ学校』を卒業した女性たちのとりまとめ役的存在の土屋ヤエノは、『山びこ学校』卒業生には離婚経験者はひとりもいない、といっていたが、現実にはやはり、全員が全員、結婚生活をまっとうしていたわけではなかった。

「学歴の差が離婚の理由になったとは思いません。大学を出ていることを鼻にかけるようなところのない、とてもいい人でした。学歴の差を感じたのは仕事です。無着先生をうらみたくなったこともあります。先生は作文ばかり書かせて、英語や算数はほとんど教えてくれませんでしたからね。でも、自分が思い切って東京に出てこられたのも、先生のおかげだったという気もするんです。もし先生が先に上京していなければ、自分は東京に出ていく度胸をもてなかったかもしれません」

一時期、明星学園とは目と鼻の先のアパートを借りたのはまったくの偶然だが、そこに住んでいた時代、善三郎は一度だけ、吉祥寺の駅前で無着と出くわしたことがある。無着は同僚たちと、これから一緒に酒を飲みに行く様子だったが、善三郎を見つけると、「おお、善三郎じゃないか」と大声をあげ、同僚たちを先に送って、善三郎を明星学園に連れていき、職員室で一晩飲みあかした。

善三郎が中学を卒業後山元村に帰ったのは、最初の出稼ぎに出て戻ったときと、二十年前、母親の葬式に出たときの二度しかない。『山びこ学校』の同窓会にも一度も出席したことはなく、無着とのその一夜の歓談が、いわば善三郎のひとりだけの同窓会だった。

「タクシーの運転手は手袋をしてハンドルを握るもんですから、手の皮がうすくなっちゃうんです。山元村で百姓をしていた頃の手の皮が十枚あったとすれば、いまは二、三枚ってとこです。あと五年で定年ですが、定年後は甥《おい》っ子の土地を譲ってもらって田舎でのんびり暮らしたいと思っているんです。でも、たとえ耕す土地があっても、こんな手じゃ、もう百姓はできないでしょうね……」

仕事あけに必ず立ち寄るという大塚駅前の大衆酒場で、昼間のビールをあけながら、善三郎はつぶやくようにいった。私はそのビールを御相伴しながら、いまだに尾を引く農家の次三男問題の根の深さを、ふいにのぞきこまされたような思いにとらわれていた。

毎日新聞の記事に「行方不明、卒業してすぐ働きに出たまま消息を絶つ」と書かれた、四人目の所在不明者、川合秋雄の身許《みもと》は、案外簡単にわかった。山元村須刈田にある秋雄の実家をたずねると、兄の丑松は、現在秋雄が働いている場所をあっさりと教えてくれた。丑松の話は山形訛《なまり》がつよく聞きとるのにひと苦労したが、昭和四十九年に秋雄に対し失踪宣言を出した経緯については、おおむねこんな説明だった。

失踪宣言を出し、その結果戸籍が一時抹消されたのは、秋雄が出稼ぎに出たきりほとんど便りをよこさず、こちらから連絡がとれなかったからだ。そんなとき、秋雄にも連絡して了解をとらなければならない土地の相続問題が起きた。警察に調べてもらった上、戸籍抹消の手続きをとった。それで相続問題が片づいた頃、秋雄が働いているところから電話が入ってきた。戸籍が抹消されて保険の手続きがとれずに困っているという電話だった。電話がかかってきたのは、何年前だったかよくおぼえていない。

秋雄が現在働いている場所は、神奈川県高座郡の寒川町だった。茅ヶ崎《ちさき》でJR相模《さがみ》線に乗りかえ三つ目の寒川駅でおりる。そこから車で十分ほどいった小さな牧場が、行方不明と新聞に書かれた秋雄の職場だった。

秋雄は『山びこ学校』のなかで、一編だけ短い作文を書いている。

〈私の家のいろりばたは、しんぱいでみんなだまっています。それは一カ月ほど前、高いぜにを出して買った牛が腹をとかして（こわして）なかなかおらないからです。私の家につれてきて二日目から腹をとかして（げりをして）、大便と小便がいっしょになってでてくるのです。

かぼちゃを食わせたのがわるいんだとか、水をあんまりのませすぎたんだとか、いろいろ語っています。いろりには、大根やなっぱの切れはじをいれた大なべがぐつぐつにえています。牛のもの（えさ）をにているのです〉

この牛は間もなく死んだ。無着が卒業のとき秋雄に対し、「秋雄よ。ああ秋雄。お前の家の牛が死んだとき、お前は父や母と共に悲しんでいたっけなあ。あれをなくすなよ。人の悲しみを自分の悲しみにし、人のよろこびをよろこびとしてよろこべる人ほど、ほんとうの人間なんだからなあ」という餞の言葉を贈ったのもそのためだった。

牛舎のまわりを、初老の男性がうろついていた。五十六歳という年齢よりもかなりふけこんでいるが、少し斜視がかったまなざしは、無着が寸評した秋雄のプロフィールと一致する。やはり、それが失踪宣言を出された秋雄だった。

「失礼ですが『山びこ学校』の川合秋雄さんではありませんか？」とたずねると、男はぼんやりとした表情のまま、黙ってうなずいた。それからの質問にも秋雄はうなずくか、よくまわらない口で曖昧《あいまい》な返事を繰り返すばかりだった。それでもどうにか、この牧場にくるまでの経緯だけは聞きだすことができた。それによると、十五歳のとき季節労働者として茅ヶ崎の農家に手伝いに出たが、山形には帰りたくなくなり、職安の紹介で住み込み、以来この牧場で働いているという。

失踪宣言と戸籍抹消についてもたずねようと思ったが、この点になると秋雄の口はさらに重くなった。これ以上秋雄から聞きだすのは無理だと思い、あきらめて帰りかけたとき、たまたまそこを通りかかった隣家の主人が、その事情なら自分がよく知っていると、口をはさんできた。秋雄がつとめる牧場の分家の主《あるじ》とのことだった。

分家の主人の話は、大略次のようなものだった。

秋雄はもともと季節労働者で、三十年前、農協の紹介でここにやってきた。本家としても身許がはっきりしなければ雇えないので、山形の実家には何度か連絡をとっている。だから秋雄の居所は最初から知っているはずだ。理由はよくわからないが、秋雄は山形にはもう帰りたくないというので、本家でもかわいそうに思い、同じ屋根の下で暮らせるようにしているし、社会保険もきちんとかけている。

ところが五年前、その社会保険を更新するため役所にいったところ、秋雄の戸籍が何年も前から抹消されていることがわかった。それでは困るので、神奈川県の大和市に住む秋雄の弟に連絡をとり、その弟を保証人にして四年前に戸籍を復活した。秋雄の居所がわかっているはずの山形の実家が失踪宣言を出したのは、相続問題などの事情もあるのだろうが、詳しいことはよくわからない。

ここにもまた、農家の次三男問題が微妙な影を落としているように思われた。分家の主人が帰ったあと、秋雄に聞き忘れた給料のことをたずねた。

「住みこみでメシ代もいらねえし、五万円ぐらいだ」

無着が、生まれたままの純朴さをもつがゆえに将来を最も心配した秋雄は、十四年間も戸籍のないまま、選挙権も行使せず、五万円の月給で、ただ黙々と牛小屋の仕事をつづけていた。

別れ際《ぎわ》、「結婚しようと思ったことはありませんか」とたずねると、秋雄は重い口を開き、一言「昔はね」とだけ答えた。


中学三年の二学期に横浜の学校に転校していった高野武を除く『山びこ学校』卒業生四十二名中、高校に進学したのは四名だった。そのうちの一人、毎日新聞のリストをもっていた川合貞義は、『山びこ学校』卒業生のなかで、社会的に最も成功した生徒といわれている。

「運動神経は校内一発達している」と無着から寸評された貞義は、現在神奈川県相模原市に住み、自宅から五分と離れていないところで、相模医科工業という医療機器販売会社を営んでいた。病院に医療機器をリースする別会社を含めて傘下《さんか》に六社をもち、グループ全体の売り上げは約十七億円、従業員は八十人を数える。

山元村の玄関口の須刈田にある貞義の生家は、この村では珍しい給料生活者だった。祖父の三兵衛は養蚕で成功をおさめ、のちに村会議員、森林組合長、そして村長などの要職を占めた。貞義の父の一郎は、楯岡《たておか》の農学校を卒業して教員となり、山元中学では無着の同僚として理科を教えていた。ウィーンで開かれた世界教員会議出席中に学校をあけた無着に代わって、クラスを担任したのも一郎だった。

この村では比較的裕福な家に育った貞義の兄弟たちも父と同様、給料生活者の道を選んだ。山形師範で無着の三年後輩にあたる長兄は米沢《よねざわ》商業の教頭を最後に退職し、農学校出身の次兄は養蚕試験場から農協入りして上山《かみのやま》支所長までつとめた。三男の貞義が最初から進学を希望したのは、七人兄弟のうち五人までが大学に進むというこうした家庭環境に加え、祖父の代に大きく広げた田畑を、戦後の農地解放で大部分失っていたせいもあった。

貞義が最初に進んだのは上山農業高校の全日制だった。戦前は県立国民高等学校と呼ばれた上山農業高校は、歴史的には加藤完治が初代所長についた県立自治講習所の流れをくんでおり、戦時中は、南村山郡における満州開拓教育のメッカ的存在だった。貞義を含む『山びこ学校』の四人の進学希望者は、全員、この高校に進んだ。

山元村から上山農業高校までは自転車でも一時間近くかかる。自転車は兄との共用だったため、自転車がないときは、徒歩で三時間近くかかる山道を上りおりして通った。貞義は最初から大学に進学する志望をもっていたため、上山農業高校は一年でやめ、進学校として知られる山形南高校を受験したが失敗、仕方なく、現在南陽市に編入されている宮内高校の定時制に再入学した。

南陽市と山元村は三十キロ近く離れているため、家からの通学はたとえ自転車でもとても無理だった。下宿先の斡旋《あっせん》は無着のはからいによるものだった。国分一太郎との共著もある戦前の綴方《つづりかた》教師の山田ときが当時宮内中学校につとめていた関係から、山田の同僚教師の家を、貞義の下宿先として紹介してもらった。

貞義は二年目に全日制に編入しなおし、卒業後国立大学一期校の東京教育大と二期校の山形大学教育学部を受験した。父と同様、将来教師を目指すためだった。だがいずれも失敗し、山元村から山形市内の山形予備校に自転車で通う浪人生活を一年間つづけた。翌年も教育大と山形大、それに公立の横浜市立大の商学部を受験したが、やはり不合格におわった。『山びこ学校』の卒業生たちの多くが農家への年季奉公や、都会への出稼ぎ生活で苦闘している頃、貞義もまた受験という厚い壁にはばまれ、ひとりあえいでいた。

他の家に比べ比較的裕福だったとはいえ、二浪を許すほどの経済的余裕はなかった。どこでもかまわないから今からでも入れる学校はないかと、旺文社《おうぶんしゃ》発行の大学受験案内を開くと、「桜美林短大《おうびりん》＝入学随時」という文字がとびこんできた。貞義がさっそく、これから受験したいという旨をしたためた手紙を送ると、創設者からじきじきに、すぐに受験にきなさいとの返事がかえってきた。

受験したのは貞義ひとりだった。国語と英語の手書きの問題を配ると、係官は試験会場の図書館からそそくさと出ていったきり、いつまで待っても答案を集めにやってこなかった。図書館にやってきた学生に事情を説明し、係官を呼んでもらうと、係官は忘れていたといい、貞義を創設者のところに面接に連れていった。

それが貞義に直筆の手紙をくれた清水安三だった。

清水は同志社大学を卒業する直前の大正五年に中国に渡り、それ以降の約三十年を中国での社会教育活動に捧《ささ》げた教育者だった。キリスト教系のオベリン大学に留学するため一時渡米し、再び北京《ペキン》に戻った清水は、大飢饉《だいききん》の影響で幼女までが売春婦として街角に立つ光景に心をいため、留学先で知りあった夫人の郁子とともに、日本人として初めて、中国の地に崇貞学園という学校を創設した。そこに幼い売春婦たちを集めて刺繍《ししゅう》を教え、それを日本に売った資金で彼女らの教育と更生の費用をまかなった。これらの功績で、男女共学論を提唱した先覚者でもあった夫人の郁子とともに「北京の聖者」と呼ばれた清水は、戦後は、母校オベリン大学の名にあやかった桜美林学園を東京の町田市郊外に創設すべく、心をくだいていた。

貞義が面接の席で『山びこ学校』の出身者だと告げると、清水はその場で貞義の合格を決めた。桜美林にはまだ短大しかなかったため、貞義はそこに二年間しか在籍しなかったが、この清水との出会いが、その後の貞義の人生を決定づけた。

貞義ははじめ、桜美林の寮住まいだった。寮費は寮の警備員をしてまかなったが、間もなく、清水の長男で医者の泰の家に書生のようなかたちで住みこむことになった。『山びこ学校』出身の苦学生の窮乏生活をみかねた清水の温情によるものだった。住まいも食費もすべて泰にまかなってもらうかわりに、泰が往診する際カバン持ちをすることと、泰の息子の勉強を時々みてやることが条件だった。

貞義は桜美林短大を卒業後、やはり教職への夢をあきらめきれず、教育大と東京学芸大の編入試験を受けた。だがこれにも失敗し、亜細亜大商学部の編入試験を受けてなんとかもぐりこむことができた。その亜細亜大にも、泰の家から通った。亜細亜大を卒業後、ギプスや副木など特殊な衛生材料を病院相手に売る東京衛材という会社に就職したのも、泰の助言にしたがってのことだった。

この東京衛材の営業マン時代に見合い結婚した相手も、泰の妻の従姉妹《いとこ》にあたる女性だった。貞義にとって、無着は人生上の師、清水は生活上の師だった。

貞義は桜美林で英語、亜細亜大学では社会科と商業の教職免許を取得しており、教育実習で教壇に立った経験ももっている。

「子供の才能を伸ばしてやることはつくづく難しいと思いました。一から十まで教えるのは本当の教師じゃありません。子供の性格、能力、家庭環境までみきわめて、ひとりひとり伸ばしてやるのが本当の教師だと、そのとき思いました。無着先生はそういう意味で、本当にすぐれた先生だった。私が何度も受験に失敗したのは実力の問題で、無着先生の責任だとは思いません。ああいう先生はもう二度と現われないと思います」

東京衛材には四年間つとめ、昭和三十九年に独立をはかった。脱サラのはしりだった。

中古のライトバンを買い、朝早くに弁当を持って家を出る。今日は小田急線沿線、明日は横浜線沿線と決め、病院とみたらどこにでも飛びこんだ。一件契約がとれるまでは絶対に家に帰らないと心に決めた文字通りの体当たり営業は、十年近くつづいた。

文庫版の『山びこ学校』を名刺がわりに配り、これが商談の糸口になることもたびたびあった。『山びこ学校』は貞義の、物心両面の支えだった。独立後十六年目の昭和五十五年に、相模原《さがみはら》市内の目抜き通りに四階建ての自社ビルを完成させる一方、地元小中学校のPTA会長やロータリークラブ会長、桜美林学園監事などを歴任し、今では地域の名士と呼ばれるまでになった。

二男二女に恵まれた子供のうち二人の娘はすでに嫁ぎ、孫もできた。二人の息子は桜美林高校からアメリカのアラバマ大学に留学し、長男はすでに卒業して貞義の会社を手伝う身である。

息子への会社継承も順調に進み、世俗的な意味で最も成功している貞義は、それでも四十年前の『山びこ学校』を忘れていなかった。貞義は山元小学校の新入生と新任教師全員に対し、角川文庫版の『山びこ学校』を、もう十五年以上贈りつづけている。

陰徳ですね、というと、貞義は口調にかすかな山形訛《なまり》を残しながら、よどみなくいいきった。

「『山びこ学校』は山元村の歴史の本というより、いまや農村の歴史、いや、日本の歴史の本だと思うんです」

『山びこ学校』をあらためて通読すると、二人の生徒が書いた作文に、とびぬけて冷静な目があることがよくわかる。佐藤藤三郎の「ぼくはこう考える」と、川合義憲の「やみ」や「くぼ」である。「きかんしゃ」を送られた教育評論家の福島要一が、『山びこ学校』の子供ひとりひとりにあてた手紙のなかで、「あなたはすばらしく頭のいい人だと思う」と書いた藤三郎や、「なかなか理屈屋さんですね」と書いた義憲の作文には、くもりのない子供の目に映った山村社会の貧困と矛盾がありありと描かれ、今なお読む者に静かな怒りを喚起させる。

卒業のとき無着から「お前の心は金だ。深く掘りさげろ。そのエクボを死ぬまでなくすなよ」という言葉を贈られたその義憲は、教壇の無着を一本とられた、と思わせたことがあった。

平安時代の女流文学を例にとりながら、文化の発達について授業しているときのことだった。中国から渡ってきた漢字が日本で発達したのは、まず、漢字の音だけを借りた万葉仮名が創られたためである。平安時代になると、そこから平仮名、片仮名が生まれ、これが、かつてない女流文学発達の基礎となった。紫式部の『源氏物語』も、清少納言《せいしょうなごん》の『枕草子《まくらのそうし》』もこの時代のものだ、という話まで進んだとき、義憲が突然、「へんだな」と、大声をあげた。

無着が、「なにがへんなんだ」と問いかけると、義憲はこういった。

「紫式部というのは、女だべ。その女が、『源氏物語』などという部厚い本を書いたんだとすると、相当、暇がないと書けないはずだべ。そうすると、千二百年も前の日本の女の方が、今の日本の俺だのおかあちゃんたちより、ずっとずっと、暇があったということになるんなえがえ。ところが実際には、俺だのおかあちゃんは、ハガキ一枚書く暇もないべ。先生は歴史が進むにしたがって文化は発達するっていったけんど、千二百年前の方が文化が発達してたってことになるんなえがえ」

義憲は中学を出ると貞義とほぼ同じコースを進んだ。最初の一年は上山農業高校の全日制に入り、二年目に宮内高校の定時制に編入した。やはり貞義と同様、下宿生活だった。だが、兄弟七人のうち五人まで大学に進ませるだけの経済的余裕があった貞義の家と違って、分家で、ほとんど日の当たらない山間の窪地《くぼち》を開墾してきた義憲の家には、義憲の下宿代を仕送りするほどのゆとりはなかった。

義憲は学校近くの新聞販売店に住み込み、チラシの折り込みや集金の手伝いをすることで、下宿代のかわりとした。朝三時に起きて着いたばかりの新聞を駅に取りに走り、日中は集金に歩き、夜学校に行く、というのがその頃の義憲の日課だった。勉強する時間といえば、集金中のあいまをぬう以外になかった。義憲の勉強は机に向かってではなく、いつも歩きながらのものだった。

四人兄弟のうち次男の義憲以外はすべて中卒でおえたなかで、義憲ひとりが高校、さらには大学まで進んだのは、本人の強い向学心もさることながら、当時国鉄につとめていた叔父の影響が強かった。

義憲の母親の弟の門間源吾は山元村で生まれ、昭和十五年に山元中を卒業後、国鉄につとめた。山形駅に配属された源吾は先輩の強いすすめで名古屋の鉄道学校に入り、独学を重ねて、昭和三十三年に一級建築士の国家試験資格を取得した。苦学力行の手本のような人生を歩んだ源吾は、山元村に帰るたび甥《おい》の義憲をたずね、家を継ぐことができる長男は別として、これからの次三男は学問を身につけなければならない、学問さえあればいくらでもいい職業につける、といって、上級学校への進学をことあるごとにすすめた。

義憲は本来なら中学を卒業後、母親の実家の上山の旅館へ板前奉公に出されるはずだった。そう決めていた両親を説き伏せたのも叔父の源吾だった。宮内高校へ進んだ義憲はその後、定時制から全日制に入りなおし、そこを卒業後、ストレートで新潟大学の工学部に進んだ。『山びこ学校』卒業生四十三人中、大学まで進んだのは、貞義と義憲の二人だけである。

義憲の両親は新潟大学合格を知らせる鶴亀《つるかめ》の紅白電報が舞いこんだとき、これから難儀なことになるなあと、いろり端でため息をつきあったが、義憲が大学を終えて山元村に帰ってきたときには、一家総出で工学士となった息子の門出を祝った。

その席には級友の佐藤藤三郎も呼ばれていた。

藤三郎が雨の中、一里の道を歩いて境の義憲の家に行くと、義憲の両親は藤三郎に何度も頭を下げ、「藤三郎さんだのおかげで助かったのよ。借金早くなすようすっからまず」と、繰り返した。『山びこ学校』の印税をプールした「きかんしゃ同人金融部」から金を借りられたおかげで、息子をどうにか大学まであげることができた、というお礼の言葉だった。

藤三郎はその言葉に目頭が熱くなるのをおぼえながら、同時に自分が大学に進めなかった悔しさも感じないわけにいかなかった。

その晩、義憲の強いすすめで家に泊まると、義憲が隣りの布団《ふとん》のなかからしみじみとした口調で話しかけてきた。

「藤三郎だからいうのだが、俺は〝山びこ〟といわれるごとに、たいへん肩身のせまい思いをしてきた。今度、大学を出て就職をするときも、無着先生がどこかの職場を紹介してやる、といってよこしてくれたのだが、ことわったよ。〝山びこ〟という名を背負って世の中に出ていくことは非常に恵まれることがあるかもしれないが、世の中はそんなもので長つづきするものではない。あれをやれば無着先生に傷をつけはしまいか、これをやればどうなるだろうと、自分の自由な気持ちに束縛を加えるよりも、自分の実力でどこまでも生きていく決心をしてるんだ」

無着の上京後も村に残り『山びこ学校』の代表選手のように扱われつづけてきた藤三郎には、義憲の悩みが手にとるようにわかった。それだけに、義憲に返答する言葉は何もなかった。藤三郎は暗く狭い部屋で布団にくるまったまま、「うん、うん」とうなずき返すほかなかった。

無着が義憲にすすめた就職先とは、横河電機のことだった。無着が明星学園入りして四年目のその当時、無着が担任するクラスに、横河電機の重役で、のちに同社の社長、会長を歴任し、昭和五十四年からは明星学園理事長の椅子《いす》にもつくことになる松井憲紀の子弟が在籍していた。義憲への就職斡旋は、そんな関係からでてきた話だった。

無着からきた横河電機への就職話を断わった義憲は、自力で日立製作所に就職し、鉄道の運行管理システム分野を一貫して歩いてきた。山陽新幹線のコムトラック（列車運行管理制御装置）や、千里中央から万博記念館を通って茨木方面に抜ける大阪のモノレール、札幌、仙台、横浜市内を走る地下鉄の運行管理システムの設計にも、プロジェクトの一員として加わった。

入社二十五年目の昭和五十九年に、日立製作所水戸工場の主任技師から子会社の日立テクノエンジニアリングにかわり、現在の肩書きは同社水戸営業所設計部副部長である。いかにも技術畑一筋のエンジニア然とした義憲の風貌《ふうぼう》からは、四キロの山道を毎日通った

『山びこ学校』当時の苦闘の跡はほとんど感じとれなかった。口調にも山形訛はまったくなく、笑うと時折できるえくぼが、四十年前の中学生の面影をかすかに伝えるだけだった。

「無着先生は、いつも原点に返って、真実とは何か、本質とは何かを問うことからはじめなさい、と繰り返しいっていましたね。先生の教育方針に疑問を抱いたのではないか、といわれれば、否定できないような気もします。受験勉強ばかりというのはもちろん弊害がありますが、ただ受験勉強しなければ乗れないレールもあるし、そのレールに乗らなければできない仕事もあると思うんです。無着先生からは、そうした世の中の流れに乗らずとも、別な方面から立派に活躍する道もあることを教わりました。しかし、私は先生の教えとは別のレールの方に乗ったんです」

　職場からさして遠くない茨城県勝田市郊外のマイホームを昭和四十八年に手に入れ、三人の子供にも恵まれた。すでに片づいた長女は一子をなしている。日立ではもう三十五年近く働いたが、定年後も二年間嘱託として残れる道を選ぶことになるだろうといったあと、義憲はこんな言葉もつぶやいた。

「定年をすぎたら、今の仕事とはまったく関係ない職種につきたいと考えているんです。仕事オンリーでやってきたせいで、自然とか心の豊かさとか、今まではほとんど考える暇もありませんでしたからね。定年後は、無着先生から教わった自然や心の豊かさを、私なりに探してみたいと思っているんです」

『山びこ学校』卒業生のうち、女生徒で上級学校に進んだ者は一人もいない。高校に進学するだけの学力は十分にもっていた女生徒も、家庭の事情や、娘には高等教育は必要ない、という周囲の目によって、進学を断念させられていた。「きかんしゃ」を四十年間大切に保管しつづけた上野キクエもそのなかの一人だった。『山びこ学校』のなかで「病院ぐらし」というすぐれた作文を書いたキクエは、何度も学級委員をつとめ、成績も女生徒のなかではいつも一、二をあらそっていた。

家の経済状態も他の子供たちの家に比べれば、それほどひどい状態ではなかった。それにもかかわらず高校に進めなかったのは、母の三年近くにわたる長患《ながわずら》いによる治療費の出費に加え、五人兄弟の長女だったため、母の死後も、幼い弟や妹たちの母親がわりにならなければいけない立場におかれたためだった。

キクエは中学時代、肋膜炎《ろくまくえん》で山形市内の病院に長期入院していた母親にずっとつき添い、学校には、そこから二時間かかる山道を自転車に乗ったり押したりして通った。母親が死んだのは、キクエが中学を卒業して一年目の冬だった。キクエの母は『山びこ学校』の映画を早くみたいと口ぐせのようにいっていたが、とうとうそれも果たせず、三十五歳の若さで世を去った。

死の数日前、無着が寿司《すし》をもって見舞いに行き、骨と皮ばかりになった手にのりまきを握らせて口にもっていってやると、キクエの母は、「ンまいなあ、ンまいなあ」といって食べ、「世の中に、こんなンまいものあったのかなあ」と、つぶやいた。

キクエは母の死後、弟や妹ばかりでなく、父親の世話までみた上、一家の大黒柱として、炭焼きや畑仕事に夜おそくまで出なければならなかった。女で炭焼きにまで出るのは、村ではキクエひとりだった。

キクエがこれほど過酷な労働をわが身に課したのは、せめて弟にだけは、自分が果たせなかった高校進学の夢をかなえてやりたいとの思いがあったためだった。

キクエは中学卒業後も、なにかにつけ無着に相談に行き、上京後の無着に対しても何通か相談の手紙を出していた。

〈……お母さんに死なれてから三年、四年目の私たち一家は、みんな私によりかかっているのです。夜はモンペのボロつぎで、手が一杯です。ねむかけをしてしまって、針がちくりと指さきにささるのです。昼は昼でお父さんと一緒に山や畑や、田にでて働くのです。四十の若さで生涯の伴侶《はんりょ》を失なった父を想《おも》うと、なんでもしてやらねばならぬ、そんな気になって働くのです。

山からかえれば、家には食うための仕事が待っているのです。先生‼ 四・六時中こんな状態の私です。ハガキ一枚かくことをサボっているのではないのです。かんべんしてやってください……〉

キクエがこの手紙を無着に送って間もなく、キクエの父が親類の強いすすめで後妻をもらうことが決まった。その話が子供たちのいないところでどんどん進められていくことに、キクエは納得できないものを感じていた。無着にその旨を書いた手紙を送ると、無着から折り返し、次のような長文の手紙が届いた。

〈……キクエのお父さんが後妻をもらうという手紙をいただきました。キクエのお父さんが後妻をもらうことに私は賛成です。それはキクエのお父さんにとってしあわせなことであるからです。キクエのお父さんがしあわせになることを一番願っていたのはキクエの亡くなったお母さんです。夫婦というものはそういうものです。そのつぎに願っているのはキクエたち兄弟姉妹です。キクエのお父さんがおいぼれて、身のしまつもできなくなったのを見たとき、誰が一番悲しがるでしょうか。それはキクエの亡くなったお母さんです!!

キクエはお父さんがしあわせになることについて心からよろこばなければなりません。心から祝福してやらねばなりません。妹や弟たちにもそう教えてゆかねばなりません。そう考えれば考える程、なんだか今までと違うような気持がする——というのがキクエの今の気持ではないかと思うのです。

キクエ!! そこが一番大切なことです。今までと違うのです。だけど今までと違う、と思って行動し、発言したら、なにもかにもぶちこわしになるのです。家庭生活というものは、非常にデリケートなものです。

一番よいことは、今までと同じなのだ——と、そう考え今までと同じようにぴしぴし仕事をし、ぴしぴし言うことを言う、ということなのです。

キクエ、愛情というものはラッキョウみたいなものです。まま母に愛情がない……なんて言い出すと、「キクエはそんなバカなことは言い出さないが」——つまり、愛情ってなんだろう、なんて深刻に考え始めると、ラッキョウの皮をむいて行くみたいで最後に残るものはなにもなくなってしまうのです。ムイテモムイテモ皮ばかり——これが愛情というものの実態です。

だけど、いつも同じように、愛情などと理屈をいわないで、毎日やっていることをやっていると——つまりラッキョウをむかないで土の中にうずめて水をかけておくと芽がでてきます。葉がでてきます。そして花がさきます。

愛情というものはリクツで求めるべきものではなく、土にうずめて、水をかけて育てるべきものなのです。そのはなし、キクエにはよくわかると思います……〉

この手紙をもらったキクエは、すぐに返事を出した。

〈……たしかに先生からいわれるように私は、私の家で、お母さんの座にすわっていたのです。家の中で持っている女親の権力を身につけていたのです。

先生から手紙をもらって、ほんとに私は元気づけられました。仕事の方は今までどおりピシピシやります。母の座から解放されて、のびのびと手足をのばします。そこまで考え

つかなかったのが私のバカなところだった、とはっきりわかりました……〉

父が後妻をもらい、キクエが母の座から解放されたのはちょうど二十歳になったときだった。それから三年後、キクエは吉野銅山で坑夫として働く男性のもとに嫁ぎ、川合姓にかわった。南陽市に近い下荻《しもおぎ》の婚家は葉煙草《はたばこ》と米をつくる兼業農家で、夫の現金収入もあったため、経済的な苦労はさほどなかったが、舅《しゅうと》姑《しゅうとめ》二人のもとでの結婚生活は、キクエにとって必ずしも平穏な毎日ばかりではなかった。

結婚して七年目の昭和四十年、キクエは現在の静岡県富士市に移ってきた。富士市でトラック運送店を営む夫の兄の呼びかけにこたえたものだった。その頃になると、夫のつとめる吉野銅山も次第に斜陽になり、仕事自体も鉱害が心配される坑夫の仕事から鉱石運搬の仕事にかわっていた。義兄の呼びかけは運送業務についた夫にとっても好都合だった。そのこともあって、下荻の家をたたみ、一家全員でこの地に移った。まだ東名高速道路は完全には開通しておらず、家財道具一式を積んだトラックが山形を出て静岡につくまで三日がかりの長旅だった。

夫は現在もパルプ関連会社のトラック運転手をつとめ、キクエはトイレットペーパーの加工工場のパートづとめにでてもう十五年以上になる。一男一女の子供のうち、長女は製紙会社につとめるサラリーマンと結婚して一児の母となり、長男は茨城大学の工学部を卒業後、東京で土木設計関係の会社に設計技士としてつとめている。

「きかんしゃ」の部厚い合本に時おり手をやりながら、キクエは遠くをなつかしむような表情を浮かべてつぶやいた。

「昨日久しぶりに開いてみたんです。これは、私たちの夢を語った文集なんだなあって、しみじみ思いました。山形の生活も、東京と同じようになればいいなあって、そういう思いで一生懸命綴《つづ》ってきたんです」

キクエは、山元村に学童疎開《そかい》でやってきて、三年生の二学期に横浜に転校していった高野武にあてた葉書の勉強のなかで、こんな便りを書いていた。

〈武さんお手紙有難度御座居ました。私たちの「きかんしゃ」も此《こ》の間急に進んで8号まで進みました。「きかんしゃ」は枚数がすくないが今までのとちがってみんなで字のまちがいや、文章のつづきぐあいなどを勉強するようになっています。

農村と都市の生活はどのようになっているかよく感じさせられることでしょう。農村も都市もみな同じような暮し方になりたいものですね〉

小柄で童女の面影を今も残すキクエは、勉強をしたくともできなかった少女時代をふり返り、夫の定年後は夫婦そろって高齢者大学に行くつもりだという計画を語ったあと、いまは自分たちが「きかんしゃ」のなかに綴った夢そのもののような世の中になったといった。キクエはそのあと、また遠くを見つめるような目になり、自分自身に言いきかせるような口ぶりでつぶやいた。

「私らの子供時代は貧しく苦しいことばかりでした。だけど無着先生は、そういう私たちに、作文を書くことを通して懐《なつ》かしい思い出をいっぱいつくってくれました。でも、今の大人は、子供たちのなかにいつまでも残る思い出をつくってやっていないんじゃないでしょうか。私も駈《か》け足でばかりやってきて、自分の子供には何の思い出もつくってやれませんでした。たしかに今は、昔に比べれば夢のような世の中になりました。けれど、それを思うとむなしさも残ってしまうんです」

この四十年の歳月とは一体何だったのか。キクエのつぶやきには、そんな問いを投げつけてくるような強い響きがあった。

第十一章　江一の沈黙

『山びこ学校』卒業生四十三人の消息は、そのまま、彼らが子供時代を過ごした山元村の農業の消長を示していた。それはとりもなおさず、山元村それ自体の消長でもあった。農業の衰亡と山村の過疎《かそ》化を具現するように、この村にいまもとどまる卒業生は、男三名、女二名をあわせ、わずか五名にすぎなかった。

東京や神奈川、静岡方面に出た十一名、宮城方面に出た一名の計十二名に加え、卒業生の約半数にあたる二十名が山をおり、山形県内に散っていた。うち十三名が山形市内に、五名が上山《かみのやま》市内に、二名が南陽市内に居を移していた。山元村にとどまった五名を加えたこれら三十七名以外は、すでに不帰の客となっていた。

「私は　学校よりも　山がすきです　それでも　字が読めないと困ります」と書いた佐藤清之助は、小学校時代から畑仕事の手伝いをさせられ、学校には半分も行けなかった。それでも農業ではやっていけず、二十年前、一家全員が山をおりた。入り婿《むこ》して阿部姓とかわり、仙台で土木作業員、鳶《とび》職などを転々としたのち、現在は上山市の従業員三人の製材所で働いている。

〈……それから、お母さんが「ほだなええげんと、お前大っきぐなたらなにするだか」というのだった。私は「なにすっかわがらね、おら」といったら、「このバガほに。自分のごとあ自分がいちばん心配さんなねっだな」というのだった。私は、お母さんが、中風でろくに口がまわらないんだけれども、私のことをいちばん考えててくれる人だと思った……〉

こんな作文を書いた大風盛幸は、月五千円の農家の奉公を五年間つとめたのち、親類を頼って塩釜《しおがま》に出、現在は同市内の製材所でフォークリフト運転手として働いている。

無着が日記のなかに、反抗的な態度でクラスで一番手を焼いたと書き、それでも、〈去年の秋だったね、私が家庭訪問に行ったら、表で仕事をしていたお前がわらわらと裏へ行ってしまったのだった。あの時は私はもちろん、お前のお父さんやお母さんまで、お前が逃げて行ったのだと思った。そしたら、逃げて行ったのではなくて、私にくわせたいと思ってスモモをもいできてくれたのだった。

その時、すすけたうすぐらい屋根の下で、鍛治屋《かじ》の火のようにきれいなイロリのほのおを見つめながら、お前のお父さんと話しこんでいた私は、どんなにうれしかったかしれあしない〉

と書いた大宮弥助は、九人兄弟の四番目に生まれたが、長男だったため、最後まで山元村にとどまった一人だった。五年前、七反の田んぼと養蚕を営むその家が国道の拡張工事にかかって山をおり、いまは妻が山形市内ではじめたメリヤスの下請け工場を忙しく切り盛りする毎日である。

〈父と　兄が　山からかえってきて　どしっと　いろりにふごんで　わらじをときはじめると　夜です〉

山村のいろり端のたたずまいを一筆で描いて思わずため息が出るような「夜」という詩を書いた横戸チイ子は、昭和三十二年に山形市郊外に嫁いで西村姓にかわった。子供三人、孫四人に恵まれ、今もメリヤス会社にパートづとめする。夫は山形のNECに通い、農業とは無縁の生活である。

学校には弟を背負って通い、「おひかり様」の作文を書いた長橋カツヱは、小田原にミカン摘みの出稼ぎに出るなど九年間の奉公をしたのち、山形市郊外の大工の家に嫁いで伊藤姓にかわった。中学時代は起きてすぐに二回草を刈ってこないと、朝ごはんを食べさせてもらえなかった。今も働き者のところはかわらず、男性従業員に交じって井戸掘り用鉄管を丸鋸《まるのこ》でカットするパートづとめの仕事に精を出している。

「きかんしゃ」を元山元中学校校長の朝倉高文に貸した川合ハナミは、昭和三十二年、同じ山元村の農家に嫁いで門間姓に変わった。同級生のなかでいちばん早い結婚だった。米と養蚕づくりを三十年以上山元村の小白府《おじらふ》でつづけたが、四年前にNECの警備員をつとめる夫の仕事の関係で山をおり、今は南陽市で暮らしている。山元村には夏場に帰るだけである。

やはり大事にもっていた「きかんしゃ」を教育資料館の玉井茂に貸した門間きり子は、昭和三十四年に国鉄の保線区職員と結婚して庄司姓に変わった。夫の仕事の関係で山形県内を転々とし、今は山形市内に住む。山元村沼田の実家はすでに引きはらい、村には田んぼが残っているだけである。

いまも山元村に残る五人の卒業生のうち、江口久子は中学卒業後、浅草の洋服屋に見習い奉公に行ったが病いを得て帰郷、県の施設で三十年近く社会復帰の訓練をうけたのち、一昨年暮、いまは十二軒しか家のない山元村入丸森の実家に帰った。『山びこ学校』を卒業した二十一名の女生徒中、未婚なのは、すでに死亡した一人と久子の二名だけである。

湯野浜への修学旅行ではじめて海をみて波の音に驚いた清野百合子は、山元村狸森《むじなもり》の農家に嫁いで上野姓に変わった。いまでも夫とともにホップづくりをつづける山元村でも数少ない農家の一つだが、二人の息子はつとめに出ており、農業後継の道は閉ざされた。

戦争から遺骨で帰ってきた父のことを、「父の思い出」という作文に書いた江口俊一も、山元村に残り、田んぼと養蚕の農業をつづける一人である。しかし、三人の子供はそれぞれつとめ人になって家を出ており、農業は自分の代で終わりという。

「私たちが大きくなったとき」という作文で、農機具を共有化し、山元村の農業を近代化する夢を綴《つづ》った村長の孫の横戸惣重は、川合貞義や川合義憲らとともに上山農業高校に進んだ四人のうちの一人である。その惣重も俊一と同じく山元村に残り、田んぼと葉煙草《はたばこ》、それに牛五頭を飼育する農業をつづけた。だがその後継に関しては、俊一同様、悲観的な答えしか返ってこなかった。「こんな仕事、子供たちが継ぐわけがねえ」といい切る惣重に、四十年前農業に託した夢は消えてしまったわけですね、淋しくありませんか、と重ねてたずねると、惣重は「ウーン、本当だね」といって、農協の紺の帽子の下の浅黒い顔を、少しゆがめた。

四十年前、この村の実態調査に入った専修大学社会科学研究会は、その結果をまとめた『山形県山元村の実態調査』という本のなかで、この村の風景を「山の腹にしがみついたような急傾斜地に、水田がほんの一刷毛《ひとはけ》、線を引いたようにつづいている」と書いた。この調査時点で、畑は村の全面積の七パーセント、水田は四パーセントあったが、過疎化と離農の波は、その狭隘《きょうあい》な耕地をなお狭《せば》めていった。現在この村の畑と水田は、それぞれ村の面積の二・四パーセントと、一・五パーセントを占めるにすぎない。

農業の崩壊現象に直面しているのは、山元村に残った卒業生ばかりではなかった。山元村を離れ山形県内に散った二十名のうち、現在も農業を専業としているのは、男一人、女一人の二名だけだった。その二人も農業の後継についてはあきらめていた。

「おとなしいが、必要なことははっきりいう」と無着からいわれた横戸春子は、山形市郊外のぶどう園のある農家に嫁ぎ、進藤姓に変わった。いまも夫と二人でぶどうづくりをつづけているが、子供は二人とも農業を継がず、山形市内のつとめ人になった。

満州で両親と三人の弟を失った小笠原誠は、十九歳のとき婿入りし武田姓に変わった。それ以降、約三十年間、誠は山形市郊外でキュウリと白菜を、黙々とつくりつづけてきた。だが、三人の子供はいずれも農業は継がず、農業はここでもまた、満州帰りの過酷な運命を背負って生きてきた誠一代で終わりを告げようとしていた。

四十年前無着の授業をうけた子供たちは、農業の将来にかすかな希望をもつことで、苦しい生活にどうにか耐えてきた。その子供たちが結婚し、子供をなしたいま、彼らが夢をかけた農業は確実に滅亡に向かって進んでいた。四十年前には想像もできなかった現実に直面しつつある彼らの表情には、とまどいや怒りの色よりも、諦念《ていねん》の色の方が深かった。


山元村の昨年の米の産出量は約四千俵だった。一俵約一万八千円の自主流通米価格で計算すると、山元村全体では七千二百万円、一戸あたりでは、わずか五十四万円にしかならない。一俵約二千円の生産調整金が加算されたとしても、米の収入だけではとても暮らせない金額である。

他に葉煙草やホップの現金収入があるとしても、山元村の場合、それを生活の主たる収入源とするほどの大規模経営にはほど遠く、農家の息子たちが農業を離れ、給料生活者の道を選択するのは、経済原則からいえば、いわば必然の結果だった。

『山びこ学校』の時代、山元村の生活は、炭焼きと蚕と米が、収入の三本柱だった。たとえば、全戸の約半数の百三十軒が炭を焼き、個人別、集落別の生産高が毎年発表されていた昭和二十九年、山元村の木炭産出量は、約六万六百八十八貫あった。トン換算すると、二百三十トン弱である。だが、家庭エネルギーの主役が電気、ガス、石油にとってかわられると、炭焼き農家は壊滅した。今も山奥の一軒だけがほそぼそと焼きつづけてはいるものの、その生産高は百俵、すなわち千六百貫と、昭和二十九年当時の生産高に比べて約四十分の一でしかない。

一方、もう一本の柱の養蚕は昭和二十九年当時、一万二千貫、約四十五トンの収穫量があったが、現在の収穫量は、その十分の一以下の三・八トンと、激減の一途をたどっている。かつて世界最大の輸出国として、全生産量の八〇パーセントが輸出されていた生糸も、化学繊維の登場に直撃されたことに加え、給桑期になると蚕棚の下で寝ずの番をしなければならない過酷な労働を嫌う農家が増えてきたことなどによって、山元村を支える経済的基盤の座からすべりおちた。

最後の柱の米だけは、千六百石、約四千俵という昭和二十九年当時の生産高が、現在もどうにか維持されている。が、それが生活を支える収入源になりえていないことは、すでに述べた通りである。収入の三本柱のうちの二本を完全に奪われ、その分を葉煙草やホップで細々と補っているというのが、『山びこ学校』から四十年を経た山元村の農業の現状だった。

山元中学校で教鞭《きょうべん》をとっていた頃、無着は山形中学の同期生で、当時農林省につとめていた友人を東京までたずねていったことがあった。その頃、大規模農地経営と騒がれていた秋田県八郎潟《はちろうがた》の干拓地に、農家の次三男に生まれ、山元村には耕す土地をもてない教え子たちを送り込めないものか、という相談をするためだった。四十年前師弟それぞれが農業にかけようとした夢は、ことごとく夢のままでおわっていた。

脆弱《ぜいじゃく》な農業基盤しかもてない農業生産のありようもさることながら、市町村合併に際してとられた保守的な選択も、この村が時代から置き去りにされる一つの大きな要因だった。

昭和二十九年、県から提起された合併プランは、当初、蔵王《ざおう》村、金井村、村木沢村、柏倉門伝村、本沢村、山元村の六カ村を一ブロックとするという構想だった。これは各村の反対が多く、暗礁《あんしょう》に乗りあげたため、昭和三十年に、第二次プランとして、山元村、柏倉門伝村、村木沢村、それに無着が生まれた本沢村の四カ村を一ブロックとして、新しい町をつくる構想が浮上した。

これに対し山元村の内部には、ブロック三カ村とともに山形市に合併すべしという意見と、ブロックを離れて上山市に合併すべしという意見が対立し、村は真二つに割れた。山元村から山形市までの距離は、上山市までの距離より約二キロ遠かったが、バス路線は山形市に通じていた。炭を売るにも山形方面に出る者が多く、経済的にはむしろ山形市と密接な関係をもっていた。

経済的側面を重視する山形派に対し、上山市への合併を主張する一派は、もともと山元村は南村山郡に所属し、郡役所も上山市に置かれていたなど歴史的なつながりを強調した。上山市への合併を主張したのは村議会など村の保守派で、山形市への合併を主張したのは農協の青年連盟や婦人会、青年団の若手グループたちだった。そのなかには、『山びこ学校』出身者の横戸惣重もいた。

こうした山元村内部の対立をよそに、柏倉門伝、村木沢、本沢の三ヵ村は、それぞれ独自の立場で山形市と交渉に入り、おのおの同市に編入合併することが決まった。三ヵ村と行動を共にすることができずひとり孤立した山元村では、昭和三十一年九月、村民への世論調査を行ない、上山派五百四十七票、山形派四百五十二票という結果をもって、上山市との合併を正式に決めた。

その後も山形派は上山市との合併の取り消し処分を求める署名を集め、さらには村長と村議会に対し二度のリコール請求を行なった。一時は一票差でリコールが成立するかに思われる場面もあったが、結局は最初の決定をくつがえすまでには至らず、昭和三十二年三月、山元村は上山市に正式に編入されることになった。

無着は『山びこ学校』に在任中、生徒たちに向かってよく、「山元村の空は青い。しかし山元村の空はせまい」と言っていたが、山林地主を中心とする保守派の旧弊なものの考え方は、この村の進歩を足踏みさせる役割しか果たさなかった。

昭和五十五年、山元小中学校は市内大規模校への統廃合か、複式学級として存続するかの選択を迫られた。この合理化案についても、二十年以上前の合併問題のこじれが尾を引いた結果との見方をする村人が少なくなかった。山形市に編入するにしろ、上山市に編入するにしろ、合併問題自体がすんなりと決着さえしていれば、行政側からこれほど簡単に学校の存廃問題を迫られることはなかっただろう、という言い分が、いまなお村人たちの間でくすぶったまま言いつがれていた。しかし、そうした推測まじりの思惑とは別に、山元村の人口と山元小中学校児童数が激減の一途をたどっていることは間違いなく、これが行政側から合理化案をつきつけられた最大の理由だった。

『山びこ学校』の生徒が在籍した昭和二十五年から平成二年までの国勢調査による山元村の人口と、山元小中学校児童生徒数の推移は、次に示す通りである。

昭和二十五年	千九百三十九人	四百十九人
昭和三十年	千八百五十一人	四百八十七人
昭和三十五年	千七百四十人	四百二十人
昭和四十年	千五百人	三百四十五人

昭和四十五年　千二百五十三人　二百二十四人
昭和五十年　千二十五人　百十二人
昭和五十五年　九百四十二人　七十一人
昭和六十年　八百三十八人　七十六人
平成二年　七百八十九人　七十四人

山元村は昔から、その生産基盤の脆弱性から、適正人口はいいところ千人といわれてきた。ところが実際の人口は、そのほぼ二倍で推移してきた。第一回国勢調査が始まった大正九年、この村の人口は千七百二十三人だった。それ以降、大正十四年の千八百五十四人、昭和五年の千九百三十六人、昭和十年の千八百八十八人、昭和十五年の千九百十三人、昭和二十年の二千四人と、戦前はあまり大きな人口変動をみなかった。

戦後もこの状態はつづき、人口が二千人を割りはじめるのは、日本が高度経済成長に向け早足で駆けあがっていった昭和三十五年以降のことだった。これ以降、出稼ぎという言葉が一般に定着し、この村の出身者たちは安価な労働力として、大量に都市に駆り出されていった。こうした社会的流出により、山元村の人口が急速に下降していったとき、この村の需給関係のアンバランスは一見是正されたかにみえた。しかし適正人口が達成されたとき、今度はまったく皮肉なことに、この村の生産基盤をなしてきた農業それ自体が、滅亡の危機にさらされることになった。

明治以前、この村の主要産品は麻だった。この麻は京都などに運ばれ、蚊帳《かや》などの材料となった。その運搬《も がみ》ルートは、小滝街道を山形方面に向かい長谷堂を通って山辺《やまのべ》まで北上し、そこから最上川の水運で酒田まで至り、北前船《きたまえぶね》で西に向かうルートと、山形とは逆方向の白鷹山《しらたかやま》方面に向かい、そこから北上して左沢《あてらざわ》に至り、やはり最上川の水運を利用して酒田に出るルートの二つだった。

このコースは逆をたどって、関西方面から塩、古着、雑貨などを山形方面に運ぶルートとしても頻繁に利用された。山元村はそのルートに面し、しかも米沢《よねざわ》を中心とする置賜《おきたま》地方と、山形を中心とする村山地方を結ぶ小滝街道の分岐点にあたっていた。麻以外にこれといった農産物をもたない山元村がかなりの人口をかかえつづけたのは、一つには、重要交通路の要《かなめ》ともいうべき位置にあったゆえ、牛馬を使った荷役の仕事がとぎれなくあったためだった。

明治に入り鉄道が通って荷役の仕事が激減すると、かわって高地栽培に適した桑や、傾斜地でもできる葉煙草がつくられるようになった。とりわけ桑の栽培は高冷地のため虫がつきにくい利点もあって盛んになり、大正年間には狸森に水力を使った製糸工場まで現われた。辛うじて食べていけるだけのこうした目先だけの弥縫策《びほう》によって、山元村の人口は二千人規模をどうにか維持しながら、高度経済成長時代まで推移していった。

この村にとっての高度経済成長とは、東北大冷害による身売りや、戦時下の満州移民政策によっても果たし得なかった適正人口の達成を、農業の滅亡と引きかえにかなえた、特効薬という名の劇薬だった。

『山びこ学校』の四十三人の卒業生中、すでに鬼籍に入っていた者は、昭和五十年二月、塗装現場の足場から落ちて転落死した木川進を含め、六人だった。

〈真佐江　つづり方ばかりしないで　国語も勉強すろ　大きくなって　漢字もしらないと困る　ほかさ出ると困る　学校に　はいっているときばんだ《だけだ》　えまのうち　がんばて勉強すろ　大きくなると　勉強をするひまなんかなくなるのだ　なあ　真佐江〉

「お母さんの言葉」という作文を書いた須藤真佐江はもう一つ、「まめ」という詩を書いていた。

〈私の妹は　私より　大きい　私は　小さくて　くやしい　「まめ　まめ」といわれるくやしいな〉

十人兄弟の八番目に生まれ、うち三人を亡《な》くした真佐江は、クラスで一番背が低く、無着に将来を心配させた女生徒だった。その真佐江は中学を卒業後、山元村中ノ森の生家で農業を手伝っていたが、昭和三十七年四月、二十六歳のとき風邪をこじらせて逝《い》った。まだ未婚だった。

長橋カツエと一緒に「おひかり様」の作文を書き、裁縫が上手だった前田秋子は、昭和三十五年に製材工と結婚して漆山姓に変わり、南陽市に移った。結婚生活十四年目の昭和四十九年七月、秋子は二児を残してこの世を去った。三十九歳だった。

七人兄弟の末っ子に生まれ、うち二人を亡くした阿部ミハルは、無着から「よく笑うが悲しさを知っている」と評された。村長の孫の横戸惣重の家をたずね、籾摺機《もみすり》を使わせてもらいたいといろりばたに頭をすりつけて懇願した農婦が、ミハルの母だった。ミハルは中学卒業後、姉を頼って北海道に渡り、苫前《とままえ》郡苫前町古丹別の営林署員と結婚して奥山姓に変わった。以来ミハルは山元村に戻らなかったが、昭和五十年夏、一度だけ故郷に戻った。二人の男の子の子育ても終わり一息つける余裕ができたせいもあったが、その年の八月十三日、毎日新聞が『山びこ学校』卒業生の消息を伝える記事を大きく特集したことが、ミハルを久々に帰郷させた直接のきっかけだった。

このときの山元中学校の校長は、のちに、浩瀚《こうかん》な「『山びこ学校』資料集」を私家版として出すことになる朝倉高文だった。ミハルは、帰郷した際いろいろと世話してくれた朝倉に宛《あ》て、礼状を出していた。

〈……卒業以来初めて校舎に入れて戴《いただ》きなつかしく又珍らしく昔を思い出しております。友達にも逢《あ》ふ事も出来本当にいい想《おも》い出として何時迄《いつまで》も胸に、何時か又逢える日を楽しみにしております……〉

しかしその願いは果たされなかった。それから五年後、ミハルは脳卒中であっけなく世を去った。四十六歳だった。

〈「ぬかしょってンげ」といわれて　かますにざっぷりつめて登って行った　おもだくて
やすんだら　ぬかが　サラ　サラ　と　首にはいった
つかつかして　おもだくて　なきたくなった〉

「ぬか背負い」という詩を書いた小笠原弘子は、死んだミハルと一緒によく山形までわらびを売りに行く働き者だった。勉強もよくでき、成績はいつも上野キクエと一、二番を争っていた。飼料会社につとめるサラリーマンに嫁ぎ枝松姓に変わった弘子は、結婚後は舅《しゅうと》の世話で苦労しながら、ぶどうづくりに精を出した。

「体が丈夫なだけが取得」というのが弘子の口ぐせだった。だが、平成三年暮、体調の不良を訴えて検査を受けると、医者は、手がつけられません、あと二カ月の命です、と家族に宣告した。ガンだった。平成四年の二月、弘子は医者の宣告どおり息を引きとった。五十六歳になったばかりだった。

「僕の家は貧乏で、山元村の中でもいちばんぐらい貧乏です」という書き出しではじまる「母の死とその後」で文部大臣賞を受賞した江口江一も、昭和四十二年五月、三十一歳の若さで、妻と二人の子供を残し他界していた。

江一の母の葬儀が行なわれた日、無着は日記に書いた。

〈江一を卑屈にさせてはならぬ。

江一を利己主義者にさせてはならぬ。

江一を自分の家を興《おこ》すことしか考えぬ人間にしてはならぬ。

江一を、江一のような不幸な子供が社会にいなくなるような社会にしなければならないのだという希望を持たせなければならぬ。

江一に、社会に対する立場を知らせて、生き甲斐《がい》を感ぜしめねばならぬ。

江一は社会に対する反抗と利己主義的な立身出世を知ったならば、はっきりニヒリストになり、なお一層ひどくなるだろう〉

母の死後、家計を少しでも軽減するため十二歳になる妹のツエ子が山形市内の親類に、十歳になる弟の二男《ふたお》が山形市郊外の村木沢の親類に、それぞれ引きとられ、七十四歳の祖母と二人だけの暮らしを始めてからも、江一は、無着が心配したような利己主義者にも、ニヒリストにもならなかった。屋根も壁も穴があき、畳はくさり放題のまっくらな家に寝起きし、小柄な体を土にへばりつかせるようにして、石ころや根っこだらけの三反の畑を、ただ黙々と耕しつづけた。

現金収入といえば一日百二十円のベントナイト掘りの日雇いと、二頭の羊からとれる二貫目の羊毛ぐらいのものしかなかった。年間八千円程度のその羊毛代とあわせても、月三千円近くかかる生活費を稼ぐにはほど遠かった。それでも江一は、朝六時起きして、夜は夜なべで十一時過ぎでないと床に就けない日常を、誰に文句をいうこともなく、寡黙《かもく》に過ごしていった。

「母の死とその後」の文部大臣賞受賞と、『山びこ学校』の出版は、そんな江一の周囲に小さなさざ波を立てはした。川合義憲の「やみ」に書かれた村の巡査は、『山びこ学校』が出版された当座は村中に無着と教え子たちへの憤懣《ふんまん》をぶちまけて歩いたが、「母の死とその後」を読んでからは、「あれにはすっかり泣かされた。江一は将来必ずこの村の村長になる」と、手の平を返したようにふれまわった。だが江一は、そんな評判にも浮き足だつことなく暮らした。

『山びこ学校』が映画化され、全国からファンレターが山のように送られてくるようになってからも、江一の日常はほとんど変わらなかった。綴方《つづりかた》の注文も全国の出版社から降るようにあったが、江一は静かに微笑《ほほえ》むだけで、そのすべてを断わりつづけてきた。無着に、「もう『母の死とその後』のことはいわないで下さい」という手紙を書いたように、江一は、もう二度と綴方を書くまい、と深く心に決めていた。

ジャーナリズムの殺到は、江一にとって、目の前の現実を打開する力になるどころか、それを邪魔するうるさいだけの存在でしかなかった。江一が生まれてはじめて書いた「母の死とその後」は、文部大臣賞受賞以降のジャーナリズムでの異常なまでの取りあげられ方によって、江一にそれ以降の執筆を拒否させる事実上の絶筆宣言ともなった。

江一が山元村森林組合の仕事に就くのは、中学を卒業して一年少し後の昭和二十七年七月のことだった。山元村森林組合はもともとは、戦時中、木材を供出するためにつくられた組織だった。当時組合長だったのは、戦時中、産業組合専務理事をつとめた村の有力者の江口富蔵で、江一の森林組合入りは、江一の窮乏生活をみるにみかねた富蔵の特別のはからいによるものだった。給料は、それだけあれば、ばんちゃんと暮らせるという江一の申し出通り、三千円と決められた。早朝五時から六時半の間の畑仕事と森林組合からの給料で、祖母と江一の暮らしはようやく一息つけるところまでこぎつけた。

江一は森林組合につとめてから最初の五年間、事務所に人がきても用件以外は一言も話さなかった。本格的に仕事をおぼえるには、無駄口をたたいてなどいられない、という思いと、「母の死とその後」のことはもう忘れたいという思いが、江一をそこまで仕事に没頭させていった。

その頃佐藤藤三郎が、机二つだけの狭い組合事務所に江一をたずねていくと、江一はすすけた低い天井からポタポタ落ちてくる雨をみつめながら、こんなことを話しだした。

「中学を卒業したあとの一年間は、毎日毎日誰か彼かの訪問で、半分も働くことができなかった。村から扶助金をもらっていたので生きておれたものの、これでは、将来とてもやっていけないと思った。そして、こう騒がれては、『あんな文章など、これから一切書くまい』と決心しなければならなかった。

書け、書け、とだいぶすすめた人があったが、おれには耐えられなかった。それで、翌年七月に森林組合の職についてから、その仕事に専念し、とにかく仕事をおぼえるということから、わき目をふらずに暮らした。こうして働いてきたことが、おれにへたなあやまちをおかさせなかったから、今になって考えてみると、やっぱりよかったのではないかと思っている」

江一が森林組合につとめはじめた頃、山元村の民有林も国有林も戦時中の乱伐がたたって、あと二、三年もつか、といわれるような状態だった。江一は病気入院した組合長の富蔵になりかわり、倒産寸前の組合の建てなおしに奔走する一方、植林活動に腐心していった。江一は一坪の山ももたない一介の組合事務員にすぎなかったが、村人たちに林業経営の有利さを説いてやまなかった。脆弱《ぜいじゃく》な山元村の農業構造を、造林計画を中心につくりかえるのが、江一の夢だった。

自分の家の暮らしをたてなおすという目的以上のその遠大な夢には、江一がかつて綴方に、「あんなに死にものぐるいで働いたお母さんでも借金をくいとめることができなかったものを、僕が同じように、いや、その倍も働けば生活は楽になるか」と書き、「私が田を買えば、売った人か、僕のお母さんのような不幸な目にあわなければならないのじゃないか」と書いたときの切実な思いがこめられていた。

江一の熱っぽい説得で山元村の造林計画は着々と進んだ。ハゲ山寸前の山が緑におおわれはじめ、村全体の年間木材生産量四千石のうち、森林組合はその半分以上の二千五百石を扱うまでになった。

「週刊朝日」記者の永井萠二《ほうじ》が山元村を訪ねたのは、丁度その頃だった。昭和二十六年の初訪問から数えて七年目の二度目の訪問だった。永井は、はじめての訪問のとき無愛想な印象しか受けなかった江一が、すっかり快活な青年になっていることに目をみはった。当時江一は森林組合の経理主任として、組合長のかわりをつとめ、造林面積の調査や、集金、県に対しての補助金の折衝など、多忙な毎日を過ごしていた。

永井が「むかし君の家にいった時、屋根に大きな穴があいていたなあ」というと、江一は、「ンだ。やっとふさいで雨ふらなくなった」と、明るく笑った。

それから間もなく祖母が病いにふしたため、江一は遠縁の紹介で南陽市の近郊から嫁をもらった。昭和三十五年のことだった。数年後、祖母が老衰でなくなると、やせ地に囲まれた境の家を引きはらい、森林組合が事務所近くに建てた作業員の宿泊施設に移り住んだ。その頃になると組合は江一なしでは一日もやっていけないようになっていた。給料も一万円にあがり、十数年前、村木沢の親類に子守りとして預けられ、その後の音信といえば裸で写った写真一枚が送られてきたきりだった弟の二男も、その家に引きとった。当時村ではまだ珍しかったテレビを、ボーナスで買ったのもその頃だった。

これよりだいぶ前、『山びこ学校』の英訳の本が出版されたとき、江一は藤三郎に「エエワケの本」と話しかけ、藤三郎が呆気《あっけ》にとられたことがあった。仕事も自分自身の生活も順調に進みつつあったその陰では、英訳《やく》を英訳《わけ》と読むような学力上の壁が目の前に立ちはだかり、そのつど、江一を苦しめてもいた。

江一が亡くなる一年前の昭和四十一年の冬、無着が当時「週刊朝日」に連載されていた「ふるさとを行く」というルポの仕事でひさびさに山元村を訪ねると、江一は笑いながら無着にこんなことを話しかけてきた。

「森林組合の責任者みたいになってから、自分の学力の低いのに驚いた。漢字がかけない。計算ができない。いったい僕たちは無着先生になに習っていたんだろうって、一時は恨んだことさえありました。けれども、そんな恨みごといってたって仕方がないから、ものすごく勉強したんです」

江一がいう勉強とは、森林組合活動を遂行する上で不可欠な資格試験取得のための勉強のことだった。江一は組合長の富蔵さえ知らないところで勉強し、ひそかに簿記、測量、鉄索など五つの国家試験資格をとった上、森林関係法規、製材、種苗《しゅびょう》、果樹栽培などの勉強も欠かさなかった。

育苗から製材まで森林組合が一貫してまかなう、というのが江一の口ぐせだった。江一はその構想を実現すべく、全国の大学の演習林を見て回り、冬場は事務所に泊まりこんで山のような仕事をこなしていった。

それは机の上だけにとどまらなかった。江一は同じ森林組合の職員と共同で融資をうけた資金でやせた山を買い、そこに植林の実験場をつくる一方、自宅の狭い庭にりんごや梨《なし》を植え、さらには養蜂《ようほう》にまで乗りだした。それは土地をもたない農民の執念の表われでもあり、江一の生来の実直さの表われでもあった。

十二歳で山形の親類に引きとられ、以来江一が死ぬまでめったに顔をあわすことのなかった妹のツヱ子によれば、人のために可哀想《かわいそう》なくらい尽くす江一の性格は死ぬまで変わらなかったという。

ツヱ子が結婚したとき、江一は自分の家の建て増し用の材木を運びだし、それを使って家を建ててやることで、ツヱ子への祝儀《しゅうぎ》がわりとした。江一はそれから間もなく亡くなるが、ツヱ子にはそれが、いまでも江一の形見のように思われてならない。

江一は無着と会ったとき、学力のなさで苦労したといいながら、専門用語を使い、こんなことまで語るほどの成長をみせ、無着を驚かせた。

「資本投下に対して利回りがあるのは、農林業では木材だけなんです。たとえば杉で、年七分の利回りになります。山元村ではこれが最高です。しかし、林業をやれるのは上農、中農、下農とわけて、中の上以上なんです。だから中の中以下は苦しいんですよ。酪農も、お金を借りて仔牛《こうし》を買ったんでは、利息の方が大きくて、牛乳をしぼれるようになっても借金がだんだんふえていくという現象がおきているんです。

無着先生が山元村にいた頃の下農階級は、全部よそへ出ていって転業してしまいました。あの頃の中農階級が、今は下農階級になって兼業農家をやっているんです」

江一が蜘蛛膜下出血《くもまくかしゅっけつ》で倒れたのは、無着にそんな抱負を語ってから一年たつかたたないうちのことだった。木材取引の商談中、にわかに激しい頭痛におそわれた江一は、かつて上野キクエの母親が入院した山形市内の篠田病院に運ばれ、絶対安静を命じられた。江一は過去にも何度か激しい頭痛を訴えることがあったが、そのつど、頓服薬《とんぷくやく》を飲むだけの処置しかしてこなかった。

妻から人間ドック入りをすすめられたこともあったが、四十人もの作業員をかかえるまでに成長した森林組合をひとりで切り盛りし、昼夜を分かたず働いてきた江一は、自分の健康をふり返るだけの時間的余裕も精神的余裕もないような状態になっていた。

江一は絶対安静を命じられながら、ベッドの上からも職務上の引き継ぎ事項をあれこれと指示した。その仕事熱心さが、本当なら助かったかもしれない江一の病状を悪化させていった。

倒れてから二カ月あまり後の昭和四十二年五月十八日、あと六日で三十二歳になるという朝、江一は森林組合の貸借対照表を読みあげる仕草をしながら、病院の一室で短い生涯を終えた。

山に生き、山に死んだ江一がこの世に残したものは、二十七歳の妻と幼い二人の子供、それに三反の畑、あとは最後の手どり賃金の三万三千円があるだけだった。

江一は父を五歳で亡くしたが、江一の長男もまた父と六歳で別れなければならなかった。下の娘はまだ一歳にもなっていなかった。


「母の死とその後」が文部大臣賞を受け、『山びこ学校』がベストセラーになったとき、ジャーナリズムは争って江一のことをとりあげたが、江一の死を伝えた新聞は一紙たりともなかった。死の二日後、山元村の目にしみるような緑の山並みを背景にしてとり行なわれた江一の葬儀にも、ジャーナリズム関係者は、一人として参列しなかった。

江一の死は母校からも黙殺された。当時山元小中学校の校長だった井上啓は、江口江一の作文は『山びこ学校』を代表する精華であり、綴方教育の記念碑的作品であることなどを述べ、母校の教職員と生徒を葬儀に参列させるべきとの意見具申を行なった。しかし教育委員会側は、あれは正規の教育ではないとの理由をあげ、井上の申請を却下した。

報道陣も学校関係者の姿もなく、森林組合の花輪だけがポツンと飾られた葬儀場で弔辞を読んだのは、十七年前の文化の日、江一とともに東京の教育会館で行なわれた文部大臣賞授賞式に臨み、自分の服を江一に貸した佐藤藤三郎だった。

藤三郎はまず、十七年前の授賞式の思い出にふれ、江一の「母の死とその後」が果たした役割の大きさについて語った。

「……君の書いた『母の死とその後』は、当時、生きるすべを失いかけていた日本の国民に、大いなる感動を呼びおこさせ、ふるいたたせたのであります。農村の若者にはもちろん、工場で働く青年や、女工さんたちにまで、『おれたちにもやれるんだ』という気持をわきたたせ、わたしたちの力で、国をおこさなければならないという信念をわきたたせたのであります。

一方、教育界においても同様でありました。日本の教育も現在のように確立されていなかったあの頃は、なにをこそしなければならないのか、多くの良心ある教師は迷いつづけておったのでありますが、そうしたなかに果たした君の作文の力はあまりにも大きかったのであります。戦後の教育の、あるいは文化の確立は、君の中学二年にして書きあげた作文によってうちたてられたといっても、決して言いすぎではありません」

藤三郎はつづけて、『山びこ学校』が有名になっても、決してそれに浮かれることなく、ひたすら森林組合の仕事に全力を傾け、県下に誇る模範組合になるまでに導いた江一の努力と業績をほめたたえた。

「……それでいて君は、決して大げさなことをいわず、自慢することなど全くなく、いつも身を低めながら、遠大な夢を持っていたのでありました。それは、子供の時に両親を失い、生活の苦労を誰よりも深く知っていた君は、なんとかして、村から貧しさを追放しなければならない、ということでありました。そしてその夢こそ、山元地内の二千町歩の山林を造林し、みどり濃い針葉樹でつつむことであったのです」

参列者のなかからすすり泣きの声がもれ、弔辞を読む藤三郎の目も真っ赤だった。

「農業立地に恵まれないわが村をおこすのは、林業以外みちはない、君はひたすらにその信念に生き、すべての行動が、そこにあったのであります。村の収入の半分、否《いな》、三分の二までが、山林収入でまかなえるような農家経営、君はこの論を、いつもわたしたちに説いてやまなかったのであります。そして、すでに、その実績が次々に現われ始めようとし、あと十年も経た時、誰の目にもうつる美林が、こうこうと茂るであろう筈《はず》なのに、君は、君は、どうして死ななければいけなかったのだ」

そこで絶句すると、参列者全員が握りしめたハンカチで目頭をぬぐった。

江一は農業の将来と山元村の明日を信じ、その途上で志なかばにして倒れなければならなかった。それは、『山びこ学校』精神を頑《かたく》なに信じつづけた一人の生徒がたどった、過酷な現実への挑戦の果ての、無念の夭折《ようせつ》だった。

六歳とまだ十カ月になったばかりの二人の遺児を残された未亡人は、生活保護をうけ、下の子が幼稚園にあがるようになってからは、電機部品の組立てのパートづとめで生活を支えた。間もなく江一の一周忌を迎える頃、森林組合組合長の江口富蔵から、未亡人に再婚話が持ち込まれた。相手は江一の弟の二男だった。

当時二男は富蔵の紹介で、富蔵の弟が東京の大田区で経営する旋盤工場に職工としてつとめており、本人もその話には乗り気になっていた。二男が自転車事故で死ぬのはその直後のことだった。酔ったまま乗った自転車が横転し、二男はそのまま道路に激しく叩《たた》きつけられた。その瞬間首の骨が折れた。十歳で親類にあずけられ、職工になってからは、腕はよかったが酒が切れない毎日を送っていた二男は、結婚話を目の前に、ほとんど即死の状態で絶命しなければならなかった。まだ二十六歳の若さだった。

未亡人が再婚するのは江一が死んで七年後のことだった。相手は江一の妹のツエ子と山元小学校時代一緒に机を並べ、中学では無着に習ったこともある東北電力の検針員だった。「母の死とその後」を書いた江一と同様、六歳で父と死に別れた長男の智《さとし》は、江一の二級下で、同じ江口という姓をもつ新しい父のもとで、「父の死とその後」の生活に挫折《ざせつ》することなくすこやかに成長していった。叔母のツエ子が山元村の家をたずねていくと、智はいつも暗い部屋のなかで机に向かい勉強に励んでいた。

智が山元小学校から山元中学校に進んだとき、校長として同校に赴任してきた朝倉高文は、昭和四十九年十二月発行の私家版『『山びこ学校』資料集』の第一巻第二集に、「江口江一の死とその後」という特集を組み、そのなかで中学一年に在学中だった智の作文を特にとりあげ、「感想文としては読みごたえがある。長文だが字がていねいなのでとても読みやすい」という評を書きつけた。

また、わざわざ江一の十回目の命日にあたる昭和五十一年五月十八日に発行した第二巻第二集のあとがきに、こう書くことも忘れなかった。

〈『山びこ学校』の主人公、江口江一が急死したのは、昭和四十二年五月十八日であった。きょうは、ちょうどその十年目の日である。六歳だった長男の智は、もう中学の三年になった。生後十ヵ月であった長女の夏美は、小学校の三年生になった。遺児智と編者は、きょう日光・東京・鎌倉《かまくら》方面に修学旅行に出かける日でもある――〉

智は山元中学卒業後、県下一の名門校、山形東高校に進んだ。この年卒業した二十五名の生徒中、旧制山形中学の後身の東高に進んだのは智ひとりだった。智は東高を卒業すると山形大学の理学部数理科学科を受験し、ストレートで合格した。このとき須藤克三《かつぞう》や佐藤藤三郎ら故江口江一とゆかりの深かった関係者が山形市内の教育会館に集まり、智を励ますささやかな会合がもたれた。その席で遺児の智に、二十万円の奨学金が渡された。

江一が死んだとき、須藤克三の発案で集められたカンパだった。それを遺児の智が大学に入学するまで渡さなかったのは、江口一家が本当に必要なときに渡そう、という藤三郎らの配慮に従ってきたためだった。

智が『山びこ学校』を読み、改めて父江一の少年時代の苦労を知ったのは、中学に入ってからのことだった。その文庫版の『山びこ学校』は、父の同級生の川合貞義が毎年母校に寄贈しているなかの一冊だった。

昭和五十九年に山形大学を卒業した智は、入社が内定していたコンピュータ会社への就職を蹴《け》り、物理と数学の教職の道につくことを選んだ。智が卒業間際《まぎわ》になって突然進路を変えたのは、ものよりも人に影響を与える仕事につきたい、という思いが、教育実習を通じてにわかにわいてきたためだった。無着が江一に与えた影響は、遠く、その遺児の進路にも及んでいた。

現在一家は山をおりて山形市郊外の一戸建てに住んでおり、智はそこから上山北中学校の教壇に通う毎日を送っている。長女の夏美は、山元中学からやはり名門校の山形北高校に進み、いまは、東京の美容専門学校に通っている。

江一が四十年前につとめはじめた森林組合の事務所は、往時の面影を今も残していた。山元小中学校のすぐ近くにあるその事務所には、江一と共同で山を買いうけ、植林の実験をはじめた職員の上野宰吉が、まだつとめていた。

ダルマストーブの上に大きな鍋《なべ》をかけ、ぶつ切りにした大根を煮こみながら、江一の一年先輩にあたる上野は淋《さび》し気に言った。

「山を見ましたか？　すごい緑でしょう。みんな江一さんが植えたものです。もうとっくに間伐しなきゃならない時期にきているんです。ところが悲しいことにみんな都会に出ていってしまい、村には木を伐採できるような若者がもう一人も残っていないんです」

鍋からあがるおいしそうな湯気の匂《にお》いをかぎながら、私は、いま自分が腰かけている椅《い》子《す》に座り、山元村の明日と農業の将来に託した夢を果たせぬまま夭折していった江一の無念を、あらためて嚙《か》みしめていた。

第十二章　藤三郎の闘い

山元小中学校から急カーブを描いて登る細い山道ぞいの牛舎。夜になると、あたりに明り一つなくなる、そのうす暗い牛小屋で、佐藤藤三郎は頭から手拭《てぬぐ》いをかぶり、汗まみれになって働いていた。髪の毛はすっかり薄くなっていたが、顎《あご》の張った四角い顔のなかで底光りする鋭い目と、本音を率直にさらけだす土臭いものいいは、卒業のとき無着が、「ひたいにしわをよせじりじりと相手を説き伏せねばやまない眼はしっかり見開いている」と評したプロフィールを四十年後のいまも、よく伝えていた。

いまは十四頭の牛を飼育する酪農とぶどうづくり中心の農業だが、それまでは食わんがため、五反の田んぼづくりに加え、炭焼き、養蚕、葉煙草《はたばこ》、ホップの栽培と、手当たり次第の農業をつづけてきた。

『山びこ学校』精神の結晶のような答辞を読みあげて中学を卒業した藤三郎は、川合義憲、川合貞義、横戸惣重と一緒に上山《かみのやま》農業高校に進んだ。義憲、貞義は全日制だったが、惣重と藤三郎は定時制だった。定時制といっても夜間部ではなく、夏は週三日、冬は週四日通い、四年で修了する制度だった。

藤三郎は本当であれば農業高校ではなく、普通高校に進学したいという志望をもっていた。だが、山元村から旧制の中学に進んだ者は、学校創立以来五指にも達しておらず、普通高校への進学は所詮《しょせん》かなわぬ夢だった。農業高校に進める者も、毎年一人か二人、多くて三人いればいい方という時代だった。藤三郎の家は経済状態からいって、その二、三人のなかに入るのも難しく、農業高校に進むこと自体、藤三郎の家にとっては大げさにいえば有史以来の出来事だった。

女七人、男二人の九人兄弟の七番目の生まれながら、長男を五歳で亡《な》くし、早くから跡とり息子として育てられた藤三郎は、水田五反、畑五反、山林四町という零細農家にとって貴重な労働力だった。藤三郎が中学を卒業したとき、父は五十七歳、母は五十二歳になっており、藤三郎にはなおさら家業後継の期待がかけられた。

藤三郎の高校入りは、そんな家族の反対を押し切って強行されたものだった。入学願書の捺印《なついん》は自分で買ってきた印鑑を親に内緒で押し、入学に必要な費用も乏しい小遣いのなかから捻出《ねんしゅつ》した。

藤三郎の家から高校までは往復三十キロもあり、徒歩通学はとても無理だった。藤三郎は親戚《しんせき》の家から古くなった自転車をもらいうけ、タイヤだけ新しいものにとりかえて往復三時間の山道を通った。服は早朝の草刈り仕事で着た野良着《のらぎ》のままということが多く、雨の日はすげ笠《がさ》をかぶって登校した。冬場、雪のため山元村から通えないときには、青年時代の無着に大きな影響を与えた神保良太郎の上山市内の家に下宿して通った。神保は当時、本沢村青年学校から上山農高に転じていた。あくまで家事の農業が主、学校が従というきびしい環境は上山農業高校の生徒をつぎつぎと脱落させていった。入学したとき五十名以上いた生徒は、二年目には三十五名に減り、四年目の卒業まで残ったのは二十七名しかいなかった。

こうしたなかで、藤三郎は農業と学校の両方をこなした上、山元村の青年サークル機関誌「地しばり」や、山元地区から上山農高に通学する生徒の機関誌「無肥料地帯」、さらには上山農高の定時制生徒に呼びかけて発刊した詩誌「雑木林」などの中心メンバーとして活躍した。

「雑木林」の同人のなかには、現在上山市で農業とゴミ回収業を営み、その傍ら詩作もつづける木村迪夫もいた。父と叔父を戦争で亡くし、養蚕仕事の合間に祖母が口ずさむ「にほんのひのまる　なだてあかい　かえらぬ　おらがむすこの　ちであかい」という御詠歌のような陰々たる響きのなかで育った木村は、無着の情熱的な教育を全身で吸収してきた藤三郎がうらやましくてならなかった。木村が詩作をはじめるようになったのも、藤三郎を媒介にして無着の教育の影響を間接的にうけたことが大きなきっかけだった。

『山びこ学校』の精神を受け継いだ文集づくりをつづける一方、藤三郎は個人的にも、無着の感化を濃厚に感じさせる「小遣帳からみた四年間の学校生活」というレポートを上山農高卒業時に書き、学校から副賞二千円つきの特別賞を贈られた。学校生活にかかった支出を、直接学校に要した金、本雑誌新聞等に要した金、通信に要した金など七項目に分類し、月別に細かく計算したそのレポートは、『山びこ学校』時代、藤三郎が班長となって調べた「学校はどのくらい金がかかるものか」というレポートを、自分の生活のなかに発展させていったものだった。

このレポートによれば、藤三郎が高校四年間に要した金は七万五千二百十九円十銭だった。このうち三六・二パーセントに相当する二万七千二百二十三円は家からもらったもので、残りの六三・八パーセントの四万七千九百九十六円十銭は、原稿料や甘藷《かんしょ》の苗の販売代金、日雇い仕事の賃金、山羊《やぎ》の乳の販売代金など、自分で稼いだものだった。

さらに藤三郎は、もし自分が学校に入らなかったらという想定をたて、学校に出た日数を賃金に換算して、次のような算出をした。

〈その労賃は、一日当たり一年のときは百五十円、二年のときは二百円、三年、四年になっては、二百五十円ずつにみました。そうすると四年間の労力を金に見積もって合計してみると、九万四千円という金額になるのです。これと学校に直接要した二万九百七十四円五十銭とをあわせれば、十一万四千九百七十四円五十銭ということになります。計算の上では、私が学校にはいらないとそれだけの金がたまっておったか、あるいは別の何かにむいておったということになるわけです。その四分の一、つまり四年間の平均のそれと、一九五四年度におけるわが家の粗収入との百分比をみると、八・五パーセントにもなります〉

藤三郎があげた一九五四年（昭和二十九年）度の佐藤家の粗収入は、父、母、祖父、祖母、藤三郎と二人の妹の家族七人で、四十三万五千五百円だった。その内訳は、米三十二俵十二万円（二七・五パーセント）、繭《まゆ》八十貫十二万円（二七・五パーセント）、炭二百五十俵六万七千五百円（一五・四パーセント）、畜産二万三千円（五・二パーセント）、畑作一般七万円（一六・一パーセント）、山林一万五千円（三・四パーセント）、その他二万円（四・六パーセント）だった。

この年、つまり藤三郎が上山農高の四年生のときかかった学費と、その一年学校に通わず働いたならば稼げたであろう労賃の合計は、三万七千百八十一円だった。これはこの年の佐藤家の粗収入の八・五パーセント、すなわち畜産と山林の両方からあがる収入に、ほぼ匹敵していた。

〈このようにして高等学校生活をおくった私は、はたして何をしたでしょうか。そしていったい何をすればよいのでしょうか。しかし学校にはいってよかった、と思う点はたくさんありそうです。――ただただ、私の任務は、育ててくれた親たちと、多くの人びとに対する恩返しは、何であるのかという大きな問題だけのようです。そしてこのような記録に

より、生活を把握していくことから、私のなすべき具体的な仕事が生まれ出てくるように思われます〉

藤三郎はこうした旺盛《おうせい》な執筆活動のかたわら、自分の家に「きかんしゃ同人会」の事務所を置き、「月報きかんしゃ」というペラ一枚の新聞をつくって、その編集、印刷、発送のすべてをひきうけた。『山びこ学校』を卒業してからもお互いにつながりをもっていこう、というのが「月報きかんしゃ」発行の主な目的だった。

だが、藤三郎の活動が活発化すればするほど、周囲の目は冷たさを増していった。無着教育の忠実な使徒と目された藤三郎に対し、山元中学の後輩たちは悪《あ》しざまな言葉を公然と投げつけた。

「お前だは、無着先生から習って儲《もう》けたかもしれないが、おらだは『山びこ学校』などが出て有名になったおかげで、無着先生は毎日講演だ、えや世界教員会議で外国さだ、なて出てばかりいて、授業も満足にうけなかった。ほんとにバカをみたのはおらだだけだ」

藤三郎はこんな言葉を投げつけられるたび返答に窮した。それがあたかも自分の責任のようにも感じられ、ひたすら恐縮するほかなかった。『山びこ学校』が有名になるにつれ、訪問者が殺到してきたことも藤三郎を当惑させた。とりわけ無着が山元村を離れてからは、外国人を含めたすべての訪問者が、藤三郎こそ『山びこ学校』を代表する生徒だと勝手に決めこみ、彼のところに大挙して押しかけた。

文部大臣賞を受賞した江口江一は森林組合の仕事に専念して、『山びこ学校』関係の取材を極力避けていたし、藤三郎と並んですぐれた作文を書いた川合義憲は宮内高校から新潟大学に進んでいたこともあって、外来者への応対はいきおい、藤三郎に回ってこざるを得なかった。藤三郎はその二人をうらやましく思いながらも、『山びこ学校』の取材窓口になるのが自分の役割だと自分自身に言い聞かせ、その任を積極的につとめていった。

藤三郎は、『山びこ学校』以降の青年サークル活動の記録や、農業簿記を駆使した山元村の農家経営の緻密《ちみつ》な分析調査、さらには農業高校時代の詩作などを一冊にまとめた処女作『25歳になりました』を昭和三十五年に発表している。現在二十冊近くの著作をもち、その肩書きに、農民、評論家と併記される特異な立場の出発点となったこの本のなかで、藤三郎は、外来者に対し沈黙を守った江一がうらやましかったと述べ、自分がそこまで徹し切れずに苦しむことになったわけを、こう書いている。

〈……私の場合、訪問してくれる人びとに対し、いつも級友代表として応対し、ジャーナリズムにはそれなりに、教育界の人にはそれなりに、経済学者、文学者などいろいろな人びとに、それなりの理くつをもうしのべおったので、自分で返答した考えには責任のようなものを、かなり強く感じてきたからです。その結果、精いっぱいの力を出し切って、自分だけで苦しまねばならないようなものを残したように思われてならないのです〉

『山びこ学校』がいくら有名になろうと、藤三郎ら村に残った青年たちが、それとは別に、日々生活していかなければならないことに変わりはなかった。しかし、外来者たちはそんな生活には一切関心を示さず、ただただ『山びこ学校』時代の思い出話を根掘り葉掘り聞くことのみに神経をかたむけた。藤三郎は彼らに対し、次第に怒りのようなものさえ覚えはじめるようになっていた。藤三郎は同じ本のなかで、こうも述べている。

〈『山びこ学校』の無着先生に教えを受けた人たちは、その教室から、そのまま集団の形で社会に出て、村の仕事や、自分の生活に取り組んでいるのだろうと決めこみ、じっさいそのようにいってくる人があるのでした。こういう言葉にふれると、まだ幼なかった私たちの心は、すっかり、いわれたことにこだわってしまい、重い責任感のようなものがたえず働いて、押しつぶされるような気持になるのでした。世間というものには、私たちをごく普通に、のびのびと歩ませてくれない一面が、たしかにあったと思います。それは、よい意味では薬になり、悪い意味では邪魔物であったのです〉

マスコミは無着と教え子たちを全国的に有名にする一方、彼らの自由な活動を掣肘《せいちゅう》する足枷《あしかせ》ともなった。それは無着を山元村から脱出させた大きな一因でもあったが、土地にしがみつくことでしか生きていけない藤三郎ら農民子弟にとって、その枷は無着ほど簡単には着脱できず、もがけばもがくほど強くしめつけてくる拘禁着のような存在だった。マスコミから付着された虚像をこわそうと思えば村から逃げだせばよかった無着とは違って、藤三郎はあくまで村にとどまりながら、その枷を自分自身で剝《は》いでいかなければならなかった。

それでも無着と藤三郎の交流は、無着の上京後もとぎれることはなかった。駒沢《こまざわ》大学仏教学部に編入して以降も無着はたびたび山元村に帰り、早大童話会の出身で、無着とは遠い縁戚《えんせき》にもあたる鈴木実と藤三郎の二人を編集責任者として、「百姓のノート」というガリ版刷りの生活記録運動誌を出したりもした。

しかし、『山びこ学校』を継承するこうした生活記録運動や青年団活動にかかわりながら、藤三郎は、次第にその運動に疑問を抱くようになっていた。農業というものについて、社会がよくならなければどうしても救われない、というような性急な結論を下すのではなく、農業には農業独自の論理があり、『山びこ学校』ではほとんど学ぶことのできなかった自然科学の知識を身につけてはじめて、農業問題の実践的解決の糸口がつかめるのではないか、と考えはじめていた。

上山農業高校を卒業した藤三郎は、農業のかたわら青年学級で農業についての講習を受け持っていたが、農業青年たちは藤三郎の講習をうけるにつれ、それが実践のともなわない無用のたわごとにすぎないように感じはじめていた。いつしか藤三郎は、空論家として彼らから冷笑をあびるようになっていた。次第次第に生きる目標を失い、大学にでも入ろうかと、学費のあてもないまま東京の神田付近をぶらついたのも、この頃だった。藤三郎が運動と名のつくもののすべてから脱《ぬ》け出し、土の実践だけを唯一《ゆいいつ》自分の発言できる場にしようと決意して、再び上山農業高校の畜産専攻科に入学したのは、昭和三十一年のことだった。

同じ年、無着は駒沢大学を卒業して東京武蔵野《むさしの》市〔編集部註・正しくは三鷹市〕の明星学園につとめはじめていた。その裏には、生活経験主義に根ざした『山びこ学校』教育の限界性を乗り越えようとする、無着なりの切実な動機がかくされていた。のちに無着は山元中学校をやめた理由について、『無着成恭の昭和教育論』のなかで、こう書いている。

〈……たしかに、無着はアカだから辞めさせるべし、という動きはあった。また『山びこ学校』は貧乏つづり方で、村の恥さらしだから追い出せという動きもあった。だから、そこに焦点を合わせてものを言うなら、私は追い出されたのだと言うこともできる。

しかし、事情はそれほど単純なものではなかった。まず、第一に、私は『山びこ学校』をつくったことで、私には答えられない質問をつきつけられていた。子どもたちの将来を保証する方法として、耕地面積を増やすことと、炭を焼く雑木林を永久に確保するために、雑木を計画的に切ること、山の中腹の畑に肥料をあげたり、収穫物を下ろしたりする鉄索をかけること、機械化すること――などが想定されていた。

だが、その想定は、戸数三百、人口二千の山元村の状況や、その生活様式、たとえばいろりに薪をくべて炊事をしたり、炭を必要とするような生活であったりするということ、なにもまして、国家の農業政策に変更がないということが前提である。『山びこ学校』はそのような前提のうえで努力されたものだ。

しかし、時代は変化し、燃料革命が起きて、この山村でも炊事にも暖房にもすべて石油とプロパンガスがとってかわると、薪も炭も必要なくなってきたのである。私はその変化を見とおし、それに応《こた》えられなかった。それが、教師をやめようとする最大の原因だったといえる〉

だが、東京の明星学園入りすることではなばなしく『山びこ学校』から脱皮しようとした無着に比べ、藤三郎のそれは苦悶《くもん》にみちたものだった。藤三郎が上山農業高校の専攻科に進むと聞いたとき、父は「学校でママが食えると思うのか」といい、祖父は「いっそ家を出ていけ」と怒鳴った。妹は「オレひとりで百姓など出来ないぞ」と泣いた。

藤三郎は専攻科の一年間、朝夕の百姓仕事をこなしながら通学し、冬場は上山農高の農場寮で牛とともに寝起きする毎日をおくった。その一年の成果を傾注した「わが村の構造分析と有畜農業経営について」という卒論は、山元村の概要からはじまり、経営農用地面積広狭別農家数、専業兼業別農家戸数、農業収入別農家戸数、農業雇庸労働力、階層別家畜飼養頭羽数など、緻密な調査データにもとづく厖大《ぼうだい》なレポートだった。それは山元村の農業の構造をあますところなく伝えており、藤三郎は再び、副賞二千円つきの特別賞を授与された。

専攻科を卒業後、藤三郎は本格的に農業生活に専念するようになっていったが、無着との縁は相変わらずつづいていた。無着は夏休みになると、明星学園の生徒を引率して山元村を訪れ、藤三郎はその子らが、農業に関して抱いた疑問に答える役割を引きうけていた。

そんな対話を繰り返しながら、藤三郎は、それまで抱いていた無着の人間像を修正しなければいけないのかもしれない、とかすかに感じはじめるようにもなっていた。

自分が担任する子供たちを引きつれて村にやってきた無着は、東京の教育についてたずねる藤三郎に、自信にあふれた表情でいった。

「本当に打ち込んだ教育をやるには、一人の先生が一科目以上もってはだめだな。小さな学校で、一人の先生が三科目も四科目ももっていなければならないところからは、秀才コースをたどる人間は絶対に生まれないよ。もしも、東大級の人間を育てようとするならば、第一次生産である農業をやっていては、だめだということなんだ。第二次生産者に変わらなければ絶対できないんだなあ」

たった五人の教師しかいない中学校で、一人の教師に三教科も四教科も教わった藤三郎は、ただ驚くばかりだった。ましてや、その一人の教師というのは、いま目の前で自信にみちて話している無着その人にほかならなかった。その無着から、いくら学校の成績が悪くとも、人間としてひとつの方向をもって誠実に生きていくことこそ価値がある、と教え込まれた藤三郎には、いま無着が話した内容は、耳を疑いたくなるようなことばかりだった。藤三郎らは無着から、英語は正規の時間の三分の一、数学は三年間で一年生修了時程度の授業しか受けていなかった。

藤三郎はそれまで、東京の子供たちが生産というものの現場を直接見ることができないから、山元村まで連れてきた、という無着の言葉をまっすぐ信じていたが、その言葉にも疑念を感じはじめていた。もうひとつ藤三郎の心にひっかかったのは、無着が「絶対」という言葉を多用するようになっていたことだった。絶対というものの存在を認めれば進歩はなくなる、というのも、無着がかつて藤三郎らに口ぐせのようにして教えこんだことだった。

しかしその反面、山元村に赴任してきた教師がこれまで何十人もいたなかで、村を離れてからもわざわざ訪ねてきてくれたのは無着ひとりしかいなかったことを思うと、藤三郎は、そんな疑念をもったこと自体、恩師を冒瀆《ぼうとく》しているのではないかと、すぐに反省する気持ちにもさせられた。

『山びこ学校』の一つの成長の記録であり、同時に、一人の教え子からみた反省の書でもある『25歳になりました』には、藤三郎の無着教育に対するこれらの疑問が、遠慮がちに数カ所述べられている。だが藤三郎は、そのあとがきに、こう書くことも忘れなかった。

〈末筆になりましたが、私のとりとめのない体験の中から、とにかく一冊のまとまった本を出せるようになったことも、これは中学時代の恩師、無着成恭先生に教えを受けたおか

げであることは、いまさらここでもうしあげるまでもありません。心から感謝しております〉

藤三郎のゆれ動く気持ちに一つのピリオドが打たれたのは、昭和三十五年三月、「朝日ジャーナル」誌上で行なわれた「『山びこ学校』師弟対談」と題する特集記事のなかでのことだった。この年、無着もまた『ぼくの青年時代』という本を発表し、そのなかで『山びこ学校』の過去にはとらわれず、新しい教師として再出発するとの決意を表明していた。

藤三郎はこの対談のなかで、まず、先生は『山びこ学校』に耐えられなかったから村から出ていった、そう正直に言ったほうがいいと思う、と断じ、これに対し無着は、いささかたじろいだ調子で、問題は住む所じゃないと応酬した。

〈佐藤　先生はあの三年間さわがれた自分に耐えきれなくて、本質的に生きるため東京へ飛びだしたんじゃないかという気がするんです。ぼくは、先生がそう正直にいった方がいいと思うな。おれは自分を「耐えられなかった」とはっきりいえる。『山びこ学校』のあした教育の中で生きてきたんだといわれることに、おれは耐えることができなかった。

無着　問題は住む場所じゃない。ぼくをいつまでも農村教師にしておこうという考えは、無着成恭を修身の教科書に使おうとしていることと同じなんだ。ぼくは全然変わっていないと思う。自分の中にある人間の本質みたいなものへの立ち向かい方、これは変わらない

ようにしたい。だからこそ、ぼくがどこに住もうが問題ではない〉
山元村を無着がなぜ去らねばならなかったかという藤三郎の問題提起を皮切りに、二人の激しい言葉の応酬がつづいた。その争点はおよそ次のようなものだった。
〈佐藤　無着先生の教育というものは非常に深みがあって、立派な人間教育だったと思う。だが、いわゆる一般的な知識をもっと大切にして、幅広く学んでゆかなければ、自分の問題すら解けないのではないか。世の中が悪いんだから農民は救われないんだと簡単に処理することは危険なんだ。社会科学的にいえば、いまの農民は決して幸せなどにならないことは見えている。けれども、回り道をしながらも、もっと強い農民として自分を鍛えてゆきたいんだ。
無着　教育というものは、なるほど藤三郎のいうようにひとりひとりの生き方までは関与できない。それが教育の限界だといえる。ぼくが正しく文化遺産を継承させていく技術と方法を持っていなかった点については反省もしている。でも、藤三郎のような優秀な子どもにコテンパンにやられると、悲しくなると同時に、ものすごくうれしくもなる。それが教師の宿命というものだろう〉
〈佐藤　生活記録運動という手段で世の中の仕組みにとっくんでいかねばならないかも知れないが、もっと直接的に生活をよくする方法があるんじゃないか。例えば、農業技術をもっと高めていくことによって、もっと高い農民の集団、農民としての自覚ができるんじゃないか。畜産の改善とか、村の構造分析とか、専門的に深く見きわめていかなければ、おれ自身の農民としての筋金が通ってこないと思うんだ。

無着　生活記録は自分を突き放し、人間としての自覚を促してくれる。その自覚を通してこそ全体が高まる。だからどんな場合でも、この運動から足を洗ってはいけない。それが人間を鍛える現場なんだ。いま藤三郎は田や畑にばかり問題を集中させている。田や畑という大自然の現場に立ち向かうと同時に、人間という現場に立ち返らねば、「篤農家《とくのうか》」になる以外にないんじゃないか〉

教育は理想がなければ知識の切り売りに過ぎない。しかし生活は理想だけでは片づかないのっぴきならない現実である。二人が激しくぶつかりあったのは、教育と生活、理想と現実をめぐる最も根源的な問題だった。

藤三郎は最後に、夢中になって教育に没頭していた時の無着と、ジャーナリズムの上で芝居をしている時の無着を、どう関連づけてよいのかわからない、人間無着ではなく、虚像のなかでうつつをぬかす無着が憎らしくてならなかった、とまで言い切った。

これに対し無着は、教師の面目を保ちながら、いいね、自分の教え子にこんなにズバズバいわれるのは、まさに自分の教育の成果が生きている証拠だと答え、藤三郎の鋭い追及を一応かわした。

二人の論争は大きな反響を呼んだ。年配層は歯に衣着《きぬ》せず恩師を批判する藤三郎にショックを受け、戦後派世代は師弟関係という古い枠組みにとらわれぬ自由な論争にさわやかさをおぼえたという投書をよせた。論争の黒白については、藤三郎の提起した問題を無着ははぐらかしているという意見が寄せられた反面、藤三郎は無着にないものねだりしているにすぎないとの意見もあった。その二つの意見を折衷したかたちの、こういうすぐれた論争ができること自体『山びこ学校』の成果、との見方が、この論争の一応の総括だった。

『山びこ学校』からの訣別《けつべつ》をおのおの表明することになったこの対談は、皮肉なことに、二人が脱却しようとした『山びこ学校』のイメージをもう一度彼らの上に付着させる結果ともなった。ジャーナーリズムはこの対談以降、無着は教育の現場で、藤三郎は農業の現場で、どう『山びこ学校』を乗り越える実践をしていくのかという本質的な問題とは全く別次元で、二人の対立だけを面白おかしく書きたてていくようになった。

それはジャーナリズムの無責任さだけからきたものだとは、一概にいいきれなかった。教育と農業というそれぞれの分野において、二人が決意表明した『山びこ学校』を超える実践は、いつまでたっても実現しそうな気配がなかった。それが、新たな論争の地平が開けない最大の理由だった。

二人はジャーナリズムの挑発にのり、別々の場所で互いの個人攻撃までするようになっていた。藤三郎は被害者意識のかたまりと無着がいえば、藤三郎は無着先生は教育者ではなくもはや芸能人になりさがったと、やりかえした。『山びこ学校』をこえられない焦《あせ》りが、無着と藤三郎の亀裂《きれつ》をますます決定的なものにしていった。

『山びこ学校』から脱皮して、土に生きることを決意したものの、藤三郎のまわりに明るい材料はほとんど見あたらなかった。一反歩減反すれば五千円の補助金がでる桑畑減反政策が昭和三十三年に出されて以降、農業をめぐる環境は悪化の一途をたどった。

昭和三十年代なかばに入り、高度経済成長が本格的に軌道にのりはじめると、石油の輸入量が飛躍的にあがり、まず炭焼きがほぼ全滅した。次いで化学繊維の登場で養蚕が壊滅的な打撃をうけた。人工衛星が打ちあげられる時代になったにもかかわらず、山元村ではまだ人の背中で荷物を運ぶ原始的な農作業が行なわれているような有様だった。藤三郎はそんな現実を見るにつけ、この村の農業は今後ほんとうに成り立つのだろうかと、真剣に悩まざるをえなかった。

藤三郎が『山びこ学校』からの訣別を宣言した五年後の昭和四十年、山元村の一人当たりの年間所得は七万三千三百五十八円というものだった。これは全国の平均所得と比べて、四四・二パーセントにしか該当していなかった。

昭和三十六年に成立した農業基本法は、この村から専業農家を一掃させる最初の一歩だった。農業の近代化、農業と他産業従事者の生活格差の是正という農業基本法に盛りこまれたスローガンは、村の青年たちを浮き足だたせ、都市への出稼ぎを恒常化させていった。

山元村の人口が急カーブを描いて減少しだすのも、この年を境にしてのことだった。

この年、藤三郎は山元村ではじめて三三九度の儀式のない結婚式をあげた。費用は『25歳になりました』の印税でまかない、雑務の一切は江口江一がひきうけてくれた。この年藤三郎が住む狸森《むじなもり》の集落五十戸のうち、四人が嫁に行き、四人が嫁をもらった。それが村の青年が結婚できるいわばラストチャンスだった。翌年、狸森には一人嫁がきただけで、それ以降今日まで、この集落での嫁とりは一件もない。中学を卒業した娘たちは、金の卵ともてはやされて、都会へ大挙して出ていくようになっていた。

その頃藤三郎は、忘れがたい場面に相次いで遭遇していた。

一つは、東芝に就職した末の妹が肝臓をこわし、その見舞いに上京したときのことだった。大広間のような病室には、通路のスペースも惜しむようにぎっしりとベッドが並んでいた。寝ている患者は、みんな同じような年恰好《かっこう》の娘たちばかりだった。藤三郎が福島の駅で買った梨《なし》を女工たちに渡しながら出身地をたずねると、全員東北の出身者だと答えた。その地名をいうたび、彼女らはベッドにわっと泣き伏した。藤三郎は金の卵といわれるものの実態をまざまざと見せつけられるような思いがして、この光景をしっかりと脳裏にきざんだ。

もう一つは、ある雑誌の企画で経済同友会の農業問題担当幹事と会ったときのことだった。

日本はいま、所得倍増計画にもとづいて工業の発展に生命をかけている。そうしたなかで、さしあたりいちばん必要なのは、労働力の確保だ。その問題は二次産業、三次産業とも共通の課題なので、そこから労働力を供給してもらうわけにはいかない。やはり求められる場は農業しかない。そこで、どのように農村から労働力を吸収するかということが一番重要な課題となる。最も手っとり早い方法は、農業を機械化することだ。機械化すればそれまで農業にかかっていた労働力は何分の一かですむ。余った労働力は自《おの》ずと工業の方に回ってくることになる。だから、われわれは大いに農業のことを勉強する必要がある。

藤三郎は農業問題担当幹事のそんな熱弁をききながら、目からウロコが落ちる思いがした。いままで農業基本法は農民のためにつくられた法律だとばかり思っていたが、実は、農民以外の人たちがつくった新しい農業のあり方が、農業基本法といわれるものの内実だった。藤三郎は、これまでの認識をそう改めざるを得なかった。

農業基本法に基づく農業構造改善事業、いわゆる基盤整備事業は、機械化導入の積極的推進策によって、一人あたりの耕地面積をたしかに飛躍的に押しあげた。しかし一見近代化されたかにみえた農業も、所得率をとりだすと、労働集約型時代の半分以下の数字しか残らなかった。機械化によって労働力はたしかにかからなくなったが、基盤整備に要した経費の年賦《ねんぷ》償還や機械化に要した資金に圧迫され、農家の経済は好転するどころか、農業だけでは暮らせないところまで押し込まれていった。

農村から出稼ぎというかたちの不安定労働が都会に流出していくのは、いわば必然的な流れだった。次いで現われたのが、出稼ぎの不安定労働を安定化させるための兼業農家だった。近隣の工場などに働きに出る兼業農家の収入が、専業農家のそれを上回るのは時間の問題だった。農業労働力を他産業の労働力に転換させる政策は、山元村のような寒村にまで、いや山元村のような寒村だからこそみごとに貫徹していった。

『山びこ学校』の子供たちが卒業した昭和二十六年の山元村の農業収入は一戸平均十万八千七百十一円だった。これに対し、日雇いなどの農業外収入は一戸あたり四万八千三百三十二円だった。この時点で七対三だった農業収入と農業外収入の比率は、昭和五十二年時点で五対五になり、それ以降、農業外収入のウエイトは一気呵成《いっきかせい》に増大していった。

だが、農業以外からの収入といえば、原稿料収入以外にはなかった藤三郎一家の場合、農業経営安定化への道は遠かった。とくに家族に一人でも病人が出ると、家計はたちまち火の車となった。

藤三郎一家に長女が生まれた翌年の昭和三十八年、父親が蜘蛛膜下《くもまくか》出血で倒れ、昏睡《こんすい》状態に陥った。母親はつきっきりで看病にあたったため、父、母、藤三郎、妻と四人あった労働力は一挙に半分となった。一歳の娘を親類の子供に子守りしてもらい、妻とともに野良《のら》仕事に出、牛に餌《えさ》をやり搾乳《さくにゅう》を始めると、もう夜の十時を回っていた。それから娘を風呂《ふろ》に入れてねかしつけ、往復三十キロの山道をバイクをとばして父親が死線をさまよう病院に向かった。帰宅して床につくのはいつも夜中の十二時過ぎだった。

幸い父親は二十一日目に意識をとりもどし、一命をとりとめることができたが、その年、藤三郎は、一年間の農業収入のすべてを病院代につぎこまなければならなかった。

「なんでこんなところに生まれたんだろう。そう思ったことが何度あるかしれない。本当をいえば農業なんかやめたかった。だけど、これ以外に食える道はなかった。自分が家に残ったのは、年寄りをかかえた家族をなんとか養わんがためだった。だから、家から逃げられる人がうらやましくてたまらなかった」

須藤克三《かつぞう》や真壁仁もときどき顔を見せたという山形市内のバーに腰かけ、藤三郎はこの四十年を、しみじみとした口調でふり返った。藤三郎について書かれたものには必ず「ものの言う農民」という人物評が付されている。その評どおり、藤三郎は会うたび、現実的でしたたかな一面を時おりのぞかせながら、驚くほど素直に自分の心境を語った。


昭和三十年、無着は駒沢大学に在学中の身でありながら、山形県の文化の向上に寄与した人物に贈られる斎藤茂吉文化賞の第一回受賞者に選ばれた。須藤克三や真壁仁に先がけての受賞だった。翌三十一年に明星学園につとめ始めると、東京放送のラジオ番組「学校対抗ちえくらべ」やその後番組の「ラジオ移動教室」の司会者に抜擢《ばってき》され、やがて、昭和三十九年にスタートしたＴＢＳの看板番組「全国こども電話相談室」の山形弁丸出しの名回答者として、全国の人気を博していくことになった。

マスコミジャーナリズムのなかで盛名をあげる一方の無着に比べ、藤三郎は処女作の『25歳になりました』にひきつづき『底流からの証言』『村からの視角』などの評論集を出してジャーナリズムの一角に加わったものの、本業の農業では生活苦から這《は》いあがれないまま、苦闘をつづけていた。その頃の気持ちを、藤三郎は『底流からの証言』で、こう書いている。

〈わたしは、二人の子どもの父になっても、いまだに、自分の生業である農業が不安でならなくなるときがある。子どもの顔をみているといっそう不安というよりも、悲しくなってきたりする。

田が四反、畑が八反、それも山奥に入った谷間に、一反、一反五畝《せ》、と点々にちらばった段々の田圃《たんぼ》、段々の畑。土手が高く耕地の面積の何倍もある立地条件のなかで、はたして農業を営み、子どもを育てていけるだろうか、と考えると、いたたまれなくなって、夜もねむれなくなる時がある〉

昭和四十五年からはじまった減反政策は、経済的側面からだけではなく、農業に生きてきた人々の誇りと意欲まで奪う強烈な一撃だった。兼業農家は農家のあたりまえの姿となり、農業後継者はこれ以降激減の一途をたどっていくことになった。

その翌年、藤三郎の長男が母校の山元小学校に入った。たった六名の入学式だった。農業基本法をスタートに減反政策を総仕上げとする農業政策は、地方から若者を流出させ、全国の農村を過疎《かそ》化させる強力な牽引車《けんいんしゃ》だった。山元村はその一典型だった。山村の深刻な嫁飢饉《ききん》は、藤三郎が中学校に入学した二十数年前に比べ、児童数を七分の一にまで落ちこませる事態を招いていた。

藤三郎は歯をくいしばるようにして農業をつづけながら、子どもだけは自分の好きな道を自由に進ませたい、と常に心に言いきかせていた。長男が生まれたとき、将来の学費のため、苦しい家計をやりくりして、二十年満期五十万円の生命共済保険に加入したのもそのためだった。

自分一代だけはどんなことをしても命をつないでいく。だが、子供にだけはそんな苦労をさせたくない。三度のメシを二度にしてでも、子供を上級学校に進ませたい、というのが藤三郎の偽らざる気持ちだった。そこには、親の面子《めんつ》からでも見栄《みえ》からでもない、この境遇から子供を這いあがらせるには教育しかない、という切実な思いがこめられていた。

藤三郎が大学にまで進める者を最初にうらやましく思ったのは、昭和二十五年の文化の日、江口江一の文部大臣賞授賞式に出席するため、無着に引率されてはじめて上京したときのことだった。

上京する日、藤三郎の父は無着に、東京の運輸省にいる弟のところにもぜひ寄ってくれ、と頼んでいた。藤三郎にとって叔父にあたるその弟は、小学校を卒業後、仙台の鉄道教習所に入り、国鉄の車掌になった。その後、東京の国鉄職員養成所に進み、運輸省の厚生課長に栄転していた。

無着と江一と藤三郎の三人が運輸省をたずねると、叔父は大歓迎で彼らをむかえ、省内の食堂で昼食を御馳走《ごちそう》してくれた。そのとき叔父は何気ない口調で、「部下はみんな帝大卒でね。うしろからおいたてられるようで……」とつぶやいた。その一言はなぜか、藤三郎の心のなかにいつまでも尾を引いた。

無着が江一と藤三郎を連れ、山形中学から東大に進んだ友人や、師範学校時代の友人のところに行き、気さくに食べたり飲んだりしているのをさんざんみせつけられていたあとだっただけに、大学に行ける者はいいなあ、という思いはなおさらだった。

藤三郎が自分が行きたくても行けなかった大学に、長男と長女の二人の子供をそろってあげたのも、そうした思いをひきずっていたためだった。

「この前、山元中学校を訪ねていったら、校長室に無着先生から贈られたという色紙が飾ってあった。そこには『花の美しさに序列はない』と書かれていた。嘘《うそ》だと思う。やっぱり花にはそれぞれ違いがあるように、人間にも違いがあると思う。人それぞれに花あり、なんていう言い方は、暮らしに心配のない人間の戯言《たわごと》だ。農協か市役所か学校くらいしかつとめ先のないこういうところに生まれると、受験バカにならなければならない状況だって生まれてくる。それを抜きにして教育論議なんか語れない。たとえば、東大に入ることができる可能性をもった子供には、その可能性を目いっぱい引き出してやることが教育だと思う。もちろん東大に入ったから偉いのではないが、入るためにした努力は偉いと思う。それを、人間は点数で評価すべきでないといって、最初から放棄してしまうのは間違っていると思う」

子供の教育問題になると、藤三郎の口調は俄然《がぜん》熱をおびていった。

「大学に入らなくてもいい、ではなく、入りたがる子供がいる以上、一緒になって悩むのが教育者ではないか。私には自分の能力を出し切れなかったという思いがあった。子供ら二人を進学コースに進ませたのは、子供らにその能力があり、本人たちもそれを望んでいたからだ」

昭和五十年、藤三郎の長女は山元小学校から山元中学には進まず、山形大学附属中学に進んだ。山元小学校から山元中学校以外の学校に進む生徒がでるのは、この学校が明治十六年に狸森小学校として開校して以来、初めてのことだった。

当時の校長は私家版の『『山びこ学校』資料集』をつくりはじめていた朝倉高文だった。その朝倉に対し、他の父兄たちはこういってつきあげた。

「藤三郎さんが娘を附属に入れたのは、山元中学の教育レベルが低い証拠でしょう」

長女は山形大附属中学から山形西高、山形大学へ進み、卒業後、東京の外資系商社につとめた。そこを数年でやめ、「自然食通信」という小さな新聞社につとめたのち、現在はフリーの編集者として東京で暮らしている。

二歳年下の長男は山元小中学校から名門校の山形東高に進み、上京して独協大学に進んだ。卒業後、故郷に戻り、いまは山形二中の英語教師となっている。

子供を二人とも大学にあげることができた背景には、子供の教育に対する藤三郎の強い思い入れに加えて、丁度その時期、農作業の合間に書きためた厖大《ぼうだい》な数の評論が『まぼろしの村』全五巻として刊行され、予想外の印税収入がはいるという経済的事情が大きく作用していた。

いくら働いても思うようにあがらない農業収入を、印税収入で補ってきたというのが、『25歳になりました』を刊行して以来の藤三郎一家の家計の実態だった。もし『山びこ学校』が出版されていなければ、藤三郎の『25歳になりました』も刊行されることなく、その後の評論活動によって得られた印税収入が、藤三郎一家の家計を支える柱になることもなかったはずである。『山びこ学校』は、藤三郎の人生に重い足枷をはめると同時に、毎年、農業収入とほぼ同額あるという印税収入を用意する道も開いた。

娘を母校にあげないという、この村はじまって以来の出来事は、山元村の進学熱に火をつける刺激剤となった反面、藤三郎への風当たりを強くするきっかけともなった。この出来事があって以来、藤三郎のまわりには、かつて無着に村を去らせたのと同じような空気が、漂いはじめるようになった。

村を去って上京した『山びこ学校』卒業生たちも苦闘の人生を強いられてきたが、村に残った藤三郎にも安寧の日々はめぐってこなかった。『山びこ学校』との訣別を宣言した藤三郎にひそかに拍手を送った村人たちは、娘を母校にあげなかった藤三郎の背中に、今度は、『山びこ学校』の申し子の裏切り行為という視線を投げつけた。

藤三郎にとって『山びこ学校』は、自分の意志とは別個に、いつまでもつきまとって離れない厄介な存在だった。『山びこ学校』を代表する生徒が、その批判を出発点に評論活動に入り、それが農業外収入の源泉ともなった。藤三郎の来歴にこうした自家撞着《じかどうちゃく》的な部分がある以上、その無着批判が愛憎相なかばするのはむしろ当然のことだった。

「『山びこ学校』当時の無着先生は、本当に偉かったと思う。二十歳そこそこの若さであれだけの教育実践をやりとげたのだから、一種の超能力者だったとさえ思う。ただあの人は他人の批判からいつも逃げ回ってきた。弱いところを見せず、いつも強がりでかくしてきた。それをあとから理屈づけようとするから、どうしたって無理がでて、どんどん悪い方へいってしまった。弱さをみせないで強がってみせるぐらいなら、はじめから何もしない方がいい。あの人には裸になれない弱さがあった。

しかし今となってみれば、あのときの無着先生の気持ちがわからないではない。あの若さでマスコミにちやほやされたのだから舞いあがるのも無理のないことかもしれない。あれだけとてつもない能力のあった人なのだから、山元村にずっと残って教鞭《きょうべん》をとれとは、私としてもいわない。ただ、やはりさまざまな批判を真正面から受けるべきだったと思う。それを逃げた。逃げて歩いた」

これほど激しい無着批判を吐きながら、藤三郎はこれとはまったく別人のようなことも言った。

「自分は無着先生の教育の影響をものすごく受けた。あのときの、子供に命をぶつけてくるような情熱には、本当にかなわない。だから、いろいろ批判はあるが、人を見る尺度といった最も大事なところは、自分と先生はまったく同じだと思う」

無着と藤三郎の対立には、教える者はいつか教えた者から乗り越えられるという、師弟関係に元来そなわった宿業《しゅくごう》以上のものがはらまれていた。藤三郎はどうもがこうとも、山元村の土から離れられない農民であり、無着はどこの土地に流れても、御布施《おふせ》を頂戴《ちょうだい》できる説教師だった。藤三郎は土にへばりつかなければ生きられない生産者であり、無着は額に汗せずともすむ非生産者だった。農民と僧侶《そうりょ》という、長い歴史をくぐりぬけてなお互いを理解しあえぬ両者の立場の違いが、無着と藤三郎を隔てさせたなによりも大きな根拠だった。

昭和五十七年、脳梗塞《のうこうそく》により七十五年の生涯を閉じた須藤克三は生前、愛弟子《まなでし》の無着についてこう語ったことがあった。

「あの男にはどうもプロデューサーが必要のようだ。野放図な人生観だから、ゆきづまるとパッと飛びたってしまう。だから、そのあと村のサークルが急に目標を失って、崩れたということはいえるかもしれない。特に人一倍頭のいい藤三郎君には、そのあとの〝山びこ〟の全責任がかかり、たいへんな苦労をさせてしまうことになった。無着はたしかに、子供たちに大きな夢を与えた。しかし、僕にしても無着にしても、結局は、農業というものがわからなかった。それが彼を山元村から去らせる、最大の理由だった」

無着を追放させることになった、その山元村の農業は、いま、確実に終息に向かっていた。なによりも、『山びこ学校』から訣別し、筋金入りの百姓になると宣言した藤三郎が、子の代に農業を残していない、いや残そうとしていなかった。『山びこ学校』を卒業してから四十年、藤三郎が泥まみれになって格闘してきた農業も、彼一代で終わりだった。

農地に対する税の優遇措置に話題がおよんだとき、藤三郎は、都市近郊農地と違って、山元村はそんな恩恵とは全然関係ない、税金をかけようにも、山元村の土地一坪の値段は昔から豆腐一丁と同じと決まっていた、といって、低く笑った。

「豆腐も昔は値打ちがあったから、なんとか土にしがみついてこれた。しかし気がついてみたら、豆腐の値打ちなんて全然なくなってしまった。そんな値打ちのないところでも、自分一代だけは死ぬまで百姓をつづけるつもりなんだ」

山形駅前のバーの明りが薄暗いせいか、それとも酔ってきたせいか、藤三郎の顔は泣いているようにもみえた。

翌日、私はもう一度だけ山元村を訪ねた。村は冬枯れてしんと静まりかえっていた。四十年前、この村で教えた無着は『山びこ学校』の見返しに、「藤三郎、迷ったらもう一度ここから出なおしだ」と書いてよこしていた。

しかし、「ここ」のどこから出なおせというのだろう。農業を継ぐ者は絶え、村は出なおそうにも出なおせずに、終焉《しゅうえん》に向かって深く沈んでいた。

第十三章　明星の無着成恭

成田空港駅から車で約二十分。両側を鉄条網に張りめぐらされ、機動隊員が要所要所を警備する軍用道路のような一本道を走り抜けると、あたりの風景は、それまでのものものしさとはうってかわって、にわかに趣きをかえはじめる。千葉県香取郡多古《たこ》町一鍬田《ひとくわだ》。緑の丘陵がゆるやかに起伏するのどかな風景は、山元村の風景を連想させないでもない。

その丘陵の一画にある小さな寺で、無着成恭は高箒《たかぼうき》で境内を掃きながら、忙しそうに立ち働いていた。人口一万八千人、特産品といえば多古米といわれる米と、大和芋くらいしか指の折れないこの町の福泉寺《ふくせんじ》という曹洞《そうとう》宗の寺に無着が移り住んできたのは、今から五年前の昭和六十二年のことだった。

昭和五十八年、二十七年間在職した明星学園を退職した無着は、その後、農業生産と宗教教育の必要性を説いて全国を講演して歩いた。その講演先の一つに、多古町の隣町の大栄町があった。当時大栄町の町長だった高柳功は、無着の話に感激し、大栄町の長興院という寺の末寺が多古町にあるが、無住の寺で檀家《だんか》が困っている、寺の土地は提供するから住職としてきてくれないか、と頼み込んだのが、このこんもりとした森にかこまれた寺に無着が移り住むそもそものきっかけだった。

過疎《かそ》化によっていまは廃校となった分校に隣りあって建てられた福泉寺は、無着がはじめて訪れたとき、雨もりはする、畳は腐り放題という、文字どおりの荒れ寺だった。それを、明星学園の退職金など三千万円あまりかけて、境内の庭園に池をはり、新たに座禅堂を建てるなどの修復工事をした結果、いまは小さいながらなかなか趣きのある寺に変わっている。

無着がこの寺の住職になったのを機に、日赤中央病院や東大病院の看護婦を長年つとめ、カンボジア難民医療チームの婦長として三カ月間タイでボランティア活動をした経験を持つ妻も、明星学園に近い東京小金井市の家からここに移り住み、寺の諸事万端をとりしきる大黒となった。明星学園中学から都立府中東高校に進み、大学受験に失敗後、東京都内の精進料理店で板前になり、いまは新潟県の大栄寺という寺で仏法を修行中の長男の帰りを待つ嫁と孫にかこまれた四人暮らしの生活が、無着の近況である。

講演依頼はいまでも飛び込むが、宗教関係以外は一切断わっているため、ひと月の講演回数はせいぜい三、四回程度である。生活費は毎月二十一万円の年金がある上、食料は五十軒あまりの檀家が毎日のように持ち寄ってきてくれるので、食べる上での心配は全くないという。

明星学園から学習院大に進んでフランス文学を専攻し、ＮＨＫ学園のフランス語講師をつとめたあと東芝につとめるサラリーマンと結婚した長女にも二人の子どもがおり、孫はあわせて三人を数える。同居する長男の孫の仕草に相好をくずし、読経《どきょう》と座禅三昧《ざんまい》に明け暮れる無着の日常から、全情熱を傾けた四十年前の『山びこ学校』当時の教師の面影をたどることは困難だった。無着の上にも確実に、四十年の歳月が流れていた。

昭和二十九年春、山元村から無着が追われたとき、父親の成孝は無着に向かってこう言った。

「お前はここにいても、もう仕事はできないだろう。教師のヤキモチはすごいぞ。強引に戻ってきても、お前の才能はうずもれてしまうだけだ」

無着とともにアカと目され、山元村を去ることを余儀なくされ一時は転任先にも困ることになった元山元中学校校長の本間甚八郎のように、「無着の教育は正しかった。貧乏を追放しようと思えば、貧乏を突かなければならない。そこにあの教育のむずかしさがあった」といって無着を擁護するのは、少数派にすぎなかった。村人たちの多くは「あの先生は自分が有名になるために『山びこ学校』をつくった」「無着は『山びこ学校』を踏み台にしただけだ」とささやきあい、教師仲間たちもジャーナリズムの脚光をひとりじめする無着への反発を、次第に強めていた。

こうした無言の圧力に追われるようにして上京し、駒沢《こまざわ》大学仏教学部の三年に編入した無着を待っていたのは、山元村時代にも増して殺到するマスコミからの注文だった。この当時の「週刊読売」は、無着の近況を次のように伝えている。

〈……教壇を降りてもジャーナリズムが〝先生〟を待伏せた。毎週に一回ぐらい都内の大学、教員組合などから講演を頼まれるほか、新聞、雑誌の原稿、NHK、文化放送からの放送などで多忙である。机の上の暦をのぞくと、中部日本新聞社、教育図書会社、作文研究会、現代詩などの締切日が記されてあった。講演の謝礼が二千円から三千円、原稿料が一枚三百円から五百円、寮生の月最低経費が約六千円というから、このアルバイトで寮生活が成り立つわけだ……〉

無着は学生の身でありながら、周囲からはすでに、いっぱしの教育評論家として遇されるようになっていた。ただし、無着を一貫して悩ましてきた宗教をとるか、教育をとるかという問題に関しては、教師に戻るという気持ちが四分、寺に戻るという気持ちが六分で、どちらかといえば宗教者として生きる方に傾きかけていた。

その無着に再び教壇に立たせる決意をさせたのは、このまま寺に戻れば葬式坊主《ぼうず》として一生を送ってしまうのではないかという不安感が、頭をもたげてきたためだった。一方において仏教のもつ理想の高さにひかれながらも、他方において、農地解放で田んぼをとられたのとられないのと、いがみあっているのもまた、無着自身が目《ま》のあたりにした坊主の世界のいつわらざる姿だった。

昭和三十一年はじめ、駒沢大学の卒業を目前に控えていったん帰郷した無着は、清源寺の第二十四世住職として晋山《しんざん》していた父親の成孝和尚《おしょう》に向かい、畳に頭をこすりつけるようにして直訴した。

「私自身が迷っているのです。迷いつづけているのです。迷って迷って迷いぬいていることの私が、死者の迷妄を解いてやったり、引導を渡してやったりすることは、とてもできません。なんにも知らないで形ばかりまねて、『喝！』などと怒鳴っていたかと思うと、恥ずかしくて冷汗がベトベトにじんでくるのです。かんべんしてください。このへんで私を寺から解放してやってください」

そういって畳に手をつき、何度も頭を下げて頼み込む無着をみて、清源寺の本堂に集まった沢泉寺の檀家世話人たちは、あっけにとられた面もちで無着と成孝和尚の顔をくりかえし見くらべた。

成孝は苦虫を嚙《か》みつぶしたような顔つきで無着の訴えを聞いていたが、突然、本堂じゅうに響きわたるような大声で怒鳴りつけた。

「出て行きたかったら、とっとと出てンげ」

それから世話人の方に向きなおり、

「わしには、そうとしかいいようがない」

と言った。無着はその言葉に救われたような思いがして、

「やっぱり、禅宗はいいなあ」

とつぶやくと、それを聞きとがめた成孝の雷が再び落ちてきた。

「この、ウスバカッ！」

その声がまるで合図でもあったかのように、世話人たちの間から無着を非難する声があがりはじめた。

「それじゃ、まったく最初の約束と違うじゃないか。和尚は、寺のことや仏教のことをなんにも知らないから二年間だけ暇をくれといって東京に行ったんじゃないか。それでわしらも、不自由をしのびながら寺を空けて待っていた。それなのになんだ。こんどは寺をやめさせてくれか。そんなことは聞く耳をもたん。なんぼ本寺の方丈が、さっさとでてけといったって、わしらにはよくのみこめん。納得いく説明を聞くまでは、ハイそうですかと、引きさがるわけにはいかん」

この言葉で再びしゅんとなった無着は、殊勝な顔つきとは裏腹に、隣村の若木《わかき》にある廣福寺住職の新関岳雄《にいぜきがくお》はうまいことやったもんだなどと、心のなかであらぬ思いをめぐらしていた。

レオン・ブルムの『結婚について』の翻訳や『光と影――ある阿部《あべ》次郎伝』の著者として知られる新関は、五歳のとき廣福寺に養子として入ったが、仏門には最初からなじめず、

山形中学時代から文学の世界に傾斜していった。昭和十二年東京帝国大学文学部印度哲学科から仏文科に家に内緒で転入した時、住職である養父に向かい、仏文科を仏教文学科と故意に誤読することで、なんとかごまかし、駒田信二らと同人誌活動への道をつき進んだという新関の伝説は、無着の耳にも入っていた。

　事実、東大を卒業して山形大学の助教授となった新関は廣福寺の住職を拝命したものの、わずか一年でその職を辞していた。宗教をとるか、教職をとるかで無着が悩んでいた頃、新関は無着に言ったことがあった。

「無着、君が坊主をやめるときは大変だろうなあ」

　昭和二十九年、無着が山元村を追い出されたのと同じ年に住職引退を表明した新関は、そのときの心境を記した「私のルネッサンス――一年住職の記」という短いエッセイの最後でも、こう書いていた。

〈無着成恭もまた僧侶《そうりょ》の子である。駒沢大学に行った無着の心中を今去来するものは何であろうか。私は時々無着のことを考えるのである〉

　そんなことを脳裏に浮かべながら、無着は檀家世話人たちの非難の声が通りすぎるのを首をすくめてじっと待ち、それが一段落ついたのを見はからってやおら畳の上にひれ伏し、大声でもう一度だけ訴えた。

「理由は山ほどありますが、うまく言葉にだしていえません。お願いですから僕が住職をやめるということだけは認めてください」

自分が住職を拝命している沢泉寺には代理の住職を置いてもらうことでなんとか檀家の了解をとりつけ、無着は再び山形をあとにした。無着の明星学園への就職は、山元村を捨て、寺と両親を捨てる覚悟までした上の、のっぴきならない選択だった。

明星学園への就職の橋渡しをしたのは、「日本作文の会」で知りあった寒川《さがわ》道夫だった。寒川は戦前から綴方《つづりかた》教師として知られ、治安維持法にひっかかり二年間の獄中生活を送った体験の持主だった。戦後、寒川は明星学園の小学校教師として教壇に復帰し、生活綴方教育に根ざした児童詩教育の実践に情熱を燃やしていた。寒川の未亡人のトミによれば、無着は明星への就職をかなりあせっており、もう少し時期を見はからってからという寒川を、せっつくような場面が何度かあったという。

無着の明星入りを、地元山形の人々は驚きと、なお一層の反発をもって迎えた。山形に残って地道な教育実践をつづけている教師のなかには、無着が東京で再び教職につくにしても、工場労働者の多い下町の公立の学校に行き、そこで新たな教育実践をつづけるのではないか、と期待する者が多かった。それが、私立の学校で、しかも山の手のブルジョアの子弟が多く通う学校と聞いて、彼らの無着に対する態度は以前にもまして硬化していった。

『山びこ学校』の教え子の佐藤藤三郎も、明星の子供たちを引率して帰省した無着から、彼らが全員、会社の重役や医者、大学教授などの子供たちばかりだと聞かされると、無着と自分との間に流れていた空気が急に遮断されたようで、なんと答えてよいのかわからなくなった。

明星学園は大正十三年五月、赤井米吉や照井猪一郎らによって、井の頭の池を雑木林がとりかこむ人家もまばらな武蔵野の地に創設された。最初の児童は尋常小学校一、二、三年三クラスの二十一名だけだった。赤井と照井はともに成城学園の教員だったが、同園の小学校主事だった小原國芳《くによし》との角逐から成城学園を追われ、大正デモクラシーの教育理念に沿った新たな私学を創設したものだった。赤井を成城学園から追放する役回りを演じた小原も、のちに成城学園を追われ、玉川学園を創設することになる。

北原白秋が校歌を作詩し、武者小路実篤《さねあつ》が長年後援会会長をつとめた明星学園と、腰から手拭《てぬぐ》いをぶら下げた田舎教師のイメージが強い無着との組みあわせは、たしかに、周囲から奇異の目でみられても仕方のないものだった。この点について質《ただ》されると、無着はきまって答えた。

「『山びこ学校』は教育史上の一つの実験だったんです。そんな実験を思い切ってやらせてくれる学校は、もはや東京の私立学校しかありません」

この当時、国の教育政策は、大きな転換期を迎えていた。無着が山元村を離れた昭和二十九年に、教職員の政治的中立を盛りこんだ教育二法が公布され、無着が明星入りした昭和三十一年には、それまで公選制だった教育委員会の委員選出方式が、任命制にとってかわられた。そして、文部省の教育現場への介入のいわば総仕上げとして出てきたのが、昭和三十一年から始まる教職員の勤務評定制度の導入だった。

無着が駒沢大学で宗教をとるか、教育をとるかで悶々《もんもん》としていた二年間は、文部省と日教組の関係が険悪化の一途をたどる時期と、みごとなほど重なりあっていた。こうした一連の教育政策のうねりのなかにあって、戦前から修身の授業は設けず、国定教科書も参考補助資料程度としてしか採用してこなかった明星学園は、自由教育のメッカ的存在としての声価をいよいよ高めていた。明星では、文部省の検定教科書のかわりに、教師自らがつくりだした教科書を授業の中心に据えていた。文部省と対立する民間教育運動や教育研究運動を推進してきた無着のような教職員たちからすれば、明星学園が無着を受け入れる素地を十分に備えた学校と映ったのはごく自然のことだった。

また、たとえ無着が公立の学校を望んだとしても、こうした状況下にあっては、無着を採用する学校が現われるとは考えにくかった。

無着と面接した明星学園校長の照井猪一郎は、開口一番、無着に釘《くぎ》をさすような言葉を吐いた。

「無着君、君がやった『山びこ学校』のような仕事は、真面目《まじめ》な教師なら誰でもやっているあたりまえのことなんだ。あんなことで有名になるのは、騒ぎたてるジャーナリズムの方がおかしいんだ。教育で問われるのは実践だけだ。ジャーナリズムは人気のあるうちはチヤホヤとおだてあげてくれるが、平気で手の平を返す世界だ。ジャーナリズムとの付きあいはくれぐれも注意してくれたまえ」

照井のジャーナリズム嫌いは徹底していた。昭和三十一年四月の始業式で、照井は、今度この先生が小学校四年生クラスの新しい担任になりますと紹介しただけで、無着をうながして壇上をおりた。壇上には無着の新任の挨拶《あいさつ》を録音しようと、文化放送のマイクロフォンがつきつけられていたが、それも空振りだった。無着先生になにか新任の挨拶を、としつこく喰い下がる録音班に、照井は一言、「なにも喋《しゃべ》ることはないだろう。これからの実践で喋ればよい」と言ったきり、そそくさと姿を消してしまった。

明星入りした無着が第一に驚かされたのは、給料の常識外れの安さだった。照井は面接のとき、「君はこれからやりたいことができるんだ。貧乏は覚悟してくれよ」と言ったが、初めての給料袋をあけてみて、無着はあまりの薄給に、むしろ笑いだしたくなるほどだった。

額面一万三千円のうちから所得税などを引かれると、無着の手もとには一万円を少し上回る金額しか残らなかった。同僚たちが校名をもじって「明星が、くえん」という駄洒落《だじゃれ》をとばしたあと、アルバイトをしなければとても生活していけない、と急に暗い顔つきになってため息をつくのも、当然だと思わないわけにはいかなかった。

二番目の問題は、さらに本質的な問題だった。無着が第二の教員人生をおくりはじめた頃、明星学園には、自由主義教育に共感を示すインテリ層の子弟たちが、数多く通うようになっていた。学者の丸山真男《まさお》や遠山茂樹《しげき》の子弟も、明星に集まった児童生徒の一員だった。彼らは『山びこ学校』の子供たちと比べて、経済的にも比較にならないほど恵まれていた。

そんな子供たちと接して無着がいちばんとまどわされたのは、弁当の時間だった。『山びこ学校』時代、無着はよく子供たちの弁当をのぞきこんでは、つまみぐいをして歩いた。すると子供たちは「無着先生が俺の弁当を食ってくれた」と言って喜び、瞳《ひとみ》をかがやかす体験を無着は何度ももっていた。

ところが、明星の子供たちの反応は全く違っていた。無着がつまみぐいをすると、返ってくるのは軽蔑《けいべつ》と冷笑だけだった。なかには、「先生、これあげるから、そんないやしい真似《まね》はよしなよ。今度から自分で食べる分は自分でもってくるのよ」といって、おかずを自分の方からほどこしてくれる女生徒もいた。

あるいは「米作日本一」という新聞記事を教材にした授業で、どうやって日本一を決めるのかとたずねると、「誰が一番早く俵につめられるかの競争で決める」という答えが返ってくる。『山びこ学校』でははっきりと見えていた生産や労働や生活の実態がここではまったく遮眼されていた。

無着は明星学園につとめはじめた頃の気持ちを、『ぼくの青年時代』のなかでこう述べている。

〈東京の子どもは貧乏主義では捉《とら》えることができないようです。しかし、どうすればつかまえることができるのでしょうか。田舎の子どもなら、父や母の労働の面からだけでもなんとか捉えることができます。ところが東京の子どもの場合は、まるで雲をつかむみたいなものです。ぬらりくらりしたなまずのバケモノみたいです。それを、このぼくはつかまえなければいけないのです〉

無着は明星でも、綴方を授業のなかにとりいれた。しかし、生活はやはりそこからも見えてこなかった。仮に作文のなかから生活が見えてきたとしても、家庭内の複雑な事情がさらけだされてきたような場合、それを『山びこ学校』時代の手法と同様、貧乏を克服すれば問題が解決するというような単純な指導ですますわけにはいかなかった。

いかにすれば都会の子供たちの生活を指導することができるのか。こうしたとまどいを無着は、日本作文の会の機関誌「作文と教育」の昭和四十一年六月号のなかでも、素直に吐露している。

〈たとえば、ここに一人の子どもがいる。その子どもの母親は内職をしている。内職といっても、夕方からでていって深夜に帰宅するバーの女給である。母親は、自分の姿や、自分の働いている場所を、自分の息子に見られたくないと考えている。自分のような状態を恥ずかしいこととして捉えている。だから、自分の息子だけにはちゃんと教育を受けさせて、大学までもいれて、ちゃんとした一人前の人間に育ててあげたいと考えている。そのためにはなによりさきに、現在の受験制度の中で勝利者になって欲しいと考えている。

都会におけるこのような事情は、農村における出かせぎの事情とよく似ているであろう。しかしそれは、農村の出かせぎの場合のように生活綴方の題材として、あらわれてくることがほとんどない〉

『山びこ学校』時代とのくいちがいは、言葉一つにも及んでいた。たとえば、「火山灰地でできたやせた土地」という言葉が出てくると、『山びこ学校』の子供たちは即座に理解することができた。だが、明星の子供たちに対しては、「やせた」という言葉そのものの意味から説明していかなければならなかった。都会の消費生活のなかにどっぷりとつかった明星の子供たちにとって、物ごとの本質は二重三重にも目かくしされていた。

『山びこ学校』の子供たちが労働という太い綱にからまれたひとかたまりの粘土のような存在だったとすれば、明星の子供たちは、生産現場から切り離されおのおの孤立した流砂のような存在だった。

耕すべき一片の土地ももたない都会の子供たちは、その不安から逃れるかのように、より高い学歴を身につけるよう、両親や家族の期待を一身に背負わされていた。『山びこ学校』との違いは、都会と山村という場の問題だけではなかった。無着が明星に入った頃、日本経済は高度成長に向けて早くも助走に入ろうとしていた。

『山びこ学校』の教育実践を乗り越えること。それが、東京に出て明星学園入りした無着の最大テーマだった。だがその課題に挑戦するには、こうした場と時の違い、そして文部省の教育現場への介入攻勢からくる三重苦のような壁は、あまりにも厚く強大だった。無着が『山びこ学校』を乗り越えたと自画自賛する『続・山びこ学校』を世に問うたのは、明星入りして十四年目の昭和四十五年のことだった。

この間無着の名は、むしろマスコミジャーナリズムの世界で広く知れ渡るようになっていた。無着がラジオ番組のレギュラーとして登場したのは、昭和三十二年の東京放送の「学校対抗ちえくらべ」が最初だった。都内の小中学生をスタジオに集めて無着が問題を出す。その答えについて無着が山形弁丸出しの解説をつけるというクイズ形式の番組で、スポンサーは中学生向けの百科事典を出しはじめた平凡社だった。

その後番組の「ラジオ移動教室」は、ラジオ中継車を都内の学校にさしむけ、実際に無着が教壇に立って行なう授業を、そのまま放送する番組だった。この番組の構成者は無着の教育を一貫して評価してきた鶴見《つるみ》俊輔《しゅんすけ》だった。

無着の天衣無縫な個性は人気を呼び、やがてこれが昭和三十九年スタートの「こども電話相談室」へと発展していった。宗教者としての自信がもてぬまま、坊主の仮面をつけ、有難そうに説教を垂れることに強い自己欺瞞《ぎまん》を感じたことが、無着を再び教壇に立たせた大きな理由だった。しかし無着は、マスコミへの登場頻度が増すにつれ、ズーズー弁の田舎教師という教育タレントとしての仮面を、知らず知らず身につけるようになっていた。

ジャーナリズムへの接近を無着に強く戒めた明星学園校長の照井は、昭和三十五年に体の不調を訴えて以来病いに伏しがちになり、無着が「こども電話相談室」の回答者となった昭和三十九年、七十六年の生涯を閉じた。

無着は、再婚後間もなく建てた小金井の自宅や明星学園から、腰から手拭いをさげたままの格好でオートバイを飛ばし、赤坂のTBSまでスタジオ通いをつづけた。

無着は教育者ではなくタレントになってしまったという批判の声をよそに、「こども電話相談室」の回答者をつづけたことは、無着にとってそれなりに有意義なことだった。スタジオに備えつけられた電話口からは、教室ではなかなか出てこないストレートな疑問が次々と飛びこんできた。

「心は人間のどのへんにあるのですか？」

「ガス自殺をするとき、どのくらい苦しいですか？」

「連合赤軍はなぜあんなに仲間を殺したんですか？」

「天皇は就職しているんですか、それとも無職なんですか？」

「目玉は二つあるのに、物はなぜ一つとしてみえるんですか？」

これらの難問にたじろがされながら、無着は受験体制下の詰めこみ主義教育の弊害を、改めて強く感じはじめていた。ただ頭から教えこむだけの教師たちにこれらの疑問をぶつけたとしても、それは昔からそうなっているの、と決めつけられるか、そんな疑問は受験には関係ない、と撥《は》ねつけられるか、のどちらかであろう。そういう教師たちばかりが横行しているからこそ、子供たちはそのはけ口を電話相談に求めてくるのだろう。無着はそう考えた。

こうした問題意識を一つの底流としながら出てきたのが、在野の言語学者の奥田靖雄らの協力を得てつくりあげた明星学園独自の教科書、『にっぽんご』シリーズであり、その後、その教科書を使った実践教育の記録としてまとめられたのが明星版の『山びこ学校』ともいうべき『続・山びこ学校』だった。

無着は、『にっぽんご』の教科書をつくるにあたり、同僚の国語教師たちと夜を徹して作業を進めた。その噂《うわさ》を聞き、新潟県長岡の小学校から給料が下がるのを覚悟で明星学園入りし、同じ作業に加わった須田清によれば、この頃、明星学園の明りは一晩中灯っていることが多かったという。

その当時の明星学園は、教員の給料が遅配したり、ボーナスもゼロ回答が出るような有様だった。いくら教科書づくりとはいえ、そんな経営状態の学校から、それに要する費用を全額援助してもらうわけにはいかなかった。無着は、資金カンパしてくれそうな父兄のところを訪ねては、寄付願いをして回った。娘を明星に通わせていた作家の梶山季之《かじやまとしゆき》もその一人だった。梶山は自分の教師時代の思い出を懐《なつ》かしそうに語って歓待し、無着の申し出に、快く百万円の寄付を差し出した。

この明星学園独自の教科書づくりは、やはり明星独自の公開授業を一つの背景としながら生まれてきたものだった。公開授業は昭和三十二年、無着が明星学園の組合委員長になったとき、照井に対して提案したもので、教育の質をたかめるためには全国の教師に向かって授業を公開し、授業を徹底的に検討してもらうべきだ、というのが無着の主張だった。公開授業が実現するのは、無着が提案してから四年後の昭和三十六年のことだった。その前年、無着は佐藤藤三郎との「朝日ジャーナル」誌上対談で、藤三郎から『山びこ学校』教育の欠陥について、鋭い批判の刃《やいば》をつきつけられていた。無着が旗ふり役となった昭和三十六年の公開授業にしても、その成果として昭和三十九年から刊行がはじまる『にっぽんご』シリーズにしても、そして昭和四十五年の『続・山びこ学校』にしても、そのときの藤三郎の批判に対する、無着なりの回答がふくまれていた。無着は『無着成恭の昭和教育論』のなかで、明星における一連の教育実践と藤三郎からの『山びこ学校』批判とを関連づけて、次のように述べている。

〈……『山びこ学校』は、私にとっても、四十二人の卒業生にとっても、たいへんな壁であった。負担であった。私の場合、その負担が、この対談でふっきれてきたのだった。藤三郎君のおかげである。時間の問題ではあったが、藤三郎君がいなければ、まだまだ私は『山びこ学校』のまえで、うろうろしていたかもしれない……〉

明星における無着の最初の教育実践となった公開授業には、『山びこ学校』を乗り越えるという思いとはまた別に、折から激化していた日教組の勤評闘争に対する批判も、ふくまれていた。

勤務評定は日本の民主主義教育に対する自民党政府からの挑戦である。これを絶対に認めてはならない。しかし、政府が勤評で勝負を挑んできたとき、教師が勤評反対の街頭行動で対抗するのでは、すでに負けているのではないか。教師が勤評に対して勝負するとすれば、自分の教育内容、とりわけ授業で勝負する以外にはないではないか。これが無着の勤評闘争に対する考え方だった。

実践対決型と無着が自称したこの考え方は、すべての運動が政治闘争化していったこの季節にあって、必ずしも多くの支持を得られたわけではなかった。

この頃明星の内部では、俗にいう二十坪論争という議論が、しばしばたたかわされていた。二十坪とは四間《けん》掛ける五間の面積をもつ教室のことで、その内側の教育実践にこだわる無着に対し、反無着派の教師は、「教室のなかでどんなにいいことを教えても、今の悪い政治に奉仕するだけだ。だから教師は街頭にとびだし、宣伝、啓蒙《けいもう》活動、カンパ活動と、なんでもしなければならないのだ」と批判した。この論争は結局、「それなら教師なんかやめて、革命家にでもなれ！」という無着の捨て台詞《ぜりふ》で終わりとなった。無着はこの当時、「共産党は教育現場での困難な闘いをしていない。自分の党に都合のよい子供をつくろうとしている点では自民党とかわらない」という発言もしていた。しかし教室の内側にあくまでこだわり、政治運動には隷属《れいぞく》しないという二十坪論争での立場は、その後、無着を別角度からの批判にさらす攻撃目標ともなった。

第一回目の公開授業研究集会が行なわれた昭和三十六年十一月、吉祥寺駅前は、公開授業を参観するため全国からつめかけた千三百人あまりの教師たちで埋めつくされた。これほど多数の教師たちが明星学園に結集したのは無着のネームバリューもさることながら、この年の十月、高度経済成長政策とリンクした人づくり教育の先がけとしての全国一斉学力テストが、各地の教職員の反対を押し切って強行されたためだった。全国の教師たちは文部省の教育現場への介入が強まるなかで、民間教育運動の孤塁として昭和三十三年から六・三・三制にかわる四・四・四制の導入にふみきり、全国一斉学力テストへの不参加もいちはやく表明していた明星学園への期待を、いやが上にも高めていた。

その公開授業を皮切りに明星での教育実践をまとめあげた『続・山びこ学校』は、題名こそ「続」とついてはいたが、前書とは似ても似つかないものだった。たとえばここでは、

「はい、せんせい」と表記した場合の、「はい」のイ音と「センセイ」のイ音との違いや、「わたしは」の「わ」と「は」の発音は同じなのになぜ表記が違うのかという問題が、音声学上の理由を付されて詳細に説明されている。公開授業の会場からは、牛乳にギュニュウとふりがなをふる子がいて困った、などの日本語の基本的な読み書きに関する質問が多くあがったし、また、「こども電話相談室」にも、「はひふへほには濁点があるのに、なぜ、まみむめもには濁点がないのですか」といった質問が数多く寄せられていた。

無着は、これらの質問には、文部省の指導要綱を鵜呑《うの》みにしていたのでは絶対答えられず、また子供たちにそう問いつめられれば、どんなに優秀な現場教師たちでも答えに窮するほかないだろうと考えた。そしてこうした疑問に明快に答えてやることが、自分の使命であり、また『山びこ学校』の生活経験主義の限界を克服する科学主義教育への発展の道だとも考えた。

『続・山びこ学校』のあとがきで無着は、『山びこ学校』は生活指導であり、道徳教育の一種ではなかったかという強い反省が頭をもたげてくる、と書き、『山びこ学校』教育の欠陥は、子供たちに、現実を深くみつめそれを文章化することで自分の生活現実を客体化する方法を与えることはできたが、そこからあぶりだされてきた問題をいざ解決しようとする際の科学的な知識や技術を子供たちに与えられなかったことだった、と書いた。

しかし、無着自身が「すごい実践であると、自己肯定する」『続・山びこ学校』を評価する専門家はほとんどいなかった。『山びこ学校』の圧倒的な評価とくらべると、それはほとんど黙殺同然の扱いだった。無着が、『続・山びこ学校』をまとめる一つのきっかけをつくった佐藤藤三郎は、「あんなことは言語学者にまかせておけばよかった」という一言で切って捨てた。

『山びこ学校』誕生の陰の産婆《さんば》役で、昭和三十二年に無着が再婚した際の仲人《なこうど》となった国分一太郎も、無着の科学主義教育への転換には一定の評価を与えながらも、その本に「山びこ」という名を冠することには最後まで反対だった。にもかかわらず無着が「山びこ」の名にあえてこだわったのは、『山びこ学校』を乗り越えるという意識があまりにも過剰に働いたせいだった。無着は『山びこ学校』にそれほど深くとらわれていた。

この本のあとがきで無着は、わざわざ、こうした教育実践の印税はそれを指導した教師がもらうべきもの、と断わっている。その理由として、指導する教師がいなければこうした教育実践は生まれなかったろうし、もし生まれても全く別の作品になっただろう、子供たちは金もうけのために書いたのではない、その子供たちに印税を分配することは教育的にも百害あって一利なしである、などの点をあげている。

この点に関しても無着は『山びこ学校』以来の問題をひきずっていた。『山びこ学校』の初版が発行されて四カ月後の昭和二十六年七月、青銅社発行となっていた奥付が、突然、発行青銅社、販売河童《かっぱ》書房と変更された。青銅社社長の佐和慶太郎自身にもまったく寝耳に水のことだった。さっそく『山びこ学校』の原稿を売り込んできた野口肇を呼んで問いつめると、自分の独断で奥付をかえたことは認めたが、その理由については明らかにしようとしなかった。

野口は心中をあかさなかったが、佐和にはその理由がうすうすわかっていた。当時、青銅社の経営は佐和が経営するもう一つの出版社の人民社によって支えられていた。だが、その人民社のドル箱雑誌である「眞相《しんそう》」は、相次ぐ告訴問題のあおりをうけ、『山びこ学校』が出版された頃には休刊を余儀なくされるようになっていた。野口にしてみればそういう出版社に対する経済的不安があったのだろう。新劇雑誌の「テアトロ」を発行していた河童書房に販売権をもっていったことについては、同社が日共人脈との強いつながりを感じさせる出版社であることから、それなりの納得がいった。河童書房社長の横道金一郎は、当時、日本共産党文化部長だった大村英之助と隣接する家に住み、戦前の昭和十年に大村がドキュメンタリー映画製作の芸術映画社を創設した際には、設立メンバーの一人として参画していた。昭和二十五年のコミンフォルム批判の余波をうけ、当時、佐和と日共の資金関係のパイプが切れていたことも、野口にしてみれば誤算だったのかもしれない。忠実な日共党員だった野口は、ベストセラーの『山びこ学校』の版権を移すことで、経営的に火の車の河童書房を建て直し、同時に日共への資金援助の一助にしようとしたのではないか。これが佐和の推測だった。

佐和はそのあとすぐに山形にとんだ。無着も版権の移籍については全く知らされていなかった。佐和は無着の上京を促し、新宿柏木《かしわぎ》の国分一太郎宅で、佐和、無着、国分、野口の四者会談がもたれた。その席上で出た結論は、出版権はあくまで青銅社がもつが販売権は河童書房に移譲する、せっかく盛りあがった綴方運動をこんなことで台無しにしてはならない、このトラブルは一切表沙汰《おもてざた》にはしない、というものだった。

この問題にそういうかたちで一応の決着をつけた野口は、青銅社を離れ、映画『山びこ学校』のプロデューサーをつとめた若山一夫が戦前、編集部員として在籍していた「テアトロ」の編集部に入ることとなった。

だが、河童書房の経営状態は野口が想像していた以上に悪かった。取次の口座まで高利貸しの担保に入っているような有様で、佐和は河童書房から代金の回収をするどころか、あべこべに、河童書房が高利貸しから借りた資金返済のかたがわりに奔走しなければならなかった。こうした予想外の散財も手伝って、それから間もなく青銅社自体が倒産のやむなきに至った。

『山びこ学校』が、国分一太郎の仲介で、日本作文の会編集の「作文と教育」の発行元である百合《ゆり》出版社から再刊されたのは、青銅社が倒産して一年以上たった昭和三十一年三月のことだった。青銅社の時代にも、同社の苦しい台所の事情から、発行部数にみあっただけの印税は支払われていなかったが、青銅社・河童書房併立時代になると、印税はほとんど送られてこなくなった。出版に際し、もしこうした日共への思惑がらみの混乱がなければ、『山びこ学校』の印税は「きかんしゃ同人金融部」にそれなりに支払いつづけられるはずだった。

百合出版社版のあとがきで無着は、昭和三十年九月に佐藤藤三郎から送られてきた手紙を引き、この版以降の印税は綴方運動発展のために自分が使うことになった、と述べている。藤三郎の手紙は次のようなものだった。

〈青銅社がもうダメになったのなら、絶版してもいいだろうという意見もでました。しかし、絶版することは、今ようやく生活綴方運動や生活記録運動が盛りあがり本格的に展開しようとしているときに水をさすようなものだから、それは私たちの本意ではない（中略）。又、印税の件も、今まで私たちが検印を押し、印税を受取っていたのでしたが、今後は一切無着先生にまかせる。検印を押したかおさないか、印税を受取ったか受取らないか、そういうことは、この本が生活綴方運動の発展と実践のために役立っているかぎり無着先生にまかせて有意義なものにしてしまった方がいいということになったのです〉

しかし、この手紙を書いてからかなりの時間がたつのに、東京に行った無着はマスコミで有名になるばかりで、ちっとも生活綴方運動の実践成果をみせてくれない。昭和三十五年三月の「朝日ジャーナル」対談での藤三郎のいらだちは、こんなところにも起因していた。

また、『続・山びこ学校』というかたちでやっと表われてきた成果も、藤三郎には不満だった。『山びこ学校』の印税問題そのものよりも、藤三郎の目からみれば生活綴方とは縁もゆかりもなさそうな著作に、たとえわずかな額とはいえ『山びこ学校』の印税が使われたことに不愉快なものを感じた。藤三郎からつきつけられた批判の刃を無着なりに返したつもりの『続・山びこ学校』は、かえって、二人の間の溝を深める役割しか果たさなかった。

『続・山びこ学校』には、『山びこ学校』の生活経験主義を乗り越えようとするあまり、科学主義に盲目的なまでにのめりこむ無着の姿が、いたいたしいほど浮き彫りにされている。科学という言葉の前に簡単に跪拝《きはい》してしまう無着の心理の裏側には、勤労動員に駆り出され、アカデミズムの世界とは無縁な青春時代を送った、戦中派共通のコンプレックスの影も見えかくれしていた。

昭和三十九年に校長の照井猪一郎が亡《な》くなって以降、明星学園の内部には教研派と残照派と呼ばれるグループの対立が、日ましに激化するようになっていた。教研派とは民間教育運動の成果を学内に積極的にとりいれていこうとする教員たちを指し、のちに小中学校校長となる遠藤豊や、その補佐役の教頭職についた無着が、頭目とみられていた。一方残照派は、照井の遺稿集の題名からとられたもので、大正デモクラシー教育に生きた照井の衣鉢《いはつ》をつぐような古いタイプの教師たちが集まっていた。

いずれのグループも文部省の方針とは一線を画していたが、社会情勢と拮抗《きっこう》しながら急進的スタイルをとる教研派に対し、残照派は漸進《ぜんしん》的なスタイルをとっていた。マスコミへの登場を含めた無着の活動は、明星学園の名を一躍高めたが、残照派にとって、無着の傍若無人な言動は次第に我慢ならないものになっていた。

無着自身もいっているように、『山びこ学校』における無着は、その教育実践とは別に、檀那《だんな》寺の総領という身分から、立場的には権力の側にいた。だが、明星における無着は完全な外様《とざま》だった。『山びこ学校』では恐《こわ》いもの知らずで実行できた教育実践も、明星ではすべて強引な態度としてうけとめられ、ことごとに対立の種子となっていった。

問題は教育理念の対立から、日頃の言動にも及び、反無着派の父兄をこづいた、こづかないの争いで退職勧告書を送りつけられたこともあった。無着に対するマスコミの風当たりが強くなりはじめた昭和四十六年当時、無着を明星学園に紹介した寒川道夫は、二十坪論争での無着の立場や、無着の科学教育至上主義への変質をひきあいに出し、次のように語ったことがあった。

「現在の無着君は『山びこ学校』当時の彼ではないと思います。私行に関してもいろいろ聞くことが多いので、手紙を出すたび、『山びこ学校』をいまいちばん研究しなければならないのは君だと思う、と書いてやっているんです。科学主義教育にしても、『山びこ学校』当時に彼がもっていた、子供の生活面まで指導するという教師としての責任感が欠如しています。教育は授業が勝負だ、という主張についても、授業時間以外、子供たちとの生活面での交流がない自分自身の現実への、苦しまぎれの理屈づけのような気がしてなりません」

『山びこ学校』からの脱出を試みようとすればするほど、無着には『山びこ学校』の栄光が亡霊のようについてまわった。マスコミによってフットライトを浴びた無着は、今度は、そのマスコミから落ちた偶像の面ばかりを強調され、教育現場からじりじりと後退させられていった。

無着が二十七年間つとめた明星学園をやめる直接のきっかけとなったのは、それまでも浮上しては消えていた内部進学テストが昭和五十六年から本格的に実施されるようになったことだった。内部進学テストとは、明星学園の中学校から高校へ進学するとき試験を行ない、そのテストの点数が一定以上に達しない生徒には高校進学の門戸を閉ざすこともありうる、という制度のことだった。

テストの点数で生徒を評価しない立場に立って子供たちを指導してきた小中学校校長の遠藤豊や教頭の無着からすれば、内部進学テストの強行は、明星学園に序列主義の文部省教育体制をもちこむ暴挙だった。無着は昭和五十三年に「点数廃止を思想する市民連合」

（点廃連）をつくり、その会長におさまっていた。この対立は、直接的には内部進学テストを実施しなければ落ちこぼれが出て教育内容にも支障をきたすという高校側と、点数評価は人間性に基づいた教育を破壊するものだと主張する小中学校側との対立だった。PTAも遠藤・無着を支持する一派と、高校側の主張を支持する一派とに二分された。

高校側と小中学校側の対立は、昭和五十三年、無着らが数学者の遠山啓《ひらく》を明星学園の学園長、高等学校長に担《かつ》ぎ出そうとしたことに端を発していた。遠山は、数学教育における民間教育運動の旗頭で、終生点数教育に反対した反骨の教育者だった。算数のたし算、ひき算は買いもののなかで覚える、といった生活経験主義的な教育方法を徹底的に批判し、タイルを使って数の大きさを量として教え、抽象的な算数の大系が子供にもわかるように工夫された水道方式は、現場の教師たちに多大な影響をあたえた。昭和三十六年に明星学園で行なわれた第一回の公開授業も、直接的には、遠山の提唱する「教科の現代化」の呼びかけに応じたものだった。無着自身にとっても、『山びこ学校』の生活経験主義を克服しようとするひとつのきっかけを与えた存在だった。

無着らは、遠山を学園長に担ぎあげることによって、明星学園を民間教育運動のシンボルとし、同時に幼稚園から大学までの一貫教育づくりを目指そうとしていた。だが、遠山の学園長および高等学校長への就任は、高校側の反対にあって実現には至らなかった。次に無着らがとったのは、明星とは別の学校をつくる動きだった。無着らは、明星の理事会にはかけず、秘密裡《ひみつり》に遠山と同行して高校、さらには大学の土地を物色して歩いた。高校の土地は埼玉県内に、大学の土地は栃木県内に、それぞれ適当な物件が見つかったが、昭和五十四年九月、遠山が亡くなったことでこの構想は水泡に帰した。

遠山の死後も、無着らはその遺志をつぐかたちで新たな学校づくりの用地をさがして歩いた。明星の理事会に無断でとったこれら一連の行動が発覚したことが、無着らが明星学園を追われる直接の原因だった。明星学園を退職した遠藤は昭和六十年、埼玉県飯能市に自由の森学園を発足させて遠山の遺志を継承したが、無着は遠藤と行動をともにしなかった。

新学園構想が頓挫《とんざ》して以降、無着は学校教育それ自体に絶望感をおぼえるようになっていた。その頃になると、無着らがつくった『にっぽんご』の教科書は識字教育に画期的な業績を残したという評価を徐々に得るようになっていたが、同僚教師が、その教科書を子供たちに教条主義的に叩《たた》きこもうとしている姿に、逆に科学教育主義の限界も感じはじめていた。

『山びこ学校』で山元村を追われた無着は、東京でも点数教育や学歴社会を是とする厚い壁の前に敗退させられていた。無着の帰る場所はもはや、一度は捨てようと思ったこともある宗教の世界以外にはなかった。

無着が明星学園小中学校の教頭に就任した昭和四十八年十二月、清源寺住職の父、成孝は七十五年の生涯を閉じた。死の直前成孝は、山形の安養寺にいる甥《おい》の弘道と息子の成恭を枕頭《ちんとう》に呼びよせ、寺の後継問題は二人で相談して決めるように託した。弘道は安養寺の住職をつとめていたし、成恭はその時点で教職を捨てる意志は毛頭なかったため、成孝の後継には弘道の弟で無着にとっては従兄弟《いとこ》にあたる道雄が選ばれた。道雄は成孝の弟子筋からいっても、成恭に次ぐ二番弟子にあたっていた。

曹洞宗《そうとう》の戒律では、前住職が死んだとき、未亡人となった大黒は寺内には住めないのが一般的な習わしである。にもかかわらず成恭の母親の静《しずか》が老後を清源寺で過ごせることになったのは、成恭が清源寺住職の座を道雄に譲る際、本人の意志どおり静をそのまま清源寺内に住まわせてほしいという条件を出したためだった。無着の東京での自由奔放な活動の保証の裏には、老親の面倒を道雄夫妻がみてくれているという安心感も大きく働いていた。

清源寺を道雄に譲った以上、明星学園を退職した無着が帰れる可能性のある寺としては、生家の沢泉寺くらいしか残されていなかった。地元に無着復帰の噂が流れてきたとき、無着に返ってきたのは檀家からのすさまじい非難の嵐だった。沢泉寺檀家総代の門間正雄によれば、復帰の風聞が伝えられたとき、三十軒あまりの檀家の全員が、赤鬼のような形相になって激怒したという。

「明星にいってからも、寺に戻ってくれるよう何度となく説得した。そのつど、もどらないという返事だった。それが明星がいやになったからといって、いまさら帰りたいとは何事か。こちらにはもうきちんとした住職様もいる。もし成恭が村に現われたら、門前で叩きかえせ、と檀家一同で決めたほどだった」

檀家のなかには、無着が二歳のとき出火した寺を、なけなしの私財をはたいて再興に尽くした者もいた。沢泉寺の檀家の怒りにはそれだけ尽くした恩義を裏切っておきながら、という思いも入りまじっていた。隣村の廣福寺の住職をやめた新関岳雄は、無着が坊主をやめるときは大変だろうな、といったが、むしろ大変だったのは住職に復帰するときだった。無着が成田空港近くの荒れ寺に移ったのは、学校教育に絶望し、故郷からも追われた果ての、最後の拠《よ》り所を求めての選択だった。

『山びこ学校』の教え子の佐藤藤三郎は、無着の教育から宗教への回帰に対し、「明星の教師になるとき、『二度と坊主にならない、二足の草鞋《わらじ》をはくなと親父《おやじ》からいわれた』といっておきながらやっぱり坊主になってしまった」と、無着の一貫性のなさを批判しながらも、「それも千葉の田舎の寺だ。やっぱり可哀相《かわいそう》な人だと思う……」といって、声をつまらせた。

故郷山形での無着の評判は決して芳《かんば》しいものではなかった。その評判は生家に近づけば近づくほど悪くなった。無着の評判を決定的に落とすことになった背景には、昭和六十三年六月、八十五歳になる無着の母親の静が、新関岳雄がかつて住職をつとめた若木の廣福寺のすぐそばの農業用水路で、入水《じゅすい》自殺を遂げたことが大きく作用していた。

静は清源寺で平穏な老後を送っていたが、昭和六十二年末、住職の道雄の妻が病いに倒れ十分な面倒がみれなくなったため、成田空港近くの無着の寺で暮らすようになっていた。静はそこで半年近く過ごし、無着夫婦が海外旅行に出かけた昭和六十三年五月、山形市郊外の無着の妹夫婦の家に一時身を寄せ、近くの廣福寺への参拝を日課にしながら無着の迎えを待っていた。静の入水は、そのさなかのことだった。入水現場には無着や道雄ら肉親宛《あ》て以外に、明治生まれの女性らしく、水をよごしてしまって申しわけないという、農業用水路の下流住民に宛てた遺書も残されていた。

周囲の人望を一身に集めていた静の自殺を、地元の人々は故郷を捨てた無着の親不孝が原因だときめつけた。清源寺や沢泉寺の檀家の感情を一層硬化させたのは、急を聞いて駆けつけた無着の態度が、母親の死を悼《いた》むより前に、マスコミの出方を気にしているように映ったためだった。

無着は教師をやめてもなお、ジャーナリズムの幻影に翻弄《ほんろう》されていた。『山びこ学校』出版以来の四十年は無着にとって、自分を喧伝《けんでん》してきたジャーナリズムとの格闘の歴史でもあった。

もし、時代の寵児《ちょうじ》ともてはやすジャーナリズムの存在が無着を山形から去らせ、結果的に宗教界から教育界に押しやる一因であったとするならば、無着はその意味でジャーナリズムの犠牲者でもあったといえるだろう。

静が自殺を遂げてから一年十ヵ月後の平成二年四月、『山びこ学校』の一級下の武田英子は、ひさびさに自分の住む東村山郡山辺《やまのべ》町に立ち寄った無着の姿を見て驚いた。体はやせ、急に年をとったように思われた。無着が山辺町に立ち寄ったのは、昭和六十年二月、七十三歳で亡くなった国分一太郎を偲《しの》ぶ会が国分の生まれ故郷の東根市で開かれた帰途のことで、その町にある普興院という静の生家の檀那寺を参拝するのが目的だった。

無着を子供時代から知る本沢村の斎藤二良によれば、無着が山形に来たという噂は聞くことはあっても、生まれ故郷の本沢村に顔をみせたことは、ここ数年来一度もないという。

無着は静の自殺の翌年、二十五年間つとめた「こども電話相談室」の回答者を辞退した。それ以来寺にこもりがちになり、マスコミにもほとんど顔を出さなくなった。

無着の原籍はいまは寺のある千葉県香取郡多古町に移され、墓もその寺内に用意されている。

「無着成恭にとっては日本が故郷なんです。山形は私にとって故郷の一部でしかないんです。別に住むところにはこだわっておりません」

片隅の棚に文庫版の『山びこ学校』や『無着成恭の昭和教育論』などの著作がつまれた

本堂で、無着は、故郷との関係をたずねる私の質問に大声でそう答えたあと、教育、宗教、農業についてとうとうとまくしたてた。頭をすっかり丸め、紺の作務衣《さむえ》に身をつつんだ無着は、髪をおとした分だけ、精悍《せいかん》さを増したようにも感じられた。

「明星学園とたたかって敗れたわけじゃありません。点数主義との対決に敗れたんです。あるいは、国家そのものとなった学校教育とたたかって敗れたんです。僕が考えていることは学校という枠のなかではもうやれないんです。だとすれば、僕は僕の生活のなかで理想を実現していくしかない。

悟ったといえばそう悟ったわけです。学校教育に対して僕が発言したって、もう無力なんです。無着成恭は一生懸命やってきたけど、いかほどのこともできなかったんです。もう教育の世界には僕の出る幕はないんです」

大声で堂々と敗北宣言をする無着の表情には、『山びこ学校』当時の子供たちに命をぶつけていった青年教師の面影が、徐々に甦《よみがえ》っていくように感じられた。虚勢や自己正当化の匂《にお》いに辟易《へきえき》させられる場面もなくはなかったが、それ以上に、大股《おおまた》で戦後教育界を歩き、はなばなしく敗れていったひとりの人間がそこにいる、という印象の方がずっと強く伝わってきた。

無着によれば、現在のような序列主義教育、偏差値教育は、昭和三十二年、ソ連がアメリカに先がけて人工衛星スプートニクの打ち上げに成功したことに始まっているという。

「この打ち上げ成功でアメリカが大混乱を起こした。科学者たちがみんな集まって、アメリカがなぜ立ち遅れたのかという議論になります。その一挙手一投足が日本に敏感に降りかかってきた。昭和三十三年に小中学校の学習指導要領の改訂が行なわれ、昭和三十五年、いわゆる六〇年安保のときに高等学校の新学習指導要領が告示された。そしてこれまでとは違って、これらの指導要領は法律だからその通り上から教えなければいけないと、そういうかたちになっていくんです」

スプートニク・ショックによってアメリカからもたらされた科学主義教育重視の姿勢は、文部省の文教政策にストレートに反映されただけではなかった。アメリカの一歩先を進んだソ連の科学技術は、ソビエト流教育理論への注目をよびさまし、民間教育運動にも大きな影響をおよぼした。『山びこ学校』に代表される生活単元学習には科学性が欠けている、という批判が出てくるのもこの頃からだった。

「『山びこ学校』は日本が戦争に敗《ま》けて、朝鮮戦争が始まるまでのわずか四、五年という歴史の谷間のなかで実現した教育なんです。そこに人間教育ができる素地があった。『山びこ学校』というのは日本民族にとってたいへん貴重な体験だったと、僕は思っています。

それが昭和三十五年の池田内閣の所得倍増論から逆戻りする。競争を原理とする経済主義の渦の中に突っこんでいくんです。戦前は富国強兵。戦後は金。戦争からお金にかわっただけで、日本人はそのことを自分自身で批判する力もなく巻きこまれていってしまった。

育だったんです」

『山びこ学校』は、戦争でも、金でもない、そういう時代の変わり目の真ん中にあった教

戦後史の転換点と無着がいう昭和三十六年は、農業基本法が成立した年でもある。山元村から大量の出稼ぎが大都市に流出するのも、この年を境にしてのことだった。またこの年は全国一斉学力テストが実施された年でもあった。

「農業基本法によって、日本は農業国家から工業国家に脱皮することが宣言された。そのための労働力が農村からかりだされ、しかも、教育の場面では工業国家に有用な人間を選抜、登用するための全国一斉学力テストが開始された。つまり農業政策と教育政策がまったくタイアップしながら、人間の評価を決めていくことになったんです。

いうなれば、学校という田んぼで、どんな商品がいちばん儲《もう》かるかという発想だけで、人間を栽培しはじめたんです。こういうなかで、曲がったキュウリや虫のくったニンジンをはねるように、障害者や知恵おくれの子どもたちが教育現場から排除されていった。それが共通一次テストとなり、現在の偏差値教育となっていった大本のところです。

農業を肯定する社会の教育と、農業を否定する社会の教育とでは、まるっきり教育のパターンが違うんです。農業を肯定しているときの学校教育のあり方は、ニンジンにはニンジンの、ゴボウにはゴボウの味があるというように、成績だけで人間を評価しなかった。ところが、農業を後進国の証《あかし》として否定する産業国家になると、工場や会社などの管理が

しやすいように、数字だけが重視されるようになってくる。人間を点数で評価する形にならざるを得ないんです。

国家そのものとなったいまの学校教育のなかでは、本当の教育を甦らせることはもうできません。本当の教育を求めるとしたら、もう、国家をこえた宗教のなかに求めるしかないんです」

『山びこ学校』は、国家の側からの教育が全面的に否定された時代に生まれた教育実践の記録だった。これにつづく『続・山びこ学校』は、高度成長時代、国家の教育現場への介入が強まるなかで行なわれた、文部省との対決姿勢を強く帯びた教育の軌跡だった。その後無着は『続・山びこ学校』の科学主義教育にも限界を感じはじめ、詩をテキストとした精神講話臭の強い授業に移行していった。その教育実践をまとめたものが、昭和五十七年に刊行された『無着成恭の詩の授業』だった。

昭和二十六年の『山びこ学校』、昭和四十五年の『続・山びこ学校』、そして昭和五十七年の『詩の授業』という軌跡に、無着をよく知る人びとが一様に指摘する、熱しやすいかわりに冷めやすく、ゆきづまるとすぐに投げ出してしまう無着の性格的弱さをみることも可能ではあろう。だが、この足どりにはそれ以上に、国家に対する無着のスタンスの変化が鮮明に刻みこまれている。

国家が一時消滅しかかったともいえる状況のなかで生まれた『山びこ学校』を、無着なりに発展させた『続・山びこ学校』には、再び台頭する国家と拮抗《きっこう》する教育実践上の意図が秘められていた。その戦いのなかで敗退させられながら、無着の念頭には、仏法は王法より大きいという考えがしきりに浮上するようになっていた。

宗教は国家より大きいという教えは、昭和十九年七月、無着に送られてきた海軍兵学校の受験票を前に、父成孝から諄々《じゅんじゅん》とさとされたときに言われた言葉だった。無着の最後の教育実践となった『詩の授業』は、王法の前に敗れていった無着が、仏法に回帰する個人的遍歴の記録でもあった。

だが無着が仏法への回帰を強めていったとき、故郷の山形には無着を受け入れる寺は、すでに存在していなかった。それどころか、故郷から返ってきたのは、宗教を捨てて教育に走った無着に対する轟々《ごうごう》たる非難の声ばかりだった。

宗門に生まれて戦時下の教育をうけ、それを一つのバネとしながら戦後教育に情熱を燃やし、やがて宗門に再び回帰していく無着の軌跡には、国家を意識せずには生きてこれなかった戦中派世代の、宿命ともいうべきものが色濃く投影されている。

無着は学校教育の現場では敗れていったが、自分の信念だけは絶対に曲げないときっぱり言った。かつての教え子の佐藤藤三郎が、「花の美しさに序列はない」という無着の言葉に異議を唱えるのは自由だが、自分はその旗をおろすつもりはない、とひときわ語気を強めた。

「藤三郎君はある意味で『山びこ学校』の、いや、時代の犠牲者だったと思います。藤三郎君はあの時代と社会に真正面から取り組んだ。時代と最初に取り組んだ当事者は、決して報われないものなんです」

しかし『山びこ学校』の当事者といえば、誰よりも無着先生、あなたではないか、と言うと、無着は一瞬、淋し気な表情になり、

「そうです。だから無着成恭も浮かばれないんです」

とつぶやいた。

外はもうすっかり暗くなっていた。庭を流れる水音だけがかすかに聞こえる本堂で、私は最後の質問を無着に投げかけた。それは、すでに五回をこえる訪問でも、聞かなければと思いながら、なかなか聞けないでいた質問だった。

「お母さんの自殺が、無着さんを宗教生活へ大きく回帰させる原因だったんですか」

無着はそれまでとはうってかわった低い声で、こう答えた。

「僕の今の気持ちは亡くなった江口江一君と同じです。僕は宗教生活に生きることで、『母の死とその後』を僕なりに懸命に生きているんです」

エピローグ

戦後民主主義教育の金字塔といわれる『山びこ学校』。それを指導したひとりの教師と四十三人の教え子たちの消息をたどって浮かびあがってきたものは、『山びこ学校』を支えた両輪ともいえる農業と教育の、もはやとりかえしがつかないまでに荒廃にさらされる姿だった。この四十年、農業と教育はたしかに近代的な装《よそお》いは達した。しかし、その内部の空洞化はそれ以上のスピードで進行していた。

無着が四十年前に教鞭《きょうべん》をとった山元村の世帯数と人口は、平成四年五月現在、百七十九戸、七百六十一人である。『山びこ学校』の生徒たちが調べた昭和二十五年当時に比べ、戸数で約半減、人口は当時の約三分の一という激しい落ちこみをみせている。

農家総収入のうち農業収入が九〇パーセント以上を占める専業農家は百三十八戸の農家のうち、わずか五戸にすぎず、百戸以上が農業収入五〇パーセント未満の兼業農家で占められている。

昭和三十六年の農業基本法は、無着のいうとおり、まさしく日本の農業に一大転換点をもたらすものだった。昭和三十五年を一〇〇としてみた場合、日本の農業の重要指標となる農家数と基幹的農業従事者数は、次のような推移をたどった。

農家数　昭和四十年＝九三・五　昭和五十年＝八一・八　昭和六十年＝六九・八　平成二年＝六三・八

基幹的農業従事者数　昭和四十年＝七五・七　昭和五十年＝四一・六　昭和六十年＝三一・三　平成二年＝二六・六

また、農業外収入を主とする兼業農家数の割合は昭和三十五年の三二・一パーセントから、四十年四一・七パーセント、五十年六二・一パーセント、六十年六七・五パーセントとふえつづけ、平成二年には七〇・七パーセントに達した。

一方、基幹的農業従事者に占める六十五歳以上の人口の割合は、昭和三十五年に七・四パーセントだったものが、平成二年には二八・八パーセントと、四倍近い伸びをみせている。

農家所得の農業依存度は昭和六十二年の全国平均で、一三パーセントにすぎず、うち米への依存度は四・八パーセントを数えるのみである。

山元村は、日本の農業がたどったこうした歴史の、いわば激変の縮図だった。かつて牛一頭、リヤカー一台が貴重品だったこの村は、いま一家に一台どころか、一人に一台近いマイカーの普及率をみている。『山びこ学校』当時の貧しさは、いまこの村のどこを探しても見つけることはできない。だが、一見貧困を克服したかのようにみえるこの村の歴史の裏側には、佐藤藤三郎が痛恨の思いを込めて吐いた「農業がダメになればなるほど、農家の経済は豊かになっていく」という重い皮肉が隠されている。

この村の教育もまた、日本の縮図だった。

昭和三十五年十一月、経済審議会が答申した「国民所得倍増計画」に盛りこまれた「科学技術者および技能者の量的確保と質的向上を目指す」という文言は、二年後の昭和三十七年十一月に文部省が初めて発表した教育白書「日本の成長と教育——教育の展開と経済の発達」に、教育的言辞をほどこされてほとんどそのまま引きつがれた。

〈……人間能力をひろく開発することが、将来の経済成長を促す重要な要因であり、その開発は教育の普及と高度化に依存している……〉

事態はその通りに進んだ。

『山びこ学校』の子供たちが山元中学校を卒業した昭和二十六年、全国の高校進学率は四五・六パーセントだったが、平成二年のそれは九四・四パーセントという数字である。また、『山びこ学校』の子供たちと同世代が大学受験をした昭和二十九年の全国大学進学率は一〇・一パーセントだったが、平成二年には三六・三パーセントと三倍以上の伸張をみせている。

とりわけ農家子弟の進学率の伸びは急だった。各種学校への進学を含めた中学卒業者及び高校卒業者の上級学校進学率は、中学卒業者が昭和三十七年以降、高校卒業者が昭和五十五年以降、農家子弟のそれが、それぞれ全国平均の数値を上回るようになった。無着が東京で点数主義、学歴社会とたたかっているとき、農村はとっくに学歴社会への道を歩みはじめていた。

　山元中学校卒業生の進学率もこうした動きと軌を一にしていた。
山元中学校の進学率が上昇気運をみせはじめるのは、無着が山元村を追われる昭和二十年代後半からだった。朝鮮戦争による特需ブームとその後の神武景気はこの村にまでおよび、それまで一〇パーセント程度だった高校進学率は、一気に三〇パーセント台にまで跳ねあがった。昭和三十年代には高校進学者は卒業生の半分を超し、四十年代に入ると三分の二以上が高校に進んだ。

　昭和四十八年からは九〇パーセントを超え、この十数年は全員が高校に進んでいる。進学先は普通高校が大半で、仮に農業高校に進んだとしても、卒業後農業を継ぐ者は皆無である。

　そもそも農業高校それ自体が存亡の危機に瀕《ひん》していた。戦中は満州開拓指導者養成機関としての役割をもたされ、戦後は佐藤藤三郎ら山元中学卒業生が数多く進んだ上山《かみのやま》農業高校は、昭和五十年に定時制の募集が停止となり、昭和六十二年農業科一学級減、平成元年農業科・園芸科募集停止と、衰退の一途をたどった。最近はずっと定員割れの状態がつづき、卒業後、農業に進む者も二百数十名の卒業生中、五、六名いればいい方だった。そして平成五年三月、普通科兼商業高校の上山高校に吸収合併される形で、ついに明治四十五年創立以来の歴史が閉じられることとなった。

上山農業高校の終焉《しゅうえん》は、日本の農業の将来を指し示す象徴的な出来事だった。平成三年度版の「農業白書」によれば、昭和五十五年から平成二年までの十年間に消滅した農業集落は二千に及び、平成二年に自家農業に専業として従事した新規学卒者は千八百人にすぎなかった。

一年間に二百の集落が滅亡し、農業後継者はトヨタなど大企業一社の新規採用者数にも及ばないでいる。

進学率の上昇にともなう農業の崩壊現象は、そのまま山元村の現在の姿だった。この村には、まさに無着がいう「農業政策と教育政策がタイアップした」重戦車のような時代の嵐《あらし》が吹き抜け、今日みられるような状況を現出させていった。

昭和五十七年、山元中学校に赴任してきた社会科教師の渋谷正は、卒業生の川合貞義が毎年母校に贈っている文庫版の『山びこ学校』をテキストに使って、輪読会を開いたことがあった。

渋谷が最も驚かされたのは、中学三年の子供たちが、『山びこ学校』の作品に出てくる方言がまったくわからない、と言いだしたことだった。渋谷は仕方なく方言を抜き出して板書し、その横に訳をつけて、子供たちに教えこまなければならなかった。テレビの普及は、たった三十年前、村内でふつうにやりとりされていた言葉を、子供たちの間から奪っていた。

渋谷は『山びこ学校』に見ならって、子供たちに作文も書かせてみた。しかし、見るべき成果はやはり得られなかった。山元村がいまかかえる問題というテーマをあたえても、子供たちは「問題」というその意味自体がうまくつかめていないようだった。両親とも山形市郊外の工場などに働きに出て昼間はいない。親たちの生活が見えてこないから、問題意識も生まれてこないのだろう。それが、渋谷の率直な感想だった。

渋谷の前にいる子供たちの関心は、もっぱら将来の生活に向けられていた。『山びこ学校』の子供たちの関心が、現在ただいまの生活をどうすべきかという一点に絞られていたのと比べ、それは隔世の感を禁じえないほどの違いだった。『山びこ学校』の子供たちは貧しくはあったが、自分たちのまわりには打開すべき現実が確固としてあった。三十年後の子供たちのまわりに貧しさはなかったが、自分が主人公になれる現実もまた失われていた。

『山びこ学校』の子供たちにとって、村の現実を学ぶことはすなわち世界を学ぶことだった。三十年後の子供たちの学習は、偏差値序列にしたがって想定されるあやふやな未来像に向けての、せめてもの預託行為だった。そこに『山びこ学校』の子供たちの幸福もあれば、三十年後の子供たちの不幸もあった。

農業の崩壊と教育の荒廃が進めば進むほど、『山びこ学校』の放つ光は輝きを増してくる。それはまた、戦後ジャーナリズムの変遷《へんせん》を映しだす反射板の役割も果たしてきた。

左翼運動のプロパガンダや資金源として利用されかかったこともあったし、一転、文部省の道徳用教材に擬せられそうになったこともあった。教育というテーマがマスコミの売りものの一つになってからは、戦後教育の理想像としてまつりあげられた。そして、マスコミに都合よくつくられた虚像から脱却しようとすると、今度は、変節というレッテルを貼《は》られた。こうしたマスコミの攻勢にさらされながら、いまなお『山びこ学校』の教師と教え子たちの群像が歴史のなかに屹立《きつりつ》しているのは、『山びこ学校』それ自体がもつ問題の深さと広がりゆえであろう。

『山びこ学校』はたしかに、実体としてはもはやこの地上には存在していない。それは、一人のすぐれて個性的な教師と、時代の底流をかいくぐって生きてきた四十三人の子供たちが、四十年前、戦後史の谷間のなかで力をあわせて生みだした教育実践の歴史的所産だった。

その歴史的営為を人々の記憶のなかから消し去るには、四十年という歳月は十分すぎるほどの時間だった。『山びこ学校』を出版するため、はじめて「きかんしゃ」を東京に持ち帰ったジャーナリストの青木虹二《こうじ》は、昭和五十四年六月、五十五歳の若さで世を去った。

その死亡記事に、大著『百姓一揆《いっき》の年次的研究』の業績は紹介されたが、それを執筆する一つの動機となった山元村への最初の訪問や、「きかんしゃ」を最初に発掘した業績については一行も報じられなかった。

その青木を山元村にさしむけ、『山びこ学校』を実質的にこの世に送り出した編集者の野口肇も、昭和六十一年三月、六十九歳で故人となった。『山びこ学校』の編集ばかりでなく、「日本評論」の編集長としてすぐれた社会派ルポルタージュを次々と世に問うた業績がありながら、その死を報じた新聞は一紙もなかった。それどころか、その死に遡《さかのぼ》る六年前の昭和五十五年七月に発表された「戦後ルポルタージュ30選」という、かつての編集者仲間の松浦総三執筆の文章には、戦後ジャーナリズムにすぐれた足跡を残した「野口ももういない」と、書かれていた。

『山びこ学校』は、それほど遠い存在となっていた。

しかし戦後教育の日本的原像を実践的に創造してみせた『山びこ学校』は、歴史上の遺産でありながら、そうとらえるだけでは消し去ることのできない問題をいまだに秘めている。

「いつも力を合わせていこう」
「かげでこそこそしないでいこう」

「働くことがいちばん好きになろう」

四十年前、無着が四十三人の子供たちに呼びかけた言葉に、いまだ胸つかれるのはなぜだろうか。『山びこ学校』にマスコミの注目が集まりはじめた頃、この本の陰のプロデューサーともいうべき役割を果たした須藤克三《かつぞう》は、次のように書いた。

〈……無着はそのうちジャーナリズムから骨の髄までしゃぶられて、ポイと投げだされるだろう。そういう評もずいぶん聞かされた。それもあながち、的はずれでないかも知れない。しかし『山びこ学校』が提起しているのは、自己喪失症的な日本に対しての、また感動を失なっている日本の教育界に対しての、根源的な問いである。もし無着が孤立するようなことがあるならば、それは無着ひとりの悲劇には終わらず、日本の教育界そのものの悲劇になろう〉

上野キクエの家の筐底《きょうてい》に四十年間眠りつづけた十六冊の「きかんしゃ」。それは行き場のない光をたたえたまま、四十年の時間の彼方《かなた》から、いまなお燦然《さんぜん》たる輝きをはなっている。

あとがき

一昨年の春、父が死んだ。父は東北地方に生まれ、若い頃、東京の下町の小さな商店に養子として入り、以来、働きづめに働いてきた人だった。父が休んだ姿は、病いに倒れ、体が不自由になってから以外、私には記憶がない。

その通夜《つや》の席で、従兄弟《いとこ》のひとりが、父と『山びこ学校』で有名な無着成恭とは縁戚《えんせき》関係にあるらしい、と言いだした。その話は以前にも聞かされていたので、さして気にもとめなかった。ただ、はるか昔に読んだ『山びこ学校』と、働くために生まれてきたような父とが、世代の差をこえて、どこかで結びついているような気がしたことだけはおぼえている。

その夏、ある雑誌社から「戦後四十五年の日本人」という企画が持ち込まれた。軍人、官僚、スポーツ選手などが戦後たどってきた人生を通して、戦後の意味を問うという企画だった。『山びこ学校』について書いてみたい、と思ったのはその時だった。『山びこ学校』の卒業生たちのその後を追うことで、どんな戦後史の本にも書かれていない庶民のありのままの戦後史が書けるのではないか。その気持ちのなかには、いま思えば、父が生きてきた人生をたどっておきたい、という思いが入り交じっていたかもしれない。

父と無着との血のつながりに関しては、とうとうわからずじまいだった。だが、あらためて読んだ『山びこ学校』と、取材を通じて明らかになってきた卒業生たちの軌跡には、いいしれぬ衝撃を受けた。そこには戦後高度成長の底流に生きた人々の姿が、くっきりと刻印されていた。

五十枚足らずの原稿にまとめて発表すると、予想外の大きな反響が返ってきた。編集部には、教師や主婦からの好意的な投書が多数寄せられた。朝日新聞社の知りあいからは、夕刊の「にゅうす・らうんじ」という欄で今度連載する教育史の記事の参考にしたいので了承してほしい、との連絡も入ってきた。

その後もこの問題から目がはなせずに、取材を続行してきたのは、ちょうど息子の高校受験の時期と重なっていたことも影響していた。私が住む千葉県内の新興住宅街は数年前から、いわゆる団塊世代のジュニアたちの受験ラッシュに入っていた。駅前はいつも、塾に通うため右肩から水筒、左肩からランチボックスをかけた従軍兵士のような小中学生たちであふれていた。その思いつめたような集団のなかに、幼稚園時代のあどけない顔を知っている子供の姿を見つけるたび、受験戦争の過酷さを思って胸がしめつけられた。

その子たちの顔をあらためて思い浮かべたのは、公立高校に無事入学した息子がもってきた卒業文集を開いたときだった。その作文は、息子のものも含め、どれもこれも同じ文体、同じ発想の鋳型《いがた》で貫かれ、まるで、学校という加工工場からベルトコンベアーで運ばれた文章のブロイラーをみるようだった。

文章のもつ力は、なぜこれほどまでそこなわれてきたのか。息子のもってきた文集は、私にもう一つのテーマを与える結果となった。

取材すればするほどテーマは広がっていった。私にとって最初の雑誌原稿はいわば予備取材のためのノートにすぎなかった。

この本は実に数多くの人々の協力の上に成り立っている。とりわけ無着成恭氏、佐藤藤三郎氏をはじめとする『山びこ学校』卒業生の方々には、全面的な協力をいただいた。取材協力者全員の名前をあげられなかったことを、まずお詫《わ》びしておく。もしこの本が読者に何かを残すことができたとするならば、それは、これらの人々の協力の賜物《たまもの》以外の何物でもない。心からの感謝を申し述べたい。

また、山形県立図書館の安孫子正男氏、上山市役所の羽島健夫氏、山形県立教育資料館の佐藤陽子さんには、農業、教育、ジャーナリズムにわたる広い分野の資料収集に協力していただいた。

この仕事のそもそものきっかけをつくってくれた、プレジデント社の清丸恵三郎、稲本進一の両氏、長く苦しい書き下ろしの仕事の合間、合間に、あたたかい支援と的確なアドバイスを寄せてくれた文藝春秋出版部の飯窪成幸、藤沢隆志の両氏の労とあわせ記し、謝意にかえたい。

なお、参考文献にあげた以外の資料として、一般事項については『世界大百科事典』（平凡社・昭和六十年三月）、教育関係については『日本近代教育史事典』（平凡社・昭和四十六年十二月）、人物については『「現代日本」朝日人物事典』（朝日新聞社・平成二年十二月）を参照したことを付記しておく。

部屋に閉じこもり、厖大《ぼうだい》な資料とひとり格闘している私を慰めてくれたのは、この仕事をはじめた頃まぎれこんできた黒猫と、借家の小さな庭に女房が植えた花々、それに田んぼのなかの居酒屋の親父《おやじ》が仕事の切れ目のたびによこすふるまい酒だった。猫と花と酒は、空瓶に入れた手紙を無人島から流すような私の生活を、ずいぶんと慰めてくれた。

火葬場で父の遺骨を拾ったとき、従兄弟のひとりが言った。

「おじさんの骨は太いな」

前記の人々の協力と私を励ましてくれる環境がなかったならば、この仕事は絶対に完成しなかったろう。だが、いまこれを書きおえて浮かぶのは、この仕事を最後の最後までやりとげさせたのは、それまではほとんど気にもとめなかった、私自身のなかに半分流れる東北人の血だったのではなかったか、という思いである。

一九九二年八月十五日

佐野眞一

新潮文庫版へのあとがき

『遠い「山びこ」』の単行本を取材に協力していただいた方々に贈呈してしばらくした晩、突然、大きな宅配便の荷物が送られてきた。むきだしの米俵だった。驚いてよく見ると、俵を縛った縄に手紙がはさまれている。なかを開けると、小学生のような文字で、こう書かれていた。

「ほん、ありがと。かんじがおおくてよくわかんねえけど、なんねんかかんかわかんねえけど、よむ。おらのたんぼでいっしょけんめいつくった米だ。くってけんろ」

漢字は米という文字ひとつだけの山形弁丸出しの手紙である。差出人の名前を見ると、〝山びこ学校〟を代表する作文を書いた故・江口江一氏の一年先輩で、村の森林組合で江一氏と一緒に働いていた人だった。

江一氏は〝山びこ学校〟を卒業後、農業の将来と村の明日を信じ、森林組合につとめた。だが、美林がこうこうと山を覆《おお》うであろうその前に、鬼籍に入らなければならなかった。まだ三十一歳という若さでの無念の死だった。

私に米俵を送ってきてくれた森林組合の職員は、組合事務所のダルマストーブの上に大きな鍋《なべ》をかけ、ぶつ切りにした大根を煮込みながら、江一氏の思い出を訥々《とつとつ》と語ってくれた。その口調には、掘り出したばかりの泥つきの芋のような素朴さがあった。

「山を見ましたか？　すごい緑でしょう。みんな江一さんが植えたものです」

差出人の名前を見たとき、すぐに蘇《よみがえ》ってきたのは、少し淋《さび》しげな表情でそう言った言葉と、鍋からあがるおいしそうな湯気の匂《にお》いだった。

それを思い出しながら、あらためて手紙を読むと、何か胸につきあげてくるものがあって、手紙の文字が思わずぼやけた。

その村にあるのは、斜面を切り開いた座布団《ざぶとん》一枚程度の本当に小さな田んぼばかりである。そこで丹精こめた米を一俵も送ってきてくれた。送ってくれた人からすれば、汗と涙の結晶のような米である。

私は妻にそのことを話して、すぐその米を炊《た》いてもらい、涙を見せないようにして炊きあがったばかりの御飯をいただいた。おれはいい読者をもったなあ、こういう読者をもつことこそ作家のいちばんの誇りだし、一生大切にしていかなければならない。それが宮沢賢治の童話のような体験をさせてもらった私の、いつわらざる気持ちだった。

昭和二十二年（一九四七）生まれの私にとって、もの心ついたとき遭遇した高度経済成長は、避けて通ることのできない骨がらみのテーマだった。私は現在、満州をテーマにした作品に取り組んでいるが、それも高度成長論の総仕上げを書くつもりで取材を進めている。『遠い「山びこ」』を発表して、すでに十三年あまり経《た》つ。その間、『巨怪伝』『カリスマ』『旅する巨人』などの作品を書いてきた。それらの作品に共通する通奏低音も、高度経済成長だった。

『巨怪伝』では、正力松太郎という読売新聞の事実上の創業者の生涯を通じて、高度成長にメディアの発達がいかに不可欠だったかを考察し、『カリスマ』では、中内ダイエーの盛衰を描きながら、高度経済成長がもたらした消費社会の功罪について検証した。さらに『旅する巨人』では、民俗学者の宮本常一と、そのパトロン的存在だった渋沢敬三の精神的交流に焦点をあて、高度成長と日本人の精神の劣化との関係について言及した。

私にとって『遠い「山びこ」』は、これら一連の高度経済成長論の、いわば原点となる作品だった。原点とは、テーマだけの問題ではなく、ノンフィクションの手法についても言える。

私がこの作品で最も心がけたのは、三年かけてファクトファインディングに歩き回った自分の足音を読者に聞いてもらうことだった。それをオートバイに例えて比喩《ひゆ》的にいうなら、読者をサイドカーに乗せ、私の取材に同伴してもらう方法といっていい。その後の作品も、同じ方法をとったものが少なくない。『東電ＯＬ殺人事件』はその典型といえるかもしれない。

高度成長は、戦後教育画一化の流れを抜きにしては語れない。企業にとって都合のいい人間を大量に生み出す教育システムがあってこそはじめて達成できたのが、高度成長という歴史的事件だった。〝山びこ学校〟は、偏差値を基準とするこうした画一教育がはじまる直前まで、山形県の僻村《へきそん》で行われていた奇跡的な教育実践だった。

日本はまだ貧しく、教育にふさわしい環境もないに等しかったが、そこで戦後民主主義教育の金字塔とまでうたわれた完全手づくりの教育が行われたのである。

私はこの作品のなかで、農業の荒廃と引きかえに達成されたのが、戦後教育の高度化だったと書いた。だが、現在の日本の教育のありようを見るなら、教育の高度化とは、農業を荒廃させたばかりか、肝心の教育さえ、もう手の施しようのないほど荒廃させてしまったのではないか。それが〝山びこ学校〟をいまでも燦然《さんぜん》と輝かせて見せている最大の理由であろう。

日本の教育は、なぜかくも荒廃してしまったのか。そう憂《うれ》える人にこそ、この本は読んでほしい。日本にも誇るべき教育があった。それが無残にも崩れ去っていったのはなぜか。答えはその問いのなかに用意されている。

戦後も還暦を迎えた。それは昭和という時代も歴史に入りつつあるということである。

高度成長以前の日本をテーマにした本の出版が相次いでいるのも、そのためだろう。その時代にいま関心が集まっているのは、単に懐古趣味というよりは、高度成長によってわれわれはあまりにも多くのものを失ってしまったのではないか、との思いが誰の胸のうちにもうずいているからだろう。

高度成長前の日本は、たしかに貧しく、人びとの生活は悲しいまでにつましかった。だが、その時代がいまよりずっと明るく健やかに感じられるのはなぜなのか。感傷やノスタルジーだけで言うのではない。「いつも力を合わせていこう」「かげでこそこそしないでいこう」「働くことがいちばん好きになろう」という無着の言葉が、何の疑いもなく信じられた時代があった。その事実に、われわれは教育の何たるかを殴られるように教えられて、胸つかれるのだろう。

私はこの本で、戦後教育の変遷をたどるとともに、ひたむきに戦後を生きてきたよき日本人たちを等身大に描いた。そこに、戦後教育の「原点」の初々《ういうい》しさと、埋もれてしまった日本人の「原石」の輝きを感じとってもらえれば、著者としてこれに優《まさ》るよろこびはない。

二〇〇五年四月一日

佐野眞一

取材協力者一覧

渡辺正三郎、横山恒彦、庄司重助、大沢芳美、来栖良夫、冨田博之、鈴木兵三、渋谷清視、乙部武志、滑川道夫、遠藤豊吉、関英雄、鈴木喜代春、岡田稔、寒川トミ、遠藤豊、佐和慶太郎、鈴木実、武井昭夫、土田茂範、永井萠二《ほうじ》、烏兎沼《うとぬま》宏之、加藤敏郎、佐々木悦、菊地清助、江口哲夫、安藤重仲、渡辺信八郎、長谷川浩司、山部芳秀、鈴木五郎、黒須繁一、吉田守、結城《ゆうき》晋作、松坂俊夫、栖坂聖司、岩瀬寛、高瀬健、大木猛、佐藤晋、寺崎厚一、草賀貴弘、武田信昭、堤恒雄、山田百合子、西村直次、高橋宗仲、小田切進、田沼肇、満田綱康、伊東光晴、阿津坂林太郎、佐藤ツエ子、江口セイ、江口智、佐藤藤三郎、斎藤二良、井上啓、大江善松、無着春子、清野知香子、上野宰吉、長橋正、無着道雄、片桐勘一、伊藤繁雄、門間正雄、佐藤源吉、萩生田憲夫、駒澤常治、長橋孝徳、遠藤スズエ、上笙一郎、加藤弥進彦、加藤朝之助、岡崎善夫、簗山俊昭、上川淳、長田五郎、相羽源次郎、鈴木三男吉、炭谷巴之助、野口慧子《さとこ》、石島庸男、矢倉久泰、斎藤たきち、川合一郎、朝倉トモ子、無着成恭、尾形憲、江森盛夫、鈴木優子、田代秀治、望月宗明、杉浦宏、荻作子、松居直、浅川満、青木文代、小玉都、川合貞義、武田誠、川合義憲、木村末男、須藤ふみ、石井周治、長谷川三郎、合田一道、佐藤誉作、江口隆雄、会田新四郎、伊藤武、吉田九洲穂、渡辺幸三郎、遠山茂樹、高村三郎、塩浜方美、杉浦民平、白石武夫、長橋康夫、石垣貞次郎、須貝和輔、山口甲一、山川忠光、会田代理子、土屋ヤエノ、田宮輝夫、小宮山量平、安達あや子、庄司さえ子、川合実、高野高、川合哲男、松本栄一、須田勇一、松田源恵、庄司きり子、門間三郎、玉井承子、玉井誠、石川兼寿、宇宿利典、大場敏雄、川合キクエ、門間ハナミ、野田真吉、服部浩夫、鈴木信雄、大井正義、新関善久、松井とし子、庄司和晃、箕田源二郎、木川護、木本至、安達拓二、魚谷時太郎、和田敬久、江口富子、武田英子、千葉善一郎、長橋敦子、山口ミネ、石堂清倫、藤田圭雄、大塚達男、無着塔紫郎、村上幸重、平吹光雄、木川喜悦、木川肇、原源一、野村喬、津上忠、古谷壽里雄、門間孝、門間貞雪、川合巌、高野武、門間善右エ門、門間善三郎、川合秋雄、川合丑松、川合春雄、渋谷正、寺島アキ子、木村迪夫、高垣岬、門間源吾、川合義太、原田満寿郎、恩地邦郎、依田好照、島田厚、北川カエ、江口哲次、峯岸冨寿、茨木憲、阿部清之助、大宮弥助、大風盛幸、西村チイ子、伊藤カツエ、江口久子、上野百合子、江口俊一、横戸惣重、進藤春子、奥山啓四郎、菅野健吉、永井資久、高橋周、高柳功、本間繁輝、国分正三郎、宮川哲洲、結城清作、無着とき、須田清、広中俊雄、田村文彦、駒田信二、有馬文雄、矢野祐子、内藤哲彦、吉田悟郎、吉野智雄、佐藤忠男、谷川義雄、大村真一郎、結城嘉美、柏倉亮吉、村山英治

（順不同）

参考文献一覧

〈プロローグ〉
『山びこ学校・山形縣山元村中学校生徒の生活記録』無着成恭編（昭和二十六年三月・青銅社）
『山元学校の一〇〇年』一〇〇周年記念事業・記念誌編さん部編（昭和六十一年十二月・上山市立山元小・中学校創立一〇〇周年記念事業協賛会）
『平成二年版・山形県の農業』山形県企画調整部編（平成三年三月・山形県企画調整部）

〈第一章〉
『教育ノート』無着成恭（昭和三十四年六月・凡書房）
『無着成恭の昭和教育論』無着成恭（平成元年五月・太郎次郎社）
『戦後日本の教育改革　第七巻　教育課程（各論）』海後宗臣監修（昭和四十四年十月・東京大学出版会）
「シナリオ　山びこ学校」八木保太郎（昭和二十七年・八木プロダクション）
「生活綴方と教科教育」無着成恭（「作文と教育」昭和四十一年六月号・百合出版）
「山形縣教育関係者名簿」山形縣教員組合編（昭和二十三年五月・青年タイムス社）
「山びこ学校の秘密」冨田博之（「山形教育」№31　昭和二十六年七〜八月号・山形縣教育研究

所）
『『山びこ学校』日記』無着成恭・八木保太郎編（『婦人公論』昭和二十六年九月号）
「山の民主主義――『山びこ学校』が輝いた時代」関川夏央（『小説新潮』平成二年二月号）

〈第二章〉
「桜井さんと学生書房」山部芳秀（『桜井恒次』桜井恒次遺稿集編集委員会編・昭和五十六年八月・非売品）
『ベストセラー物語（上）』朝日新聞社編（昭和五十三年三月・朝日新聞社）
『増補決定版　占領下の言論弾圧』松浦総三（昭和四十九年一月・現代ジャーナリズム出版会）
『目でみる出版ジャーナリズム小史』日本ジャーナリスト会議出版支部編（昭和六十年十二月・高文研）
『戦後社会科の復権』田中武雄（昭和五十六年九月・岩崎書店）
『昭和特高弾圧史2』明石博隆・松浦総三編（昭和五十年六月・太平出版社）
『ルポルタージュ・日本の断面』「日本評論」特派記者団編（昭和二十四年二月・新プレブス）
『振りさけ見れば』村上一郎（昭和五十年十月・而立書房）
『出版労働者が歩いてきた道』太田良作・橋本進・森下昭平・出版労連30年史刊行委員会（昭和六十三年十月・高文研）

『いつまで青い渋柿ぞ』国分一太郎（昭和六十一年四月・新評論）
『国分一太郎文集10　子どもたちへ』国分一太郎（昭和六十年七月・新評論）
『平和の探求』野口肇（昭和三十三年二月・高野屋書店）
『資料・戦後学生運動　別巻』三一書房編集部編（昭和四十五年十一月・三一書房）
『戦後学生運動史』山中明（昭和五十六年七月・群出版）
「産別会議研究会ヒアリング・佐和慶太郎氏に聞く」法政大学大原社会問題研究所編（「大原社会問題研究所雑誌」No.378〜No.383　平成二年五月〜平成二年十月）
「戦後教育の総点検」座談会　斎藤喜博・無着成恭・遠山啓・村松喬（『昭和教育史の証言』教育証言の会編　昭和五十一年八月・山脈出版の会）
『東京商科大学一橋新聞史料』一橋新聞史料刊行委員会編（昭和六十三年二月・非売品）
『現代学生の実態』大学新聞連盟編（昭和二十三年二月・鱒書房）
「青木虹二さんと著作目録」阿津坂林太郎（『編年百姓一揆史料集成　第五巻』編集のしおり昭和五十五年四月・三一書房）

〈第三章〉
「『山びこ学校』を見て」森田卿子（「少年少女」昭和二十六年九月号・中央公論社）
「山形縣教育関係者名簿」山形縣教員組合編（昭和二十五年度版・山形縣教員組合）

「『山びこ学校』の反響とその系譜」長谷川浩司（「山形教育」No.31　昭和二十六年七～八月号・山形縣教育研究所）
『山形県教職員組合四十年史』組合史編集委員会編（昭和六十二年三月・山形県教職員組合・非売品）
「『作文と教育』創刊まで」無着成恭（復刻版「作文と教育」別巻1　昭和六十一年六月・岩崎書店）
「つづりかた通信(1)」むちゃく・せいきょう（昭和二十五年六月・私家版）
「山びこ学校訪問記」真壁仁（「農業山形」第四巻一―二号　昭和二十八年二月・山形県農業改良普及協会）

〈第四章〉
『第2教育ノート』無着成恭（昭和三十八年四月・凡書房新社）
「素直な子でした――わが子成恭を語る」無着静　インタビュアー須藤克三（『「山びこ学校」から何を学ぶか』須藤克三編　昭和二十六年十一月・青銅社）
「熊吉つァん」真壁仁（「やまがた散歩」創刊号　昭和四十七年九月・やまがた散歩社）
『やまがた文学風土誌』松坂俊夫（昭和五十年十二月・東北出版企画）
『文学のふるさと山形』真壁仁（昭和四十六年六月・郁文堂書店）

「学校文集あをぞら復刻版」南村山郡本沢小学校内綴方研究部編（No.1～No.12　昭和四年十一月～昭和十七年七月　昭和五十八年七月・本沢小学校復刻・非売品）
『魂あいふれて――二十四人の教師の記録』後藤彦十郎編（昭和二十六年十月・百合出版）
『ぼくの青年時代』無着成恭（昭和三十五年三月・国土社）
『山中万朶会・山形中学校入学五十周年記念誌』万朶会会誌編集委員会（平成元年十一月・非売品）
『純白』無着成恭・鈴木重雄（昭和二十二年八月・非売品）
「草酣」斎藤二良編（創刊号～二十一号　昭和二十年十一月～昭和二十三年七月・草酣同人会）
「山形師範学校創立七十年記念文芸誌・明窓」山形師範学校校友会文化部編（昭和二十二年十一月・山形師範学校校友会文化部）
「狩行俳句の魅力とたのしさ」対談　無着成恭・鷹羽狩行（「俳句」昭和五十九年一月号・角川書店）
「哀草果と本沢村の精神的風土」長谷勘三郎（「素晴らしい山形」平成四年二月～三月号・ぐるうぷ場）
『山形県の生活記録運動史』須藤克三（昭和三十七年二月・山形県公民館連絡協議会）
『須藤克三の道・仕事・人』須藤克三遺作刊行実行委員会編（昭和五十九年十二月・やまがた児童文化会議）

『山形新人国記（下）』読売新聞山形支局編（昭和五十三年十一月・高陽堂書店）
「教育的風土とはなにか」無着成恭（「山形教育」No.100　昭和三十八年九月・山形県教育研究所）
「無着成恭と山びこ学校」斎藤たきち（『昭和教育史の証言』教育証言の会編　昭和五十一年八月・山脈出版の会）
「山びこ学校と無着先生」須藤克三（『「山びこ学校」から何を学ぶか』須藤克三編　昭和二十六年十一月・青銅社）
『教育の恐ろしさとたいせつさ』無着成恭（昭和四十九年六月・文化出版局）

〈第五章〉
『近代東北庶民の記録（下）』平重道監修・ＮＨＫ仙台制作グループ（昭和四十八年三月・日本放送出版協会）
『聞き書昭和のやまがた50年』山形放送編（昭和五十一年七月・東北出版企画）
『山形新聞ニュース百年史』山形新聞社編（昭和五十一年十月・山形新聞社）
『日本残酷物語　第五部・近代の暗黒』下中邦彦編（昭和三十五年七月・平凡社）
『山元の昔語り』上山市山元地区公民館編（平成元年十二月・上山市山元地区公民館）
「郷土山元」第十八号（昭和五十九年五月・山元地区郷土史研究会）
「東北の凶作地を見る」①〜⑰（「東京朝日新聞」昭和九年十月十二日〜十一月一日）

『小風土記』結城哀草果（昭和十五年二月・岩波書店）
『続村里生活記』結城哀草果（昭和十二年三月・岩波書店）
『山形県教職員組合四十年史』組合史編集委員会編（昭和六十二年三月・山形県教職員組合・非売品）
『近代日本教育の記録・中』浜田陽太郎・石川松太郎・寺崎昌男編（昭和五十三年三月・日本放送出版協会）
『満蒙開拓青少年義勇軍』上笙一郎（昭和四十八年二月・中公新書）
『満蒙開拓青少年義勇軍』櫻本富雄（昭和六十二年六月・青木書店）
『満洲開拓史』満洲開拓史刊行会編（昭和四十一年四月・満洲開拓史刊行会）
『山形県史・本編4拓殖編』山形県（昭和四十六年三月・山形県）
『山形県史・第五巻近現代編（下）』山形県（昭和六十一年三月・山形県）
『山形県史要覧・別編Ⅳ』山形県（平成元年三月・山形県）
『上山市史・下巻現代編』上山市市史編さん委員会（昭和六十年三月・上山市）
「郷土ニ立脚セル山元村教育」南村山郡山元村役場編（昭和五年十二月・南村山郡山元村役場）
「山元村村勢概要」南村山郡山元小学校（昭和十四年十月・南村山郡山元小学校）
『山形県統計書・第二編　農業』山形県総務部統計課（昭和十年九月・山形県総務部統計課）
『山形県統計書・第一編　土地・戸口其他』山形県総務部統計課（昭和十二年三月・山形県総務

部統計課）
『山形県統計書・第二編　農業』山形県総務部調査課（昭和十三年十二月・山形県総務部調査課）
『山形県統計書・第一編　土地・戸口其他』山形県総務部調査課（昭和十五年三月・山形県総務部調査課）
『遠藤友介歌集』遠藤友介（昭和三十二年六月・遠藤友介歌集刊行会）
『遠藤友介追悼』遠藤友介歌集編集委員会（昭和三十二年六月・非売品）
『満洲蔵王郷の記録』大江善松編（昭和五十六年八月・非売品）
『山元学校の一〇〇年』一〇〇周年記念事業・記念誌編さん部編（昭和六十一年十二月・上山市立山元小・中学校創立一〇〇周年記念事業協賛会）
『山形県立上山農業高等学校五十年史』創立五十周年記念誌編集委員会（昭和三十七年十二月・山形県立上山農業高等学校）
『開拓団壊滅す』合田一道（平成三年八月・北海道新聞社）

〈第六章〉
『どろんこの青春』佐藤藤三郎（昭和五十四年三月・ポプラ社）
『山形県山元村の実態調査』泰玄竜編（昭和二十七年七月・青銅社）

『平成二年版・山形県の農業』山形県企画調整部編（平成三年三月・山形県企画調整部）
『数字で見るかみのやま』上山市企画課編（平成三年八月・上山市企画課）
『教育ノート』無着成恭（昭和三十四年六月・凡書房）
『山形県市町村勢総覧』山形県統計協会編（昭和二十九年五月・山形県統計協会）
「『母の死とその後』によせて」無着成恭（「世界」昭和二十六年二月号）
「山びこ学校を訪ねて」野口肇（「新女性」昭和二十六年五月号）
『まぼろしの村II』佐藤藤三郎（昭和五十六年二月・晩聲社）
『ぼくの青年時代』無着成恭（昭和三十五年三月・国土社）

〈第七章〉
「無着教育十年の勝敗」（「週刊新潮」昭和三十七年三月十九日号）
『六稜の灯をもとめて・山形師範学校昭和二十五年卒業同級会記念誌』長谷川正編（昭和五十五年十月・非売品）
「『山びこ学校』資料集」朝倉高文編（第一巻～第四巻　昭和四十九年十月～昭和五十八年一月・私家版）
「『山びこ学校』その後編集のための『山びこ学校』の諸資料」朝倉高文（私家版）
「がんで倒れた県立博物館研究員」（「朝日新聞山形版」昭和五十九年九月二十四日）

「むらの息吹④『山びこ学校』から三十年」（「朝日新聞山形版」昭和五十五年三月十二日）
「『山びこ学校』の子供ら」無着成恭（「サンデー毎日」昭和二十六年四月十五日号）
『近代日本教育の記録・中』浜田陽太郎・石川松太郎・寺崎昌男編（昭和五十三年三月・日本放送出版協会）
『へき地の子ども』溝口謙三（昭和三十七年五月・東洋館出版社）
『わらし子とおっかあたち』烏兎沼宏之・喜代子（昭和三十四年四月・アジア出版社）
『村の一年生』土田茂範（昭和三十年七月・新評論社）
『年輪を刻む』「年輪を刻む」編集委員会編（昭和五十六年十月・山形県児童文化研究会）
「きかんしゃ」オリジナル原本（第一号〜第十五号　昭和二十四年七月〜昭和二十九年一月・非売品）
「『山びこ学校』の編集にはアクセントがつきすぎているのではないか」植西耕一（「実践国語」昭和二十六年八月号・穂波出版社）

〈第八章〉
「美しく力強い感傷」佐藤義美（「日本読書新聞」昭和二十六年一月三十一日）
「出版界の〝糸へん〟ばやり」国分一太郎（「日本読書新聞」昭和二十六年三月二十一日）
「『北方』の錬金術師たち」宗像誠也（「日本読書新聞」昭和二十六年四月十一日）

「出版〝少年期〟」（「図書新聞」昭和二十六年一月三十一日）
「貧農少年の希望」（「夕刊朝日新聞」昭和二十六年一月三十一日）
「近頃の『良書推薦』」（「東京新聞」昭和二十六年五月十七日「放射線」）
「推薦したき三良書」坂西志保（「新潟日報」昭和二十六年五月五日）
「展望」臼井吉見（「展望」昭和二十六年五月号）
「少年期」高田保（「東京日日新聞」昭和二十六年三月十五日「ブラリひょうたん」）
『「山が泣いてる」の記』鈴木実（平成三年七月・北方出版）
『春風のなかの子ども』永井萠二（昭和五十四年十一月・太平出版社）
「生活綴方と生活算数の統合」大熊信行（「時事通信内外教育版」昭和二十六年五月三日）
「『山びこ学校』訪問記」臼井吉見（「展望」昭和二十六年六月号）
「山びこ学校の子どもたち」永井萠二（「週刊朝日」昭和二十六年六月十日号）
「兵隊が登ったマスコミの最高峰」草柳大蔵（「週刊朝日」平成四年四月二十四日号）
『「週刊朝日」の昭和史　第二巻』朝日新聞出版局プロジェクト室編（平成元年十一月・朝日新聞社）
『夜郎自大・現代新聞批判』扇谷正造（昭和五十七年七月・TBSブリタニカ）
『ベストセラー物語（上）』朝日新聞社編（昭和五十三年三月・朝日新聞社）
『日本映画発達史Ⅲ』田中純一郎（昭和五十一年二月・中公文庫）

『今井正「全仕事」』映画の本工房ありす編（平成二年十月・ACT）
『日本映画テレビ監督全集』キネマ旬報編（昭和六十三年十二月・キネマ旬報社）
「〝山びこ学校〟に文相」（「朝日新聞山形版」昭和二十六年七月十二日）
『山形県教職員組合運動史編纂資料Ⅰ「山形県教組ニュース」編No.4～90改題No.1～20』山形県教職員組合運動史編纂委員会編（昭和五十一年二月・非売品）
『山形県教職員組合四十年史』組合史編集委員会編（昭和六十二年三月・山形県教職員組合・非売品）
『山びこ学校』無着成恭編（昭和三十一年三月・百合出版）
「なによりも人間と人間の美しさを」八木保太郎（「山形教育」No.31　昭和二十六年七～八月号・山形縣教育研究所）
「一つの抵抗」若山一夫（「山形教育」No.31　昭和二十六年七～八月号・山形縣教育研究所）
『平和の探求』野口肇（昭和三十三年二月・高野屋書店）
「『山びこ学校』の経営について」本間甚八郎（「山形教育」No.31　昭和二十六年七～八月号・山形縣教育研究所）
「山びこ学校撮影の苦心談」（「日教組教育新聞」昭和二十七年二月一日号・日本教職員組合）
「戦後ルポルタージュ30選―その流れと傑作―」松浦総三（「別冊新評・ルポライターの世界」昭和五十五年七月号）

『杉山英と血脇守之助』大井正義（平成二年十月・崙書房）
『いつまで青い渋柿ぞ』国分一太郎（昭和六十一年四月・新評論）
『無着成恭の昭和教育論』無着成恭（平成元年五月・太郎次郎社）
『闘う教師たち』望月宗明（昭和五十三年一月・労働教育センター）
『日教組の歴史』日本教職員組合編（昭和五十六年七月・日本教職員組合）
「山びこ学校が完成」（「日教組教育新聞」昭和二十七年三月二十一日号・日本教職員組合）

〈第九章〉

「東京見聞記」無着成恭（「週刊朝日」昭和二十六年八月十二日号）
「おらだと芝居」野田真吉（「6・3教室」昭和二十六年九月号）
『「つづり方通信」の頃の私』大沢芳美（平成三年一月・北方出版）
「いつまでも誠実さを失わずに」西村力弥（『「山びこ学校」から何を学ぶか』須藤克三編　昭和二十六年十一月・青銅社）
「泣くかわりに笑う子ども」無着成恭（「新教育」No.23　昭和二十五年八月号・山形縣教育研修所）
『教育ノート』無着成恭（昭和三十四年六月・凡書房）
「教師の役割と教師の自覚」竹内好（「岩波講座・教育」第八巻　昭和二十七年十月・岩波書店）

「私の書棚」鶴見俊輔（「図書」昭和二十六年七月号・岩波書店）
「山びこ学校の村を訪ねて」渡辺曙（「新しい教室」昭和二十七年二月号・中教出版）
「太陽先生と日本の子」臼井吉見（「新女苑」昭和二十六年七月号）
『山形新人国記（下）』読売新聞山形支局編（昭和五十三年十一月・高陽堂書店）
「『山びこ学校』と無着成恭君」結城哀草果（『「山びこ学校」から何を学ぶか』須藤克三編　昭和二十六年十一月・青銅社）
『いつまで青い渋柿ぞ』国分一太郎（昭和六十一年四月・新評論）
「〝山びこ学校〟批判」（「日本経済新聞」昭和二十七年五月九日）
『日本教育論争史録・第四巻　現代編（下）』久木幸男・鈴木英一・今野喜清編（昭和五十五年七月・第一法規出版）
「『少年期』と『山びこ学校』」座談会　石上良平・上林暁・平林たい子・宗像誠也（「展望」昭和二十六年六月号）
「『山びこ学校』を批判する」平田與一郎（「実践国語」昭和二十六年八月号・穂波出版社）
「『山びこ学校』を読んでの感想――無着さんへの手紙」平田與一郎（「山形教育」No.31　昭和二十六年七～八月号・山形縣教育研究所）
「みんなも一緒に考えてください――平田先生への返事」無着成恭（「山形教育」No.31　昭和二十六年七～八月号・山形縣教育研究所）

「日本のプラグマティズム――生活綴り方運動」鶴見俊輔（『現代日本の思想』久野収・鶴見俊輔　昭和三十一年十一月・岩波新書）
「映画『山びこ学校』撮影現地座談会」（「山形教育新聞」昭和二十六年十二月十二日・山形県教職員組合）
「現代青年を語る」座談会　臼井吉見・宮原誠一・南博他（「青年心理」昭和二十六年九月号）
『須藤克三の道・仕事・人』須藤克三遺作刊行実行委員会編（昭和五十九年十二月・やまがた児童文化会議）
『続・山びこ学校』無着成恭（昭和四十五年七月・麦書房）
『ぼくの青年時代』無着成恭（昭和三十五年三月・国土社）
「無着先生はこんな人」（「毎日新聞山形版」昭和二十八年九月八日）
『日教組十年史』日本教職員組合編（昭和三十三年六月・日本教職員組合）
『世界教員会議のしおり』世界教員会議参加日本準備会（昭和二十八年）
「世界教員会議参加日本準備会ニュース・代表出発号」日本準備会事務局（昭和二十八年七月二十日）
『世界教員会議報告書』日本代表団編（昭和二十八年七月二十一日〜七月二十五日・日本教職員組合）
「ソ連帰りの無着先生」（「週刊サンケイ」昭和二十八年十月十一日号）

「教育長が戒告」（「毎日新聞山形版」昭和二十八年九月十二日）
「和尚になる無着成恭」（「サンデー毎日」昭和二十九年三月二十一日号）
「『山びこ学校』をのりこえる」無着成恭（「朝日新聞」昭和四十五年七月二十七日）
『資料日本現代教育史2』宮原誠一・丸木政臣・伊ヶ崎暁生・藤岡貞彦（昭和四十九年三月・三省堂）
「禅寺の子、啄木」水上勉（『群像日本の作家7　石川啄木』高井有一他　平成三年九月・小学館）
「無着成恭と山びこ学校」斎藤たきち（『昭和教育史の証言』教育証言の会編　昭和五十一年八月・山脈出版の会）
「無着先生山形駅頭で握手攻め」（「読売新聞山形版」昭和二十九年四月十一日）
「〝学生無着〟へ再出発」（「毎日新聞山形版」昭和二十九年四月十二日）

〈第十章〉
「集団就職あれから半年」田原総一朗（「週刊言論」昭和四十一年八月三十一日号）
「集団就職列車・上野駅歓迎式から」鎌田忠良（「創」昭和四十九年六月号）
「十年前上野駅に着いた金の卵・ある集団就職の運命」岩本隼（「週刊新潮」昭和四十八年六月二十一日号）

「貝祭文について」(「民俗芸能公演プログラム第十四号」昭和五十九年三月十一日・埼玉県立民俗文化センター)
「貝祭文」(「平成二年度埼玉県民俗音楽CD解説」平成三年一月・埼玉県立民俗文化センター)
「文学の散歩道『山びこ学校』」新関岳雄(「山形新聞」昭和五十九年一月二十九日)
「大人になった〝山びこ学校〟」永井萠二(「週刊朝日」昭和三十三年三月九日号)
『春風のなかの子ども』永井萠二(昭和五十四年十一月・太平出版社)
「無着教育十年の勝敗」(「週刊新潮」昭和三十七年三月十九日号)
『ふぶきの中に』無着成恭編(昭和二十七年三月・新潮社)
『上山市史・下巻現代編』上山市市史編さん委員会編(昭和六十年三月・上山市)
『山形県立上山農業高等学校五十年史』創立五十周年記念誌編集委員会(昭和三十七年十二月・山形県立上山農業高等学校)
『教室の記録』国分一太郎・相沢とき(昭和十二年十二月・扶桑閣)
『25歳になりました』佐藤藤三郎(昭和三十五年二月・百合出版)
「山びこ学校の教え子たち」無着成恭(「教育」昭和二十九年八月号・国土社)
〈第十一章〉
「〝山びこ学校〟のその後」岩本由輝(「教育の森」昭和五十四年一月号・毎日新聞社)

「〝山びこ学校〞佐藤藤三郎さんの記録」（「文藝春秋臨時増刊・日本を読む100の写真」昭和六十年八月）
『ふぶきの中に』無着成恭編（昭和二十七年三月・新潮社）
「伸びゆく山びこの子ら」（「山形新聞」昭和二十九年六月三十日）
「大人になった〝山びこ学校〞」永井萠二（「週刊朝日」昭和三十三年三月九日号）
『山形県市町村勢総覧』山形県統計協会編（昭和二十九年五月・山形県統計協会）
『減反騒動記』木村迪夫（昭和六十年七月・樹心社）
「全調査・私たちの30年『山びこ学校』の43人」（「毎日新聞」昭和五十年八月十三日）
『上山市の人口』上山市企画課（昭和六十三年三月・上山市企画課）
『数字で見るかみのやま』上山市企画課（昭和四十二年版〜平成三年版・上山市企画課）
「かみのやま」山形県上山市（昭和三十四年・山形県上山市）
「『山びこ学校』日記」無着成恭・八木保太郎編（「婦人公論」昭和二十六年九月号）
「江口江一の死とその周辺」野口肇（「現代の眼」昭和四十二年十一月号）
「握る来る手の離れがち、春の泥」高村三郎（「新文学」昭和四十四年四月号・大阪文学協会）
「〝山びこ〞は消えない『母の死とその後』の作者江口江一君を悼む」後藤彦十郎・佐藤藤三郎・真壁仁他（「作文と教育」昭和四十二年九月号・百合出版）
「生活つづり方教育を受けたわたしの感想」江口江一（「作文と教育」昭和四十一年十月号・百

合出版）
「訪ねてくる人びと」佐藤藤三郎（『25歳になりました』昭和三十五年二月・百合出版）
「江口江一君の死と山びこ学校」佐藤藤三郎（『まぼろしの村Ⅱ』昭和五十六年二月・晩聲社）
「『山びこ学校』をのりこえる」無着成恭（「朝日新聞」昭和四十五年七月二十八日）
「藁屋根の下でゆれる農村の姿」無着成恭（「週刊朝日」昭和四十一年三月四日号）
「季節風」（「山形新聞」昭和四十二年六月一日）
「智君がんばって」（「読売新聞山形版」昭和五十五年七月十三日）
『底流からの証言』佐藤藤三郎（昭和四十五年三月・筑摩書房）
『山形県市町村合併誌』山形県地方課編（昭和三十八年十月・山形県）

〈第十二章〉

『まぼろしの村Ⅱ』佐藤藤三郎（昭和五十六年二月・晩聲社）
「百姓に学ぶ私の独学」佐藤藤三郎（「流動」昭和五十年六月号）
『25歳になりました』佐藤藤三郎（昭和三十五年二月・百合出版）
『どろんこの青春』佐藤藤三郎（昭和五十四年三月・ポプラ社）
『底流からの証言』佐藤藤三郎（昭和四十五年三月・筑摩書房）
『わが母校シリーズ6　山形県立上山農業高等学校』毎日新聞山形支局編（昭和五十一年一月・

毎日新聞上山専売所）
『村に残ったぼくらの抱負』佐藤藤三郎他（昭和四十年三月・明治図書）
「『山びこ』のこころ」馬場四郎（「朝日ジャーナル」昭和三十五年四月十七日号）
「百姓のノート」無着成恭・鈴木実・佐藤藤三郎他（No.1～No.3　昭和三十年六月～昭和三十一年三月・非売品）
『村からの視角』佐藤藤三郎（昭和四十八年十二月・ダイヤモンド社）
『山形新人国記（下）』読売新聞山形支局編（昭和五十三年十一月・高陽堂書店）
『やまがた文学への招待』松坂俊夫（昭和四十七年十二月・郁文堂書店）
「『山びこ学校』師弟対談」無着成恭・佐藤藤三郎（「朝日ジャーナル」昭和三十五年三月二十七日号）
『農家のくらし』佐藤藤三郎（昭和五十二年三月・ポプラ社）
『ゴミ屋の記』木村迪夫（昭和五十一年十二月・たいまつ社）
『まぼろしの村Ⅰ』佐藤藤三郎（昭和五十六年一月・晩聲社）
『まぼろしの村Ⅲ』佐藤藤三郎（昭和五十六年三月・晩聲社）
『まぼろしの村Ⅳ』佐藤藤三郎（昭和五十六年六月・晩聲社）
『まぼろしの村Ⅴ』佐藤藤三郎（昭和五十六年七月・晩聲社）
「村からのたより⑩」（「サンケイ新聞山形版」昭和五十二年六月十八日）

「十年目の『山びこ学校』」野口肇（「教師の友」昭和三十五年五月号）
「大人になった山びこの子ら」（「山形新聞」昭和三十五年三月九日）
「無着先生、大いに弁ず」（「山形新聞」昭和三十五年六月二十日）
「〝山びこ学校〟師弟のヒビ」（「山形新聞」昭和三十五年七月二十日）
「なぜ直接いってくれないの？」（「山形新聞」昭和三十五年七月十一日）
『新人国記4』朝日新聞社編（昭和五十八年五月・朝日新聞社）
『〝村〟の腹立ち日記』佐藤藤三郎（昭和五十二年九月・ダイヤモンド社）
『無着成恭の昭和教育論』無着成恭（平成元年五月・太郎次郎社）
『根に挑む』佐藤藤三郎・金一治（昭和四十五年七月・たいまつ社）
「大人になった〝山びこ学校〟」永井萠二（「週刊朝日」昭和三十三年三月九日号）

〈第十三章〉
『教育の恐ろしさとたいせつさ』無着成恭（昭和四十九年六月・文化出版局）
『足、ください』無着とき（昭和五十八年三月・文化出版局）
『続・山びこ学校』無着成恭（昭和四十五年七月・麦書房）
『第2教育ノート』無着成恭（昭和三十八年四月・凡書房新社）
『教育ノート』無着成恭（昭和三十四年六月・凡書房）

「教育的風土とはなにか」無着成恭（「山形教育」No.100　昭和三十八年九月・山形県教育研究所）
『自由の森学園その出発』遠藤豊（昭和六十一年一月・太郎次郎社）
『無着成恭の詩の授業』無着成恭（昭和五十七年六月・太郎次郎社）
『無着成恭の掌話集倶会一処』無着成恭（昭和六十二年三月・太郎次郎社）
『人それぞれに花あり』無着成恭（昭和五十九年三月・太郎次郎社）
『若者たちは学びたがっている』松井幹夫（昭和六十一年十二月・太郎次郎社）
『いま授業を変えなければ子どもは救われない』林竹二・遠藤豊（昭和五十六年十一月・太郎次郎社）
『教育の蘇生を求めて』遠山啓（昭和五十三年二月・太郎次郎社）
『競争原理を超えて』遠山啓（昭和五十一年一月・太郎次郎社）
『自由の森学園が崩壊する日』神山吉光（平成三年八月・閣文社）
『もうひとつの学校』尾形憲（昭和六十一年十月・有斐閣）
『親父がんばれ』恩地邦郎（昭和五十八年七月・講談社）
『明星の年輪——明星学園50年のあゆみ』学園史編集委員会編（昭和四十九年十一月・明星学園・非売品）
『明星の年輪——明星学園60年のあゆみ』学園史編集委員会編（昭和五十九年五月・明星学園・非売品）

『赤井・照井両先生誕百年誌』記念誌編纂委員会編（昭和六十三年五月・明星学園）
『残照』照井猪一郎先生遺稿集刊行会編（昭和四十三年二月・照井猪一郎先生遺稿集刊行会・非売品）
『この道――赤井米吉遺稿集』（昭和五十年二月・赤井つる・非売品）
『無着先生との12年戦争』私立明星学園母親グループ（昭和五十八年十一月・主婦と生活社）
『万華鏡』斎藤和明編（平成二年九月・恩地邦郎古稀展記念の会世話人会・非売品）
『人間教師として生きる』寒川道夫（昭和五十三年七月・新評論）
『「ひと」別冊・遠山啓その人と仕事』「ひと」編集委員会編（昭和五十五年二月・太郎次郎社）
「なぜ、明星学園をやめたか」座談会　遠藤豊・松井幹夫・無着成恭（「ひと」昭和五十八年八月～九月号・太郎次郎社）
「墨ぬられた戦後教育」無着成恭（「中央公論」昭和四十四年八月号）
「二十年目の新学期」座談会　勝田守一・鈴木重信・玉虫文一・無着成恭（「展望」昭和四十一年四月号）
「ドキュメント明星学園・自由主義教育はどこへいく」吉岡忍（「中央公論」昭和五十八年三月号）
「中間層の子どもたち」島田厚（「教育」No.36　昭和三十三年四月号・国土社）
「生活綴方と教科教育」無着成恭（「作文と教育」昭和四十一年六月号・百合出版）

「和尚になった無着成恭さん」（「アサヒグラフ」昭和六十二年九月十一日号）
「東京からの通信教授　無着成恭」（「アサヒグラフ」昭和三十年三月十六日号）
「私のくらし無着成恭先生」（「週刊読売」昭和二十九年六月十三日号）
「山びこ学校がたどった十五年」（「週刊文春」昭和四十年十一月一日号）
「都会に問う『無着教育』」（「朝日ジャーナル」昭和三十五年三月十三日号）
「〃山びこ〃のゆくえ」（「朝日新聞」昭和四十年八月十二日）
「クビにされかかった無着センセ」（「週刊朝日」昭和四十四年五月二十三日号）
「無着成恭先生を窮地に立たせた学園騒動」（「週刊現代」昭和四十六年四月十五日号）
「無着成恭去った後いまなおその亡霊と闘う明星学園校長、父兄の怨念」（「週刊文春」昭和五十八年十一月十七日号）
「追悼新関岳雄特集」（「山形文学」第47集　昭和六十二年二月号）
『明星の授業』照井猪一郎編（昭和三十八年十一月・国土社）

〈エピローグ〉

『年輪を刻む』「年輪を刻む」編集委員会編（昭和五十六年十月・山形県児童文化研究会）
「20歳迎えた『山びこ学校』」小川利夫（「朝日新聞」昭和四十六年五月二十六日）
『講座日本の学力1　教育の現代史』中野光他（昭和五十四年八月・日本標準）

『偏差値』全国進路指導研究会編（昭和五十一年十一月・民衆社）
『現代日本農村の社会問題』内山政照（平成二年三月・筑波《つくば》書房）
『日教組四十年史』日本教職員組合編（平成元年十月・労働教育センター）
『文部統計要覧』文部省大臣官房調査統計企画課（平成三年四月・第一法規出版）
「『全国学力調査』を検討する」（「教育」No.134　昭和三十六年十月号・国土社）
『数字でみる日本の100年』財団法人矢野恒太郎記念会編（平成三年九月・国勢社）
『講座日本の社会と農業8　変革の日本農業論』磯辺俊彦・保志恂・田中洋介・田代洋一（昭和六十一年二月・日本経済評論社）
『農業青年の就農状況実態調査結果資料』山形県農業会議編（平成三年三月・山形県農業会議）
『農業後継者の就農状況実態調査結果資料』山形県農業会議編（昭和五十五年三月・山形県農業会議）
『本県における農業後継者の実態』東北農政局山形統計情報事務所編（昭和五十三年一月・山形農林統計協会）
『上山市農業の概要』上山市農業委員会（平成二年一月・上山市農業委員会）
『農村の高齢化―２０００年を予測する』東北農政局山形統計情報事務所編（平成元年三月・山形農林統計協会）
『概説現代の日本農業』藤谷築次・荏開津典生編（平成三年七月・家の光協会）

『基本法農政』阪本楠彦（昭和五十六年十二月・御茶の水書房）
『〝むら〟と人間の崩壊』安達生恒（昭和四十八年六月・三一書房）
『農家労働力の統計分析』弘田澄夫（昭和六十一年六月・農林統計協会）
『図説農業白書　平成二年度版』（平成三年四月・農林統計協会）
『平成三年度　農業の動向に関する年次報告』農林水産省編（平成四年・農林水産省）
「農業後継者難一段と深刻に」（「読売新聞」平成四年四月十七日）
「21世紀の農村人口と労働力」石田信隆（「農林金融」平成四年六月）
『日本農業年鑑　一九九〇年版』日本農業年鑑刊行会編（平成元年十二月・家の光協会）

なお、『山びこ学校』無着成恭編（昭和三十一年三月・百合出版）、『無着成恭の昭和教育論』無着成恭（平成元年五月・太郎次郎社）、『ぼくの青年時代』無着成恭（昭和三十五年三月・国土社）、『山元学校の一〇〇年』一〇〇周年記念事業・記念誌編さん部編（昭和六十一年十二月・上山市立山元小・中学校創立一〇〇周年記念事業協賛会）は、全章にわたって参考にした。

解説　佐野眞一というノンフィクションの「山びこ」

森　健

〈私が自分にしかできないテーマをとぼんやり考えるようになったのは、平成四（一九九二）年に出版した書き下ろしノンフィクションの『遠い「山びこ」』が、最初である〉

二〇〇九年六月、佐野眞一は『新 忘れられた日本人』の中で本作について、そう振返っている。同書は自身が書いてきた作品の「脇役にスポットライトをあて」たコラム集だ。「サンデー毎日」の連載がベースだが、この中で初回から三回連続、佐野は『遠い「山びこ」』を題材に書いていた。

一回目は作文「母の死とその後」を書いた江口江一。二回目は『山びこ学校』をベストセラーに押し上げた裏方のジャーナリスト、野口肇、青木虹二、佐和慶太郎の三人。三回目は『山びこ学校』を本格的に有名にした「週刊朝日」の記者・永井萠二。同じ作品から三回も選んだところに、佐野の本作に対する並々ならぬ思いがあるのがわかる。

実際、『遠い「山びこ」』は佐野にとって画期の作品だった。それまでの佐野はオムニバス構成で性産業や業界紙の世界、地上げや占いといった虚業家など世俗的で現代の断面を描くものを書いていた。猥雑《わいざつ》なものをおもしろがり、欺瞞《ぎまん》をさらりと射抜くような批評性の高い作品だ。

だが、この「山びこ」で佐野は新たな作風を獲得した。ある人物の長期にわたる歩みを時代の変遷とともに描く骨太で重厚な作品だ。本書では、山形県の寒村・山元村（現・上山市）で教師となった無着成恭とその生徒たち、そして彼らが書いた作文集『山びこ学校』を世に出した人たちが軸となった。戦後三〜四年、生活は貧しかったが、希望をもてた時代。素朴な視点と生活実態をもとに綴られた作文は予想を超えて評価される。そして『山びこ学校』は無着の人生を変え、四十三人の生徒のその後の人生にも影響を及ぼした。一方、無着は故郷を追われ、メディアの寵児になるが、関わった卒業生の中にはそれを苦い思いで見ていた人もいた——。四十年余りの時間軸で描かれるのは、時代の変化であり、多くの人たちの流転《るてん》の人生だ。

本作で自分のスタイルを確立したと感じた佐野は、以後、より個性が強く、時代を象徴する人物を描き始める。

読売新聞の事実上の創業者・正力松太郎を描いた『巨怪伝』（一九九四年）、民俗学者・宮本常一と実業家・渋沢敬三の評伝『旅する巨人』（一九九六年）、ダイエー創業者・中内切を描いた『カリスマ』(一九九八年)。いずれの作品も、戦前という重い下地の上に、戦後の復興、経済成長があり、その激動の中で変わりゆく人物と社会の苦みを佐野は刻んでいる。そんな王道ノンフィクションの端緒となった作品が『遠い「山びこ」』だった。

それは佐野自身、明確に意識していた。

〈私は『遠い「山びこ」』の取材を通じて、農業の荒廃と教育の均一化が、高度経済成長の原動力になったことを確信した。(中略)経済成長と逆比例する形で進行した日本人の精神の劣化をテーマとした。これらの作品を私はひそかに〝高度経済成長四部作〟と呼んでいる〉(『新 忘れられた日本人』)

佐野は「骨がらみ」という言葉を好んで使ったが、自らが若い時期を過ごし、また、日本が大きく変化を遂げた高度経済成長期は、まさに佐野の「骨がらみ」のテーマだった。

そして、もう一つ重要なものを佐野は「山びこ」から得ていた。取材手法と書き方だ。

それについて、佐野はやや誇らしげにたびたび記している。「山びこ」取材では、従来の取材手法が通用しなかった。従来の手法とは、文献資料を探して下調べをし、現場に行き、インタビューをし、まとめるという定型的なプロセス。だが「山びこ」取材ではそうはいかなかった。卒業生たちの行方を辿ろうにも、教師だった無着成恭は名簿をもっておらず、各種公的機関にも存在していなかった。途方に暮れる中、気付いたのが、そんな消息を辿る過程そのものを描くことだった。

〈そうだ、ファクトファインディングのプロセスそのものを書いていけばいいのではないか。事実をみつけていく自分自身をこれから書く物語のいわば「主人公」にして、その作業自体を書いていけばいいのではないか。Aさんという人をみつけるためにある所を訪ねていったら、そこには居なかった。けれどそこで、Bさんという別の人の情報を得た。そこで訪ねていくと……。いわば「尋ね人」のプロセスをすべて書いていく方法それ自体が、ノンフィクションとなるのではないか。いまから思うと、苦肉の一策だったが、私はそう考えた〉（『私の体験的ノンフィクション術』）

そう佐野自身が記すように、卒業生四十三人の行方を突き止めていく取材過程は、本書でももっとも読み応えがあるところだ。

最初のきっかけは、山形駅構内の喫茶店で声をかけてきた女性だった。そこから四〜五人の卒業生を紹介される。まもなく一九七五年段階で毎日新聞の記者がつくった名簿を一人の卒業生から受け取って取材を進めるが、それでも杳《よう》として行方がわからない卒業生が出てくる。そこを佐野は丁寧に探していく。元ハイヤー運転手だったという男性卒業生を追う場面では、タクシー会社を訪ね、履歴を確認し、新聞を調べ、自治体まで訪ね、最終的にある家に間借りしていた男性に辿り着く。足で稼ぐ取材という実地の過程がそのまま記されているが、だからこそ伝わってくるものがある。男性が二階から「醇朴そうな表情」で下りてきて対面するところでは、読者は著者と同じような感慨を抱くことだろう。

また、こうした足を使った取材だから見えてきたものもある。たとえば、都会に出た十一人はほとんどが東京の周縁部で「ひっそり」暮らしていたという記述がある。

〈御殿場線、相模線、南武線など、彼らを訪ねて乗った鉄道は、名前だけは知ってはいたが、実際に乗るのは初めての交通機関ということが多かった〉（本書第十章）

些細な細部の積み重ねは、それだけで多くの意味を集約させる表現となっていた。

こうして「山びこ」で打ち立てた書き方は、佐野のその後のノンフィクションの作風を決定づけた。歴史に埋もれていた事実を掘り起こし、さまざま曰くのある人間関係を解きほぐしながら、その栄華《えいが》と凋落を時代の変遷の中で描く。対象の人物の虚飾をはぎとりながらも、苦い思いをそっと飲み込む筆致。その無常観と苦み、切なさにおいて佐野の筆致は突出していた。

〈鍋からあがるおいしそうな湯気の匂いをかぎながら、私は、いま自分が腰かけている椅子に座り、山元村の明日と農業の将来に託した夢を果たせぬまま夭折していった江一の無念を、あらためて噛みしめていた〉（本書第十一章末尾）

〈翌日、私はもう一度だけ山元村を訪ねた。村は冬枯れてしんと静まりかえっていた。四十年前、この村で教えた無着は『山びこ学校』の見返しに、「藤三郎、迷ったらもう一度ここから出なおしだ」と書いてよこしていた。しかし、「ここ」のどこから出なおせというのだろう。農業を継ぐ者は絶え、村は出なおそうにも出なおせずに、終焉に向かって深

く沈んでいた〉（本書第十二章末尾）

この筆致の妙に佐野独特の世界観があり、語り口の醍醐味があった。

「山びこ」を含めた「高度経済成長四部作」は、その意味で九〇年代を代表するだけでなく、ある種〝骨太のノンフィクション作品〟というものの一つの型をつくったと言えた。佐野もまたそんな期待に沿おうとしたのか、その後も大型作品を手掛けていった。関東軍と結託し、アヘンを扱った里見甫《はじめ》を描いた『阿片王 満州の夜と霧』（二〇〇五年）やその続編『甘粕正彦 乱心の曠野《こうや》』（二〇〇八年）などはそうした姿勢がよく出た作品だ。

一方、自身が前面に出る作品も増えた。その端緒は『東電OL殺人事件』（二〇〇〇年）だ。昼と夜、二つの顔をもつ女性が不遇にも殺害された事件。同作はベストセラーとなり、テレビ番組などに佐野の出演が増えるきっかけにもなったが、記述としては感覚的、主観的な描写が増した作品だった。自身もこう書いている。

〈『東電OL殺人事件』は、何よりも方法をめぐる「物語」だった。方法について思いあぐねた末、自分自身をいっそ彼女に重ねあわせてしまったらどうだろう、という考えが突然閃《ひらめ》いた。（中略）これはノンフィクションではない、という批判がくるのは覚悟の上だった〉（『私の体験的ノンフィクション術』）

同業者から疑義が呈された部分もあったが、自覚的であるという点でまだ問題とまでは至らなかった。

少しだけ私事に絡んだことを述べさせてもらうと、二〇〇〇年代中盤、私は佐野の仕事に関わらせてもらうことがたびたびあった。小泉純一郎政権（二〇〇三～二〇〇六年）、JR福知山線脱線事故（二〇〇五年）、非正規雇用などワーキングプア問題（二〇〇六年）……。佐野が「文藝春秋」で取り組むルポで、手が回らない部分について取材協力をするデータマンという役回りである。こちらがとった証言や取材記録を送り、佐野が取捨選択して原稿に織り込む。採用されないときもあれば、長く引用してもらったときもある。データ原稿が長く採用されたものを完成原稿で見つけたときはうれしいものだった。

打ち上げなど酒席の場で話をしたことも一度や二度ではない。そうした場での佐野は皮肉で不遜で能弁、そして魅力的だった。若い記者らに対して「君は何書いてるんだ」と水を向けたにもかかわらず、遠い目をして聞いていなかったり。あるいは夜半になり、メートルが上がった状態で誰かと言い合いをし、あげく酔いつぶれていたり。そんな面倒な態度も含めたうえで、作家・佐野眞一は多くの編集者や書き手から愛されていた。そして、佐野が記す苦みのある原稿はつねに望まれていた。そんな佐野を後進の我々は学ぶべき先達として仰ぎ見ていた。

よくない傾向が見えだしたのは二〇〇〇年代後半からだ。露悪的な記述やむやみに人物を貶める表現が目につきだした。『怪優伝　三國連太郎・死ぬまで演じつづけること』（二〇一一年）、『あんぽん　孫正義伝』（二〇一二年）といった現代の作品に顕著で、人の出自や不遇な時期に過度にこだわり、くどいくらいに記述を繰り返し、生き様と結びつけて明暗を強調した。それは佐野の仕事を仰ぎ見てきた下の世代からも違和感がある書き方だった。これはあやういレベルにきているのではないか——。そんな懸念がもたれるなか、二〇一二年秋、「週刊朝日」での橋下徹大阪市長（当時）に関する連載評伝問題が起きた。「血脈主義という恐ろしい考え方」と当人から批判された佐野はその後、静かに引きこもっていった。最後に出した作品は六〇年安保当時、全学連を指揮した唐牛《かろうじ》健太郎を描いた『唐牛伝』（二〇一六年）だった。そこでも佐野は「骨がらみ」と綴っていた。

今回、『遠い「山びこ」』を再読し、あらためて佐野が歩んだ道程を辿ってみた。すると、それは予期していなかったことだが——佐野の姿がどこか『遠い「山びこ」』の無着成恭の姿に重なって見えたところがある。時代を画す作品を残し、多大な敬意を得ながら、思わぬことで自身の信頼を損ね、隠遁《いんとん》に至る。後進の書き手として、佐野を見るとき、本作のように丁寧な取材で滋味のある作品をものしたという点で、尊敬の念はあまりある。その一方、後年、露悪的な文章をたびたび目にしてからは、自身への内省を忘れたようで心配でもあった。

初出から三十三年というい《ヽ》ま《ヽ》、名作『遠い「山びこ」』を読み返すとき、「山びこ学校」の生徒たちが後年、無着にもった思いは、われわれが佐野に対して抱く感慨のように響いてくる。それはまさに遠い山びこのように彼方から響く声だ。

〈(無着先生は)弱いところを見せず、いつも強がりでかくしてきた。それをあとから理屈づけようとするから、どうしたって無理がでて、どんどん悪い方へいってしまった〉(本書第十二章)

大人になった教え子の佐藤藤三郎は佐野にこう語り、続ける。

〈自分は無着先生の教育の影響をものすごく受けた。あのときの、子供に命をぶつけてくるような情熱には、本当にかなわない。だから、いろいろ批判はあるが、人を見る尺度といった最も大事なところは、自分と先生はまったく同じだと思う〉(同)

そんな山びこが胸にこだまする同業者は少なくないだろう。そして本作への評価、佐野への評価そのものは、まさに佐野自身が書いた言葉をもって代えられるように思う。

〈それは行き場のない光をたたえたまま、四十年の時間の彼方から、いまなお燦然たる輝きをはなっている〉(本書エピローグ)

それは本書を読み終えた誰しもが抱く感慨ではないだろうか。

(もり・けん　ジャーナリスト)

『遠い「山びこ」——無着成恭と教え子たちの四十年』
単行本　文藝春秋、一九九二年九月刊
文　庫　文春文庫、一九九六年五月刊
　　　　新潮文庫、二〇〇五年五月刊

編集付記

一、本書は新潮文庫『遠い「山びこ」——無着成恭と教え子たちの四十年』を底本とし、森健「佐野眞一というノンフィクションの『山びこ』」を増補したものである。

一、明らかな誤記は訂正し、補足が必要な箇所については、編集部による註〔 〕を施した。

一、本文中、今日の人権意識に照らして不適切な表現が見られるが、著者が故人であること、執筆当時の時代背景や作品の歴史的意義を考慮し、原文のままとした。

中公文庫

遠《とお》い「山《やま》びこ」
——無着成恭《むちゃくせいきょう》と教《おし》え子《ご》たちの四十年《よんじゅうねん》

2025年 2 月25日　初版発行

著　者　佐《さ》野《の》　眞一《しんいち》

発行者　安部　順一

発行所　中央公論新社
〒100-8152　東京都千代田区大手町1-7-1
電話　販売　03-5299-1730　編集　03-5299-1890
URL https://www.chuko.co.jp/

DTP　嵐下英治
印　刷　三晃印刷
製　本　小泉製本

Published by CHUOKORON-SHINSHA, INC.
Printed in Japan　ISBN978-4-12-207619-8 C1136

各書目の下段の数字はISBNコードです。978－4－12が省略してあります。

中公文庫既刊より

い-41-5
ある昭和史　自分史の試み
色川大吉
十五年戦争を主軸に個人史とともに昭和の五十年を描く。「自分史」を提唱した先駆的な著作に「昭和の終焉」を増補。毎日出版文化賞受賞。〈解説〉成田龍一
207556-6

は-73-2
三島由紀夫
橋川文三
三島由紀夫の精神史の究明を通してその文学と生涯の意味を問う。「文化防衛論」批判ほか『日本浪曼派批判序説』の著者による三島全論考。〈解説〉佐伯裕子
207562-7

う-39-1
天皇陛下萬歳　爆弾三勇士序説
上野英信
一九三二年の上海事変に際し、自らの身を散らせた爆弾三勇士。彼らはいかにして神に仕立て上げられたか。天皇をめぐる民衆の心性に迫った記録文学の白眉。
207580-1

ま-58-1
私兵特攻　宇垣纒長官と最後の隊員たち
松下竜一
玉音放送の後、艦上爆撃機「彗星」11機を率いて沖縄へ出撃した第五航空艦隊司令長官・宇垣纒。その知られざる「最後の特攻隊」を追跡する。〈解説〉野村進
207595-5

こ-65-1
淋しき越山会の女王　精選ルポルタージュ集
児玉隆也
金権政治、公害、長く引きずる戦争の影。田中角栄首相退陣の契機となった表題作をはじめ、戦後の湿度を色濃くまとった日本人の姿を描いた秀作を厳選。
207602-0

さ-27-3
妻たちの二・二六事件　新装版
澤地久枝
〝至誠〟に殉じた二・二六事件の若き将校たち。彼らへの愛を秘めて激動の昭和を生きた妻たちの三十五年をたどる、感動のドキュメント。〈解説〉中田整一
206499-7

ほ-1-1
陸軍省軍務局と日米開戦
保阪正康
選択は一つ――大陸撤兵か対米英戦争か。東条内閣成立から開戦に至る二カ月間を、陸軍の政治的中枢である軍務局首脳の動向を通して克明に追求する。
201625-5